中国语言文学文库·荣休文库

吴承学 彭玉平 主编

# 语文的魅力

周小兵 著

中山大学出版社
·广州·

**版权所有　翻印必究**

### 图书在版编目（CIP）数据

语文的魅力/周小兵著. —广州：中山大学出版社，2021.6
（中国语言文学文库. 荣休文库/吴承学，彭玉平主编）
ISBN 978-7-306-07216-0

Ⅰ.①语…　Ⅱ.①周…　Ⅲ.①语文教学—教学研究　Ⅳ.①H19

中国版本图书馆 CIP 数据核字（2021）第 095327 号

| | |
|---|---|
| 出 版 人： | 王天琪 |
| 策划编辑： | 嵇春霞 |
| 责任编辑： | 李海东 |
| 封面设计： | 曾　斌 |
| 责任校对： | 赵　婷 |
| 责任技编： | 何雅涛 |
| 出版发行： | 中山大学出版社 |
| 电　　话： | 编辑部 020-84110283，84113349，84111997，84110779，84110776 |
| | 发行部 020-84111998，84111981，84111160 |
| 地　　址： | 广州市新港西路 135 号 |
| 邮　　编： | 510275　传　真：020-84036565 |
| 网　　址： | http://www.zsup.com.cn　E-mail: zdcbs@mail.sysu.edu.cn |
| 印 刷 者： | 佛山市浩文彩色印刷有限公司 |
| 规　　格： | 787mm×1092mm　1/16　32.5 印张　600 千字 |
| 版次印次： | 2021 年 6 月第 1 版　2021 年 6 月第 1 次印刷 |
| 定　　价： | 99.00 元 |

如发现本书因印装质量影响阅读，请与出版社发行部联系调换

# 中国语言文学文库

主　编　吴承学　彭玉平

编　委（按姓氏笔画排序）

　　　　王　坤　王霄冰　庄初升

　　　　何诗海　陈伟武　陈斯鹏

　　　　林　岗　黄仕忠　谢有顺

# 总　序

## 吴承学　彭玉平

中山大学建校将近百年了。1924 年，孙中山先生在万方多难之际，手创国立广东大学。先生逝世后，学校于 1926 年定名为国立中山大学。虽然中山大学并不是国内建校历史最长的大学，且僻于岭南一地，但是，她的建立与中国现代政治、文化、教育关系之密切，却罕有其匹。缘于此，也成就了独具一格的中山大学人文学科。

人文学科传承着人类的精神与文化，其重要性已超越学术本身。在中国大学的人文学科中，中国语言文学学科的设置更具普遍性。一所没有中文系的综合性大学是不完整的，也几乎是不可想象的。在文、理、医、工诸多学科中，中文学科特色显著，它集中表现了中国本土语言文化、文学艺术之精神。著名学者饶宗颐先生曾认为，语言、文学是所有学术研究的重要基础，"一切之学必以文学植基，否则难以致弘深而通要眇"。文学当然强调思维的逻辑性，但更强调感受力、想象力、创造力和语言表达能力。有了文学基础，才可能做好其他学问，并达到"致弘深而通要眇"之境界。而中文学科更是中国人治学的基础，它既是中国文化根基的重要组成部分，也是中国文明与世界文明的一个关键交集点。

中文系与中山大学同时诞生，是中山大学历史最悠久的学科之一。近百年中，中文系随中山大学走过艰辛困顿、辗转迁徙之途。始驻广州文明路，不久即迁广州石牌地区；抗日战争中历经三迁，初迁云南澄江，再迁粤北坪石，又迁粤东梅州等地；1952 年全国高校院系调整，始定址于珠江之畔的康乐园。古人说："艰难困苦，玉汝于成。"对于中山大学中文系来说，亦是如此。百年来，中文系多番流播迁徙。其间，历经学科的离合、人物的散聚，中文系之发展跌宕起伏、曲折逶迤，终如珠江之水，浩浩荡荡，奔流入海。

康乐园与康乐村相邻。南朝大诗人谢灵运，世称"康乐公"，曾流寓广州，并终于此。有人认为，康乐园、康乐村或与谢灵运（康乐）有关。这也许只是一个美丽的传说。不过，康乐园的确洋溢着浓郁的人文气息与诗情画意。但对于人文学科而言，光有诗情是远远不够的，更重要的是必须具有严谨的学术研究精神与深厚的学术积淀。一个好的学科当然应该有优秀的学术传统。那么，中山大学中文系的学术传统是什么？一两句话显然难以概括。若勉强要一言以蔽之，则非中山大学校训莫属。1924年，孙中山先生在国立广东大学成立典礼上亲笔题写"博学、审问、慎思、明辨、笃行"十字校训。该校训至今不但巍然矗立在中山大学校园，而且深深镌刻于中山大学师生的心中。"博学、审问、慎思、明辨、笃行"是孙中山先生对中山大学师生的期许，也是中文系百年来孜孜以求、代代传承的学术传统。

一个传承百年的中文学科，必有其深厚的学术积淀，有学殖深厚、个性突出的著名教授令人仰望，有数不清的名人逸事口耳相传。百年来，中山大学中文学科名师荟萃，他们的优秀品格和学术造诣熏陶了无数学者与学子。先后在此任教的杰出学者，早年有傅斯年、鲁迅、郭沫若、郁达夫、顾颉刚、钟敬文、赵元任、罗常培、黄际遇、俞平伯、陆侃如、冯沅君、王力、岑麒祥等，晚近有容庚、商承祚、詹安泰、方孝岳、董每戡、王季思、冼玉清、黄海章、楼栖、高华年、叶启芳、潘允中、黄家教、卢叔度、邱世友、陈则光、吴宏聪、陆一帆、李新魁等。此外，还有一批仍然健在的著名学者。每当我们提到中山大学中文学科，首先想到的就是这些著名学者的精神风采及其学术成就。他们既给我们带来光荣，也是一座座令人仰止的高山。

学者的精神风采与生命价值，主要是通过其著述来体现的。正如司马迁在《史记·孔子世家》中谈到孔子时所说的："余读孔氏书，想见其为人。"真正的学者都有名山事业的追求。曹丕《典论·论文》说："盖文章，经国之大业，不朽之盛事。年寿有时而尽，荣乐止乎其身，二者必至之常期，未若文章之无穷。是以古之作者，寄身于翰墨，见意于篇籍，不假良史之辞，不托飞驰之势，而声名自传于后。"真正的学者所追求的是不朽之事业，而非一时之功名利禄。一个优秀学者的学术生命远远超越其自然生命，而一个优秀学科学术传统的积聚传承更具有"声名自传于后"的强大生命力。

为了传承和弘扬本学科的优秀学术传统，从2017年开始，中文系便组织编纂中山大学"中国语言文学文库"。本文库共分三个系列，即"中国语言文学文库·典藏文库""中国语言文学文库·学人文库"和"中国语言文学文库·荣休文库"。其中，"典藏文库"主要重版或者重新选编整理出版有较高学术水平并已产生较大影响的著作，"学人文库"主要出版有较高学术水平的原创性著作,"荣休文库"则出版近年退休教师的自选集。在这三个系列中,"学人文库""荣休文库"的撰述,均遵现行的学术规范与出版规范;而"典藏文库"以尊重历史和作者为原则,对已故作者的著作,除了改正错误之外,尽量保持原貌。

  一年四季满目苍翠的康乐园,芳草迷离,群木竞秀。其中,尤以百年樟树最为引人注目。放眼望去,巨大树干褐黑纵裂,长满绿茸茸的附生植物。树冠蔽日,浓荫满地。冬去春来,墨绿色的叶子飘落了,又代之以郁葱青翠的新叶。铁黑树干衬托着嫩绿枝叶,古老沧桑与蓬勃生机兼容一体。在我们的心目中,这似乎也是中山大学这所百年老校和中文这个百年学科的象征。

  我们希望以这套文库致敬前辈。

  我们希望以这套文库激励当下。

  我们希望以这套文库寄望未来。

2018 年 10 月 18 日

吴承学:中山大学中文系学术委员会主任、教授,长江学者特聘教授
彭玉平:中山大学中文系系主任、教授,长江学者特聘教授

# 序　言

　　1982年1月，我毕业于中山大学中文系，留校教外国学生汉语，教中国学生现代汉语和语法学，教中外硕士生、博士生汉语言文字学、语言学和应用语言学。一教就是38年，直到退休。这个文集，从某种意义上说，是对38年的回顾和总结。

　　何谓"语文"？"对'语文'有三种理解：一是口语和书面语；二是语言和文学；三是语言文字。"（见《大语文的构想和实施——语文教育改革散论》）文集名的"语文"，主要指第二种意思。

　　1950年12月，人民教育出版社（以下简称"人教社"）成立，叶圣陶任社长兼总编辑，吕叔湘、吴伯箫任副总编。当时将小学"国语"和中学"国文"合称"语文"。此后，教育部相继颁布人教社的《初级中学汉语教学大纲（草案）》《初级中学文学教学大纲（草案）》《高级中学文学教学大纲（草案）》《暂拟汉语教学语法系统》《改进小学语文教学的初步意见》等。人教社陆续出版汉语、文学分科教材。1980年代，大学为非中文系学生开设"大学语文"课，讲授语言文学。

　　语文，是作育人才的必修课。研习语文，则是怡情养性的一种修行。

　　而人教社的这三位总编、副总编，是著名教育家、语言学家和文学家。他们的作品和论著，本身就是语文的典范，彰显中国语文的魅力。

　　文集取名《语文的魅力》，希望作品有个标杆。内容分语言学编、文学编、教育编。

　　"文革"后首届考入大学的我，起初对文学感兴趣。协助主编办中大钟楼文学社刊物《红豆》，该刊出了7期铅印版，不少文章被报刊转载，在当时中国大学生文学中占一席地位。但我很快发现，自己更适合做语言研究。高年级开始转向，研读吕叔湘、王力、朱德熙等先生和一批中年语法学家的论著。

　　其实，我高中毕业当辅导员时，就自学华中师范学院的《现代汉语》，为语言的抽象性、逻辑性、规则性所折服。"那么多的词，可按构成方式分成若干类，又可以根据功能看出词性。六种成分，组成绝大多数句子。十来种关系，可包含那么多复句。我感觉到语言学的魅力，感觉到分类和规则的魅力!"(见《半世耕耘且做零——"2015年南京大学语言学高峰论坛"随笔》)系统研习语言学后,我渐渐明白语言是一种神奇的社会、文化、自然景观,语言学是跨学科的学问,值得终身研习和修行。

语言学编,多是对语言现象的真实描述、对规则的概括和解释,力求使用简明的语言。

跟2017年的《汉语教学名家文选·周小兵卷》不同,本文集力求展现38年语言研究的全貌。一些语法、二语学习的论文未收入。增加的有:①语言、教学研究的一些早期成果。如我的第一篇学术论文《关于"从"字句的两个问题》(《汉语学习》1983年第1期),读研教学实习时写的《多项定语和构件定语》(《语文月刊》1988年第3期);读研时参编的《中国语言学大辞典》部分词条,参与中文系中文刊授的普及性文章。②方言学、社会语言学、宏观语言学论文。③习得与教材研究最新成果。④序言、致辞和译文。

文学编是38年的作品选。"言为心声"。每个人都会表达情感;用独特的文字表达并引起共鸣,就是文学。我专注语言学,但文学从未在生活中缺席。读书时、毕业后,断断续续写一些诗;跟同学、师弟合编过电视连续剧《古国悲风》(广东省电视台1988—1989年摄制播映);发表过报告文学、小说、评论;但还是散文写得最多,到过多个国家访学、交流、讲座、培训,写了不少散文描写国外风情。本编所收文章大多发表过,有几篇是今年防控新冠肺炎疫情期间所作,如《比利时与鲁汶大学》等。我的追求是:用朴实优美的语言,写真人真事,抒真情实感。

作育人才,是教师的天职。对儿童语言发展的关注,成就我和同行合作的第一部专书《怎样教你的孩子学说话》(湖南教育出版社,1991)。"文革"中半年的语文教学经历,20多年在广东省教育学会中学语文教学专业委员会兼职,跟多个国际学校合作,让我对中学教育和教材有思考也有研究。留学生汉语教学38年,感悟二语教学,体验跨语言跨文化的魅力。对中外本硕博学生的培养,对教育全球化有更深的悟道。主管汉语教学机构,任职教育部、国家汉办多个委员会和全国汉语国际教育专业学位硕士教学指导委员会,在省、国家和国际汉语教学组织兼职,积累了丰富的教学管理经验,在学科建设发展上有所建树并具备全球视野。所有这些,都在教育编中有真实反映和情感袒露。

教育生涯感受最深的是:"培养学生,其实就是培养老师。"(见《我的外国学生》《校训与人才成长》《半世耕耘且做零——"2015年南京大学语

言学高峰论坛"随笔》）

  选编文集过程中，不少文章做了删改。一是因篇幅限制，二是为友好读者。

  感谢中文系策划资助"荣休文库"出版。希望本文集能名副其实，开卷有益。

  退休是人生某个阶段的终点，也是新阶段的起点。办退休时遭新冠肺炎肆虐。庚子年首日傍晚，游康乐园后作诗一首。序言以此作结：

凉风夜雨叩南窗，叶落康园霞满江。
鸟啭空林人迹灭，小楼石径桂花香。

2020 年 6 月 19 日于康乐园

# 目 录

## 上编 语言学

一、论 文 ……………………………………………………………… 3
 语法研究 …………………………………………………………… 3
  关于"从"字句的两个问题 …………………………………… 3
  "刚 + V + M"和"刚才 + V + M" ……………………………… 7
  多项定语和构件定语 …………………………………………… 12
  汉语"连"字句 …………………………………………………… 16
  "比"字句否定式的语用分析 …………………………………… 29
  谓语前介词结构的同现次序 …………………………………… 35
  析"不A不B" …………………………………………………… 46
  表示处所的"在"字句 …………………………………………… 52
  两种双重否定句式的语用分析 ………………………………… 63
 海外华语和方言语法 ……………………………………………… 68
  新加坡华语小说的语法特点 …………………………………… 68
  论广州话的语序 ………………………………………………… 73
  普通话和广州话的人称疑问代词 ……………………………… 81
  广州话量词的定指功能 ………………………………………… 85
 社会语言学 ………………………………………………………… 90
  广州市内对陌生女青年的称谓 ………………………………… 90
  对外汉语与语言规划 …………………………………………… 99
  朝鲜、日本、越南汉语传播的启示与思考 …………………… 106
 宏观语言学 ………………………………………………………… 114
  语言学与多学科交叉 …………………………………………… 114
  语言学的主体与客体 …………………………………………… 118

第二语言习得……123
　　学习难度的测定和考察……123
　　"着"的习得考察……134
　　汉语语法学习发展难度……144
　　语言对比分析的技术应用
　　　　——基于对韩汉语语法教学……156
　　中介语与相关语言系统的对比研究……169
　　泰国人汉语多项定语语序习得研究……180
第二语言教学与教材……190
　　口语教学中的听话训练……190
　　对外汉语学习词典的编写……196
　　对外汉字教学中多项分流、交际领先的原则……201
　　汉语第二语言教学语法的特点……207
　　汉语教材本土化方式及分级研究……215
　　西方早期汉语教材的拼音方案与现行《汉语拼音方案》……225
　　国际汉语教材语料库的建设与应用……236
　　西方汉语教材与教学语法……252
　　国际汉语教材40年发展概述……262

二、《中国语言学大辞典》"语法卷"词条……277
　　向心结构……277
　　扩展……277
　　主干成分分析法……278
　　类化……278

三、《刊授指导》文章……280
　　语音的历史演变……280

四、序　言……283
　　《医学汉语——实习篇》序……283
　　应用研究与开发研究的结合
　　　　——《汉字轻松学》序……285
　　丁雪欢和她的第一本书
　　　　——《汉语疑问句作为第二语言的习得研究》序……288

语言对比研究的若干问题
　　　　——《汉越语言对比研究论文集》序 …………………… 291
五、致辞与发刊词 ………………………………………………………… 299
　　跨文化的视野
　　　　——在华南理工大学跨文化传播研究中心成立仪式上的发言 …… 299
　　《国际汉语》发刊词 ………………………………………………… 302
　　线上学习与大数据开发
　　　　——在外文局华语教学出版社"中文帮"发布会上致辞 ……… 304
六、译　文 ………………………………………………………………… 306
　　普通话两种体标志（节译）………………………………………… 306

# 中编　文　学

一、散　文 ………………………………………………………………… 315
　　肖　像 ………………………………………………………………… 315
　　　　姑　妈 …………………………………………………………… 315
　　　　王洛宾和他的歌 ………………………………………………… 317
　　　　忆朱德熙先生 …………………………………………………… 321
　　　　理　发 …………………………………………………………… 323
　　　　这样的科学家 …………………………………………………… 325
　　　　迟来的父爱
　　　　　　——一个台湾女生的自述 ………………………………… 327
　　　　乐　乐 …………………………………………………………… 329
　　感　觉 ………………………………………………………………… 334
　　　　风暴卷走的童年 ………………………………………………… 334
　　　　圣诞夜的飘雪 …………………………………………………… 336
　　　　哈得孙河畔的雪季 ……………………………………………… 337
　　　　在美国过中国年 ………………………………………………… 339
　　　　纽约的那个春天 ………………………………………………… 342
　　　　远郊的宁静 ……………………………………………………… 344
　　　　秋林雾雨 ………………………………………………………… 346

渴望蓝天 348
　城　市 350
　　站在纽约夜空 350
　　大都会艺术博物馆 353
　　波士顿散记 355
　　旧金山的桥 357
　　巴黎圣母院 359
　　访雨果故居 361
　　俄罗斯纪行
　　　　——圣彼得堡 363
　　从伊斯法罕到德黑兰 369
　风　情 376
　　夜海奇观 376
　　和谐·禅净
　　　　——东方园艺在蒙特利尔 378
　　雷鸣的水
　　　　——尼亚加拉瀑布 381
　　醉入安大略 383
　历史文化 385
　　西点游思 385
　　哈佛的魅力 388
　　枫丹白露 390
　　尤卡坦和玛雅文化 391
　　比利时与鲁汶大学 396
　杂　感 403
　　美国人数数 403
　　歧视与法律 405
　　人道与兽道 407
　　人种与智商 409
二、诗 411
　　沙角炮台抒怀 411

四川行（五首） …………………………………………………… 411
　　九寨沟杂咏（二首） ………………………………………… 413
　　始皇陵杂咏（二首） ………………………………………… 414
　　思亲诗二首 ……………………………………………………… 414
　　甲子诗一首 ……………………………………………………… 415
　　桂林行（二首） ………………………………………………… 415
　　庚子年诗一首 …………………………………………………… 416
三、评论与译文 ………………………………………………………… 417
　　琴音如水　温情似梦
　　　　——看奥斯卡获奖影片《钢琴曲》 ……………………… 417
　　摄影与艺术：艺术媒质的演进过程（节译）……………………… 420

# 下编　教　育

一、论　文 ……………………………………………………………… 427
　　大语文的构想和实施
　　　　——语文教育改革散论 …………………………………… 427
　　突出特性，体现共性，强调应用
　　　　——汉语二语学科人才培养模式的创新 ………………… 431
　　研究设计与论文写作（上） ………………………………… 442
　　研究设计与论文写作（下） ………………………………… 453
二、发刊词与序言 ……………………………………………………… 466
　　通天塔和汉语桥
　　　　——《汉语回廊》发刊词 ………………………………… 466
　　大爱汉语，梦想成真
　　　　——《大爱汉语》序 ……………………………………… 469
三、致　辞 ……………………………………………………………… 472
　　在中山大学汉语国际教育30年庆典上的致辞 …………………… 472
　　百年协和，根深叶茂
　　　　——在广州协和（师范）百年华诞庆典上的致辞 ……… 475
　　校训与人才成长 ………………………………………………… 477

## 四、随　笔……481

美国的孩子……481

我的外国学生……482

半世耕耘且做零

　　——"2015年南京大学语言学高峰论坛"随笔……485

善待学生

　　——怀念吾师傅雨贤先生……496

我的中学……498

上编 语言学

# 一、论 文

语法研究

## 关于"从"字句的两个问题

介词"从"的主要功能是同其他词语组成介词结构（简称"从构"）充当状语（他从北京来）。介词"由"有一类意义、功能与介词"从"相同，如上句可说成："他由北京来。"本文选录例句部分是此类"由"句，论述时一律以"从"代之。

从构表时间的句子（他从昨天起就没出门）及"从……到……"结构充当成分的句子（从吃到喝都要管）不在本文讨论之列。

### 一

一般语法书都提到，介词结构是限制句子谓语的。但从意念上看，由介词"从"组成的从构不但能说明谓语，而且能说明主语和宾语。

**1. 从构说明句子主语**

（1）船开始动了。它慢慢地<u>从岸边</u>退走。（巴金《家》，第 392 页）

（2）一缕颇带凉意的甜香<u>从喉咙</u>经过，……（茅盾《蚀》，第 314 页）

（3）蕾蕾<u>从床上</u>坐起来，别过脸去。（张笑天《追花人》，《十月》1981 年第 5 期，第 20 页）

（4）我已<u>从理想主义</u>蜕变为现实主义者。（戴厚英《人啊，人！》，第 201 页）

从构在例（1）中说明行为发生前主语的处所，在例（2）中说明行为发生过程中主语经过的处所，在例（3）中说明动作发生前后主语存在的处所，在例（4）中说明行为发生前主语的类属。

### 2. 从构说明宾语

（5）他从抽屉里拿出手提包，走出门去。

（6）蕾蕾哭了，从栏杆缝隙里伸出手去。（张笑天《追花人》，《十月》1981年第5期，第19页）

（7）他从报纸上看见一篇可诧异的时评（《叶圣陶文集》一卷，第345页）

从构在例（5）中说明行为发生前宾语的处所，在例（6）中表示行为进行中宾语经过的处所，在例（7）中说明宾语存在的处所。

### 3. 从构说明谓语

（8）又轻轻的翘起头来，从丈夫的肩头瞧他的脸。（《茅盾文集》七卷，第10页）

（9）这些话从你咀里说出来，多少总有点不相宜罢？（《茅盾文集》七卷，第38页）

（10）展开信面再看了一眼，然后仔细地从原封处揭开，……（叶圣陶《倪焕之》，第156页）

从构在例（8）中说明行为经过的处所，在例（9）中说明动词所指行为的施事，在例（10）中表示动作受事。

可见，"从"字结构从意念上看可分别说明句子主语、宾语和谓语等。

## 二

有些语法书认为，介词只跟名词性词语结合组成介词结构。从我们收集到的材料来看，这种观点跟语言事实不完全符合。

首先，我们查阅了400万字的语言材料，发现介词"从"除了通常与体词性词语结合外，还可以跟谓词性词语结合。如：

（1）（祥子）由攒钱想到买车，由买车便想到小福子。（老舍《骆驼祥子》，第194页）

（2）他从一九五三年春天农村自发势力对活跃借贷指示的抵制，许多

中农普遍退出互助组，说到粮食市场意外地紧张。(柳青《创业史》第一部，第 459 页)

(3) 她突然变了脸，眼光由光亮而变为阴暗，半晌不出一句话。(巴金《家》，第 77 页)

(4) 他只好由哭喊改为哼哼，象个闷气的小猪。(《老舍文集》二卷，第 394 页)

上例中跟"从"结合的，(1) 中是动宾词组，(2) 中是小句，(3) 中是形容词，(4) 中是动词。

其次，谓词性词语虽然可以跟介词"从"结合，但在它们跟"从"结合进入句子后，有的基本保持谓词性质，有的丧失了谓词性质。

在例 (1) (2) 中，跟"从"结合的谓词语在语义上都是句子谓语动词的受事，都可做谓语动词的受事宾语。例 (1) 可以说："他先想到攒钱，接着想到买车，最后又想到小福子。"原句"攒钱、买车"的语义同"小福子"一致，都是"想"的受事。这说明它们入句后已丧失谓词性质，即通常所说的已经事物化了。

在例 (3) (4) 中，跟"从"结合的谓词语在语义上都是对主语所指人事的陈述，可做主语的陈述谓语。例 (4) 可说："他先哭喊，后哼哼。"这说明谓词"哭喊"在跟"从"结合入句后，并没有丧失其谓词性质。以下论述由这类谓词与"从"结合构成的句子。

这类谓词性词语在跟"从"结合时，可受副词修饰，带宾语，还可构成连谓式：

(5) 由坚决不去赴宴改为高高兴兴的去……(《老舍文集》二卷，第 239 页)

(6) 高太太从吃藕粉发展到只能喝牛奶的份上了，还是清清楚楚。(韦君宜《夕阳赋》，《人民文学》1982 年第 6 期，第 26 页)

(7) 他会由闹着玩而渐变为郑重其事地干，……(《老舍文集》二卷，第 473 页)

例 (5) 的从构中，动词"去"受副词"不"修饰，动词"赴"后带宾语"宴"，谓词词组是连谓式；例 (6) 的"吃"带宾语"藕粉"；例 (7) 的"闹着玩"是连谓式构成的习用语。这说明上述例句中谓词在跟"从"结合后并未丧失谓词性质。

事实上，谓词充当"从"宾语后多少受一些限制。谓词最大特点是能当谓语，受副词修饰，带时态助词表时态。而谓词在跟"从"结合后虽能受副词修饰，但却不能带时态助词。如例（4）不能说"他由哭喊着改为哼哼"，例（5）不能说"由坚决不去赴宴了改为高高兴兴的去"。可见，此时的谓词失去了本身的部分特性。

最后，互相结合的语言单位都有选择限制。介词一般跟体词结合；只是有了特定条件，介词才能跟谓词结合。这些条件就是上述例句的独特结构和意义。

例（3）～（7）的结构相同，可分为四部分：①主语。如例（4）"他"，代为 S。②从构。如例（4）"由哭喊"，代为（从+$O_1$）。③句子谓语动词。如例（4）"改为"，代为 P。④句子谓语动词后的宾语。如例（4）"哼哼"，代为 $O_2$。句式符化为：S + (从 + $O_1$) + P + $O_2$。

再举几例：

（8）她立刻感觉他们两个有故示骄傲的意思，便从揣想转而为愤怒。(《叶圣陶文集》一卷，第189页）

（9）想到这里，由忧愁改为颓废。(老舍《骆驼祥子》，第172页)

（10）他们从恋爱而进于结婚。《叶圣陶文集》一卷，第382页)

（11）没过几分钟，雨点又由大变小（林呐《珍藏的记忆》，《人民文学》1982年第2期，第92页)

$O_1$〔如例（9）"忧愁"〕能跟介词"从"结合并保持谓词性质，关键在谓语 P〔如例（9）"改为"〕表示发展变化。P 并非直接陈述 S 的变化，而是通过描述 S 某种状态的变化来陈述。$O_1$〔如例（11）"大"〕表示 S 变化前状态，$O_2$〔如例（11）"小"〕表示 S 变化后的状态。

可见，此句式还有一个条件：跟"从"结合的谓词 $O_1$ 和句子谓语 P 的宾语 $O_2$ 必须分别表示 S 在变化前后的不同状态。谓语 P 表示的正是这种从属于 S 的状态变化。

（原载于《汉语学习》1983年第1期）

# "刚 + V + M" 和 "刚才 + V + M"①

许多语法书都把"刚才"类同于"刚",划为副词一类。吕叔湘先生主编的《现代汉语八百词》(以下简称《八百词》)指出:"刚"是副词,"刚才"是名词。这是非常正确的。但是《八百词》关于"刚"和"刚才"用法的说明还有可以商榷的地方。

《八百词》在辨析"刚(刚刚)"和"刚才"时说:用"刚、刚刚"的句子,动词后可以用表示时量的宾语,"刚才"不行。如:

我刚(＊刚才)来一会儿。/他刚(＊刚才)走了两天你就回来了。

其实,"刚才"句语词后也可以用时量宾语。如:

(1) 我刚才在门口听了一会。(曹禺《雷雨》)
(2) 刚才我找了你半天。(曹禺《日出》)
(3) 侍琴　董都尉,刚才文姬夫人在那墓台上晕倒了一会呢!
　　　董祀　是这样吗?大姐……
　　　文姬　是我对不起你们。(郭沫若《蔡文姬》)

《八百词》所举例句确有问题,但问题不在动词后带了时量宾语。第一例稍加改动就能成立:"我刚才来过一会儿"。第二例不成立是语义问题,下面再谈。

可见"刚"句和"刚才"句,动词后都可带时量宾语。值得注意的是,两种句式虽然都可出现时量宾语,但有很大区别。为讨论方便,将这两类句式记为:

$S_1$:刚 + V + M;　$S_2$:刚才 + V + M。

---

① 在本文的写作过程中,陆俭明先生提过不少宝贵意见,谨致谢意。

其中，V 表示谓语动词，M 表示时量宾语。

# 一、句法意义

## （一）时段 M 的长度

M 在 $S_1$ 和 $S_2$ 中所指时段的长度不同。试比较：

(4) 丈夫刚回来一会儿。
(5) 刚到这里几个月，对连队的情况已掌握得差不多了。
(6) 家母刚过世三年，所以家姐还不曾说到婚姻上来。
(7) 小妞儿刚才就进来一会儿。
(8) 他刚才仔细观察过好几分钟。
(9) 龙老头刚才在屋里睡了一个多钟头。

"刚才"句中的 M 只能表示较短的时段，而"刚"句中的 M 不但能表示较短的时段，还能表示较长的时段，如例（5）的"几个月"、例（6）的"三年"。

一般认为"刚"表示"发生在不久前"。若真如此，"刚"句 M 所指时段应该较短，因 M 的起点就是行为或事件的发生时点。但语言事实是，"刚"句 V 所指行为事件的发生时点离说话时客观上可以较远，即 M 所指时段比较长。可见"刚"并非客观表示"发生在不久前"，而是强调主观上认为"发生在不久前"：

(a) 他刚离开几分钟（，骑车还能追上）。
(b) 他刚离开几个月（，就病了三次）。
(c) 他刚离开几年（，就连父母都忘了）。

同是"离开"，M 所指时段可长可短；但因叙述者认为发生在不久前，所以都能用"刚"。"刚"的主观性也有客观基础：M 所指时段相对另一行为来说比较短。

"刚才"句的 M 所以只能表示较短时段，原因是：①"刚才"本身表示客观较短的时段；②这一时段的起点（行为发生点）离说话时客观上必须比较短。因此"刚才找了你几天"不成话。这是《八百词》所举第二例不能说的主要原因（分句间承接关系是另一原因）。

### （二）时段与叙述时点的关系

所谓叙述时点，就是指叙述者说话的时间，当 M 所指时段长度一样时，"刚"句和"刚才"句也有语义差别：

(10) a. 他刚来一会儿（，现在正在里屋）。
b. 他刚才来过一会儿（，现在已经走了）。
(11) a. 他刚离开一会儿（，现在还没回来）。
b. 他刚才只离开一会儿（，现在又回来了）。
(12) a. 他刚躺了五分钟（，现在还在床上）。
b. 他刚才躺了五分钟（，现在已经起来）。

在"刚"句中，M 所指时段的终点就是叙述时点，即 V 所指行为或者这一行为产生的状态、结果持续到说话时。上述例子中 a 句和例（4）～（6）都如此。在"刚才"句中，M 所指时段在叙述时点之前，即 V 所指行为或行为产生的状态在说话前不久已经结束，如例（1）～（3）、（7）～（9）和上述例子中 b 句。

如果把 M 所指时段的起点写作 $T_0$，终点写作 $T_1$，叙述时点写作 $T_2$，"刚"句和"刚才"句的语义差别可概括如下：①"刚"句 M 的起点 $T_0$ 离叙述时点 $T_2$ 可以很远，"刚才"句不行；②"刚"句 M 的终点 $T_1$ 跟叙述时点 $T_2$ 重合，"刚才"句 $T_1$ 只能在 $T_2$ 前不久。最主要的区别还是②。M 长度一样时，$S_1$ 和 $S_2$ 的差异就在于此。因此"刚"句和"刚才"句的区别可进一步概括为：

$S_1$：$T_1 = T_2$； $S_2$：$T_1 \neq T_2$。

### （三）时体范畴与汉英对比

"刚"实际上表示完成体范畴，所饰动词的时态相当于英语现在完成时或现在完成进行时；而"刚才"句谓语动词的时态相当于英语过去时。比较：

(13) a. 他刚离开五分钟。He has just left for five minutes.
　　　b. 他刚才离开了五分钟。He left（for）five minutes a moment ago.
(14) a. 他刚躺了一会。He has been lying for a little while.
　　　b. 他刚才躺了一会儿。He lain for a little while just now.

## 二、句法形式的区别

### （一）对谓语动词的要求

"刚才"句谓语不能是光杆动词，后边要带动态助词"了、过"［例（1）（2）（3）（8）（9）（10b）（12b）（13b）（14b）］，或前有范围副词"就、只"［例（7）(11b)］。"刚"句谓语没有上述限制。

### （二）结构层次

　　刚来/五分钟　　刚才/来了五分钟

"刚"修饰动词，管不到 M；"刚才"修饰整个述宾结构，行为发生、状态结束都在"刚才"这一时段内完成。"刚"句 M 若是"数词＋量词"结构，可前移做状语：

　　刚来五分钟→五分钟前刚来　　刚出国一年→一年前刚出国

显然，右边"状语＋刚＋V"，层次结构应是"五分钟前/刚来"，"刚"也是修饰谓语动词的。"刚才"句不能如上变换。

### （三）句法位置

"刚才"可出现在主语前，修饰整个主谓结构。"刚"不能出现在主语前。如：

(15) 刚才他睡了一会儿。/＊刚他睡了一会儿。
(16) 刚才小龙出去了几分钟。/＊刚小龙出去了几分钟。

## （四）辨别标准

尽管不能把动词后能否带时量宾语当作"刚""刚才"的语法特征，但用时间词语辨析这两个词确实是一个好方法。通过分析时量宾语，看出"刚"和"刚才"在意义上的区别。其实时间词也能辨析"刚"和"刚才"的功能。在分析 $S_1$ 和 $S_2$ 的形式区别第二点时看到，"刚"前面可出现时间状语，"刚才"不行。再如：

（17）早上刚摘的，看，还带着露水呢。
（18）我在三天前刚领到了每月二十块钱的生活费。

上两例中"刚"都不能用"刚才"替换。因此，可以把前面能否出现时间状语作为"刚"和"刚才"的辨析标准，代替《八百词》提出的关于时量宾语的辨析标准。

（原载于《中国语文》1987 年第 1 期）

# 多项定语和构件定语

主宾语前边由一串词构成的修饰成分,有几种命名:复式定语,多层定语,复杂定语。对这类定语的内部分类也有几种意见:两类,三类,四类。① 造成这种分歧的主要原因是混淆了多项定语和构件定语的性质。

多项定语是指主宾语前边不止一个定语。如:

(1) 他是个(伟大)而(质朴)的人。
(2) 我们党是(伟大)、(光荣)、(正确)的党。
(3) (王先生)(出嫁了)的女儿我不认得。
(4) 面前摆着(四个)(红鱼)(细瓷)茶杯。

多项定语最重要的特点是,每个定语都能单独修饰中心语。如例(2),三个定语"伟大""光荣""正确"都可以单独修饰中心语"党"。例(4)"四个""红鱼""细瓷"也都能跟"茶杯"直接组合。有些文章忽视了多项定语这一特点,将例(1)(2)分析为联合词组充当定语。② 下面我们将看到,联合词组做定语不具备上述多项定语的特征。

多项定语内部还可分类。一类是分加式,定语间无主次之分,分别修饰中心语。如例(1):

分加式多项定语的特征是:第一,定语之间可以用连词,如例(1),或可

---

① 章仪椿:《附加语的并列和连锁》,《语文学习》1955年第5期;吕冀平等:《语法修辞》,黑龙江人民出版社1950年版;刘世儒:《现代汉语语法讲义》,商务印书馆1963年版;黄伯荣:《句子的分析与辨认》,上海教育出版社1963年版。

② 黄伯荣:《现代汉语》,甘肃人民出版社1983年版。

以有语音停顿,如例(2);第二,定语之间的关系是并列的,可以构成并列词组,如例(1)的"伟大而质朴"。

另一类多项定语是递加式的,定语之间有主次之分,最后边的定语先修饰中心语,跟中心语构成偏正词组。如例(4)的修饰关系是:

递加式多项定语的特征是:①定语之间不能用连词,无语音停顿;②定语间无结构关系,不能构成词组,"四个红鱼细瓷"不是结构体,例(3)的"王先生出嫁了"跟原句义不符。

构件定语是指由词组、结构充当的单个定语。如:

(5)(鲁镇的酒店)的格局,是和别处不同的。
(6)要调整(重工业和农业、轻工业)的投资比例。
(7)(关于话剧)的问题下次再谈。
(8)他是一个(生活在梦幻里)的人。

句中定语虽然由一串词构成,但这些词不是或不能单独修饰中心语,而是构成整体修饰中心语,因此是构件定语。其中例(5)的定语是偏正词组,例(6)的定语是联合词组,例(7)的定语是介词结构,例(8)的定语是述补词组。

有文章认为,例(5)的主语部分是递加式偏正词组,其中"酒店"修饰中心语"格局",同时又受"鲁镇"的修饰。① 我们认为正确的分析是,"酒店"先受"鲁镇"修饰,构成"鲁镇的酒店",再由这个偏正词组整个修饰中心语"格局",即:

---

① 吕冀平等:《语法修辞》。

对比例（4）（5）可知，递加式多项定语加中心语结构跟偏正词组加中心语结构有三点区别：第一，前者中心语前几个定语无结构关系，如例（4）"四个红鱼细瓷"；后者中心语前的一串词构成偏正词组，如例（5）"鲁镇的酒店"。第二，前者成分分析是右项的，如例（4）：

后者的层次划分是左向的，如例（5）：

第三，前者几个定语能单独修饰中心语，例（4）"四个""红鱼""细瓷"能分别跟"茶杯"组合；后者定语中有些词不能修饰中心语，例（5）的"鲁镇"不能修饰"格局"。

有文章认为例（6）是几个定语联合修饰中心语，跟例（1）的定语相似。① 这种说法值得商榷。多项定语能单独修饰中心语，例（1）可说"他是一个伟大的人、质朴的人"。构件定语中几个词不能分别修饰中心语。例（6）若说成"要调整重工业的投资比例、农业的投资比例、轻工业的投资比例"，意思跟原句不同。"重工业和农业、轻工业"和"伟大而质朴"孤立看是并列词组，但分别处于例（6）和例（1）这两个句子时，跟中心语的关系不同：前者是整体当构件定语；后者可分别修饰中心语，是分加式多项定语。

上面，我们把主宾语前边儿由一串词构成的修饰成分分为两类。实际上，这两类定语并不处在一个层面上。如：

（9）（他哥哥）的（两间）房子已经卖了。

---

① 刘月华等：《实用现代汉语语法》，外语教学与研究出版社1983年版。

"他哥哥""两间"是递加式多项定语。而"他哥哥""两间"又分别是由偏正词组和数量词组充当的构件定语。多项定语是说主宾语前不只一个定语,构件定语是说主宾语前的单项定语由不止一个词构成。区分这两个概念对认识定语性质非常重要。

(原载于《语文月刊》1988年第3期)

# 汉语"连"字句

汉语"连"字句代表一个分级语义系列,"连……也……"处于系列顶端受到强调:"连"跟"甚至"近义,表递进。全文六节:一、基础句式,代表式 $N_1V$, $N_2V$, …, $N_nV$, $N_{n+1}V$。这是一个能产的特殊递进句,通过跟 $N_1$, $N_2$, …, $N_n$ 的对比,$N_{n+1}$ 成为强调重点、信息焦点。二、类推句式,代表式 $N_1V_1$, $N_2V_2$, …, $N_nV_n$, 连 $N_{n+1}V_{n+1}$。三、隐含句式,即"连……也……"。四、使用频率,三类句式的频率约为3:3:4。五、近代汉语中的"连"字句。六、"连"的性质。

## 一、基础句式

### (一)完整复句

"连……也……"经常作为后接分句出现在递进复句中。如:

(1) 不仅大哥是矛盾的,现在连他自己也是矛盾的(家,第69页)[①]

(2) 不但鸡犬相闻,就连说话、洗碗筷的响动也听得见。(小,第44页)

(3) 别人不理解我,连你也对我不理解。(独,第417页)

我们将前一分句记作 $N_1V_1$,后一分句记作"连 $N_2V_2$",整个复句写作Ⅰ式:

$$N_1V_1,\ 连\ N_2V_2$$

Ⅰ式有三点值得注意:①$N_1$ 和 $N_2$ 多指同一大类中的小类,概念上互不包容,如例(1)中"大哥"和"他自己"同属"家人"这一大类。极个

---

[①] 引文出处:家,巴金《家》;小,《小说选刊》1987年第6期;独,《独幕剧选》(一);吴,萧军《吴越春秋史话》;十,《十月》1980年第4期;子,茅盾《子夜》;苏,《苏叔阳剧本选》;曹,《曹禺选集》;骆,老舍《骆驼祥子》;三,赵树理《三里湾》;羊,《羊城晚报》。

别句式是 $N_2$ 语义上包含 $N_1$，如：

（4）有一个青年女子剑术很好，不独在那一带地方闻名，连全越国都知道她。（吴，第 445 页）

在我们收集的 600 多个"连"字句中，这种情况仅两例。②$V_1$ 和 $V_2$ 语义内容基本相同，如例（1）。例（2）的"相闻"和"听得见"，形式不同，意思一样。因此，下面我们用 V 代替 $V_1$ 和 $V_2$。③后分句意思比前分句进了一步。递进义由"连"凸显。"连"跟"甚至"义近，有时可用"甚至"替换，如例（3）。前分句有时有表递进的"不但"类连词与"连"呼应。两个分句的 V 相同而 N 不同，递进重点落在 $N_2$ 上。即 $N_2$ 是后分句信息焦点。

事实上，"连……也……"前面的分句往往不止一个。如：

（5）不仅祖父是矛盾的，不仅大哥是矛盾的，现在连他自己也是矛盾的了。（家，第 69 页）

（6）骂了觉新，骂了克明，连周氏也挨了骂。（家，第 303 页）

（7）床单是白色的，被面是月白色的，枕巾是白色，连衣架上的毛巾也是白色的。（小，第 114 页）

这几个句子都符合 I 的三个特点。因此，我们应将 I 式改写为：

$$N_1V, N_2V, \cdots, N_nV, 连 N_{n+1}V①$$

句式中有若干个 N，其间的语义关系可用下面的逻辑式表达：

$$N_1 \cap N_2 = 0, \cdots, N_n \cap N_{n+1} = 0$$
$$N_a = N_1 \cup N_2 \cup \cdots \cup N_n \cup N_{n+1}$$

∩ 表示交，∪ 表示并，$N_a$ 代表句中所有 N 的集合。

其实，I 式不是一般递进复句。在谈话人心目中，"连 $N_{n+1}V$"已递进

---

① "连……也……"前面几个分句中的 N 和 V 位置可调换，如例（6），但这并不影响 I 式的成立和本文的语义分析。

到极限,不能再递进了。下面是Ⅰ式的分级语义系列〔以例(5)为例〕:

$$\left.\begin{array}{l}N_{n+1}\\N_n\\\cdots\\N_2\\N_1\end{array}\right\}V \qquad \left.\begin{array}{l}他自己\\大哥\\祖父\end{array}\right\}是矛盾的$$

邢福义先生(1986)指出,"连……也"是把情况推向极端。这很有道理。由上图可知,因为Ⅰ式是一个由 $N_{n+1}$ 跟 $N_1$, $N_2$, …, $N_n$ 对比而构成的分级语义系列, $N_{n+1}$ 又处于系列顶端,它才成为强调重点、信息焦点。$N_{n+1}$ 受到强调,不只是"连"的作用,也不只是"连……也"的作用,而是整个复句、整个分级语义系列的作用。

### (二) 半删除句

人们习惯用较少的言辞表达较多的意思。因此Ⅰ式往往转换为比较简洁的形式。如果将Ⅰ式中 $N_1$, $N_2$, …, $N_{n-1}$ 后边的 V 删去,就会得到Ⅱ式:

$$N_1, N_2, \cdots, N_nV, 连 N_{n+1}V$$

(8) 不仅祖父、大哥是矛盾的,连他自己也是矛盾的了。

(9) 她额上、脸上和眼角上,皱纹都是密密麻麻的,一道一道,很深很深,连她那薄薄的嘴唇和高高的鼻梁上也嵌着深深的纹路。(十,第42页)

### (三) 全删除句

如果将Ⅱ式中前一分句中的 V 删去,就得出句式Ⅲ:

$$N_1, N_2, \cdots, N_n, 连 N_{n+1}V$$

(10) 不仅祖父、大哥,连他自己也是矛盾的了。

(11) 上帝、基督、菩萨、弥勒佛、喇嘛僧,简直这么说吧,连济公、关老爷你都拜。(苏,第36页)

Ⅲ式还有一种变式,"连 $N_{n+1}V$" 在前边。如:

(12) 在老太爷的命令下现在连太太也没有办法了,何况做孙儿的他。(家,239)

在一定条件下,变式还可以变换为常式,如:

(12′) 在老太爷的命令下,别说做孙儿的他,连太太也没有办法了。

### (四) 删除替代性句式

如果用周遍性词语 $N_a$ 替代 Ⅱ 式中的 "$N_1$、$N_2$,…,$N_n$" 就得出句式Ⅳ:

$$N_a V,连 N_{n+1} V$$

(13) 谁都是矛盾的,连他自己也是矛盾的。
(14) 什么话都忘了,连平日记得最熟的几句,这时候也记不起来。(家,第 4 页)
(15) 所有的人都为了难,连范蠡和文种没有了办法。(吴,第 174 页)

Ⅳ式比较特别,有几点需要注意:

第一,$N_a$ 意义上包含 $N_{n+1}$。例(15) "所有的人" 含 "范蠡和文种"。二者关系是:

$$N_a \supset N_{n+1} \quad (\supset 表示包含)$$

第二,$N_a V$ 包含 $N_{n+1} V$。例(15) "所有的人都为了难" 含 "范蠡和文种没办法"。

第三,$N_{n+1}$ 处于 $N_a$ 的边界,$N_{n+1} V$ 处于 $N_a V$ 这一语义系统顶端。因此,$N_{n+1} V$,尤其是 $N_{n+1}$ 受到强调。如例(14) "什么话" 这一上位概念除了包括 "最熟的" 外,还包括 "熟的" "一般的" "不熟的" "最不熟的" 等几个下位概念。"最熟的" 处于 "什么话" 这一集合边界,把这几个下位概念都补出来,例(14) 形成下面的语义系列:

最熟的话　　忘记了

熟的话　　　忘记了
一般的话　　忘记了
不熟的话　　忘记了
最不熟的话　忘记了

可见，Ⅳ式中两个分句的意思相辅相承。$N_aV$ 包含 $N_{n+1}V$，但 $N_{n+1}V$ 在语义系列中处于顶端，不但受到强调，而且反过来说明 $N_aV$。

第四，Ⅳ式有一种特殊蕴涵义：跟 $N_a$ 类中没出现的其他 N 相比，$N_{n+1}$ 最不可能或最不应该发生 V 行为或状态。这种蕴涵义也形成分级系列。如例（14）：

最熟的话　　忘记了　最不可能
熟的话　　　忘记了　不可能
一般的话　　忘记了　一般
不熟的话　　忘记了　可能
最不熟的话　忘记了　很可能

可见，Ⅳ式"连 $N_{n+1}V$"表示一种反常、出人意料的情况。其实，Ⅰ及Ⅱ、Ⅲ两式有部分句子也蕴涵上述反常义。如例（1）；但有的句子没有这种蕴涵义，如例（7）。

如果略去Ⅳ式前一分句中的 V，则得出 V 式：

$$N_a，连 N_{n+1}V$$

(16) 全部人，连自己都是矛盾的。
(17) 把一切东西，连你的衣裳都扣着不给。（苏，第 44 页）
(18) 所有地方，连家里都是吵吵嚷嚷的。

## （五）超句段递进

要注意的是，"连……也"前边的部分（简称对比前件）并不是总跟"连……也"共存于一句。它有时出现在前一句中，有时跟"连……也"隔得很远。

（19）他想不起别的，只想可怜自己。可是，连他自己的事也不大能详细的想了。（骆，第 22 页）

（20）她的哭声止了。她还在抽泣。最后连抽泣也止住了。（家，第 234 页）

（21）……大部分却站住了。……（隔五段）……连那一小队也站住了。（子，397 页）

对比前件在复句内可能没有，但上文出现过。这是超句段递进。

## 二、类推句式

### （一）完整类推复句

在基础句的类推作用下产生的句子叫类推句，我们写作 I 式：

$$N_1V_1，N_2V_2，\cdots，N_nV_n，连 N_{n+1}V_{n+1}$$

（1）他胡子乱七八糟，双眼陷下去，连脸上那块疤都有些发暗。

（2）四表妹脚缠得很小，连字也不认识几个。（家，第 31 页）

（3）（这条巷子像死了一样，）所有的人家都闭紧了大门，连灯光都没有一点。

基础句和类推句的区别在于：基础句中 N 不同，V 相同；类推句中 N 和 V 都不同。由此，I 式不单是 N 的对比，而是整句对比。I 式几个分句意思不同但有关联，共同说明一种情况。例（3）两个分句都说明"巷子像死了一样"，后分句意思比前分句更甚。I 式也是分级语义系列，"连……也"仍处于系列顶端，仍是说话人的强调部分。由于基础句的类推和"连""也"的作用，$N_{n+1}$ 仍是强调重点。但基础句主要是 N 的对比和递进，类推句主要是 NV 的对比和递进。

### （二）周遍性类推复句

用周遍性词语替换 I 式中的 $N_1$，则得到类推句 II 式：

$$N_aV_1，连 N_2V_2$$

(4) 大家似乎都觉得出有点什么不对的地方，连高妈也没了话。（骆，第 63 页）

(5) 所有的人都累得走不动了，连张大个子脚上都打了两个血泡。

## （三）否定式谓语语义递进句

(6) 没有握手，没有道别，甚至连看也没看我一眼。（《羊城晚报》1987 年 8 月 11 日）

(7) （饭）不只没有吃，连做还没做。（三，第 4 页）

"连"后是 V，"也/还"后是否定式 $\overline{V}$。"连"前分句也由 $\overline{V}$ 充当。写作Ⅲ式：

$$\overline{V}_1, \overline{V}_2, \cdots, \overline{V}_n, 连 V_{n+1} \overline{V}_{n+1}$$

Ⅲ式仍是递进复句，代表一个分级语义系列，后一分句"连 $V_{n+1}\overline{V}_{n+1}$"仍处于系列顶端，在跟前件对比中受到强调。

# 三、隐含句式

## （一）隐含句的生成

无论是基础句还是或类推句，都有一个跟"连……也……"进行对比的前件。不要对比前件，就形成了"连……也……"格式。如：

(1) 连他自己也是矛盾的。
(2) 连人家镇长见了都握手呢。

在实际语言中，有好些"连"字句根本就没有对比前件。如：

(3) 吃了饭连碗也没洗就出去了。（三，第 25 页）
(4) 连袁成都懂得。（家，第 35 页）
(5) 他连海鲜都吃腻了。

这些句子隐含对比前件。说话人生成"连……也"时，把它当作极端情况。听话人理解话语时也明白这点，知道该句是说话人要强调的部分。

### （二）句式的同一性

单独"连……也"跟基础句和类推句"连……也"格式有同一性。证据有：

第一，三类句式中的"连"具有同一性。它都跟"甚至"近义，而且常可以用"甚至"替代，如例（1）～（5）。有的不能用"甚至"替代，是因句法条件限制，如"就连他都不来"不能换用"甚至"，是因为"就"的排斥限制。

第二，隐含句有的可补出确定或不确定的对比前件。如例（4）可以说成"家里人都懂得，连仆人袁成都懂得"。有的隐含句则跟基础句或类推句配对使用。如：

(6) 你回去写个体会……我不会写，我连信都不会写。
　　你回去写个材料……我连信都不会写。

末一句显然隐含了"（材料）我不会写"这一对比前件。

第三，三种句式语义蕴涵也相同。即"连……也"有时表示出人意料的反常情况。如例（6），不会写材料、体会还有可能，不会写信有些反常。

## 四、使用频率

下面是三类"连"字句频率统计（表1）。由表1可知，基本句约占30%，类推句约占30%，隐含句约占40%。若将有对比前件的基础句类推句合并为完整句，那么完整句和隐含句的比例约为6∶4。

表1 三类"连"字句频率统计

| 篇 目 | 总数 | 基础句 | | 类推句 | | 隐含句 | |
|---|---|---|---|---|---|---|---|
| | | 句数 | 频率/% | 句数 | 频率/% | 句数 | 频率/% |
| A | 45 | 10 | 22.2 | 18 | 40.0 | 17 | 37.8 |
| A+B | 109 | 30 | 27.5 | 35 | 32.1 | 44 | 40.4 |
| A+B+C | 151 | 49 | 32.5 | 44 | 29.1 | 58 | 38.4 |
| A+B+C+D | 170 | 54 | 31.8 | 49 | 28.8 | 67 | 39.4 |
| A+B+C+D+E | 191 | 61 | 31.9 | 55 | 28.8 | 75 | 39.3 |
| 平均频率 | 666 | 204 | 30.6 | 201 | 30.2 | 261 | 39.2 |

注：A 为《曹禺选集》（台词），B 为巴金《家》，C 为茅盾《子夜》，D 为《苏叔阳剧本选》（台词），E 为《小说选刊》1987 年第 6 期。

## 五、近代汉语中的"连"字句

据统计，"连"字句大约是在宋代开始出现，到了元明两代渐渐增多。

### （一）语义发展

在早期，"连"表递进的意思不明显，表"连带、包括"的意思比较明显：

（1）这个转水车相似，只拨机关子，他自是转，连那上面磨子、筛箩一齐都转。(《宋儒语录》)

后来，"连"表示递进的情况开始出现并增多。如：

（2）店小二哪里敢过来，连那正要买肉的主顾，也不敢拢来。(《水浒传》)
（3）陆总兵失机，扭解来京问罪，连尤侍郎都罢官去了。(《警世通言》)

跟现代汉语基础句Ⅰ式类似，两个分句的 N 不同，V 相同或相似。例（3）跟类推句Ⅰ式相同，两个分句的 N 和 V 都不一样。也有超句段的递进句：

(4) 那先生被打，自出门去了。张狼大怒曰："千不幸，万不幸，娶了这村姑儿！……"翠莲便道："……恼了我的心，连你一顿赶出去！"(《清平山堂话本》)

前一分句 N 在语义上包含后一分句 N，类似基础句Ⅳ式和类推句Ⅱ式：

(5) 将桃子一顿啃得干干净净，连两边腮凹都啃净了。(《西游记》)

也有"连"字句的隐含句式，但数量不多：

(6) 连婆娘也不知道这物事那里来的。(《古今小说》)

## （二）跟现代汉语的对比

"连"字句在近代、现代汉语中语义相同："连"表递进，"连……也"处于分级语义系列顶端，是被强调的部分；"连"后 N 是强调重点。有些句子有反常蕴涵义：

(7) 李逵叫道："好爷爷，你饶我住一住！"……戴宗道："怪得今日连我这腿也收不住……"(《水浒传》)

当然，近代汉语的"连"句跟现代汉语也有一些区别。
第一，完整句多为两级语义系列。"连"前边有几个对比成分的句子少：

(8) 莫说上头，做生，讨粉头，买丫环，连亡八的寿圹都打得到。(《警世通言》)

第二，隐含句有"也、亦、都"与"连"共现，但一些完整句没有，如例(4)。再如：

(9) 初时心中不服，连这取水节，置之度外。(《警世通言》)

## （三）频率统计

下面是《水浒传》《警世通言》中几类"连"字句的使用频率统计（表2）。

表2 《水浒传》《警世通言》中"连"字句的使用频率统计

| 篇 目 | 总数 | 基础句 | | 类推句 | | 隐含句 | |
| --- | --- | --- | --- | --- | --- | --- | --- |
| | | 句数 | 频率/% | 句数 | 频率/% | 句数 | 频率/% |
| 水浒传 | 12 | 7 | 58.3 | 3 | 25.0 | 2 | 16.7 |
| 警世通言 | 34 | 12 | 35.3 | 18 | 52.9 | 4 | 11.8 |
| 总 计 | 46 | 19 | 41.3 | 21 | 45.7 | 6 | 13.0 |

对比可知，近代汉语隐含句比现代汉语少得多，而基础句、类推句却比现代汉语要多。即近代汉语中绝大多数"连"句有对比前件。可见，隐含句是由完整句删去对比前件而形成。这一推测可在近代汉语"连"字句的使用频率上找到根据。

## 六、"连"的性质

### （一）"连"的词性

"连"不是介词①，从语义看，同一介词不可能引进描述对象、施事、受事、与事、工具、时间、处所等多种成分，但"连"后边可出现上述成分：

连天气也好了（对象）/连潘四爷还恭维着她呢（施事）/连大衣也没脱（受事）/连最简单的问题也不发表意见（与事）/连星期天也不休息（时间）/连家里也找不着他（处所）/连纸杯子也能煮水（工具）

从功能看，否定词可以（有时只能）在介词前出现；但它只能在"连"后

---

① 《现代汉语八百词》（商务印书馆1981年版）、《现代汉语虚词例释》（商务印书馆1982年版）和《现代汉语虚词用法小词典》（上海辞书出版社1984年版）都认为"连"是介词，表示强调。

出现：

$\begin{cases}对他\underline{不/没}说真话 & 连他也\underline{不/没}说真话\\ \underline{不/没}对他说真话 & *\underline{不/没}连他也说真话\end{cases}$

$\begin{cases}*被他\underline{没}欺负 & 连他都\underline{没}欺负\\ \underline{没}被他欺负 & *\underline{没}连他都欺负\end{cases}$

$\begin{cases}*把床单\underline{没}洗干净 & 连床单都\underline{没}洗干净\\ \underline{没}把床单洗干净 & *\underline{没}连床单都洗干净\end{cases}$

实际上，否定句中"连"的位置跟连词或关联副词的位置是一致的：

连他都没去——甚至他都没去
不但他不该去，连你也不该去——不但他不该去，而且你也不该去

### （二）格式义和词语义：强调语气的产生

认为"连"是语气词似乎有道理。① 但强调义是"连……也"格式在跟前件对比中产生的。"连"表示递进，跟"甚至"意义相近。《现代汉语八百词》指出"甚至"在复句中是连词，在单句中是副词。② 因此把"连"看作副词比较妥当。它在完整句中是表递进的关联词，在隐含句里也有关联作用。强调义不是只由"连"表达，而是由"连……也"格式及其对比前件共同表达，尽管有时对比前件是零形式。如马真先生（1983）所说，不能把句式义归结到某一个词上。

**参考文献**

吕叔湘. 现代汉语八百词［M］.北京：商务印书馆，1984.
马真. 说"反而"［J］.中国语文，1983（3）.
倪宝元，林士明. 说"连"［J］.杭州大学学报，1979（3）.
Paris M-C. 汉语普通话中的"连……也/都"［J］.国外语言学，1981（3）.
沈开木. "表示强调"的"连"字所涉及的形式同内容的矛盾［C］//中国语文杂志社.

---

① 沈开木《"表示强调"的"连"字所涉及的形式同内容的矛盾》认为"连"是语气词，表强调、递进和两种使用蕴涵义。
② 吕叔湘：《现代汉语八百词》，第430页。

语法研究和探索：4. 北京：北京大学出版社，1988.

邢福义. 反递句式 [J]. 中国语文，1986（1）.

［原载于《中国语文》1990年第4期（初稿有"近代汉语'连'字句"一节，因篇幅限制，在《中国语文》刊登时删去。此次补上）］

# "比"字句否定式的语用分析

本文讨论含"不"的"比"字句。在汉语二语教学中时会碰到两个问题。一是"不"的位置不同对语义、语用有什么影响。如下面两句有什么区别：

他不比你高多少。　他比你高不了多少。

二是"A 不比 B……"（他不比你高）格式义是什么。有学者认为是"A 跟 B 差不多……"（吕叔湘 等，1980：62）；有学者认为有两种意义：①相当于"A 没有 B……"或"A 不如 B……"；②相当于"A 跟 B 一样……"（刘月华 等，1983：532-533）。

本文试图把语用研究跟句法、语义研究结合起来，对上述问题做一些解释。

## 一、句　型

根据"不"的位置不同和数量宾语的有无，将"比"字句否定式分为四类：

Ⅰ式：A + 不 + 比 + B + VP；
Ⅱ式：A + 不 + 比 + B + VP + 数量；
Ⅲ式：A + 比 + B + 不 + VP；
Ⅳ式：A + 比 + B + VP + 不 + 数量。

## 二、Ⅰ　式

(1) 他并不比小王高。
(2) 我并不比你坚强。（夏衍）
(3) 毕加索 80 岁还生儿育女，这些子女不比他年轻时生的子女差。（祖慰）

语义上,"不"否定的不仅是后边的谓词短语,而是整个命题。如例(1)"不"的否定对象是"他比小王高"。

根据真值逻辑,"他不比小王高"为真,就意味"他比小王高"为假,不必细究"他不比小王高"的具体含义。但根据多值逻辑,比较句至少应含三个值:

(ⅰ) A 比 B·VP;
(ⅱ) A 跟 B 一样·VP;
(ⅲ) B 比 A·VP。

若能把Ⅰ式格式义按多值逻辑细分当然好。可惜这在单句分析中很难实现。结合具体语境,例(1)至少可在两种上下文里出现:

他并不比小王高,我看他俩一样高。
他并不比小王高,其实他比小王还矮一点。

事实上,说Ⅰ式能表示(ⅱ)(ⅲ)两种句义不准确。理由:①有的Ⅰ式根据语境无法判断是(ⅱ)义还是(ⅲ)义,如例(3)。②呈现(ⅱ)义的Ⅰ式跟呈现(ⅲ)义的Ⅰ式,形式上没有区别。③表示(ⅱ)(ⅲ)两种意思的,并非Ⅰ式本身,而是其他语句。上边两句话去掉后接分句,看不出是(ⅱ)义还是(ⅲ)义。

可见Ⅰ式的"不"只用于二值逻辑,不用于多值逻辑。Ⅰ式只能表示"A比B·VP"为假。而(ⅱ)(ⅲ)二义只能由其他语句或语境因素来表达。

值得注意的是,Ⅰ的语境对语用分析很有用:

(4) 陆小凤道:"只可惜有人比我更聪明。"
　　老实和尚道:"那个人并不比你聪明。"(古龙)

显而易见,"不"否定的是对方话语。下面把例(2)连同上下文列出来:

(2) 石咏芬　你怪我拖累了你吗?
　　尚志恢　我并不比你坚强,……大家都一样。(夏衍)

"不"否定的是从对方话语推出的内容。例（3）"不"否定的是上文提过的某些人的看法（老年人生的子女比年轻人生的子女差）。

邓守信（1973）指出句子否定（sentence negation）和话语否认（sentence denial）的区别。Ⅰ式是话语否认，其特点为：①功能用于否认或反驳他人话语；②要受语境限制，一般用于后续句，很少单独成句；③Ⅰ式有或可加副词"并"①，其功能是强调说明事实真相而否定、反驳某种看法（陆俭明、马真，1984：12-13）。

一般说来，说话人发出Ⅰ的语句时都有一个预设（presupposition）②，即：

Ⅰ·P：有人认为 A 比 B·VP

如例（2）预设"有人认为我比你坚强"。Ⅰ式否定预设中某些人的看法。即：Ⅰ只否认"A 比 B·VP"，并不表达"A 跟 B 一样·VP"或"A 不如 B·VP"。

## 三、Ⅱ 式

（5）我虽然是你叔父，其实并不比你大着多少……比你只大着四、五岁。（老舍）

（6）有好几个十五、六岁的学生，并不比焕之小多少。（叶圣陶）

（7）这床棉被却已先把陆小凤臭得半死，他伸出头来透口气，腌萝卜的气味也并不比这床棉被好多少。（古龙）

跟Ⅰ式相似，Ⅱ式也是话语否认，也有预设。但Ⅱ式有三点跟Ⅰ式不同：

第一，预设和否定话语不同。Ⅱ式的预设是：

Ⅱ·P：照理说 A 比 B·VP·很多

否认的话语是：

Ⅱ·D：A 比 B·VP·很多

如例（5）预设是"照理说我比你大很多"，否认的是"我比你大很多"。此外Ⅰ式被否认的往往是对方话语，Ⅱ式被否认的往往是从上文意思中推测

---

① 在我收集的Ⅰ式例句中，约 3/4 有"并"，1/4 无"并"。但不带"并"的句子跟带"并"的例句同样具有话语否定功能，且不带"并"的句子都可以加上"并"。

② 预设的定义是：如果 X 真 Y 也真，X 假 Y 也真，那么，Y 是 X 的预设。

出的内容。

第二，否定焦点不同。否定焦点Ⅰ式是句末VP，Ⅱ式是句末数量词语。

第三，两种句式的含意（implicature）① 也不同。Ⅱ式的含意是：

　　Ⅱ·IM：A只比B·VP一点

如例（6）的含意是"有几个学生只比焕之小一点"。Ⅰ式没有类似的含意。

## 四、Ⅲ式

（8）你还小哪儿，你站这儿比我也不矮呀。（高德明）

（9）我能吃能玩会享受。——我比你也不差。（王朔）

（10）他虽然是学徒工，可水平比专家也不低。

跟Ⅰ式相似，Ⅲ式只是对"A比B·VP"的否定，本身并未表达"A跟B一样VP"或"A不如B·VP"。Ⅲ式跟Ⅰ式有三点区别：

第一，预设不同。Ⅲ式的预设是：

　　Ⅲ·P：B不VP

例（8）预设"我不矮"。Ⅲ式的预设有时蕴含在话语中，如例（8）；有时出现在语篇里，如例（9）；有时是一般看法，如例（10）。可以说，Ⅲ式的预设使B成为衡量A的标准。Ⅲ表示的不是一般比较，而是比拟，把B作为一种标准来衬托、说明A。

第二，否定类型不同。Ⅰ式是话语否认，用来反驳或否认别人的话语。而Ⅲ式只是一般的句子否定。尽管它常以后续句形式出现，但"不"否定的命题并非对方话语，如例（9）。相反，有时整句意思建立在对方话语义的基础之上。

第三，句子的蕴涵（entailment）不同。② Ⅲ式的蕴涵是：

　　Ⅲ·E：A和B都不VP

例（8）蕴涵"你和我都不矮"。蕴涵义通过副词"也"得到强化。前面说Ⅲ式的预设使B成为衡量A的标准。而表类同的"也"则强调A跟B一样不VP。如例（9）"也"强调"我跟你一样，在吃玩享受上都挺行的"。Ⅰ式没有上述蕴涵义。

---

① 含意的定义是：如果X真Y也真，X假Y也假，那么，Y和X具有含意关系。

② 蕴涵的定义是，如果X真Y也真，X假Y可能真，也可能假，那么，X蕴涵Y。

从形式看,"不"在Ⅰ式和Ⅲ式中位置不同。可以说,"不"位置不同造成了上述三点区别;也可以说,上述区别通过不同位置上的"不"表现出来。

## 五、Ⅳ 式

(11) 我这文字上马虎,比文盲强不了多少,写是写不好。(张寿臣)
(12) 你大哥也比他老人家小不了几岁。(金庸)

Ⅳ式的含意跟Ⅱ式相同,即:
Ⅳ·IM:A 只比 B·VP·一点
如例(11)的含意是"我只比文盲强一点"。

形式上,Ⅳ式构成成分跟Ⅱ式差不多,只是"不"从"比"前面移到谓词后边。由此造成Ⅳ式和Ⅱ式的三点区别:

第一,预设不同。Ⅳ式的预设是:
Ⅳ·P:A 比 B·VP
如例(11),预设是"我比文盲强"。

第二,否定类型不同。Ⅱ式是话语否认,Ⅳ式是一般句子否定。由于Ⅱ式要受语境限制,其省略式"不比 B·VP·多少"一般很少能作名词的修饰语。Ⅳ式的省略式"比 B·VP·不·多少"则常常作名词的修饰语。试比较:

一个比么凤大不了多少的女孩
？一个不比么凤大多少的女孩

第三,否定范围不同。在Ⅱ式中,被否定的是旧的预测信息;在Ⅳ式中,被否定的是新信息(李英哲 等,1990:346)。试比较:

a. 我并不比你大多少。
b. 我比你大不了多少。

a 是Ⅱ式,被否定的是预设中有些人的预测信息(我比你大很多)。b 是Ⅳ式,只是在确认预设(我比你大)的基础上做限制性的说明,否认新信息

"多少"。VP 在Ⅳ式中是旧信息，有时可重复：

b′. 我比你大也大不了多少。

除上述三点区别之外，Ⅳ式和Ⅱ式在形式上还有一点不同，即Ⅳ式的数量宾语可以是"几+量词"，如例（12），Ⅱ式不行。

## 六、结　语

"比"句"不"的位置不同和数量宾语的有无，会使句子预设、含意、蕴涵、否定类型、范围、焦点等发生变化。当然可以反过来说，句子在语义和语用上的区别，通过不同形式的否定表达出来。

**参考文献**

李英哲. 实用汉语参考语法 [M]. 熊文华，译. 北京：北京语言学院出版社，1980.
刘月华，等. 实用现代汉语语法 [M]. 北京：外语教学与研究出版社，1983.
陆俭明，马真. 现代汉语虚词散论 [M]. 北京：北京大学出版社，1984.
吕叔湘. 疑问·否定·肯定 [J]. 中国语文，1985（4）.
吕叔湘，等. 现代汉语八百词 [M]. 北京：商务印书馆，1980.
周小兵. 从"比"字句预设与蕴涵看汉语副词的语用功能 [C]. 济南：语用学全国第二届研讨会，1991.
LEECH G. Semantics [M]. 2nd ed. Harmondsworth：Penguin Books Ltd，1981.
TENG Shou-hsin（邓守信）. Negation in Chinese [J]. Journal of Chinese Linguistics，1974（2）.

（原载于《语法研究和语法应用》，北京语言学院出版社1994年版）

# 谓语前介词结构的同现次序

介词结构研究很重要，因为介词结构：①有多种句义职能和相应形式特征；②有多种句位形式；③在句中可多项同现；④篇章中有筛选信息、联接句子的功能。

介词结构的句位形式主要有三种：句首（自从上了大学，他再也没回过家乡），句中（他对我笑了），句末（火车开往天津）。

介词结构的同现模式有三大类：一位同现（如：在老师指导下，经过半年训练，他终于考上了中央戏剧学院——句首同现），二位同现（如：小船被海水推向一个荒岛——句中句末同现），三位同现（如：在那间房子里，她每天都把剪子藏在枕头下边）。

本文考察介词结构在一个谓词或谓词性短语前边的同现和次序。介词结构的重现（美国人在北平，在天津，在上海，都洒了些救剂粉）、包孕（自从由家乡回来，……）和分别修饰不同谓词（他趴在房顶上用弹弓打鸟）不在本章讨论之列。

介词结构同现次序，就是多项状语的排序。刘月华（1983）把状语分为描写性和非描写性，大类内细分为几小类，勾勒出多项状语排列顺序。金立鑫（1988）在此基础上，用定位方法描述八类非描写性状语在五个位置上可能出现的情况。稍嫌不足的是，刘文对介词结构同现的次序缺乏精细描写；金文注重描写，解释性不够。

本文基于前人研究，着重讨论介词结构（属于刘文的非描写性状语）同现顺序的几条规则，并结合这些规则，借助定位方法来考察介词结构的同现顺序。

## 一、语义类型

常在句中同现的介词结构，按语义可以分为以下八大类：

第一，时间（用 a 代表），可分三小类：①时点（在深夜触礁了）；②时源（从15岁就谈恋爱）；③时限（在一分钟内做完三题）。

第二，空间（用 b 代表），可分为五小类：①位置及其他（在地上躺着/在学习上不用功/在绝望中挣扎/在风雨中赶路）；②起点（从码头跑过来）；③路线（沿着墙根走/顺着水管抓上去/从小路走）；④方向（向东边开/往上提）；⑤目标（朝床下钻/往桥头跑）。

第三，缘由（用c代表），可分为三小类：①原因（因为肝炎病休了三个月）；②目的（为了钱不惜牺牲一切）；③依据（根据上级指示停办一年）。

第四，协同（用d代表）（跟他打赌/同家长一起来）。

第五，方式（用e代表），可分为三小类：①名分（以作家的名义发表声明）；②途径（通过旅游局订车票）；③工具（用树枝写字）。

第六，与事（用f代表）：可分为三小类：①受益者（替孩子洗澡）；②交付者（给他送账单）；③对象（冲他笑笑/向老师鞠躬）。

第七，施事（由董事会决定/被他拿走了）。

第八，受事（把笔扔了）。

## 二、排列规则

谓词前介词结构的排列顺序大致遵循以下六条规则。

### （一）包容规则

语义上被包容的介词结构往往跟在语义上包容它的介词结构后边。先看时间类：

（1）他们厂在1990年从7月份起就没活干了。（时点—时源）
（2）在下一个年度里必须在12月25日之前把年度总结初稿交上来。（时点—时点）

再看空间类：

（3）汗水在衣服里往下流。（位置—方向）
（4）他在院子里慢悠悠地向门口踱去。（位置—目标）
（5）自行车往北向后门去了。（方向—目标）

在具体句中语域不同，表示位置和路线的介词结构位置可能不同：

(6) a. 警察在广州市区沿着中山路巡视。
　　b. 警察沿着中山路在每一个路口设岗。

### （二）时序规则

两个/多个介词结构的排序取决于它们逻辑上发生的时间顺序。先看时间类：

(7) 你必须从接到材料之日起在三天之内写完评语。（时源—时限）

再看空间类：

(8) 大成和国强……从那条路沿着回家的路线细细地找。（起点—路线）
(9) 两个师从南丰向闽西开进。（起点—目标）
(10) 公主顺着梯子往下走。（路线—方向）
(11) 轮船从北京南路码头沿着珠江向中山大学驶去。（起点—路线—目标）

再看缘由类：

(12) 王厂长一贯都是为了群众按规章制度办事。（目的—依据）

缘由类的时序性没有时空类明显，但目的一般先于依据：

(13) 这种情况可以为了厂家利益按法规第三条来处理，也可以为了客户利益按法规第七条来处理。

再看方式类例子：

(14) 他以侨属身份通过侨联申请护照。（名分—途径）
(15) 他们两口子通过中国旅行社用护照购买机票。（途径—工具）

如例（14）先有身份后有方式。下面看各类介词结构同现的情况：

（16）咱们别为孩子把关系搞僵了。（原因—受事）
（17）厂里根据规章第七条对他进行了处理。（依据—对象）

上例显示，原因、依据应发生在动作受事、对象之前。再如：

（18）一邻居男青年……用高压气泵从小孩肛门往肚子里打气。（工具—起点—目标）
（19）我不过是通过医院向加拿大政府要求协助。（途径—对象）
（20）大个子……用胳膊把他往后一搡。（工具—受事—方向）

从逻辑看，途径、工具在前，方向、目标、对象是最后到达点，起点、受事常在中间。戴浩一（1988）论述过汉语语序与时间顺序的关系。介词结构同现也可这样解释。

### （三）施受规则

在同现的若干介词结构中，总是施事在前，受事及与事在后。如：

（21）他被暴徒把腿打断了。（施事—受事）
（22）隶属中央的执法机关，由各机关主管部门向财政部领报。（施事—对象）
（23）下个月的工资由秘书替你给家里寄。（施事—受益者—交付者）

严格说此规则跟时序有关：行为先由施事发出，然后传递到受事、与事。

### （四）属从规则

在两个或多个介词结构中，跟某一表示施事、受事的句法单位（包括介词结构）在语义上关系最密切的介词结构，往往紧跟这一句法单位。请比较：

（24）a. 他在屋外被匪徒打了一枪。（位置—施事）
　　　b. 他被匪徒在屋外打了一枪。（施事—位置）

a 句"在屋外"表行为发生时"他"所在地,跟介宾关系不密切(匪徒可能在屋外或屋内),因此紧跟"他";b 句"在屋外"表行为发生时匪徒所在地,跟"他"关系不密切(他可能在屋外或屋里),因此紧跟"匪徒"。

表工具的"用"字结构多位于其他介词结构前,但只能跟在"被"字结构后:

(25) a. 他用石头把玻璃打碎了。
　　 b. 玻璃被他用石头打碎了。

"用"字结构都放在使用工具的施事后,不管施事是主语还是介宾。再看受事:

(26) a. 他在椅子上把灯泡摘下来。
　　 b. 他把烟头在椅子上按灭了。

a 句"椅子上"表示行为发生时"他"所在位置,跟"灯泡"无直接关系;b 句"在椅子上"表示行为发生时"烟头"所在位置,跟"他"不一定有直接关联。

刘月华(1983)认为,由"把、被、让、叫"等构成的介词短语位置灵活,可在表示目的、依据意义的第三类状语之后直至谓语动词前的各种位置上。但语言事实显示,"被"字结构有时甚至可放在表示时间的第一类状语前边:

(27) 古砖<u>被人</u>在 1000 多年前用草梗之类的东西画出了一个奇怪的人头像。(《深圳的斯芬克思之谜》)
(28) 新会县某建筑公司与茂名市某化工有限公司在同自称陈光的香港人的"交易"中,<u>被他们</u>在封存支票的一瞬间,换走了支票封。(《羊城晚报》1992 年 10 月 7 日)

时点介词结构一般在其他介词结构前,但上两例中,时点与施事关系密切,可放在它后边。如例(28),时点"在"字结构若放在表施事的"被"字结构前面,全句意思就变了。

## （五）音节规则

音节规则可以细分为两条：

第一，长短规则。几个介词结构同现时，倾向于把音节长的放在前面，音节短的放在后面。请对比：

(29) a. 那个家伙把用螺丝拧紧固定在地上的铁床<u>从地板上</u>拔了起来。
　　　b. 他站在凳子上，从吊在木头大梁上的那只竹篓子里<u>把钱</u>掏了出来。

a 句"把"字结构放在"从"字结构前面，b 句正好相反。长短规则为了使与动词不相邻的介词结构处在离动词最近的位置上，以减少遗忘率（陆丙甫，1987）。

第二，平衡规则。三个介词结构连用时，倾向把两个音节长短相似的介词结构放在一起。

从音节规则我们看到，起点和路线同现时，总是起点在前［如例(8)］。但当起点、路线、方向/目标同现时，尽管也有"起点—路线—方向/目标"的语序［如例（11）］，但优势语序却是"路线—起点—方向/目标"：

(30) 一颗颗泪珠顺着宽脸盘从眼角往下流。
(31) 他沿着道路从左往右跑。
(32) 小偷顺着下水管道从下往上爬。

例（31）（32）若把起点放在线路前，就是"两少夹多"（陈建民，1989），语音不协调（从下顺着下水道往上爬）。起点跟终点在一起，跟语义协调也有关。

## （六）语用规则

在几个同现的介词结构中，旧信息在前，新信息在后。信息新旧是相对的。一般说来，上文最近处提到的，算旧信息。如按时序规则，工具在前，受事在后［如例（20）］。但在语用规则起作用时，就会出现相反的情况。如：

(33) 日本人割下尸体的头，在夏日的燠热中轰赶着绿头苍蝇，<u>将头颅用石灰腌在一只又一只的木箱里</u>。(《小说月报》1992 年第 8 期)

(34) 王船不问青红皂白杀了昆山，还<u>把昆山的妻子</u>用手铐铐住。

例（33）"将"的宾语上文刚提到，放在"用"字结构前有承接上文、突出新信息（用石灰）的功用；例（34）"把"字结构的承接作用更明显。再如：

(35) "我正是为了要跟你商量点事儿，才把小芳接来的，"沪生让开路说，"请进吧！"——"不！我要<u>把话跟你在这儿</u>说清楚。"慧芳紧紧地盯着沪生说。(《渴望》，第 503 页)

"把话"刚提过，"跟你"不言自明，都是旧信息。只有"在这儿"是新信息（对比"请进吧"），要放在后面。

语用规则的主要作用是：突出新信息和连接句子。作用范围：①其他规则对排列不起作用时，如例（35）；②篇章要求改变原有次序，如例（33）（34）。

在实际语言中，上述规则有时不是独立发生作用。即某一语句中介词结构的排列往往遵循两条或两条以上的规则。如：

(36) 从校园向右往里走，……

(37) 那群水牛被两个陌生人用鞭子从岸上往河里赶。

(38) 三爷凭着记忆将这些牙齿按脱落的时间顺序一颗一颗排列。

例（36）"向右往里"遵循时序原则，它们位于"从校园"后则是遵循包容规则。例（37）后边三个介词结构的排列是按照时序规则，它们位于"被"字结构后边则是属从规则起作用。例（38）"凭记忆"在前是遵循时序原则；受事（这些牙齿）位于依据（按脱落的时间顺序）之前，则是属从规则和语用规则在起作用。

## 三、参照点和排列顺序

本节讨论介词结构同现的参照点和顺序。

### (一) 参照点：施事受事

20类介词结构中，施事受事地位最重要。因为：①在同现的介词结构中，施事受事频率最高。②相对位置固定，即施事在前，受事在后。③没有施受，其他介词结构排序相对稳定；有了施受，很多介词结构就要以它们为轴心进行排列（见属从规则）。③可由例（24）～（28）得到证明。表示位置的"在"字结构往往在其他介词结构前；但一出现施事受事，"在"字结构就可能位于施受之后，如例（24）（26）。"用"字结构也如此，如例（25）。最明显的是例（27）（28），时点工具往往在其他介词结构前，但一出现施事，时点就可能位于施事后；工具则肯定在施事之后。

因上述原因，可把施事、受事作为参照点，考察介词结构同现顺序。如：

（39）他<u>在</u>睡梦中<u>被</u>人<u>用</u>指头粗的麻绳<u>把</u>全身<u>从</u>上到下捆了个结结实实。

在施事之前，受事之后，施受之间有三个位置可能插入其他介词结构。如果用A代表施事，用O代表受事，用S代表主语，用V代表谓语动词，那么，其他介词结构在句中位置就可能是以下三个：

$$S \underline{\quad} A \underline{\quad} O \underline{\quad} V$$
$$\phantom{S\quad}\text{I}\phantom{\quad A}\text{II}\phantom{\quad O}\text{III}$$

### (二) 其他介词结构可能出现的位置

第一，表示目的、原因的介词结构只能在 I 号位置出现，如：

他为了那点钱被雨淋病了。
小王因为个头被上边刷下来了。

第二，表示时点、时源、时限、协同等四类介词结构可在Ⅰ、Ⅱ号位置出现，如：

他在上个月被单位除名了。/那些货被人在昨天夜里提走了。
李虹从昨天起就被人盯梢了。/书记的职责由老王从明天起开始履行。
他在四个月内被人偷了三辆自行车。/这项设计中王洁等五人在两年内完成。
他跟我一起被领导点名批评了两次。/课程表由你跟小刘一道编排。

第三，表示名分、途径的介词结构只能在Ⅱ号位置出现，如：

周金以厂长的名义把他开除了。
这些情况由他通过纪检会向上反映。

第四，表示工具、线路、受益者、交付者的介词结构只能在Ⅱ、Ⅲ号位置出现，如：

他用猎枪把野猪打死了。/赵大妈把那两斤蛇胆酒用瓶子装了起来。
他们沿着脚印把那个山洞找到了。/老龙头把十几个地雷沿着小路埋起来。
我替你把房子买了。/小张早就把饭替你做好了。
给他把包裹寄去了。/服务员把酒给你送来了。

第五，表示方向、目标、对象的介词结构只能在Ⅲ号位置出现，如：

他把车子往东开过去。
师长把粗瓷菜碗向门口砸过去。
老头把眼皮朝他抬了抬。

第六，表示依据、位置、起点的介词结构可在三个位置出现，如：

这个零件依照生产程序由二车间负责生产。/那个案子由公安机关依法办理。/小翠把那条连衣裙按书上的样子改了一遍。

他在办公室里被领导批评了一顿。/王老师被小偷在汽车门口把钱包扒走了。/那家伙把刀在鼻尖前晃了晃。

他从被窝里被人拖了出来。/小明被匪徒从车上扔了下来。/他把锅从灶台上拿走了。

## （三）大致排序

我们大致列出谓语前各类介词结构可能出现的排列次序：

$$S \underset{\mathrm{I}}{\xrightarrow{ab_1b_2cd}} A \underset{\mathrm{II}}{\xrightarrow{ab_1b_2b_3c_3def}} O \underset{\mathrm{III}}{\xrightarrow{bc_3e_3f}} V$$

无序号的表示大类中所有小类。如 a 表时间类的三小类：$a_1$ 表时点，$a_2$ 表时源，$a_3$ 表时限。有序号的只表大类中的小类，如 $b_1$ 表空间类中的位置，$b_2$ 表示空间类的起点。

## 四、结 语

考察语序，要把介词结构分小类。如表方向（$b_4$）、目标（$b_5$）的介词结构，同现时只能在最后；二者共现时总是方向在前，目标在后。表位置（$b_1$）、起点（$b_2$）的介词结构位置灵活，相对来说前者多在其他介词结构之前；二者共现时大多位置在前，起点在后。若归为空间一类，很难看出排序，更谈不上归纳规则。

本文所述规则，虽然基于对谓语前介词结构多项同现的描写，但其中有些规则，相信会适用于其他多项状语的排序。适用度有多大，有待进一步研究。

**参考文献**

陈建民. 汉语口语 [M]. 北京：北京出版社，1989.

戴浩一. 时间顺序和汉语的语序 [J]. 黄河，译. 国外语言学，1988（1）.

金立鑫. 定位方法和状语的顺序 [J]. 现代语言学，1988（12）.

刘月华. 状语的分类和多项状语的顺序 [M] // 中国语文杂志社. 语法研究和探索：1. 北京：北京大学出版社，1983.

鲁川. 汉语句子的语义成分和语用成分 [M] // 中国语文杂志社. 语法研究和探索：4.

北京：北京大学出版社，1988.

陆丙甫．语法研究的新视角及其方法论意义［J］.语文导报，1987（7）.

陆丙甫．定语的外延性、内函性和称谓性及其顺序［M］//中国语文杂志社．语法研究
　　和探索：4.北京：北京大学出版社，1988.

吕叔湘．现代汉语八百词［M］.北京：商务印书馆，1984.

（原收入中国语文杂志社编《语法研究和探索（七）》，商务印书馆1995年版）

# 析"不A不B"

本文讨论"不A不B"格式,如:不冷不热,不言不语。此格式的特点有:①有些词不能进入(*不冷不暖)。②有特定含义和用法,"不冷不热"表示捉摸不透的态度。二语者在理解、生成此句式时,容易出现误解或偏误。对这种格式已有一些研究成果。① 但是广度和深度不够,难以满足汉语教学需要。

基于上述原因,本文在前贤研究基础上,对"不A不B"格式的构成、语义组合类型、A和B的顺序,以及格式产生原因等问题进行一些探讨。

## 一、格式构成

(1) 构成A和B的语素可以是名词、方位词、数词、动词、形容词等,如:

| | | | |
|---|---|---|---|
| 不蔓不枝 | 不上不下 | 不前不后 | 不三不四 |
| 不理不睬 | 不依不饶 | 不闻不问 | 不吵不闹 |
| 不多不少 | 不长不短 | 不真不假 | 不早不晚 |

从频率看,形容词构成的格式最多,其余是动词、方位词,数词最少。

(2) 从A和B的语义关系看,可把"不A不B"分成两类。

Ⅰ类,A和B是同义或近义语素,如:

| | | |
|---|---|---|
| 不知不觉 | 不声不响 | 不伦不类 |
| 不偏不倚 | 不折不扣 | 不言不语 |

Ⅱ类,A和B是对义或反义语素,如:

---

① 《现代汉语词典》第88页和《现代汉语八百词》第72~73页。

| 不人不鬼 | 不左不右 | 不上不下 | 不好不坏 |
| 不见不散 | 不破不立 | 不塞不流 | 不止不行 |
| 不快不慢 | 不生不熟 | 不明不暗 | 不土不洋 |

Ⅰ类比例较少，A、B多是动词或名词语素，形容词语素少。Ⅱ类频率高，A和B多是形容词语素，其次是动词语素，方位词和名词语素很少。

还有一种格式跟上述两类有区别，即A、B组合原来是一个词，如：

| 不清不楚 | 不明不白 | 不干不净 | 不尴不尬 |

要注意：①A和B都不是独立语素，或其中之一不是独立语素，不能单用，如"尴尬""清楚"。②格式义并非简单等于"不+AB"，如"不清不楚"专用于男女关系暧昧。

## 二、语义组合类型

（1）上述Ⅰ类A和B是同义或近义语素，语义构成较简单。大约有两种情况。

一是加合式组合。词与词之间的语义构成是简单加合。如：

不言不语≈不言语　不折不扣≈不折扣　不慌不忙≈不慌忙

在表达效果上，"不A不B"语义比一般否定式要强烈一些。

二是复合式组合。组合后产生新义，如"不蔓不枝"原义是指莲茎不分枝杈，组合后比喻文章简洁，不罗嗦。新义是从原义引申而来。若用公式表示，可以是：

不A不B = 不C

（2）A和B是对义或反义语素，语义构成比较复杂。至少有六种类型。
一是分立式组合。即"不A"和"不B"简单合在一起：

不吃不喝 = 不吃 + 不喝　　不骄不躁 = 不骄傲 + 不焦躁

如果用公式表达，就是：

不 A 不 B = 不 A + 不 B

二是取中式组合。A 和 B 位于一个语义场的两端，两端之间还有一段语域。"不"否定两端，即是肯定两端之间的语域。如：

不高不矮=中等　　不上不下=中间　　不卑不亢=态度适中

可用以下公式表示：

不 A 不 B = X（A←X→B）

圆括号表示 X 位于 A 和 B 之间。A、B 多是形容词。

三是取舍式组合。A 和 B 位于一个语义场两端，"不"否定一端肯定另一端：

不紧不慢 = 不紧（"紧"义是紧张，快）= 慢

可用以下公式表达：

不 A 不 B = 不 A ∨ 不 B

∨ 表示"或者"。A 和 B 多是形容词。

四是混合式组合。A 和 B 并列于一个没有其他词存在的语义场，"不"分别、部分地否定 A 和 B，同时分别、部分地肯定 A 和 B，等于把 A 和 B 部分混合起来：

不土不洋=半土半洋　　不男不女=半男半女

还是那件青布袍，……头上戴顶小呢帽，是爷爷的朋友从法兰西带回来送他的，不中不西，我在窗纸洞里看见只想笑。(琦君《母亲新婚时》)

这类组合可用下面的公式表达：

不A不B=半A半B

"半"并非精确的50%。A和B可以是方位词、区别词或形容词。

五是包容式组合。A和B并列于一个还存在其他词的语义场里，"不"通过否定A和B，否定了该语义场里所有词，即对整个语义场进行否定。如：

不痛不痒＝不痛不痒不酸不麻……＝没有产生感觉
不闻不问＝不听不问不看……＝不接收信息

可用以下公式表达：

不A不B=不A不B不C不D……（X⊂A∪B∪C∪D……）

X表示由A、B、……构成的语义场；⊂表示包含；∪表示并列。A、B多是形容词或动词。

六是假设式组合。"不A"表示假设条件，"不B"表示后果，如：

不破不立＝如果不破除旧的，新的就立不起来

可用如下公式表达：

不A不B=∵不A，∴不B

∵表示"假如"，∴表示"就"。A、B多是动词。

（3）拆词嵌入"不"的格式，不外乎两种语义组合类型：一类是加合式，如"不明不白"约等于"不明白"；另一类是反对式，如"不尴不尬"约等于"尴尬"。

## 三、排列次序

A 和 B 的顺序并没有严格规律，只在频率上有大概趋势。大致依据几个规则。

（1）声调规则。平声在前，仄声在后：

不人不鬼　不凉不热　不轻不重　不伦不类

都是平声的，阴平在前，阳平在后：

不生不熟　不阴不阳　不虚不实　不依不饶

都是仄声的，上声在前，去声在后：

不喊不叫　不好不坏　不紧不慢　不远不近

（2）语义规则。假设式组合当然是条件在前，结果在后：

不破不立　不止不行　不塞不流　不见不散

A 和 B 是对义或反义形容词语素，正向在前，反向在后：

不对不错　不快不慢　不早不晚　不进不退

（3）趋旧规则。拆词而成的格式，A、B 按照原词顺序排列：

不明不白　不干不净　不尴不尬

有些格式中的 A 和 B，既可单独成词使用，也可构成合成词。它们在"不 A 不 B"中的顺序基本上跟合成词一样。如：

不死不活（他死了/他活过来了/他死活不去）

不大不小（他大我小/这件衣服挺好看，你试试大小）

（4）上述规则有时相互矛盾，某一条起作用时，另一条可能不起作用。如"不迟不早"遵循声调规则而违背语义规则，"不早不晚"则遵循语义规则而违反声调规则；但二者排序都遵循了趋旧规则（你迟早得去/他早晚要来）。

## 四、产生原因

"不A不B"格式的出现和普遍使用，是由于它的特殊作用。

（1）语义表达的需要。

一是产生新义和新用法。如"不干不净"表示说脏话，不是一般的不干净。

二是表达形象化。如"他的批评不痛不痒"比"……没切中要害"要生动得多。

三是强调语义。"他整天不言不语"比"他整天不言语"的语气要重一些。

四是表达褒贬。如"不中不西，不土不洋，不男不女"等带有明显的贬义。

五是表达简洁。如"不破不立"等假设式组合格式，言简意赅。

（2）双音节化倾向的要求。

可以说"他不言不语地走进来"，但很少说"他不言语地走进来"。多数情况下说"他死得不明不白"，但较少说"他死得不明白"。原因之一是好些语法位置要求使用双音节词语。

**参考文献**
吕叔湘. 现代汉语八百词 [M]. 北京：商务印书馆，1994.
徐枢. "又+形$_1$+又+形$_2$"格式的限制 [J]. 中国语言学报，1988（3）.
中国社会科学院语言研究所词典编辑室. 现代汉语词典 [M]. 北京：商务印书馆，1994.

（原载于《语言教学与研究》1996年第4期）

# 表示处所的"在"字句

介词结构"在+处所"(ZP)在句中主要有三个位置:主语前,主语和谓语之间,谓语动词后;分别构成三种句式:
A 式:ZP + NP + VP(在家里他不喝酒);
B 式:NP + ZP + VP(他在办公室睡午觉);
C 式:NP + VP + ZP(他站在走廊上)。
ZP 位置不同,导致句中语义、句法、篇章的差异。本文主要考察这些差异。

## 一、A 式:"在"字结构在主语前

### (一)事情发生的处所

范继淹(1982)认为 A 式的 ZP 表示整个事件的处所,B 式的 ZP 只表示动作处所。下面看看动作参与者与处所之间的几种关系:

(1) a. 在兵营里你伺候过我。(骆)[①]
b. 在火车上他看见了黄河。
c. 在她身上,他看见了一个男人从女人所能得的与所应得的安慰。(骆)
d. 在上一封信里你告诉过我。
e. 在新街口附近他转悠了一会儿。(骆)
f. 在电话里,她哭了很久。

a 句施受都在 ZP;b 句施事在 ZP,受事不在;c 句受事在 ZP,施事不在;d 句施受都不在 ZP;e 句当事在 ZP;f 句当事不在 ZP。虽有不同,主语前的 ZP 都表示事情发生处所。

---

[①] 引文出处:骆,老舍《骆驼祥子》;毛,《毛泽东选集》第四卷;布,王蒙《布礼》;渴,郑万隆、李晓明《渴望》;京,老舍等《京味小说八家》。

## （二）句法功能

第一，跟 B 式的 ZP 不同，A 式的 ZP 一般不受副词修饰，前面也不能用助动词：

\*没在兵营里你伺候过我/你没在兵营里伺候过我
\*已经在火车上他看见了黄河/他已经在火车上看见了黄河
\*应该在上一封信里你告诉我/你应该在上一封信里告诉我

第二，光杆动词或单个动词带单个宾语在 A 式中受一定限制，在 B 式中比较自由：

\*在家里他住/他在家里住/他住在家里

加动态助词和数量词句子就可能成立：

在家里他住过一阵/在墙上他写了个字/在墙上你写个字

范继淹（1982）指出，表示进行，光杆动词可进入 B 式，不能进入 A 式：

他们在楼上开会/\*在楼上他们开会/在楼上他们正开着会呢

第三，一个 ZP 可以修饰两个或更多主谓结构，B 式的 ZP 没有这种用法：

（2）a. 在公司里，他搞他的文案，我搞我的设计，两人互不干涉。
　　b. 在国民党军队被消灭、国民党政府被打倒的每一个城市和每一个地方，帝国主义者在政治上的控制权即随之被打倒，他们在经济上和文化上的控制权也随之被打倒。（毛）

第四，即使是单句，有时 ZP 也只能放在主语前面。如：

(3) a. 在我们图书馆，谁敢给馆长提意见？（*谁在我们图书馆敢给馆长提意见？）

b. 在解放区，在党的组织和机关之间来往公文的时候，有时候人们用这两个字相互致意。（布）（*在党的组织和机关之间来往公文的时候，有时候人们在解放区用这两个字相互致意）

a 句主语"谁"语义上隶属"图书馆"。b 句主语前有三个状语，语义范围由大到小。

第五，有些句子主语后边有其他 ZP，表示处所的 ZP 只能放在主语前：

(4) a. 在茶馆里，像他那么体面的车夫，在飞跑过一会以后，讲究喝十个子儿一包的茶叶。（骆）

b. 在乡下，我们在天蒙蒙亮的时候，就要到田里干活。

a 式 ZP 表示事件发生处所。(3b) ZP 修饰的包括主语前两个状语。

### （三）"在"字结构的篇章功能

第一，A 式中的 ZP 常常跟前面的话语有关联：

(5) a. 哪里没车，他放在哪里。在这僻静的地点，他可以从容的讲价，而且有时候不讲价。（骆）

b. 他仿佛不是拉着车，而是拉着棺材似的。在这辆车上，他时时看见一些鬼影，仿佛是。（骆）

句中 ZP 都是旧信息。从篇章看，其主要功能是承接上文，顺引下文。ZP 如放在主语后，就失去了承接篇章的功能，如：

(6)（沪生父亲说）"亚茹：请你转告竹心，就说我请她来王家做客。"
看着高兴的父亲和得意的姐姐，王沪生沮丧地苦笑着。因为在沪生眼里，竹心越来越像个谜了。（渴）

"竹心""沪生"上文刚提到。但对最后分句来说，"沪生"离得更近，信息性质相对旧一些。由于旧信息在前的趋势，"在沪生眼里"要放在主语

"竹心"前。

第二,也有一些 ZP 是引出新信息的:

(7) a. 大太太与二太太一向是不和的,可是<u>在社交场合</u>,她们看上去好像挺好的。
　　b. 昨天我买了几张国画,很满意。<u>在书房里</u>,我挂了一幅"踏雪寻梅";<u>在卧室里</u>,我挂了两幅花卉。(范继淹,1982)

a 句表转折,后一分句"在社交场合"若在主语后,转折就不突出了。b 句后继两个 ZP 各引出一个主谓句,若由"我"引出两个谓语,原句的味道就没有了。如:

(8) <u>在小马身上</u>,他似乎看见了自己的过去;<u>在老者身上</u>,似乎看见了自己的将来。(骆)

第三,有一些句子,ZP 放在主语前是为了跟后续句中某些成分呼应:

(9) a. <u>在巡警眼中</u>,祥子是头等的"刺儿头",可是<u>他们</u>也不敢惹"刺头儿"。(骆)
　　b. <u>在毛毛家里</u>,别人说话都不算数,<u>他</u>的话才是圣旨。
　　c. <u>在家哥哥嫂子都宠着你</u>。<u>自从和我结婚以后</u>,你总让着我。(渴)

a、b 句中"他们""他"分别指代 ZP 中的"巡警""毛毛",是后一分句的主语、定语;c 句 ZP 跟次句状语形成对比:ZP 都有引出下文的功能,不宜放在主语后。

饶长溶(1963)说过,主语前的次动词组合(介词结构)功能跟分句相似:

(10) a. 尽管<u>在你们家里</u>,你也不能一言堂。
　　b. 不但<u>在这个院里</u>,就是东西城各车口上,谁不知道祥子是个头顶头的棒小伙子。(骆)

由于具有分句功能,可前加连词,跟主语后的 ZP 有本质区别。

## 二、B 式:"在"字结构在主谓之间

尽管 B 式的 ZP 有时可前移,但它跟 A 式的 ZP 还是有本质区别。

### (一) 动作发生状态出现的处所

(11) a. 姥姥<u>在院子里</u>晒被子。
　　 b. 他<u>在小狗身上</u>抓到一个虱子。
　　 c. 祥子<u>在院中</u>看了看那灰红的天。(骆)
　　 d. 小明<u>在信上</u>骂他。

以上是及物动词例句。a 句施受都在 ZP,b 句仅受事在 ZP,c 句仅施事在 ZP,d 句施受都不在 ZP。再看不及物动词和形容词:

(12) a. 今晚我不<u>在这儿</u>住。
　　 b. 那墨色,正<u>在日光里</u>鲜润着。(京)

a 句 ZP 指动作发生处所,b 句 ZP 表示状态存在处所。若是有 [ +附着] 语义特征的不及物动词,ZP 表示状态出现的处所:

(13) a. 衣服<u>在墙上</u>挂着。　　b. 肥猪<u>在黑影里</u>静静地躺着。(京)

连动句,ZP 在前动词前可能修饰连动式,在后动词前只修饰后边的动词:

(14) a. 虎妞正<u>在屋里</u>磕瓜子解闷呢。(骆)
　　 b. 大仙……粘着唾沫<u>在纸上</u>画。(骆)

在复句中,ZP 位于前一分句动词前,可能表示两个分句动作发生处所,也可能只表示第一分句动词所指发生处所:

(15) a. 月娟<u>在床上</u>坐也不是,躺也不是,……(渴)
　　 b. 他<u>在屋里</u>穿好衣服,慢慢走到院子里。

如果位于第二个分句的动词前,也可能有两种情况。如:

(16) a. 王子涛站起来,<u>在房间内</u>默默地踱了几个圈。(渴)
　　　b. 他醺满了墨汁,<u>在宣纸上</u>写了两个大大的字。

a 句头一分句所指动作也在"房间内"发生,但 ZP 主要表示"踱了几个圈"的处所。b 句头一分句的动作则根本不在"宣纸上"发生。

## (二) 句法特征

ZP 前可出现副词、助动词、连词、形容词,以及由词组等构成的多项状语:

(17) a. 他<u>不</u>在学校吃饭。　　b. 她<u>一向</u>在海里游泳。
　　　c. 你<u>应该</u>在学校住宿。　d. 他<u>惊慌地</u>在屋里走来走去。
　　　e. 一阵凉风,<u>却飒拉拉地、</u>在殿外回旋不去。(京)
　　　f. 他们<u>连孩子带大人都一天到晚</u>在街上找生意。(骆)

若只考虑句法语义,句中 ZP 有时可位移到主语前,如 d 句;但多数情况下不行。在 ZP 之后也可能出现类似成分,如:

(18) a. 他在家<u>不</u>做作业。
　　　b. 他在交叉路口<u>又</u>看见那辆桑塔纳了。
　　　c. 你在家里<u>应该</u>干点家务。
　　　d. 那个警察在雪地上<u>结结实实</u>地摔了一跤。

不考虑篇章因素,ZP 多可位移到主语前。原因是主语、ZP 之间没有其他状语。

表示进行时,光杆动词可以进入 B 式。如:

(19) a. 他在床上<u>玩儿</u>。　　b. 小王在屋里<u>看书</u>。

陈重瑜(1978)认为,句中"在"是体标记和介词的远距离合体,即:

他<u>在里屋</u>+<u>在</u>看书——他<u>在</u>里屋<u>在</u>看书——他<u>在</u>里屋看书

范继淹（1982）则认为是近距离合体，即：

他<u>在</u>看书+<u>在里屋</u>——他<u>在</u><u>在里屋</u>看书——他<u>在</u>里屋看书

B式"在"可表示进行体。由于"在"既表进行，又引出处所，ZP不能位移到主语前。

### （三）主语的篇章作用

B式的ZP在句子中间，本身没有什么篇章功能，但由此使得主语居于句首，起到承接上下文的作用。有几种情况：

(20) a. 她听见一声轻柔的"妈"。<u>这柔和的声音</u>，<u>在</u>她心中掀起了波澜。
　　 b. 把钱塞进去，<u>他</u><u>在</u>衣角缝上密密麻麻的针脚。
　　 c. <u>酒</u><u>在</u>桌上发着酸味，他不很爱闻。
　　 d. <u>他</u><u>在</u>屋里背上行李，悄悄地走出院门，朝车站走去。
　　 e. <u>这种东西</u>，<u>在</u>北方中叫荸荠，在广东叫马蹄。

a句后一分句主语和ZP的部分成分在前一分句出现过，按近旧远新、先旧后新的信息原则，主语在句首比ZP在句首更有利于承接上文。b句"他"同时是前一分句动词所指施事，在ZP前方便承接和统领上一分句。c句"闻"的受事是前边整个小句；若"酒"在ZP后，"在桌上酒发着酸味"不适合当受事主语。d句"他"是三个分句的主语，ZP只是头一个谓语的修饰语。e句两个分句都有ZP，其共同主语当然应在句首。

总之，B式的ZP在主语后边，使主语出现在句首，在篇章衔接上有一定作用。

## 三、C式:"在"字结构在谓语后边

### (一) 动作到达状态呈现的处所

C式的 ZP 表示动作达到或状态呈现的处所。先看第一种情况:

(21) a. 胖女人……一屁股坐<u>在大门外的青石块上</u>。(京)
    b. 小张放了几块钱<u>在柜台上</u>。
    c. 街坊们过来,好容易把二强子按倒<u>在炕上</u>。(骆)
    d. 防震屋就搭<u>在后院</u>。

动作发生后 a 句主语、状语部分在 ZP;b、c 句受事在 ZP,施事不在;d 句受事主语在 ZP。再看表状态呈现句:

(22) a. 奶奶静静地坐<u>在沙发上</u>。
    b. 他躺<u>在这张床上</u>好几个月了。
    c. 老王就死<u>在这张手术台上</u>。

可见,较稳妥的说法是:动词表示动态的动作行为时,ZP 表示动作参与者在动作发生后的到达点;动词表示静态呈现或持续时,ZP 表示状态呈现时或持续时的处所。

### (二) 形式及对动词的限制

动词和"在"结合比较紧,一般不能插入其他成分;但有时可以出现"了",如:

(23) a. 他一软就坐在<u>了</u>地上。
    b. 老爷子伸伸腰,躺在<u>了</u>床上。

有"了"一般都是动态句,ZP 表示动作到达点。

C式对动词有限制。范继淹(1982)对《普通话三千常用词汇表》进行过统计,指出表中常用单音节动词 80% 以上能进入 C 式,常用双音节动词 80% 以上不能进 C 式。该统计和结论基本可靠。

尽管 C 式中有的 ZP 可移到动词前，但绝大多数 ZP 不行。如：

(24) a. 仿佛一脚登在天堂，一脚登在地狱。（骆）
　　 b. 他一头扎在水里。
　　 c. 炉灰尘土脏水都倒在院中。（骆）
　　 d. 父亲的泪水落在她的发梢上。
　　 e. 高妈的话很像留声机片，是转着圆圈说的，把大家都说在里边了。（骆）

有些是因为动量状语，有些是因为"在"的宾语，有些是因为整个动补组合。最根本的，是由于 C 式的 ZP 表动作到达点，B 式的 ZP 不能表达这种语义。

### （三）篇章因素

ZP 在句末，主要是语义和句法的要求，但是有时也有篇章上的作用。如：

(25) a. 他坐在地上，地上有些干草和松花。
　　 b. 队长，给我们想想办法吧，把它卖出去吧，可别砸在我们手里。（京）
　　 c. 国民党只有一百几十万军队，散布在广大的地方。当然还有许多仗要打，但是像淮海战役那样大规模作战的可能性就不多了。（毛）

a 句"在"的宾语是第二分句主语；b 句后两个分句动补结构和语义形成对比；c 句头一分句宾语和第二分句动补结构（散布在广大的地方）形成主谓关系，说明最后一句句义。从句法上看，ZP 可移到动词前；从篇章上看，则应放在句末。

## 四、不同位置上"在"字结构的共现

### （一）同句共现

有 AB 位共现、AC 位共现、BC 位共现和三位共现几种。如：

(26) 在鼓楼前，他在灯下抢着个座儿。（骆）
(27) a. 在黄土高原，一些人住在窑洞里。
　　　b. 在大学我们住在一溜平房里。
(28) a. 他在客房里把一个窃听器安放在沙发下。
　　　b. 他在农村住在一个寡妇家里。
(29) 在学校，我在宿舍里接了一根地线在暖气片上。（范继淹，1982）

一般前边"在"的宾语语义上大于并包含后边"在"的宾语。偶有例外：

(30) 在一家姓方的家里，主人全家大小，连仆人，都在邮局有个储金折子。（骆）

### （二）邻句共现

在相邻句子中次第出现。如：

(31) a. 回来以后，我不在老地方住了。现今住在北长街。（骆）
　　　b. 大家都没的可说了，可是找不到个台阶走出去，立在那里又怪发傻，……大家敢怒而不敢言的在那里立着。（骆）
　　　c. 破闷葫芦罐还在地上扔着，他拾起块瓦片看了看，照旧扔在地上。（骆）

a 句前一分句把旧信息（老地方）放在动词前，后一分句把新信息（北长街）放在句末。b 句"立在那里又怪发傻"跟上一分句"找不到个台阶走出去"的结构和意义对称；最后的分句 ZP 放在动词前，既因为它已是旧信息，又为了强调行为持续时间长，以使句式灵活多变。c 句前一分句强调状态持续，后一分句强调地点。

**参考文献**

范继淹. 论介词短语"在+处所"[J]. 语言研究，1982（1）.

饶长溶. 主谓句主语前的成分[J]. 中国语文，1963（3）.

周小兵. 谓语前介词结构的同现次序∥中国语文杂志社. 语法研究与探索：7. 北京：商务印书馆，1995.

CHEN Chungyu（陈重瑜）. Aspectual features of the verb and the relative position of the locatives [J]. JCL（中国语言学报），1978（6）.

（原收入中国语言学会《中国语言学报》编委会《中国语言学报（第八期）》，北京语言文化大学出版社1997年版）

# 两种双重否定句式的语用分析

## 一、问题的提出

双重否定句式有一些研究成果。如丁声树等（1961：200-202）认为：双重否定意思上是肯定的，但跟单纯肯定不全一样。并讨论了四种句式：①跟单纯肯定意思差不多，语气比单纯肯定句委婉，如"街上的情况，你不是不知道"；②不等于单纯肯定，有"一定要、必须"类意思，如"延安的举动，不能不影响全国"；③"没有""无"和"不"连用，表示"全部……"，如"没有一个不佩服"；④"非……不"表示"一定要……才"的意思，如"她晓得人和厂非有她不行"。此研究对句式语义探讨有启发。

本文拟从语用上考察双重否定句，解释：为什么要用双重否定句？它跟语境有何关系？我们认为，很多双重否定句用于否定存在于语境中的某种看法，它可能在上文出现，可能只存在于交际者头脑中。因此，该句式有肯定句不可取代的功能。

因资料限制，本文只讨论两种双重否定句：①N 不是不 VP；②N 不能不 VP。

## 二、N 不是不 VP

"N 不是不 VP"并非简单等同于肯定句式，或只是语气委婉一些。从语境考察，会发现该句式主要目的是否定某种已有看法，即否定"N 不 VP"。如：

（1）北京人吃早点，很能反映北京人的生活态度，那就是随意、随和、能将就、会节省。这是北京人几代传下来的美德。他们<u>不是不会讲究不会排场</u>，但他们能够艰苦而达观地对待生活。（肖复兴：《北京人吃早点》，《南方周末》1997 年 5 月 16 日）

例（1）的双重否定句用于否定"北京人不会讲究不会排场"，而被否定的这种看法可从上文所述北京人"随意、随和、能将就、会节省"的语句中推测出来。

"N 不是不 VP"的两个否定部分地位不同："不是"是句子谓语，否定后面宾语，在两个否定中起决定作用；"不 VP"是谓语的否定对象。从交际看，"不是"为新信息，"不"重读；"不 VP"是相对旧一些的信息，语音上不重读。

"不是"否定某种看法，它前面往往有副词"并"或可加"并"。如：

（1′）……他们并不是不会讲究不会排场……

（2）在全国的高等学校里，还有很少数教师没有开课。这些人里面有一些并不是不能开课，或者只需要组织他们学习一下就可以开课，这就应该让他们开课。（《周恩来选集》下集，第168页）

"并"的作用是强调说明事实真相而否定、反驳某种看法（陆俭明、马真，1984：12-13）。因此后边常会出现强调事实真相或实际情况的句子，如例（1）（2）。

值得注意的是，被否定的看法，即 N 不 VP，有时可能在较远的上文中：

（3）先定一个框子，拿框子去套，接着是抓辫子、挖根子、戴帽子、打棍子，那就不好了。……（引用时省去253个字——引者注）对于根子也不是不要研究。（《周恩来选集》下集，第327页）

有时隐含于听话者的话语中，如：

（4）韩山坚：这种快乐可惜只有贵族的猎师才能够享受呀。没钱的人一家数口，专靠打些野物营生，假如一无所得，立刻便要发生恐慌，还能说得上什么精神上的快乐吗？

严仲子：你这话一点也不错。不过他们不是不应该享受，只是不能够享受罢了。（《沫若剧作选》，第14页）

有时甚至只是存在于交际者的心里。如：

（5）再说你这病也<u>不是不能治</u>；我看了不少资料，找了不少专家请教，我们主任打算和我一起给你中西医配合治疗，是很有希望的。（郑万隆等《渴望》，第212页）

这是田莉对月娟说的话，"这病不能治"是月娟的想法。月娟不能生孩子，慧芳要把捡来的小芳送给月娟和大成当养女。月娟不明事理，反而责怪慧芳跟大成旧情不断，哀叹自己不能生孩子。田莉知道后批评了月娟悲观的想法。

由上可知，此类双重否定句的功能，不在于用委婉语气表示肯定意思，而在于对已存在或可能存在的某种看法进行否定。这种功能一般肯定句无法替代。

## 三、N 不能不 VP

"N 不能不 VP"跟"N 不是不 VP"相似，主要功能是否定某种看法：

（6）过两天，你就先去一趟；他也许不见你。一次不见，再去第二次；面子都给他，他也就<u>不能不回心转意了</u>。（老舍《骆驼祥子》，第139页）

跟"N 不是不 VP"不同，这里双重否定的层次切分在"不"后边。请对比：

不是/不 VP    不/能不 VP

从例（6）可知，被"不"否定的是"他可能不回心转意"。这可从"他也许不见你"推出。被否定的看法，有时可能距离较远，有时需要推测：

（7）招财妈曾告诉西凤，……最差是阿娇，红颜薄命，克夫克子，一生孤独。……阿娇当时一百个不相信。招财妈的话没个准，当初水嫂大肚时，招财妈说她一定生儿子，结果生出一个小妹头……招财妈也说阿渔薄命，一辈子嫁不出去，总要被男人欺负抛弃。结果呢，阿渔顺顺利利嫁了个好老公，早早进了省城享大福。可见招财妈的话不可信……此时，阿娇不能

<u>不认自己命苦</u>，不然卢强（阿娇丈夫——引者注）怎么会走得这么快，这么早，这么突然？（李兰妮《傍海人家》，第22页）

（8）<u>他下了决心，不跟她吵，不跟她闹，倒头就睡</u>……（此处引用时省去47个字——引者注）<u>祥子打算合稀泥</u>……（此处引用时省去264个字——引者注）祥子真挂了火，他<u>不能还不说出心中的话</u>，不能再忍："拉车，买上自己的车，谁拦着我，我就走，永不回来了！"（老舍《骆驼祥子》，第145～146页）

下划线表示可推出"N可能（可以）不VP"的上文。例（8）本文引用时第二处省略264个字，写虎妞跟祥子吵闹，祥子极力忍耐的情况。

当"N不能不VP"中的N指人时，句式还有一个含义："N没有办法不VP"。例（8）祥子说出心中的话是被迫的，并非自己原来的愿望。例（6）（7）也都有此含义。

可见"N不能不VP"的功能是强调对"可能（可以）不VP"的否定。这种功能，并非一般肯定句可以替代。

此外，不能忽视双重否定句跟肯定句式连用的情况。如：

（9）像这样的事情，我们<u>再不能不管了</u>，以后是一定要管起来。（毛泽东。转引自丁声树等《现代汉语语法讲话》，第201页）

双重否定句式和肯定句式都不可取代。双重否定着重否定"对这种现象可以不管"的看法。"再"表示有人认为可不管，实际也没管。肯定句着重强调"一定要管"。

吕叔湘（1984）分析"过了筛子又过箩的材料，还能假吗？能假得了吗？"，指出：①"能假"和"假得了"作用不同，否则用不着同时用上；②"假得了"比"能假"分量重，所以搁在后头。这个分析对研究双重否定句有启发。例（9）说明双重否定和肯定句作用不同；说明在肯定分量上，后者强度大于前者。

本文尝试用篇章语用分析法探讨两种双重否定句。其中有的方法和结论可能适用其他双重否定句，有的可能不适用。对此还需要做进一步的研究。

**参考文献**

丁声树，等. 现代汉语语法讲话［M］.北京：商务印书馆，1961.

李英哲，等.实用汉语参考语法［M］.熊文华，译.北京：北京语言学院出版社，1990.
陆俭明，马真.现代汉语虚词散论［M］.北京：北京大学出版社，1984.
吕叔湘."能"和"–得–"［J］.中国语文，1984（2）.
张伯江，方梅.汉语功能语法研究［M］.南昌：江西教育出版社，1996.
周小兵.句法·语义·篇章［M］.广州：广东高等教育出版社，1996.

（原收入《李新魁教授纪念文集》编辑委员会编《李新魁教授纪念文集》，中华书局1998年版）

## 海外华语和方言语法

# 新加坡华语小说的语法特点

新加坡华语（下称"华语"）和汉语普通话有同有异。异部分源于方言，部分源于外语。本文考察华语小说中的语法特征及其成因，以拓宽汉语研究范围，探讨语言变异。

## 一、词语组合

第一，量名搭配。主要是受汉语方言影响，有些量词很难在普通话中找到对应词：

注射<u>口</u>针吧（浅245）①／嘟起<u>一条</u>嘴（春56）／两<u>度</u>强光（浅77）
两<u>粒</u>西瓜（短16）

第二，动词。两类：不及物动词带宾语，"受"类动词带动作宾语、动宾动补宾语：

要<u>打趣</u>阿生（浅78）／<u>帮忙</u>老人的小孙女煮饭（华6）
<u>受</u>十多位马来人<u>投掷</u>石子（槟70）／选一个信封再<u>加以封妥</u>（短12）

第三，副词。经常位于名词前：

太阳溜下海平线后，<u>就</u>一阵阵凉风从海峡的对面吹过来。（春5）
回到家里来，<u>已经</u>外面全暗下来了。（浅292）

---

① 引文出处：浅，韦晕《浅滩》，新加坡青年书局1960年版。春，韦晕《春冰集》。短，《短篇小说创作比赛》，教育出版社1977年版。槟，方北方《槟城72小时》，新加坡青年书局。华，《华文文学》，汕头大学《华文文学》编辑部。最，黄华《最后一只蝴蝶》，人民数据。

程度副词可以修饰动补结构，语义指向补语中的形容词：

会<u>更</u>弄到多点钱（浅 245）／希<u>望越来越</u>落空（华 52）

表示动作重复发生的"过"位于动词后，源于南方方言：

该买<u>过</u>一件衣了。（短 85）／一次失败了又换<u>过</u>一次花样。（浅 256）

第四，介词。介词使用跟普通话有区别，多是方言影响：

把美娜看作一个<u>比</u>人不同的女人。（华 13）［跟］
我想等晚上<u>才给</u>你知道。（华 13）［让］
只好<u>向</u>一个擦鞋匠打工。（短 36）［给］

第五，助词。受方言影响，完成体"有"常用于疑问句，偶尔用于陈述句①：

你<u>有</u>恋爱过？—— 没有。（华 47）／<u>有</u>准时报到吗？（最 38）
到第二天，才<u>有</u>发觉他掉到池塘里去了。（浅 24）

"到"引进情状、结果补语：

做<u>到</u>精疲力竭（华 11）／老什役就高兴<u>到</u>了不得。（浅 12）

代词和动词词组作状语时常带结构助词"地"，可能受印欧语影响：

那么<u>地</u>点了一下头。（短 6）／爸爸笑笑<u>地</u>对我说。（短 9）

"了"的有无和位置，华语和普通话有区别：

---

① 参见：William S-Y Wang（王士元），"Two Aspect Markers in Mandarin Language"，*Language*，Volume 41，Number 3，part 1（译文见《普通话两种体标志》，周小兵译，《中山大学研究生学刊（社会科学版）》1987 年 2 期）；邢福义《"有没有 VP"疑问句式》，载《双语双方言》。

他逼了我（华10）/同情了他。（浅62）/做财副了十多年（浅32）

第六，名词活用如动词或形容词：

把死尸车走了事（春45）/我主意你还是不必过去的（槟65）
使人留恋，使人快意（槟2）/很夜了（最9）

## 二、句子成分

第一，长定语。主要受印欧语定语从句的影响而出现，中国方言中很少出现。如：

更有我们甘榜里，那两株当我们出世后，家长为我们种下的，而且是我们日夜一直看着长大，一直望着它插进云霄去的椰树（槟20）
那个连大牙门牙都掉了，额头的长长短短的皱纹，告诉了每个陌生人自己的经历的商会老什役（浅2）

第二，补语。在趋向动词补语后边，可由"得"再引出补语，如：

山洪冲下来得急（春50）/给鬼子当军补拉去得无影无踪（春32）

表结果的"到"充当"发觉"类双音节知觉动词的补语，如：

觉得到了温暖（春17）/发觉到我常看他（华46）

"过"当补语，表示人或事物随动作发生达到某一处所；普通话用"到"：

跑过丁仁身边（春19）/矮仔三就想跳过隔座去（浅79）

第三，宾语和补语的次序。宾语在否定式可能补语之前，普通话宾语通常在补语后：

可能留你不住（华49）/似乎对他不起。（浅68）

宾语或离合词宾语语素在补语前，普通话宾语一般嵌在补语中间：

胖子却同情他起来（春28）/现在生气起来（春12）

宾语在"看得起"之前或嵌在中间，普通话一般在后：

把你看得起（浅106）/你看得我老木起。（浅12）

## 三、几种句式和结构

第一，比较句。用南方方言"A + 形容词 + 过 + B（+ 数量词语）"：

哈里的身材几乎大过吉钦的一半。（槟86）

第二，比况结构。受外语影响，比况结构少了普通话最后必有的"似的/一样"。

象一家人的一起吃晚饭（华14）

第三，被动句。"受"功能类似"被"，可引出施事，也可直接在动词前：

男的受女的这么一问（槟17）/奖学金受批准了（短10）

第四，并列句式。并列结构谓语省略，显然是受外语影响而出现的：

街后也是一个市场，可是一个白天，一个夜晚热闹。（华73）

## 四、华语语法特点的成因

新加坡是多语制国家。华语外部受英语、马来语、泰米尔语影响，英语影响最突出。内部受南方方言影响较深。从类型学角度看，北方话为基础的普通话带阿尔泰语系某些特点。新加坡华语则保留了古代汉话的遗迹，有南方语型许多特点。

（原收入陈恩泉主编《双语双方言》，中山大学出版社1989年版）

# 论广州话的语序

## 一

某些语言倾向于把动词（含形容词）的修饰成分和连带成分（含宾语）放在动词前边，如土耳其语；某些语言则倾向于把这些成分放在动词的后边，如泰语。

汉语跟上述语言不同：修饰成分多在动词前，连带成分多在动词后。但不同方言却有所区别，如：①某些连带成分北方话在动词前，南方话却在动词后；②某些修饰成分南方话在动词后，北方话却只能在动词前。如：

(1) a. 转左。（广州话）　　　b. 向左转。（北方话）
(2) a. 你食先。（广州话）　　b. 你先吃。（北方话）

以往研究不少，但举例多描写少，谈迥异多说微殊少。有的结论不准确，如：广州话双宾句指物宾语在前，指人宾语在后（畀本书我）。语言事实是，除给予类动词双宾句外，其他双宾句跟北方话相似（罚佢五文/问你几个问题）（方小燕，1994）。本文描述并解释广州话、北方话某些语序不同的现象。

## 二

动词修饰成分广州话跟北方话相似，多在动词前。修饰语后置也有。

### （一）"添"和"再"

一般认为广州话谓语宾语后的"添"对应北方话动词前的"再"。如：

(3) a. 食碗饭添。　　　　　　b. 再吃一碗饭。
(4) a. 有咗钱先买。（*有咗钱买添）　b. 有了钱再买。

(5) a. 长的添。　　　　　　　　　b. 再长点。

例（3b）"再$_1$"表将来行为重复，例（5b）"再$_3$"表示度增加（吕叔湘，1980），都跟"添"对应。例（4b）"再$_2$"表示行为在具备某条件后发生（马希文，1985），跟广州话"先"对应。此外，表重复持续或程度增加时，"添"跟"再"不全对应：

(6) a. *冇食饱咩？食添。　　　　b. 没吃饱吗？再吃。
(7) a. *你讲添，我就走喇。（你重嘈，我就走喇）
　　b. 你再讲，我就走了。

对比例（3a）（5a）可知，用"添"的条件是谓词后有数量词：

(8) a. 讲<u>一阵</u>添，重唔到10点。　b. 再说<u>一会儿</u>，还不到10点。

例（6a）（7a）动词后无数量词语不能用"添"。此外"添"表添加时对应北方话"还"：

(9) a. 我去过西藏<u>添</u>。　b. 我<u>还</u>去过西藏呢。

由上分析可得规则Ⅰ：广州话句末"添"表示重复持续时跟北方话再$_1$对应；表示程度增加时跟北方话再$_3$对应，条件是动词右边有数量词语；跟北方话再$_2$不对应。"添"表示添加义时跟北方话"还"对应。

### （二）"唔+形容词+乜滞"和"不太+形容词"

(10) a. 开摩托唔<u>稳阵</u>乜滞。　　b. 开摩托不太<u>安全</u>。
(11) a. 呢杯茶唔<u>热</u>乜滞。　　　b. 这杯茶不太<u>热</u>。

北方话"不太"后边可以是褒义、贬义、中性形容词；在广州话只有褒义、中性词能进入"唔+形容词+乜滞"格式，贬义形容词不行：

(12) a. *呢件衫唔<u>难看</u>乜滞。　b. 这件衣服不太<u>难看</u>。
(13) a. *佢嘅仔唔<u>蠢</u>乜滞。　　b. 他的儿子不太<u>蠢</u>。

原因是，北方话"不太+形容词"代表两种格式（分别写作 S1 和 S2），广州话"唔+形容词+乜滞"只跟其中一种对应。

例（10b）和（11b）是 S1，基本义是"不+形容词"；为缓和否定语气，加上"太"。如例（10b），基本义是"不安全"，说成"不太安全"，否定语气轻了一点。

例（12b）（13b）是 S2，基本义是"不算非常+形容词"，前提义是形容词义。例（12b）基本义是"这件衣服不算非常难看"。在肯定前提基础上说明"难看"程度不高。

两类句式有形式区别。S1 重音在形容词上（开摩托车不太安全），层次是"不太/形容词"；S2 重音在"太"上（衣服不太难看），层次是"不/太+形容词"。（周小兵，1992）S1 跟广州话"唔+形容词+乜滞"一样，只允许褒义词、中性词进入。

广州话"唔+形容词+乜滞"跟 S1 对应。例（10a）基本义是"开摩托唔稳阵"，加"乜滞"委婉口气。层次为：唔+形容词/+乜滞。"乜滞"像语助词，在句末更合理。①

跟 S2 相对应的意思，广州话只能用"唔系+极+形容词"，如：

（14）呢件衫唔系极难看。
（15）佢嘅仔唔系极蠢。②

由上述分析可得出规则Ⅱ：广州话"唔+形容词+乜滞"只跟北方话表示委婉否定的"不太+形容词"对应，不允许贬义形容词进入。

### （三）某些形容词北方话在动词前，广州话在动词后

（16）a. 等多 5 分钟。　　b. 多等 5 分钟。
（17）a. 食少啲。　　　　b. 少吃点。

都是祈使句。要注意，广州话"多""少"有时不能在动词后边：

---

① 从信息论角度看，句末往往是新信息。"唔+形容词+乜滞"格式的信息焦点在句末的"乜滞"，符合一般信息交流的规则。
② "唔系+极+形容词"是一个兼容格式，中性词、褒义词也可以进入。

(18) *饮多水，食少饭。（多饮水，少食饭）
(19) *要食多瞓多。（要多食多瞓）

因为形容词后边，例（16）（17）有数量词语，例（18）（19）没有。可得出规则Ⅲ：**祈使句后有数量词语时，广州话"多""少"可紧跟动词后。**

这一规则不全面。若是陈述句，广州话有时没有数量词语，"多、少"同样紧跟动词后。而且北方话相同句式也是把"多、少"放在动词后边，如：

(20) a. 中午食少咗。　b. 中午吃少了。

这类句子后边有完成体标志（咗/了），句子表示说话人不满意的态度。例（20）意思是"中午吃得太少了"，很快就饿了。由此可得出规则Ⅳ：**陈述句表示说话人不满意的态度时，后边没有数量词语，广州话、北方话的"多、少"等也可放在动词后边。**

## 三

某些体词性成分，广州话在谓词后，北方话在谓词前边。

### （一）方位词语位置

有些方位词，广州话放在动词后，北方话常借助介词置于动词前：

(21) a. 行到路口转左。　　b. 走到路口向左转。
(22) a. 唔该企入啲。　　　b. 劳驾往里站站。

但在某些情况下，广州话的方位词也要借助介词放在动词左边：

(23) a. 佢日日向出便掟嘢。　b. 他天天往外边扔东西。
(24) a. 佢哋向右便拧过个头。　b. 他们向右边转过头去。

为了不跟谓语后的宾语冲突，把方位词放在动词前。① 得出规则Ⅴ：当动词后边没有其他宾语（尤其是受事宾语）时，广州话中表示动作方向的方位词语大多放在动词右边。

## （二）差比句

差比句的比较标准，一般广州话在谓词右边，北方话在谓词左边：

（25） a. 我高过<u>佢</u>。　　　　b. 我比<u>他</u>高。
（26） a. 你讲得好过<u>我</u>。　　 b. 你讲得比<u>我</u>好。

位置不同，比较标准的构成不同。北方话可以是表泛指的疑问代词，广州话不行：

（27） a. *佢肥过<u>边个</u>。②　　　b. 他比<u>谁</u>都胖。

疑问词表泛指是引申用法，要受位置限制。多数在句首，句中通常在谓词左边。此外"一啲/一点"作程度补语时，比较标准北方话可由多音节词语充当，广州话不行：

（28） a. 佢快过<u>我</u>一啲。
　　　 b. 他比<u>我</u>快一点。
（29） a. *他重快过<u>我哋学校嘅短跑冠军</u>一啲。
　　　 b. 他比<u>我们学校的短跑冠军</u>还要快一点。

由上分析可得出规则Ⅵ：广州话表不等比较时比较标准通常放在谓词右边，但比较标准不能是表示泛指的疑问词；右边有表程度的数量词时，比较标准的音节数不能太多。

---

① 例（23a）（24a）也可以不把方位词移到谓词左边。条件是再加一个动词，保证一个动词后边只有一个体词性宾语成分："佢日日掟嘢去出便"。
② "佢肥过边个?"可说，但这时"边个"表疑问，不表泛指，和本文谈的句式不同。

## 四

### （一）广州话 VP + NP 与北方话 NP + VP

(30) a. 太多麻烦！　　　b. 麻烦太多！
(31) a. 越来越大雨喇。　b. 雨越来越大了。

有人认为 a 是"修饰语＋名词"，b 是"主语＋谓语"。事实上，例（30a）加上"佢"就是主谓宾句；句末有表变化的"喇"，如例（31a）；VP、NP 之间不能加表偏正关系的"嘅"（＊越来越大嘅雨喇）。此现象邢福义（1992）称为述谓项前移，有人看作主项后移。但是：A. 音节较多的词组不适宜后移：

(32) a. ？我地班入便好多无心向学、经常迟到旷课嘅人。
　　　b. 我地班入便无心向学，经常迟到旷课嘅人好多。

B. 语义限制，如跟"大、细"搭配的多是可自变的自然现象：

(33) a. 好细雨啫。　b. ＊好细窿啫。（窿好细啫）

除非在名词前边加上量词：

(34) c. 好大对鞋。
(35) c. 好细个窿啫。

由上述分析可得出规则Ⅶ：广州话主项音节数不多时，可移到"多""少"等述谓项右边；在语义选择允许的情况下，还可移到"大""细"等述谓项右边。

### （二）宾语位置

宾补共现，宾语在广州话中可放在谓语、补语之间，北方话一般在补语后：

（36）a. 点都揾佢唔到。　　b. 怎么都找不到他。

宾语放到谓补之间也是有条件限制的，音节数太多的宾语不行：

（37）a. *搞你地厂嘅工会主席唔掂。　　b. 搞唔掂你地厂嘅工会主席。

出现肯定式的能性补语时，宾语也只能放在补语后边：

（38）a. *追佢得到。　　b. 追得到佢。

由此得出规则Ⅷ：出现否定式能性补语而宾语音节数不多时，广州话宾语可放在谓语补语之间。

## 五

广州话语序反映了整个南方语言的特征，如句末"添"，比较标准在谓词后：

（39）a. 看一摆电影添。（广东客家话。普：再看一场电影。）
　　　b. 企一下子添。（浙江平阳话。普：再站一会儿。）
　　　c. 想一下添。（安徽歙县话。普：再想想。）
　　　e. 阿母较想食婴仔。（福建惠安话；普：妈妈比小儿子更想吃。）
　　　f. 你的工分多似他。（湖北黄冈话。普：你的工分比他多。）

如果能从广州话入手，站在语言地理类型学的高度考察、对比南北语言的差异和成因，将会使中国的方言研究深入一步。

**参考文献**

方小燕. 谈对外粤语语法教学［M］//邵敬敏. 语法研究和语法应用. 北京：北京语言学院出版社，1994.
高华年. 广州方言研究［M］. 香港：商务印书馆（香港），1980.
吕叔湘. 现代汉语八百词［M］. 北京：商务印书馆，1980.

马希文. "跟副词'再'有关的几个句式 [J]. 中国语文, 1985 (2).
桥本万太朗. 语言地理类型学 [M]. 余志鸿, 译. 北京: 北京大学出版社, 1985.
邢福义. "南片话语中述谓项前移的现象 [M] // 陈恩泉. 双语双方言: 2. 香港: 彩虹出版社, 1992.
周小兵. 试析"不太 A" [M] // 中国语文杂志社. 语法研究和探索: 6. 北京: 语文出版社, 1992.

(原收入郑定欧主编《广州话研究与教学》, 中山大学出版社 1993 年版)

# 普通话和广州话的人称疑问代词

人称疑问代词普通话最常用的是"谁",广州话最常用的是"边个"[pin⁵⁵ko³³]。广州话中还有一个"乜谁"[mat⁵seu¹¹],在特定情况下跟"谁"对应。本文结合句法、语义、篇章等因素,探讨普通话的"谁"跟广州话"边个""乜谁"的使用情况。

## 一、"谁"和"边个"的一般用法

"谁"和"边个"多用于特指问句,同时也有任指的用法。

### (一) 疑问用法

"谁"和"边个"都有疑问用法,用于特指问句。如:

(1) a. 谁去北京?     b. 边个去北京?
(2) a. 你见过谁?     b. 你见过边个?

但二者在使用时有一些差别。请对比:

(3) a. 都谁去北京?     b. *都边个去北京?

表示总括的"都"在普通话里可以放在总括对象"谁"的前边,表示去北京的不止一个人;广州话没有这种用法。

### (二) 非疑问用法

"谁"和"边个"都可以表示任指,用于非疑问句式。如:

(4) a. 我谁都不认识。     b. 我边个都唔识。
(5) a. 谁都不理我。     b. 边个都唔睬我。

## 二、两种特定句式中的人称疑问代词

本节讨论人称疑问代词在两种句式中的使用情况。

### (一) 两种句式

吕叔湘曾经指出,"谁是张老三?"和"张老三是谁?"是两种不同的句式。后者是问张老三是怎么个人,是一位师傅,还是一位司机?前者有两个作用:一种是要求指出张老三这个人;一种跟后者相同,要求说明张老三这个人。并假定有一种方言,可以用来解释为什么"谁是张老三?"不一定等于"张老三是谁?"(吕叔湘,1984)。

方梅做过进一步的研究,认为"谁是张老三?"相当于"哪个人是张老三?",其中的"谁"是对比焦点;要求一个指别性的答句与之相配。"张老三是谁?"则相当于"张老三是什么人?",其中的"谁"是常规焦点;要求一个说明性的答句与之相配。(方梅,1995)

为了讨论方便,我们把要求指别性答句相配的句子称为 A 式,把要求说明性答句与之相配的句子称为 B 式。

### (二) "边个"和"乜谁"

广州话里,"边个""乜谁"在 A、B 式中的分布不一样。请对比:

(6) A 式:边个系阿龙?   *乜谁系阿龙?
　　B 式:阿龙系边个?   阿龙系乜谁?

"边个"在 A 式、B 式中都能出现,对应普通话"谁",意义功能既相当于"哪一个"(要求指别性回答),也相当于"什么人"(要求说明性回答)。而"乜谁"只能出现在 B 式,意义功能只相当于"什么人",只要求说明性回答。

吕叔湘(1984)说过,许多方言不说"谁"而说"啥人"(及变体),又有别的许多方言不说"谁"而说"哪个"(及变体)。在这些方言里,"啥人"或"哪个"都是全面地等于"谁"的。如果有一种方言,既说"啥人"又说"哪个",那就必然有所分工:在要求说明一个人的时候说"张老三是啥人?",在要求指出一个人的时候说"哪个是张老三?"。

从例(6)及分析可看出,广州话既不同于吕先生所说的前两种方言,也不同于吕先生假设存在的那种方言,"啥人""哪个"分工清楚。广州话"边个"差不多等于"谁","乜谁"则只等于"啥人"。

方梅认为,"什么人"不能放在"是"之前,"哪个人"不能放在"是"之后(*什么人是王朔?/*王朔是哪个人?);推测并通过统计证明疑问词的位置是决定焦点性质的一个因素。(方梅,1995)

从例(6)可看出,广州话人称疑问代词的使用情况部分支持方梅这个结论。"乜谁"等于"啥人"(什么人),所以不能放在"系"之前。"边个"全面地等于"谁":既等于"哪个人",又等于"什么人",所以既能在"系"之前出现,又能在"系"之后出现。

下面看看"边个"及其相应句式的情况。

(6) A 式:边个系阿龙?　　B 式:阿龙系边个?

说 A 句时,问话人已经知道阿龙的身份,但是认不出阿龙,要求别人指出哪一个人是阿龙;说 B 句时,问话人不知道阿龙的身份,要求别人告之阿龙是什么人,如干什么工作的。A 句中,重音落在"边个"上面,"边个"是对比焦点;在 B 句中重音落在"阿龙"上面,"边个"是常规焦点。

## 三、结　语

本文讨论普通话和广州话人称疑问代词中的若干问题。其他相关问题将另文讨论。"边个"和"乜谁"的区别,在其他南方方言里也存在,但具体情况可能跟广州话有一些不同。

是否可推测,以前的广州话里,"边个"等于"哪一个","乜谁"等于"什么人"。在后来发展中,由于种种原因,包括北方话、普通话的影响,"乜谁"的使用慢慢减少,"边个"的使用慢慢扩大,囊括了"乜谁"的意义和功能;"乜谁"可能在不远的将来最后消失。这种推测有待进一步研究和证实。

**参考文献**
方梅. 汉语对比焦点的句法表现手段［J］.中国语文,1995（4）.
吕叔湘."谁是张老三?""张老三是谁?"［J］.中国语文,1984（4）.
詹伯慧. 汉语方言及方言调查［M］.武汉:湖北教育出版社,1991.

（原收入陈恩泉主编《双语双方言（五）》,汉学出版社1997年版）

# 广州话量词的定指功能

广州话量词跟北京话有一些区别,表现在四方面:①跟相同名词搭配的量词不同,广州话"一眼针",北京话说"一根针";②相同意思用不同的"数量名"结构,如表示时间,广州话"一个字",北京话说"五分钟";③名词和量词搭配范围不同,广州话"一部车、一部洗衣机",北京话说"一辆车、一台洗衣机";④意思上相互对应的量词具有不同的功能,广州话可以说"把刀仔冇咗(这把小刀不见了)",北京不能说"把刀子没了"。

方言对比研究中,前三种区别比较明显,且研究较多;第四种区别比较隐秘,值得深入讨论。本文基于第四种区别,考察广州话量词跟定指有关的一些问题。

## 一、有定和无定

### (一)有定

有定是指根据上下文或说话者/听话者共有知识可识别的名词所指事物。如:

(1) 上个礼拜先买咗本书,琴日发现(嗰)本书唔见咗。上个星期才买了一本书,昨天发现那本书不见了。

(2) 啲木虱臭虫昇滚水渌死晒。这(那)些臭虫全被开水烫死了。

例(1)第二个"书"和例(2)"木虱",都是有定的。例(1)的"书"在上文出现过,指的是前面的话语中所特指的事物,是前指。例(2)的"木虱",可能在前面谈过,是前指;也可能是根据实际情景推知。如果是说话者/听话者根据实际语境推知,叫情景所指。

有定是语用学范畴,但在句法上可表现出来。英语中,有定名词前常有定冠词 the、指示代词,或其他限定性定语。北京话中,有定名词前面常有四种形式:①指示代词;②"指示代词+量词";③"指示代词+数词+量词";④其他限定性定语。即这四种形式承担了定指功能。广州话也能用这些方式承担定指功能，但跟北京话有区别。如：

（3）（呢）个餸几好食。这个菜挺好吃。
（4）嗰三本书唔好睇。那三本书不好看。
（5）琴日来嘅学生系日本人。昨天来的学生是日本人。

从上述例句可看出广州话和北京话有两点区别：一是北京话可以单用指示代词表示有定，广州话不行；二是广州话可以单用量词表示有定，北京话不行。

### （二）无定

无定是指根据说话者和听话者的共有知识不能确认所指的事物。在具体句子中，通常用它所指的不熟悉的词语承担。如：

（6）我买咗一对鞋。我买了一双鞋。
（7）两只雀仔落咗系屋顶。两只鸟落在房顶。

例（6）的"鞋"和例（7）的"雀"在前文中没有出现过，又没有具体情景使听话者可以推知，是无定的。无定也有一定的形式标志。英语表示无定的词语前边一般有不定冠词 a/an 和 one/some 等。广州话表无定的词语前面往往有数量词语，如上例的"一对、两只"等。当数词是"一"时，有时可以省略。如：

（8）琴日睇咗出电影。昨天看了个电影。

### （三）同指的有定和无定

同指的有定和无定常常共现，总是无定在前，有定在后。如：

（9）前日佢不见咗一部单车，今日朝早，佢睇见一个人踩住吤部车。前天他一辆自行车不见了，今天早上，他看见一个人骑着那辆车。

"一部单车"，车是无定的；"吤部车"，车是有定的。

如果不是同指，广州话表示有定的词语在谓语前边的出现频率比在谓语后边要高一些,而表示无定的词语在谓语后边的出现频率比在谓语前边高得多。这是因为,表示有定的词语是旧信息,倾向于在句子前半部出现;表示无定的词语是新信息,倾向于在句子后半部出现。

## 二、量词的定指功能

广州话量词具有标示有定的功能,它所标示的表有定的词语在句子中大致有两种位置。

### (一) 有定词语在动词前

大部分有定词语在动词前,而广州话的量词可单独放在这些词语前边,起定指作用:

(10) 杯茶冻咗就唔好饮喇。这(那)杯茶凉了就不好喝了。
(11) 张椅系我买嘅。这(那)把椅子是我买的。

例句的"杯"和"张"有标示有定的功能。它们在句中可能和"这杯(张)"对应,也可能跟"那杯(张)"对应。但广州话这些量词表示定指时,既不等于北京话"这",也不等于"那",而是等于二者意义的加和。因此它可用于"这""那"所出现的两种语境。

这些量词表示定指时,有的有定词语所指在上文出现过,有的可在情景中推知。如:

(12) 甲:你有冇粤语拼音录音带呀?你有没有粤语拼音录音带?
    乙:有呀。
    甲:不如你借畀我听两日,得唔得?你借给我听两天,行不行?
    乙:得,饼带就挤系吟书架上便。行,那盒带子就在书架上边。
(13) 甲:今朝早热头咁猛。今天早上阳光那么好。
    乙:而家啲天又阴翻喇。现在天又阴了。

例(13)乙的"天"虽在上文中没有出现,但上文讲到"阳光那么好"等于已经有了前指。

## （二）有定词语在动词后

表示有定的词语也可在动词后边出现，它们前边的量词同样可表示定指：

（14）甲：今日暖翻，唔使着冷衫啦。今天暖和了，不用穿毛衣了。
　　　乙：我仲觉得冻，唔除件冷衫嘞。我还是觉得冷，不脱这件毛衣吧。
（15）好声啲呀，条石梯好企，你揽实条铁链呀，小心啲啊。这个石阶很陡，你抓紧这条铁链，小心点。

例（14）的"冷衫"是前指有定，例（15）的"铁链"是情景所指有定。
　　值得注意的是，动词后边的"量+名"结构有时是表无定的"一+量+名"的省略，跟表示有定的"量+名"结构同形不同质。如：

（16）医生系个女士，戴住副眼镜。医生是个女士，戴着副眼镜。

上例"副眼镜"是"一副眼镜"的省略，是无定的。动词后边的"量+名"结构是有定还是无定，只能根据语境等因素来确定。

## 三、"啲"的定指功能

### （一）"啲"是表示少量的量词，跟北京话的"些"类似

（17）佢炒咗一啲菜。他炒了一些菜。
（18）呢啲皮鞋有冇黑色嘅？这些皮鞋有没有黑色的？

例（17）的"一啲"跟北京话的"一些"相似，表示不定指；例（18）"呢啲"跟北京话的"这些"相似，表示定指。"啲"的前边有时也可以不用"一"或"这（那）"。如：

（19）我食咗啲水果。我吃了一些水果。
（20）你啲邮票几靓嘴。你这（那）些邮票挺漂亮的。

"啲"在例（19）里是"一 + 量"的省略，表示不定指，"水果"是无定的；在例（20）里相当于北京话"这（那） + 些"，表示定指，"邮票"是有定的。

### （二）"啲"在一些句子中有时很难跟北京话的"些"对应

（21）陈老师，冲杯茶得喇。唔该，啲茶好香喝！陈老师，沏杯茶就行了。谢谢，这茶好香啊！

（22）啲雨咁大，点行呀？这雨这么大，怎么走啊？

（23）由山上边望落去，啲景色好靓。从山上看下去，景色很美。

（24）五月初五系端午，啲人习惯食粽。五月初五是端午，广州人习惯吃粽子。

"啲"在例（21）（22）里大致和北京话的"这"相当；例（23）（24）的"啲"，在北京话里还找不到合适的词相对应。上例中的"啲"都具有定指功能。它后边的表示有定的词语，有的是前指，有的是情景所指。

（原载于《方言》1997 年第 1 期）

社会语言学

# 广州市内对陌生女青年的称谓

广州市主要流行普通话、广州话，它们对陌生女青年（16～32岁）的称谓有区别。会两种话的人交际时选择哪一种，用哪个具体称谓，要受语境影响和限制。

本文考察对服务/交通行业人员、机关干部、打字员、中小学教师、街头问路等陌生女青年的称谓。具体工作：①实地考察服务行业、政府部门、学校、街头等处。②问卷调查（被调查者含不同性别、年龄的工人、干部、老师、大学生或中专生，在服务/交通行业的人员、个体经营者、军人、街道工作人员及退离休人员。时间：1991年5月到7月。发问卷290份，收回有效问卷143份）。③询问一些交问卷者。

本文基于考察、问卷和询问，探讨面称时使用的通称（"小姐、同志"）。职业称谓（"老师、服务员"）和代称（"劳驾、唔该"）①只在数字统计时涉及。

## 一、两种称谓系统的基本构成

对陌生女青年的称谓，普通话主要有4个（按统计问卷得出频率高低排列）：

小姐　同志　大姐　姑娘

广州话主要有5个：

小姐　大姐　姐姐　同志　姑娘②

---

① "唔该"是广州话，相当于普通话的"劳驾"。
② 老派广州话中"姑娘"同时是职业称谓，指护士。现在一些中老年人还把它作为职业称谓使用。

广州话多一个"姐姐"。"小姐、大姐"从亲属称谓转为社会称谓很久了。"姐姐"在大部分地区不是社会称谓,但在广州话交际中有重要功能。

看频率,"小姐"在两种话里都排在首位;"同志"在普通话里排第二,在广州话里排第四。这说明:①广州市内"小姐"已取代"同志"成为对女青年最主要的社会称谓;②讲广州话时更多使用从亲属称谓转化来的社会称谓,称谓相对丰富。

## 二、两种称谓系统的使用语境

有效问卷中,74人有时说普通话,有时说广州话。其中母语广州话者42人,母语非广州话者32人。随机选出两类人各30份问卷进行对比。

### (一) 说话场所和对象的影响

据询问,在机关多用普通话,认为政府部门应用官方语言;在列车上多用普通话称呼,认为乘务员一定懂普通话,列车像国家服务部门;在食宿购物等场所多用广州话,认为对方多是广州人,环境越简陋越如此,如肉菜市场售货员多是广州市民郊区农民。(表1)

表1 场所和称呼对象对语言选择的影响情况　　　单位:人、%

| 说话场所和称呼对象 | 普通话 | | 广州话 | |
| --- | --- | --- | --- | --- |
|  | 人数 | 百分比 | 人数 | 百分比 |
| 政府机关干部 | 50 | 83.3 | 10 | 16.7 |
| 政府机关打字员 | 34 | 56.7 | 26 | 43.3 |
| 列车乘务员 | 42 | 70.0 | 18 | 30.0 |
| 中小学教师 | 30 | 50.0 | 30 | 50.0 |
| 高级宾馆服务员 | 13 | 21.7 | 47 | 78.3 |
| 高级商店售货员 | 11 | 18.3 | 49 | 81.7 |
| 高级饭店服务员 | 11 | 18.3 | 49 | 81.7 |
| 小旅店服务员 | 6 | 10.0 | 54 | 90.0 |
| 粮店售货员 | 5 | 8.3 | 55 | 91.7 |
| 个体衣物摊档售货员 | 3 | 5.0 | 57 | 95.0 |
| 个体小饭店服务员 | 0 | 0 | 60 | 100.0 |
| 个体肉菜市场售货员 | 0 | 0 | 60 | 100.0 |

在机关，用普通话称呼的对象，干部比打字员多得多。场所因素：办公室比打字室正规。对象因素：干部中非广州地区的人比打字员要多。

## （二）说话人的影响

说话人的影响包括两点：①母语。在食宿购物等场所用普通话称呼的人，母语都非广州话。称呼机关干部时，母话非广州话者一律用普通话；母语为广州话者，20人（66.6%）用普通话，10人（33.3%）用广州话。②说话人性别。同样称呼机关干部，女性100%用普通话，尽管有12人母语为广州话；男性71%用普通话。（表2）这说明女性根据实际场景转换语码的能力比男性要强。

表2 对机关干部的称谓情况　　　　　　　　　单位：人、%

| 使用语言 | 说话人 | | | | | |
| --- | --- | --- | --- | --- | --- | --- |
| | 男性（36人） | | | 女性（24人） | | |
| | 母语广州话 | 母语非广州话 | 频率 | 母语广州话 | 母语非广州话 | 频率 |
| 普通话 | 8 | 18 | 72.2 | 12 | 12 | 100.0 |
| 广州话 | 10 | 0 | 27.8 | 0 | 0 | 0 |

# 三、广州话具体称谓的使用

广州话对陌生女青年的五个称谓及职业称谓和代称，使用分布差别大。本节考察语境与这些称谓使用的关联。资料主要来自120份问卷。

## （一）场所和称呼对象的影响

"小姐"频率最高，所有场所都能用；"大姐、姐姐、姑娘"频率低于"小姐"；"同志"主要用于政府机关。职业称谓含"服务员、老细（普通话"老板"）、老板、老板娘"；代称只有一个"唔该"，用于较低档次服务场所（表3）。有五点值得注意：

表3 在不同场所对不同对象的称谓情况

| 场所和对象 | 问卷数 | 小姐 | 姐姐 | 大姐 | 姑娘 | 同志 | 职称 | 代称 |
|---|---|---|---|---|---|---|---|---|
| 列车卧铺车厢乘务员 | 72 | 57 (79.2) | | 3 (4.2) | 4 (5.5) | | 8 (11.1) | |
| 列车坐席车厢乘务员 | 72 | 45 (62.5) | 4 (5.5) | 5 (7.0) | 6 (8.3) | | 9 (12.5) | 3 (4.2) |
| 机关干部 | 57 | 9 (15.8) | 4 (7.0) | 9 (15.8) | 3 (5.3) | 32 (56.1) | | |
| 机关打字员 | 80 | 50 (62.5) | | | 3 (3.8) | 27 (33.7) | | |
| 高级宾馆服务员 | 114 | 114 (100.0) | | | | | | |
| 高级饭店服务员 | 116 | 116 (100.0) | | | | | | |
| 中级宾馆服务员 | 111 | 107 (96.4) | 4 (3.6) | | | | | |
| 中级饭店服务员 | 115 | 105 (91.3) | 4 (3.5) | 6 (5.2) | | | | |
| 中级商店服务员 | 108 | 84 (77.8) | 12 (11.1) | 6 (5.5) | 4 (3.7) | 2 (1.9) | | |
| 小旅店服务员 | 105 | 66 (62.9) | 8 (7.6) | 13 (12.4) | 6 (5.7) | 3 (2.8) | 5 (4.8) | 4 (3.8) |
| 粮店服务员 | 108 | 38 (35.2) | 19 (17.6) | 41 (38.0) | | 6 (5.5) | | 4 (3.7) |
| 个体小饭店服务员 | 116 | 68 (58.6) | 15 (12.9) | 11 (9.5) | 15 (12.9) | | 3 (2.6) | 4 (3.5) |
| 个体衣物摊档售货员 | 112 | 50 (44.6) | 18 (16.1) | 18 (16.1) | 4 (3.7) | | 18 (16.1) | 4 (3.6) |
| 个体肉菜售货员 | 109 | 23 (21.1) | 19 (17.4) | 48 (44.0) | 4 (3.7) | | 12 (11.0) | 3 (2.8) |

说明：表中上一行数字代表人数（单位：人），下一行括号中数字代表频率（单位:%）。

（1）服务场所档次。"小姐、大姐"形成不太清晰的对立："小姐"高中低档次场所都用，档次越高频率越高；"大姐"只在中低档次场所使用，档次越低频率越高。"姐姐"用于中低档次场所，但中档次场所比"大姐"多，低档次比"大姐"少。被询问者说，在高档次场所用"小姐"较好，在低档次场所用"大姐"较好。

（2）不同对象。被询问人说，政府机关的打字员不是干部，跟高档次服务场所服务人员性质相似，所以用"小姐"；干部是政府人员，所以用"同志"。"大姐"在机关是"尊称，"9人用它称呼干部，无人用它称呼打字员。

（3）同形异义。表3显示，"大姐"在服务场所多用来称呼中低档次旅店、饭店、商店、摊档工作的女青年；在政府机关可用来称呼国家干部，不用于打字员。可见它在机关是尊称，在服务场所不是。这说明社会心理在称谓使用上微妙反映。

（4）衣着对称谓有影响。对穿着好的多用"小姐"，对穿着一般的称"小姐"则明显少一些（表4）。

表4　街头问路的情况　　　　　　　　　　　单位：人、%

| 称呼对象衣着 | 问卷数 | 小姐 | | 姐姐 | | 大姐 | | 姑娘 | | 代称 | |
| --- | --- | --- | --- | --- | --- | --- | --- | --- | --- | --- | --- |
| | | 人数 | 频率 | 人数 | 频率 | 人数 | 频率 | 人数 | 频率 | 人数 | 频率 |
| 穿着好的 | 109 | 98 | 89.9 | 5 | 4.6 | 3 | 2.8 | 3 | 2.8 | | |
| 穿着一般的 | 105 | 54 | 51.4 | 21 | 20.0 | 18 | 17.2 | 6 | 5.7 | 6 | 5.7 |

（5）"姐姐"开始流行，场所、频率已超"姑娘、同志"。原因：①普通话"姐姐"对应广州话"家姐"；这是"姐姐"能成为社会称谓的基础。②"同志"政治色彩浓，"姑娘"是职业称谓，其使用都受限制。随经济发展，广州服务场所档次差别日益明显，高中档场所习惯用"小姐"，中低档次场所习惯用其他称谓。"大姐"有区别作用，但有称大嫌疑。"姐姐"无称大嫌疑，也没有"小姐"那么正规，显出交际双方比较熟络，又不失对听话人的尊重。

### （二）说话人因素

说话人因素主要有年龄和性别。

35岁以上者只用2个社会称谓、1个职业称谓，35岁以下者用了4个社会称谓、1个职业称谓、1个代称（表5）。这说明部分年轻人能根据情景及时转换语码。

表5　对列车乘务员的称谓情况　　　　　　　　　　单位：人、%

| 说话人年龄 | 小姐 | | 姐姐 | | 大姐 | | 姑娘 | | 职业称谓 | | 代称 | | 车厢 |
|---|---|---|---|---|---|---|---|---|---|---|---|---|---|
| | 人数 | 频率 | 人数 | 频率 | 人数 | 频率 | 人数 | 频率 | 人数 | 频率 | 人数 | 频率 | |
| ≥35岁 (32人) | 28 | 87.5 | | | | | 3 | 9.4 | 1 | 3.1 | | | 卧铺 |
| | 28 | 87.5 | | | | | | | 4 | 12.5 | | | 坐席 |
| 35岁以下 (40人) | 29 | 72.5 | | | 3 | 7.5 | 4 | 10.0 | 4 | 10.0 | | | 卧铺 |
| | 17 | 42.5 | 4 | 10.0 | 5 | 12.5 | 6 | 15.0 | 5 | 12.5 | 3 | 7.5 | 坐席 |

年龄。35岁以上者多用"同志"，35岁以下者多用"小姐"（表6）。这跟观念变化发展相关。到70年代末，"小姐"还是娇生惯养年轻女性的代名词，带贬义；"同志"是使用率最高的通称。改革开放以来，"小姐"渐渐用来指从事轻体力或脑力劳动、穿着入时的城市姑娘①，"同志"使用范围大大缩小。在改革开放前沿广州，"小姐"不但在商界、服务、交通行业流行，且渗入政府部门。不到35岁者容易接受新事物，35岁以上者则相反。

性别。上述区别男性不明显；女性区别很明显：35岁以上者超过90%用"同志"，35岁以下者近90%用"小姐"（表6）。询问得知，不到35岁的女性多希望被面称为"小姐"，35岁以上女性这种希求和愿望较少。可见，性别心理区别会影响称谓使用。

表6　对机关打字员的称谓情况　　　　　　　　　　单位：人、%

| 说话人 | | 小姐 | | 姑娘 | | 同志 | |
|---|---|---|---|---|---|---|---|
| 年龄 | 性别 | 人数 | 频率 | 人数 | 频率 | 人数 | 频率 |
| 35岁以上 (30人) | 男（17人） | 8 | 47.1 | | | 9 | 52.9 |
| | 女（13人） | 1 | 7.7 | | | 12 | 92.3 |
| | 合计 | 9 | 30.0 | | | 21 | 70.0 |

---

① 陈建民：《语言文化社会新探》，上海教育出版社1989年版，第33页。

续上表

| 说话人 | | 小姐 | | 姑娘 | | 同志 | |
|---|---|---|---|---|---|---|---|
| 年龄 | 性别 | 人数 | 频率 | 人数 | 频率 | 人数 | 频率 |
| 35 岁以下<br>(50 人) | 男（31 人） | 24 | 77.4 | 3 | 9.7 | 4 | 12.9 |
| | 女（19 人） | 17 | 89.5 | | | 2 | 10.5 |
| | 合计 | 41 | 82.0 | 3 | 6.0 | 6 | 12.0 |

## 四、普通话具体称谓的使用

普通话有 4 个常用称谓，还有职业称谓和代称。本节资料主要来自 65 份问卷。①

### （一）场所和对象对称谓使用的影响

表 7 中情况跟广州话称谓使用相似（见表 3、表 4）："小姐"频率最高，"同志"多用于机关和列车。服务场所，中高档"小姐"多，低档"大姐"多。在机关称干部"同志"远多于"小姐"，称打字员则"小姐"稍多。

表 7  不同场所和对象的称谓使用情况　　　　　　单位：人、%

| 场所和对象 | 问卷数 | 小姐 | 大姐 | 姑娘 | 同志 | 职业称谓 | 代称 |
|---|---|---|---|---|---|---|---|
| 高中级宾馆、饭店、商店服务人员 | 23 | 23<br>(100.0) | | | | | |
| 个体衣物摊档售货员 | 19 | 12<br>(63.2) | 7<br>(36.8) | | | | |
| 个体小饭店服务员 | 16 | 10<br>(62.5) | | 4<br>(25.0) | | | 2<br>(12.5) |
| 小旅店服务员 | 22 | 12<br>(54.5) | 4<br>(18.2) | | | 6<br>(27.3) | |

---

① 此处问卷跟"三"的 120 份问卷有交叉。因有些被调查人在一些场合说普通话，在另一些场合说广州话。这种情况往往反映在同一份问卷上。

续上表

| 场所和对象 | 问卷数 | 小姐 | 大姐 | 姑娘 | 同志 | 职业称谓 | 代称 |
|---|---|---|---|---|---|---|---|
| 粮店售货员 | 25 | 9 (36.0) | 4 (16.0) | | 6 (24.0) | | 6 (24.0) |
| 个体肉菜市场售货员 | 17 | 2 (11.8) | 7 (41.2) | | | | 8 (47.0) |
| 列车乘务员 | 58 | 19 (32.7) | | | 32 (55.2) | 7 (12.1) | |
| 机关干部 | 65 | 13 (20.0) | 4 (6.2) | | 48 (73.8) | | |
| 机关打字员 | 51 | 30 (58.8) | | | 21 (41.2) | | |
| 穿着较好的（街头问路） | 18 | 18 (100.0) | | | | | |
| 穿着一般的（街头问路） | 18 | 11 (61.1) | 4 (22.2) | | | | 3 (16.7) |

## （二）说话人的影响

男性用"小姐"稍多于"同志"；35岁以上女性多用"同志"，35岁以下多用"小姐"（表8）。这跟广州话称谓相似（见表6）。原因大致相同，较年轻的女性观念更新快。

表8 对列车乘务员的称谓情况　　　　　单位：人、%

| 说话人 | | 小姐 | | 同志 | |
|---|---|---|---|---|---|
| | | 人数 | 频率 | 人数 | 频率 |
| 女性 | 35岁以上（9人） | 2 | 22.2 | 7 | 77.8 |
| | 35岁以下（10人） | 9 | 90.0 | 1 | 10.0 |
| 男性 | 35岁以上（19人） | 11 | 57.9 | 8 | 42.1 |
| | 35岁以下（13人） | 8 | 61.5 | 5 | 38.5 |

## 五、结　语

　　影响语言和称谓使用的因素有：场所，对象（身份、衣着），说话者母语，性别，年龄，相关社会心理。广州话对女青年称谓丰富一些，在年轻人身上反映得更明显。有的称谓（大姐）在不同场所用于不同对象时，反映出不同的心理。随社会发展，新称谓（姐姐）出现，某种称谓（小姐）泛化且使用率大增。

**参考文献**
陈建民. 语言文化社会新探［M］.上海：上海教育出版社，1989.
罗常培. 语言与文化［M］.北京：语文出版社，1989.
祝畹瑾. 社会语言学译文集［M］.北京：北京大学出版社，1985.

　　（原收入陈恩泉主编《双语双方言与现代中国》，北京语言文化大学出版社 1999 年版）

# 对外汉语与语言规划

某种语言的规划主要面向本国人。但如果有相当数量的外国人学习、使用这种语言，它的规划就应该有更高的立足点和更广阔的视野。

随着中国经济高速发展和综合国力不断提升，汉语地位越来越高。据统计，海外有 2000 多万人学汉语。近年来华留学生人数每年递增 10% 以上，2004 年猛增到 9 万名，比 2003 年增加近 20%。即将建立的孔子学院总院和海外十几个分院，将汉语教学主战场引向国外。迅速发展的对外汉语教学实践，不断升温的汉语热，向汉语规划提出新课题。

以往教科书说上声调值是 214。但不少研究、实验都证明其实际调值是 211 或 212。学声调本来困难，上声最难。好不容易发对 214，又要学变调，多数情况读半上；不如直接学 211。陆丙甫、谢天蔚（2004）提出，可把 211 看成上声的无标记形式，把曲折调看成单念或句末变体。其实即使在句末，上声也常读成 211 或 212。

留学生上声常见偏误是降不下去，升得太高，接近阳平。如果教 211，这类偏误会大幅减少。很多研究证明了这一点。目前多数教材仍将上声定为 214，也有教材定为 211。教学实践证明，用后一种教材效果好得多。

可见，汉语规划若不与时俱进，不实事求是，不但影响汉语使用，还会阻碍汉语二语教学，影响汉语在海外的使用。本文结合语音、词汇、语法、书面语系统等问题，探讨适应对外汉语教学需求的汉语规划应遵循的原则。

## 一、大汉语原则

汉语使用范围远超出中国。近几年海外汉语二语学习者近 3000 万人。汉语规划应本着大汉语原则，考虑海外汉语的学习和应用。

于根元等（2003）认为，规范要有"大汉语观。要考虑到汉语使用广大地区的情况"，"大陆规定术语时应考虑到世界华人区"。普通话有不同层面、区域变体。世界范围使用的普通话，大部分是非标准变体，是"以普通话为核心的华语"（陈重瑜，1986；郭熙，2002），不应忽视、轻视、排斥。应科学考察全球汉语使用情况，在掌握所有变体的基础上进行规划。如词汇，应区别所有地区通用的"共核词"和只在某些地区使用的"非共核词"，不轻易将某一地域变体作为现代汉语的代表。

如有的对外汉语教学词汇大纲将"半拉"定为乙级词，即二语者在全日制学制第二个学期就要学会这个词。事实上，"半拉"只在华北官话区某些地区使用。

语法规范也要有大汉语观，不要轻易把一些地区的说法定为不规范，如："吃了没有"规范，"有没有吃"不规范。其实后一说法在南方和海外华语区广泛使用。

从汉语教学实际看，留学生的一些话，按固有规范看似乎是不对的：

你不可以总是迟到。/我不要去打球。

这些话在南方和海外华人区广泛使用，操汉语者完全能听懂。① 硬要将它们改成所谓规范话语，不但费时费力，还会让学生疑惑：海外华人区、中国南方讲的不是汉语吗？此外，有教材大量使用某地区的词汇和口语，学生学了不能用，当地操汉语者也听不懂；因为在其生活区域，中国人、华人用的是另外一些词句。

二语学习者大多在自己国家学习。各地标准不同，会让学习者困惑。政府有义务从大汉语角度规划语言，以适应全球汉语教学和应用。应基于广泛调查，区分"共核""非其核"要素。汉语教学主要教"共核"，并根据情况适当展示"非共核"。

## 二、通用性原则

通用性指某一语言跟其他语言的关联和相似性。通用性强则有利于跟其他语言对接。多数语言有而汉语没有的某些因素，若有可能，可通过改善使之具备，以增加竞争力。

---

① 邓小宁对广州高校学生（南方319人，北方56人）做过一个问卷调查：判定以下各句能不能说，并在后边添上相应的字母。A. 能说；B. 不清楚；C. 不能说。

1. 我大他两岁。（　）　2. 昨天有没有去看比赛？（　）　3. 你不可以告诉他。（　）

调查结果：认为句1能说的，南方133人（41.7%），北方37人（66.1%），共170人（45.3%）；认为句2能说的，南方250人（78.4%），北方56人（100%），共306人（81.6%）；认为句3能说的，南方275人（86.2%），北方48人（85.7%），共323人（86.1%）。

如专有名词，许多语言都用特殊法标示以区别于一般名词。专有名词无特殊标志，给汉外翻译、汉语学习造成困难。（彭淑莉，2005）标注专有名词可能有困难，但并非没有办法。台湾地区在专有名词下划线，就可以借鉴。

分词书写（打印）早有人提议。反对者认为推行困难。上世纪初严复从西方引进新式标点符号时也遇到不少阻力，经有识人士十几年努力，终于使教育部于1920年通过新式标点符号使用议案。若当时不推行，现在普通人写作、阅读困难更大。如果从现在逐步推行分词书写（印刷），书面语阅读难度会降低，不但能促进汉语二语的推广，同时也有利于汉语母语儿童对书面语的学习。

词和非词的区别，会汉字的人可能大多不清楚，个别难题专家也难以辨别。但不能因此退缩，而应采取积极、有效、可行的措施，逐步改革。汉语母语儿童学拼音的同时，印行一些分词书写读物。某些报纸刊物的某些栏目，试行分词印刷。某些书籍、词典也可分词印刷。对外汉语初级教材可用分词印刷版。可设计、推行分词书写软件等。多种方式可将词的概念固化到懂汉字者的头脑中。

汉语拼音的推行。《汉语拼音方案》原来主要用于给汉字注音，帮助推广普通话，减少文盲。随着社会发展，拼音作用越来越大。如对人名、地名、书名等拼写法的规范使用，对聋人手语字母方案的创制与推广，对少数民族新文字的创制与推广，尤其是对汉语二语教学和中文信息处理的促进更为明显。

语言实践推进了对《汉语拼音方案》作用的认识。《中华人民共和国国家通用语言文字法》规定："国家通用语言文字以《汉语拼音方案》作为拼写和注音工具。《汉语拼音方案》是中国人名、地名和中文文献罗马字母拼写法的统一规范，并用于汉字不便使用或不能使用的领域。"最后一句话，给了推广汉语拼音极大的拓展空间。

李宇明（2003）指出：在信息时代，业界发展不平衡突出表现为日益扩大的"数字鸿沟"。在信息化时代的语言竞争中，汉语有优势也有劣势。有了汉语拼音，可利用拼音输入汉字输出，不然很难想象在网络时代汉语如何发挥自己的作用。但目前拼音系统还不能满足需求。现在跟国外各类人士用中文在网上通信，不少人用不完善的拼音（无声调），交际困难。这说明目前拼音输入系统还不完善。拼音的作用和世界对拼音的需求远超出我们想象，超出目前汉语拼音系统的规范和研发状况。

## 三、易学性原则

如何使汉语变得更容易为外国人学习，是汉语规划的重要任务。越有通用性，越容易学习。如分词书写、专有名词标注等具有通用性，方便外国人学习。

时任汉办主任严美华（王均 等，2004）说："汉语拼音具有易学性、国际性等特点，外国学生在很短时间内就可以基本掌握，从而在初级阶段减轻外国学生学习汉语的畏难情绪；另外，外国学生利用电脑输入汉字时，最简捷易学的方法还是拼音输入法。《汉语拼音方案》是教师对学生进行音、调训练的重要依据，是学生识读汉字、学习汉语普通话的重要工具，始终贯穿于对外汉语教学的实践中。以其为基础逐渐形成了一系列成熟、可行的语音系列教学法，借助汉语拼音学习汉语和汉字，深受国外主流人士的欢迎。"

不少外国人认为汉语拼音就是一种文字系统。很多人希望使用只学拼音的教材和课程；不少人用拼音学汉语，掌握听说能力和阅读拼音、用拼音写作的能力。周有光讲过：有位美国人在国外用拼音学会汉语，到北京的胡同用汉语访问了不少老北京，用英文写成作品出版。可见外国人用拼音学会汉语，完全可跟母语者交际。

目前有两个难题阻碍了外国人对拼音的学习和使用。

第一，汉语拼音系统还不够完善。马庆株（2003）认为完善拼写工具可从以下方面入手：拼音方案和拼写标准的区别，拼写标准应达到的要求，建立拼写标准与汉字间的对应关系，同音词的分化。从教学实践看，拼音方案以下内容会影响教学：

（1）i 行、u 行零声母音节开头用字母 y/w，表明半元音特征。但 ü 行零声母音节开头也加 y 字母，ü 两点省略，记成 yu/yue/yuan/yun。这种拼写法使许多学习者以为 ü 就是 i 和 u 相拼，使学生将 ü 发成 iu。[①]

（2）韵母 iou、uei、uen 省写为 iu、ui、un，未显示最重要的韵腹。陈凡凡、周小兵（2005）考察发现，这容易使学习者"望文生音"，读音时丢失韵腹。此类偏误占初级学生韵母发音偏误的 1/3。

因此，应改善拼写规则，使符号与实际音质相符，提高拼音的易学性和

---

① 这一看法是谢小丽提出的。

通用性。

第二，适合学习、使用的汉语拼音资料太少。无汉字的纯拼音教材国内很少，词典更无，课外读物也极少。给中国儿童看的拼音资料又不适合成年学习者使用。

因此应多配置拼音教材、课程，通过加强视觉与听觉符号的对应来促进听、读能力。汉字圈学习者可维持使用汉字教材，保持其汉字阅读优势。①

## 四、动态规范原则

汉语规划必须与时俱进。仍使用上世纪 50 年代的标准指导新世纪母语和对外汉语教学，会遭遇许多麻烦。吕冀平等（1985）提出：语言是发展变化的，规范标准也应随之而发展变化；语言规范是发展中的规范，语言发展是规范指导下的发展。

音节开头的 u，教科书审定为唇音，但越来越多的人发唇齿音 v。周锦国（2003）考察中央电视台播音员发现，v 频率远高于 u。从语境看，在 wo 中只有 u；在 wu 中 u 占大多数；其他情况下 v 占大多数。唇齿浊擦辅音 v 已进入普通话语音系统。不少留学生问，为什么学的是 u，听中国人（老师）发的多是 v。

轻声词在教学中应严格控制。中国人很少用的没必要教，如"周到，任务"。要求掌握的应是频率高、习惯上必轻读（后缀"子、头"）的，或不轻读影响词义的（"大意、东西"）。如能规划轻声调标准，会降低全球汉语教学、使用难度。

## 五、科学合理的原则

汉语拼音方式与实际读音有时不吻合。o 韵母与声母 b、p、m、f 相拼时，实际读音中有一个合口的过程，读成 buo、puo、muo、fuo。在对汉语注音手段的规划中，是否可以按照实际读音来给这些音节注音呢？②

儿化韵的主要功能是标示词性，次要功能是情感。有无某地方话韵味，不能作为规划标准。那些没有改变词性、辨别词义作用的儿化韵，应尽量减

---

① 这一建议是丁雪欢提出的。
② 这一看法是谢小丽提出的。

少。不必要的儿化确实给外国人学习汉语造成很大困难（对某些方言区的人来说也是如此）。[①]

## 六、结　语

　　向国外推广一种语言，不能仅依靠国力强盛，还应使语言形式不断完善，以适合国外非母语人士使用。其规划更应考虑大汉语、通用性、易学性等原则，规划标准应比对内汉语要宽松一些。

　　文中讨论的问题，汉语母语学习、使用同样存在，只是没那么突出而已。如何完善母语教学、使用规范，如何使汉语规划更加国际化，是未来工作的重要方面。

**参考文献**

陈凡凡，周小兵．韩国学生汉语主要韵母发音—知觉的实验研究［C］∥齐沪扬．对外汉语研究：第一期．北京：商务印书馆，2005．

陈建民．语言文化社会新探［M］．上海：上海教育出版社，1989．

陈章太．说语言立法［J］．语言文字应用，2002（4）．

陈重瑜．"华语"：华人的共同语［J］．语文建设通讯（香港），1986（21）．

戴昭铭．语言功能和可能规范［J］．语言文字应用，1999（2）．

高燕．《汉语拼音方案》修改意见综述［J］．语言文字应用，2003（2）．

郭熙．域内外汉语协调问题刍议［J］．语言文字应用，2002（2）．

李宇明．信息时代的中国语言学问题［J］．语言文字应用，2003（1）．

陆丙甫，谢天蔚．对外汉语教学的经济原则［J］．汉语学习，2004（4）．

吕冀平，戴昭铭．当前语言规范工作中的几个问题［J］．中国语文，1985（2）．

马庆株．抓住机遇，扎实推进语文改革［J］．语言文字应用，2003（2）．

彭淑莉．留学生汉语报刊阅读中专有名词的认知和理解［C］∥周小兵，朱其智．首届国际汉语教学与习得研讨会论文选．北京：北京大学出版社，2005．

施光享．对外汉语教学是一门新型的学科［M］．北京：北京语言学院出版社，1994．

王均，等．纪念《汉语拼音方案》颁布45周年座谈会发言（摘要）［J］．语言文字应用，2004（1）．

吴英成．华语词典应用与编纂的落差［J］．语言教学与研究，2003（3）．

---

　　① 有留学生写她在北京某商场购物经历：我问服务员有没有玩具熊猫，服务员说没有。我指着货架上的熊猫问，那是什么？服务员说：那不是"熊猫"，是"熊猫儿"。说明过多儿化会对汉语学习、使用造成不必要的麻烦。审音工作在儿化上已经有了改进，希望有更大的改善。

许嘉璐. 语言文字学及其应用研究［M］. 广州：广东教育出版社，1999.
许嘉璐. 齐心协力做好汉语拼音推行工作［J］. 语言文字应用，2004（1）.
于根元. 应用语言学理论纲要［M］. 北京：华语教学出版社，1999.
于根元，王铁琨，孙述学. 新词新语规范基本原则［J］. 语言文字应用，2003（1）.
袁贵仁. 大力推行汉语拼音，服务国家现代化建设［J］. 语言文字应用，2004（1）.
周锦国. 现代汉语普通话语音中的一种音变现象［J］. 语言文字应用，2003（1）.
祝畹瑾. 社会语言学概论［M］. 长沙：湖南教育出版社，1992.
邹韶华. 论语言规范的理性原则和习性原则［J］. 语言文字应用，2004（1）.

（原收入教育部语用所社会语言学与媒体语言研究室编《语言规划的理论与实践》，语文出版社2006年版）

# 朝鲜、日本、越南汉语传播的启示与思考

汉语传播历史悠久。本文主要讨论以下问题：历史上汉语在朝鲜、日本、越南是如何传播的？它对21世纪汉语走向世界有什么启发？

## 一、汉语传播与经济文化交往

最早的汉语传播，跟经贸、技术文化交流相关。汉语传入朝鲜大约在公元前12世纪。（董明，2002）《朝鲜历代史略》说："箕子，殷之太师……周武王克商，箕子东入朝鲜……中国人随之者五千，诗书礼乐、医巫、阴阳、卜巫、百工、技艺，皆从之而来。既至，言语不通，译而知之。国号朝鲜，都平壤。"后来齐国经海路、燕国经陆路分别与朝鲜进行贸易。战国钱币燕明刀（刻"明"字的刀状钱币）后来在朝鲜大批出土。

公元前3世纪至2世纪，中国水稻栽培和金属制造等技术从朝鲜传入日本九州，汉语、汉字随之传入。朝鲜发现的燕明刀在日本也有出土。285年，朝鲜百济地区的王仁到日本为皇太子菟道稚郎子讲授《论语》和《千字文》。（王顺洪，1999）此后，汉语、汉字在日本广泛传播。

公元前214年，秦始皇设象郡，迁徙大量移民与当地人杂居，中华文化和汉字对当地京族人（越南主要民族）产生影响。前112年汉武帝平定南越，分置九郡，其中交趾、九真、日南三郡大致相当于现在越南北部和中北部。此后不少太守"建立学校，导之礼仪"，汉语、汉字进一步传播。

## 二、汉字传播与书面语

汉字汉语的传播，源于当地没有书面语。朝鲜原无文字；汉字传入后用来记录口语，成为朝鲜的书面语系统。史料显示，公元前后朝鲜人开始使用汉字汉语，上层人士可熟练掌握和使用汉字。此后作为朝鲜的书面语系统，汉字使用了近两千年。由于语言接触和影响，朝鲜的上层人士和知识分子基本可用汉语交际。

日本原无文字，汉字从朝鲜传到日本后，近千年历史一直借用汉字记录

本国语言，进行书面交际。日本现存最早的两部史书《古事记》和《日本书记》（图1）都用汉字写成。（陈宝勤，2004）汉字汉语的传播和使用，在早期跟朝鲜相似。

越南原无文字，借助汉字作为书面语言。在历史发展中，汉字广泛运用于政治、文化、教育、经济各个领域，影响深远。这种影响直到19世纪末20世纪初。

但是汉字毕竟不能全面、准确反映当地的口头语言。因此，日本、朝鲜先后创立了自己的文字系统，取代或部分取代汉字。

中国隋唐时代，日本用汉字行书、楷书的偏旁创立了平假名、片假名，可较准确地描写日语语音，形成假名、汉字并用的书面语系统。片假名创立者吉备真备（693—775）是奈良时代的赴唐留学生，精通汉语、汉字，熟知音韵学。

"明治维新"后，有人提出全面废除汉字，用假名代之。但假名重声音不重字形，遇到大量同音、近音字词，阅读者很难辨认。最后只得重新使用假名、汉字并用的文字系统。现在日语还夹用1945个汉字和若干人名用字。每年举办汉字检定考试，受测人数已超过200万。日本的800多万部手机中有2/3可传输汉字短信。计算机公司生产的汉字字库字体有1900余款。（李宇明，2007）

1446年朝鲜世宗大王和一批知识分子创立拼音文字，以《训民正音》（图2）形式公布，称为"谚文"；用有限的声母韵母拼写朝鲜语，容易学习。但它主要为妇女所用，官方和知识界仍用汉字。1919年爆发"三一"运动，提倡"言文一致"；认为朝鲜落后被日本侵占，原因之一是没有使用自己的文字。老百姓听说朝鲜语，却要阅读书写汉字。言文不统一，文盲很多。若推行谚文教育可普及，国家会强盛。此后汉字地位逐步下降。

用谚文会遭遇同音近音词太多的麻烦，可能造成现实与历史割裂。韩国前总统金大中说：韩国各种历史古典文章和史料都以汉字书写，如无视汉字，将难以理解古典文化和传统。2005年政府宣布：在公务文件和交通标识领域恢复使用汉字。目前韩国有1800多个汉字在使用；部分交通标志，如首尔街道名、车站名有汉字。

越南13世纪出现基于汉字的喃字（图3）。喃字也非不表音，没有言文一致的优点，始终处于边缘地位；官方、知识教育界仍使用汉字。1885年越南沦为法国殖民地，法国在确立法语地位、推行西方教育制度的同时，强制推广表音文字系统——国语字。1917年法国殖民者的傀儡政府宣布取消科举，废除汉字。越南推翻法国统治后，仍使用拼音文字。因为它能准确反映越南口语，容易为老百姓学习掌握。

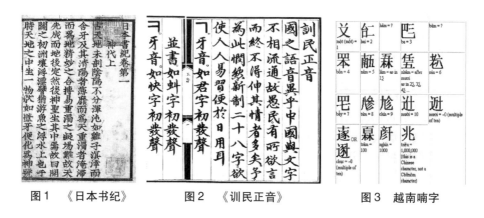

图1　《日本书纪》　　　图2　《训民正音》　　　图3　越南喃字

汉字在朝鲜、日本、越南三国发展史上曾经扮演过极为重要的角色。但汉字毕竟不能准确、有效地记录这三国的口头语言，书面语与口语严重脱节的现象无法解决。因此，三国采用或部分采用拼音文字是历史的必然。

## 三、语言接触与词汇借用

汉字传播跟汉语传播同步。汉语长期作为书面语，自然会影响当地口语，大量汉语词汇被借用到当地语言中。在越南、朝鲜、日本，汉语和当地语言广泛使用。双语情况大致为：统治者、官吏和知识分子熟练掌握汉字和汉语，同时也用本族语。老百姓如读过书，基本能使用双语；若不认识汉字，大多只会听说本族语。

双语广泛使用，长期接触，必然出现大量的词汇借用。由于古代汉语词汇数量远远超过当地语言，词汇借用多为单向，即当地语言大量借用汉语词汇。从目前统计看，朝鲜语、日语、越南语中来源于汉语的词汇占60%～70%。

如朝鲜语吸收汉语的词汇，包括山、水、风、雨等自然名称，耳、目、口、骨等肢体名称，牛、马、虎、鹿、草、木、竹、松等动植物名称，东、西、南、北、春、夏、秋、冬等方位时令词，父、母、子、女、兄、弟、姐、妹等亲属词。还有门、户、弓、刀、车、舟、米、麦、豆等生活类名称，青、黄、赤、白等颜色词，以及一些数字词语。韩国李熙升编的《国

语大辞典》，收词 275854 条，固有词 24.4%，汉源词 69.3%，还有来自其他语言的词。（李承权，2008）

但也要清楚看到，语言接触是双向的。在古代，中国也从其他国家地区借用了一些词汇。明治维新后，日本从西方引进许多新知识，并用汉字创造出不少新词。这些新词也被大量借用到汉语里，如"内阁、民主"等词。

## 四、教育与科举

汉语在临近国家地区的传播，有赖于教育、科举制的实施。

朝鲜历代统治者重视汉语人才的培养。如中国唐朝时朝鲜分为三国：高丽，新罗，百济。高丽最早建立太学，设置平民学校——扃堂。扃堂所用教材有《史记》《汉书》《三国志》《玉篇》《字林》等。

新罗于 628 年设立国学教育贵族子弟。（张珊，2007）教材如《周易》《尚书》《毛诗》《礼记》《论语》等。788 年公布以经学取士法：读《春秋左氏传》《礼记》《文选》能通其义，兼明《论语》《孝经》者为上，读《曲礼》《论语》《孝经》者为中，读《曲礼》《孝经》者为下。博通五经、三史、诸子百家书者，超擢用之。

高丽于 958 年实行科举制（图 4 为首尔丕兰堂——科举考试处），读汉语书籍成为从政升官的途径，推动了汉字汉语的传播，促进汉语词大量进入朝鲜语。尽管世宗大王在 1446 年公布朝鲜拼音文字系统，但并未影响科举制度的实施和汉字汉语传播。明清时期成立司译院，负责外交事务和培养外语人才，培养、选拔、任用翻译官。司译院的教学内容包括中国语言、音训、文字体式（用汉语写官方文件）等。

图 4　首尔丕兰堂——科举考试处

图 5　河内文庙——科举考试处

越南汉语汉字传播主要靠官吏统治和教育。该地区在唐朝实行科举，及第者在当地或到中土做官。北宋时越南独立成为中国藩属国。但直到19世纪越南一直实行科举制（图5为河内文庙——科举考试处），用汉语考试，用汉语书写官方文件，为汉字汉语传播打下坚实基础。

## 五、从书面语到口语，从方言到标准语

从书面语转向口语，从方言转向标准语，是汉语传播主流的发展趋势。而商贸和宗教传播，是清初汉语口语在日本传播的重要途径。

17世纪前，日本人接触的汉语主要是文言典籍。绝大多数人只是学习、使用古典书面语，阅读书籍，缺乏听说能力。17世纪，作为白话的汉语（日本称为"唐话"）开始在日本传播；渠道主要有两条：长崎的唐通事，黄檗宗的禅僧。

唐通事即汉语翻译。德川幕府代的对华贸易限于长崎。唐通事负责当地翻译和日中商务。唐通事培训重点是会话，学日常用语和专业词，用自编的《二字话》《三字话》《长短话》《译家必备》《两国译通》等。之后读《三国演义》《水浒传》。主要跟中国江浙闽粤等地贸易。唐通事所说汉语多是南方话（如吴闽粤方言），但南京话属北方方言，算"共通语"，学习使用的最多。把白话的听说能力纳入教学，意义重大。

清顺治十一年（1654年）7月，应长崎唐人寺邀请，福建黄檗宗禅僧隐元隆琦（僧号）率弟子数十人抵达日本，在京都宇治兴建万福寺。此后黄檗宗很快在日本流传。为了让广大群众接受，黄檗宗传播的语言，是大众化的汉语口语。随着黄檗文化在日本的传播，白话得到广泛传播。

明治维新后日本全面开放，更重视汉语口语教学。1876年东京外国语学校从北京招聘汉语教师，此后日本汉语教学内容转为北京官话。

## 六、教材：本族语教学还是外语教学

元明以前朝鲜、日本汉语学习主要是汉字、汉语书面语，教材主要是古代经典，重阅读理解，轻听说，对日常汉语交际没有多大帮助。此后情况发生了变化。

中国明清时期，朝鲜成立司译院，教授汉语口语和写作。（金基石，2005）教材，早期多是从中国引进的古籍，和为读懂古籍而编写的各种翻

译、注释词典。中期开始编写实用性强的译书和口语教材，显露外语教学特点。

朝鲜最早汉语教材是《老乞大》《朴通事》。教北方口语，内容是朝鲜人到中国做生意的见闻，体现口语性、当代性、社会性、生活化、趣味性。教学效果好，版本多，如《老乞大谚解》（图6）《新释老乞大》《重刊老乞大谚解》《翻译朴通事》《朴通事谚解》等。不同版本年代跨度大，反映出汉语变化，用谚文注音反映了几百年间汉语（语音）的状况和变化，是近代中国研究和汉语研究的重要文献。

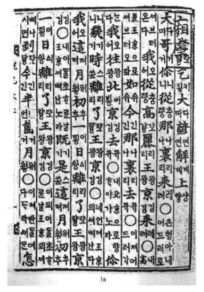 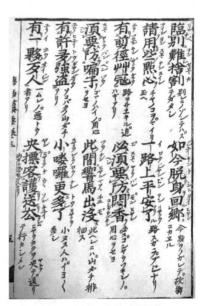

图6 朝鲜《老乞大谚解》　　　　图7 日本《唐话纂要》

日本江户时代因政经文化需求，学汉语人数增加。冈岛冠山出版5种汉语教本：《唐话纂要》《唐译便览》《唐语便用》《唐音雅俗语类》《经学字海便览》。口语为主，有实用性、科学性、系统性和趣味性，开创汉语教学的新阶段。1716年版的《唐话纂要》（图7），初版五卷五册：卷一，二字话，三字话；卷二，四字话；卷三，五字话，六字话，常言；卷四，长短话；卷五，分类词汇14类，小曲10曲。再版时增加卷六，收小说两篇，有译文。内容由易到难，有句子、分类词汇表等。

## 七、汉语传播与国家兴衰

国家强盛,汉语传播速度就快。唐朝经济繁荣,文化绚丽,国力强盛,吸引不少外国外族人到中国中土学汉语。《新唐书》卷四十四《选举志》载,贞观年间,"四夷若高丽、百济、新罗、高昌、吐蕃,相继遣子弟入学,遂至八千人"。

9世纪到10世纪中叶,大批朝鲜人到中国留学,一些人参加科举考试,及第者约90人。崔致远869年到华学习,5年后进士及第,877年任宣州溧水县尉。884年以唐使身分归国,被新罗国王授予侍读兼翰林学士、守兵部侍郎知瑞书监;是朝鲜汉文文学奠基人,为中朝文化交流作出巨大贡献。

同期日本派出16批遣唐使,大批留学生、僧人随行。834年有650人随日本使船来中国。如阿倍仲麻吕,奈良时代入唐,汉名朝衡、晁衡,717年随遣唐使来学习。后进士及第,在唐朝历任司经局校书、左拾遗、左补阙、秘书监兼卫尉卿等职。诗文极佳,与王维、李白等为友。

唐代是汉语输入安南地区的颠峰期。(林明华,1997)唐朝在当地强化吏治,兴办学校,以科举选拔安南士子在当地或入朝做官。输入越语的汉语词汇读音体系,在唐代定型。语言与文化的双重影响,为越南建国后汉语的继续传播奠定了基础。

唐朝是中国诗歌创作的高潮,汉语借诗歌感染力加快传播。到中国学习的留学生众多,佼佼者大多诗律娴熟。后人编辑的《全唐诗》收录了很多外国人诗作。新罗有6人诗歌入选,如崔致远的《秋夜雨中》。类似唐诗的文学形式也开始在朝鲜、日本流行。

清末国力衰弱,签订多个不平等条约。19世纪末法国侵占越南,推行拼音文字,结束了汉字书面语的历史。20世纪初朝鲜被日本统治,汉字汉语地位迅速下降。

但国运衰微时,因特殊原因,汉语传播也会畸形发展。1868年明治维新后,日本汉语教学同扩张结合,促进汉语传播。内容转为"北京官话"(王幼敏,2006)。在中国的汉语学校数量远超日本。教材种类数量大增;1904年出版宫岛大八的《官话急就篇》,40年间出了170多版。(王顺洪,2003)1918年后侵华战争准备与实施大大促进了汉语教学。1920年代关东厅和"满铁"机构设立全球第一个汉语外语能力考试"中国语检定试验";合格者按级发津贴。

## 八、结　语

　　历史上的汉语传播，跟经贸、技术文化交流以及教育和选官制关系密切。新世纪的汉语传播，当然有赖于中国的经济实力和中外经济交往，但也需要重视文化载体和教育渠道。如何借助文学、艺术、体育、教育、影视、网络等手段，如何充分考虑他国人民的思维习惯和爱好，使汉语得到有效传播，值得我们深思、研究和实践。

　　汉字虽然对朝鲜、日本、越南发展起过重要作用，但它毕竟不能准确记录当地口头语，三国采用或部分采用拼音文字不可避免。有人希望通过 21 世纪的汉语传播，重演古代汉字史，既不科学也不现实。21 世纪汉语传播如何正视汉字难学的事实，发挥汉语拼音的作用，值得研究和实践。对汉字圈国家采用不同方式，也需考虑。

**参考文献**
陈宝勤．汉字在日本的应用与传播［J］．古汉语研究，2004（3）：70.
董明．古代汉语汉字对外传播史［M］．北京：中国大百科全书出版社，2002：5-6.
金基石．韩国李朝时期的汉语教育及其特点［J］．汉语学习，2005（5）：74.
李承权．汉韩汉字通用词对比研究［D］．广州：中山大学，2008.
李宇明．重视汉语国际传播的历史研究［J］．云南师范大学学报（对外汉语教学与研究版），2007（5）：4.
林明华．汉语与越南语言文化（上）［J］．现代外语，1997（1）：53.
王顺洪．六角恒广的日本近代汉语教育史研究［J］．汉语学习，1999（4）：61.
王顺洪．日本明治时期的汉语教师［J］．汉语学习，2003（1）：80.
王幼敏．近代日本的中国语教育［J］．云南师范大学学报（对外汉语教学与研究版），2006（4）：22.
张珊．唐代留学生汉语教育研究［D］．长春：吉林大学，2007：26.

［原载于《暨南大学华文学院学报》2008 年第 3 期（合作者：张静静）］

宏观语言学

# 语言学与多学科交叉

## 一、语言学从专门科学走向交叉综合

在第二次浪潮中，科学门类大致可分为三种：①逻辑分析科学，主要研究对象的逻辑关系。公理的形式化是它的最高目的。如数学、物理学。②系统分类科学，主要研究客体的类别及其谱系。以古生物学最典型。③经验相关科学，主要研究客体的确定性关系。社会科学（含语言学）基本属于这一类。

专门化是各类学科得以建立、科学研究飞速发展的基本手段之一。但专门化科学的建立，容易造成专门人员只懂本专业知识，不明白本学科的地位，不懂得运用他学科知识为本学科服务。向第三次浪潮过渡中，科学走向交叉综合。发端于语言学的结构主义成为横断科学，不但促进语言内部结构的研究，而且被运用到文学、史学、民族学、教育学及自然科学领域中。数理逻辑介入，使语言学向逻辑分析科学贴近；社会学、人类学方法的使用，使语言学更贴近经验相关科学。与数学密切相关的生成语言学的诞生和发展，不仅使语言科学发生蜕变，也使其他学科得益不浅。

## 二、语言学与他学科交叉的基础

世界万事万物总是在普遍的联系之中显示出各自的确定性的，要揭示出一事物多方面的本质属性，就不得不从各个角度和层面研究该事物与他事物的普遍联系。因而语言研究也要求与他学科交叉。

语言是一种物理、生理和心理过程。说话和听话离不开人的肌肉、感官、神经系统和大脑皮质，离不开人的思维能力、情绪和知识系统。要真正了解语言，就必须研究人们生成和理解话语、获得和使用语言的生理和心理活动的情况。这是心理语言学、神经语言学、病理语言学和儿童语言学得以产生的基础。

语言是一种社会现象。语言的起源和发展跟人类起源和发展密切相关。语言作为人类思维工具、交际工具、文化载体，是社会、民族、文化存在的基本因素。语言的产生和发展离不开社会，其词汇、语音和语法结构无不留下社会变迁、文化发展、民族发展的痕迹。把语言作为一种社会现象进行研究，于是产生社会语言学、人类语言学、民族语言学和文化语言学等跨学科的语言学分支。

人工智能研究离不开对语言机制的模仿，结合计算机科学和语言学的原理、方法来研究机器翻译、人机对话等人工智能方面的项目，就形成计算机语言学。

任何科学都离不开精密化和科学化，而数学是使各门科学精密化、科学化的横断科学。运用数学模型程序对语言进行量化、形式化研究和描述，产生了数理语言学。

总之，语言跟自然界、社会和思维联系密切，语言学跟其他学科的接触面非常宽广。这是语言学与多学科交叉的基础。对研究主体来说，只有广泛运用不同学科的方法、原理、范式，对语言及相关现象进行全方位多层面的观测研究和描述，才能推进语言学。把语言学研究方法和成果推广到其他学科中，把语言跟相关的对象作综合研究，就可推进其他学科乃至整个科学体系，反过来促进语言学发展。

## 三、学科交叉的方式、模型和规模

**学科交叉的方式。**主要有概念泛化、转移和方法借用。概念泛化、转移指一个概念原指某个具体对象、用于某个特定领域，后来泛指跟这一对象相似的其他对象，扩大用于跟这一领域相似的其他领域。"形态"原指词的内部屈折，后泛指包括前缀、后缀和中缀的词形变化，最后词的外部形态及补助词也包括进去。在语言学领域外，形态还指生物与环境的生态关系，最后又发展为泛指一切主体与客体的关系。

语法学的"形式"，指表示语法意义的区别性物质外壳。所谓区别性，指人可以识别的标记。在机器翻译和人机对话的研究中，语法形式指计算机可以识别的物质标记。"表层结构"和"深层结构"原是转换生成语言学特定术语，近些年被移到文学研究（神话和民间文学）领域，前者往往指情节的结构框架和显现于其中的意义，后者往往指隐含于情节之后的象征结构框架和哲理。

方法借用，指把他学科他领域研究方法和手段用于本学科本领域研究，或把本学科研究方法和手段用于研究他学科的问题。如心理语言学，把心理学观察法、实验法、内省法、调查法和模型模拟法等具体方法及测试量表、追踪日记等手段借用到语言研究领域，推进了语言机制、能力和言语、思维过程的研究。语言学的历史比较法，运用到史学中形成比较史学，运用到文学中形成比较文学，运用到神话研究中形成比较神话学。它还被广泛运用到民俗学、民间文学等研究领域中。一门新兴的边缘学科，往往大量借用多门相互交叉的已有学科范畴和方法，如文学语言学，常采用语言学层次分析、分布分析、变换分析、替换分析和义素分析等方法。

**学科交叉模型**。分内部外部、同层错层、同类跨类和双项多项几种。

学科内部几个门类、层面之间的交叉是内部交叉，学科之间的交叉是外部交叉。如音素分析法借用到词汇学中变为义素分析法，"分布"从语音学借用到语法学，这些都是内部交叉。外部交叉如把问卷法、相关分析法等社会学方法借用到语言研究中，用投影法、文化结构比较法等文化学方法探索语言与文化的关联。

同类交叉是指同一大类中各门学科之间的交叉，跨类交叉是指不同大类里学科间的交叉。前者如语言学与社会学、心理学、民俗学等学科交叉，属社会科学内部的交叉；后者如语言学与数学、计算机科学等自然科学的交叉。

同层交叉指层次相同的学科、门类之间的交叉，错层交叉指层次不同的学科、门类学派之间的交叉。前者如语音学的"音位"概念借用到语法学中成为"法位"。模糊数学是数学分支，运用于语言学的分支——词汇学研究中，便有模糊语言学。后者如"区别性"这一概念原用于语音学音位分析，后来借用到语言学所有门类；概率论这个数学分支，可应用于语言学的所有分支和社会科学许多学科。

两项交叉如语言学与社会学的交叉。多项交叉如语言学与心理学、神经学交叉形成神经语言学，再如结合民族学、历史学、地理学和语音学研究北京话起源。

**学科交叉规模**。学科交叉规模有大小之分。个别概念的泛化、转移和个别方法的借用是小规模交叉，结果是使某些具体问题得到多方位、多层次、多方法手段的研究和多种形式的描述。目前国内的学科交叉情况多属于小规模交叉。

大规模交叉指成套概念、方法的借用、改造、创新。其结果，或者形成一套新的理论框架和表述规则,如乔姆斯基,把心理学与语言学融为一体,并运用数学范式形成一套新的表述程序,创立了生成语言学;或者产生一门新的边缘科学,如拉波夫、海姆斯等人,将社会学和语言学结合起来,并采用了人类学、文化学的某些方法,创立了社会语言学。

(原载于《学术研究》1988 年第 3 期)

# 语言学的主体与客体

任何科学都是主体对客体的认识。对科学自身的观照当然离不开认识主体和认识客体及其二者之间的关联。

我国语言学正在发生某种质的变化：各种交叉学科蓬勃兴起，多种语言理论不断引进、产生、完善，基础研究向纵深发展，应用开发取得新成果。诸如理论重要还是事实重要、人文主义还是科学主义的问题又重新摆到我们面前。要解答这些问题，必须认清语言学现状与前景，必须重新审视语言学本身，审视语言学的主客体及其关系。

## 一、语言研究的客体

根据研究客体的不同，语言学可以分为本体语言学和边缘语言学两大类。

### （一）本体语言学及其对象

语言是一个复杂的符号系统，分为音素、音节、语素、词、词组、句子等不同层次，每层又含有不同单位。不同层次不同单位之间的排列组合有一定规则，并构成含有一定意义的符号。各单位和层次相互对立又相互联系，相互区别又相互制约，形成一个严密的符号系统。本体语言学以这一特殊符号系统为认识对象和研究客体，考察其内部结构单位和结构规则，以及这一符号系统的发展变化。

由于语言大系统中可分为语音、词汇、语义、语法等几个子系统，本体语言学也可以分为语音学、词汇学、语义学和语法学几门相互关联、相互渗透的学科。

### （二）边缘语言学及其意义

语言是一个跟诸多客体关系密切的复杂现象。如从生成和理解看，语言是一种心理、生理现象，跟大脑皮质联系密切，跟发音、听觉器官及神经系统有直接关系。从功能和价值看，语言是一种社会文化现象，跟社会共生共长共变，与文化相辅相承相约。语言是信息的主要载体，是文学的基本元素和组织形式，自然语言是计算机科学程序语言的模拟对象；而数学不过是语言所能达到的最高境界。边缘语言学以语言和语言相关体之间的关系为研究对象，处于语言学和他学科的交叉点。

边缘语言学可分为心理语言学、神经语言学、社会语言学、文化语言学、文学语言学、计算语言学、数理语言学、儿童语言学、应用语言学等诸多学科。上述学科有的是人文科学，如社会语言学、文化语言学；有的靠向自然科学，如计算机语言学、神经语言学、数理语言学；有的则接近思维科学，如心理语言学、儿童语言学。

### （三）二者的定位

本体语言学是语言学核心系统，其中几个子系统之间的关系是直接的。边缘语言学是本体语言学跟外部环境发生信息、能量和物质交换的中介系统。没有中介系统，本体语言学是一个封闭系统，会失去活力。事实上，语言学能成为独立学科，就是依靠跟其他学科的交流。不从物理学借来音变理论，不从生物学借来谱系分类法，现代语言学和历史比较语言学就不可能产生和发展，语言学就不可能成为独立学科。

语言是一种复杂的客观现象，涉及物理、生理、思维、民族、历史、社会、文化。语言学处于微妙的地位——自然科学和人文科学的交叉点，因此它跟很多学科的交叉不可避免。语言研究的科学主义和人文主义不可避免。其实，本体语言学很难说是倾向于自然科学或是人文科学。语音学、语法学靠近自然科学，语义学属于人文科学。语言学在其发展中也有阶段性，有时靠向自然科学，有时靠向人文科学。在整个科学体系趋向交叉化、多元化的今天，要用某一主义来概括语言学，既不明智也不可能。

## 二、语言研究的主体

研究主体主要指研究者的认识模式和操作方法。由于语言工作者思维层次和工作方式的区别，语言学可以分为基层、中层、高层和哲学四个平面。

### （一）基层语言学

基层语言学是语言学基础部分。其主要任务是客观描述语言事实，如考察和描写某种语言的语音、词汇和语法系统；主要方法是考证和描写，价值标准是真实性。大量语言工作者都在从事基层语言学工作。如美国语言工作者在本世纪对印第安语言的调查和描述，我国语言工作者对少数民族语言和方言的考察描写。对个别语言事实如某些音素、句式、词语的描写也属基层语言学范围。

### （二）中层语言学

中层语言学的任务是对已确认的语言事实进行解释，探求语言现象之间以及语言与相关客体之间的关系。其主要方法是归纳分析，价值标准是合理性。历史比较语言学致力于多种语言间亲属关系的比较和语言谱系的拟构，社会语言学探求语言与社会的共变关系，文化语言学考察语言与文化的制约和影响，都属中层语言学。

海姆斯主编的《文化和社会中的语言——语言学和人类学读本》，大部分都是中层语言学的佳作。由于中层语言学着重解释现象与事实，又称解释语言学。

### （三）高层语言学

高层语言学即理论语言学。其主要任务是基于描写语言现象和解释相互关系，建构语言规律的理论；主要方法是假设和演绎，价值标准是参照性。参照性，指包含超出现有知识体系（已确认事实描写和关系解释）的新内容。一种理论参照性的高低，主要看其能否启发和引导人们去观察和解释以前没有注意到的语言现象和现象之间的关系。

日本学者桥本万太郎的《语言地理类型学》，建构东亚大陆语言结构的历史演化和地域推移相互对应的语言发展理论，是高层语言学的代表作。

### （四）语言哲学

哲学语言学是语言哲学，语言学学，是对语言学自身的反思，是语言学本身发展规律的哲学概括。其主要任务是从哲学高度，考察探求语言、语言学和语言学方法论的本质及相互关联；主要方法是综合、概括与抽象，即在对各种语言学体系、理论的比较研究中，抽象出语言学发展的一般线索与规律。价值标准在于哲学思辨性。

代表作如索绪尔的《普通语言学教程》，把语言抽象为符号系统，用符号、符号施指/受指替代语音、语义等传统概念，阐述语言符号的不变性和可变性、语言研究的共时性和历时性等。这不仅对语言学有普遍指导作用，对人文社会科学也产生了深远影响。

## （五）各层的关联与开放

四个层次相互影响、渗透。上一层对下一层依赖性较大，反之依赖性较小。基层语言学可以只考证"把"句产生的年代，不管其产生的内因外因；探求"把"句产生原因的中层语言学则必须先明确其产生时期。下一层不可能完全脱离上一层。同样描写词的语音，用古音韵学理论方法，跟用现代音位学理论方法，操作、结果都有区别。

四个层次又有其相对独立性，每层都有自己的目的和方法，都可以跟同层次的其他学科开放、交叉和渗透。如基层语言学对考据学是开放的，中层语言学可以跟社会学交叉渗透。这主要是因为思维认知层次相同。

对语言学来说四个层次必不可少。但对个体研究者就不一定了。有的学者可以只做一个层次的研究，如基层语言学研究；有的学者可以做多层次研究。但做中高层乃至哲学层研究者，必须了解和掌握低一层乃至两三层的研究情况，否则难以胜任。

## （六）解释——事实描写与理论概括的桥梁

需要讨论本文开始提出的问题：语言研究是事实重要还是理论重要。

其实，事实描写和理论概括处于两个不相连的层面。一般说来，理论概括肯定要以事实描写为基础，而事实描写可以不依赖理论建构。个体研究者也是如此。做理论研究应该从事事实描写，但不能因此要求所有从事理论研究者都像从事基层研究者一样搜集、描写语言事实。应该允许一些人在基层研究成果的基础上进行构建和抽象。

现在我国语言学的现状是，做语言描写的很多，做外国理论介绍的也不少，但做理论建构的太少。理论建构并非从简单事实描写直接而来，中间还应该有中层语言学的现象归纳和关系解释。目前看，做中层研究的人不够，因此理论建构不可能取得实质性突破。缺乏理论研究是表面现象，缺乏中层研究才是根本。

## 三、语言研究的三个部分

研究主体的目的和研究课题的效应，对研究产生不同的影响。根据主体主观要求和课题客观效应之不同，语言学可分三部分：基础研究，应用研究，开发研究。

## （一）基础研究

基础研究的目的是分析语言性质、结构、内部外部关系和发展规律。它追求真理的完美性和理论的系统化，一般不考虑实际目的和具体效用。

## （二）应用研究

应用研究致力于解决社会实际问题。它能将基础研究理论转化为技术，又能将社会需要和技术信息反馈给科学体系。计算语言学、应用语言学、病理语言学属于应用研究。

## （三）开发研究

开发研究致力于将科学技术直接转化为社会生产力，直接造福于社会。信息处理中具体程序设计（如机器翻译、机器摘要、机器检索和人机对话系统的设计研制）、语言教学法的实际运用等，都属于这一研究范围。

## （四）小结

上述三种研究应保持合理比率。我国传统语言研究多是应用、开发研究。结构主义引进后基础研究有长足长进，推动语言学整体发展。但也有副作用：忽视乃至轻视应用研究和开发研究。语言学似乎成了没有多少实用价值的科学。长此下去，基础研究会因缺乏跟社会联系而衰退。因此，当前应极力重视应用和开发研究，使基础研究成果能造福于社会，并反哺基础研究。

应用语言学是语言应用研究中的重要部分。它跨语言学、心理学、生理学、教育学等多个学科，跟数理语言学、神经语言学、社会语言学等交叉渗透。应用语言学的发展不但有明显实效性（如语言障碍消除、儿童语言教育、对外汉语教学），而且能推动基础研究的发展，促进人们对语言内部结构的认识。目前我国应大力发展应用语言学，以推动语言学和人文社会科学健康发展，直接造福于社会。

**参考文献**

李开元. 史学理论的层次模式和史学多元化［J］. 历史研究, 1986（1）.
伍铁平. 语言学是一门领先的科学［C］//中国语言学会. 把我国语言科学推向前进. 武汉：湖北人民出版社, 1981.

（原载于《语言学通讯》1990 年 1—2 期）

第二语言习得

# 学习难度的测定和考察[①]

学习难度是心理学研究重要内容,也是二语习得中的重要问题。一种语言可分解成大大小小的语言项目。对学习者来说,有些项目容易学,有些难学。研究语言项目学习难度及原因,能直接促进第二语言的教与学,推动二语习得理论研究。

学习难度研究,主要包括以下内容:测定角度、方法和程序;难度分级;产生难度及层级的原因。本文分两部分:学习难度的测定,实例分析。

## 一、学习难度的测定

学习难度的考察和划定,可以从语言学和心理学两个方面进行,同时参照偏误、回避出现的情况。

### (一) 对比分析与语言差异难度

语言学考察主要使用对比分析法,考察母语和目的语的差异。据行为主义学习理论,从第一语言到第二语言的迁移必然发生;语言差异点造成学习困难并导致偏误;相同点促进学习。对比分析,可以使教师了解两种语言的异同,有的放矢地进行教学。

对比分析的程序通常是:①描写两种语言;②选择出对比的语言项目;③对比并认定差异点和共同点;④预测可能引起偏误的语言点。

西方语言对比分析家认为,差异点和相同点存在等级:等级跟学习难度相关。下面列出 Ellis(1985)的等级分类,以汉外对比的例子说明:

第一,第一语言和第二语言某个语言点无差异。如汉语词汇"家庭""研究"跟韩国语基本对应。这些语言项的学习没有困难。

第二,第一语言两个/多个语言项对应第二语言一个语言项。如有标志

---

[①] 本文是国家汉办"十五"科研规划项目"留学生汉语语法偏误生成的原因和相关语法规则的解释"(HBK01-05/068)的部分成果。

被动句中，越南语常用介词 duoc 和 bi，分别表示如意行为和不如意行为；现代汉语介词"被"没有如意、不如意的区分，如"被打了""被提拔了"。这类语言项学习难度较低。学习者只要将母语两个项目合并成目的语的一个项目即可。

第三，第一语言某语言项在目的语中不存在。如韩国语有敬语，泰语对话时有表示说话人性别的成分。汉语没有这类成分。

第四，第一语言某语言项在第二语言中等值项分布不完全一样。如越南语和汉语的疑问代词，都可表示疑问，位置大多相同（他去了**哪里**），都可表示任指（**哪里**都不去）、不确定（他买了点**什么**回来）。不同点：定语位置（汉语：这是**谁**的词典？—越南语：这是词典的**谁**?）；汉语可两个相同的疑问代词先后出现，越南语无此用法（汉语：**什么贵买什么**。— 越南语：**什么贵买那个**。）有相同点又有不同点，学生会误认为两种语言相同，使用时容易混淆，学习难度较高。

第五，第一语言有某个语言项目，第二语言没有。如汉语有量词而很多语言没有。形容词重叠式，韩国语没有。学习母语没有的项目，难度当然比较高。

第六，第一语言一个语言项对应于第二语言的两个或多个语言项。如，汉语"有点"和"一点"，词性、分布不同：天有点冷；今天比昨天冷一点。跟这两个词对应的，韩国语、日语只有一个词，意思接近"一点"，可放在形容词前边，也可放在形容词后边。不少语言只有一个跟汉语"二"和"两"对应的词。此种情况学习难度最高，学生不知道如何根据上下文选择合适词语。

这种难度评定参照语言差异，称为"语言差异难度"。第二、第三为低难度，第四至第六为高难度。难度高的语言项目，容易引发干扰性偏误（"语际偏误"）。

## （二）目的语规则泛化与语言发展难度

对比分析只考察语言差异，不能完全解答学习难度问题。对比分析出的难点预测，有时不如教学实践总结出并得到证实的预测。二语学习中很多偏误并非第一语言负迁移造成。表 1 列出了 1970—1980 年代不同研究显示的英语作为第二语言语法中干扰性偏误的比率（Ellis，1985）。对比分析无法解释这类非干扰性偏误。而且年龄越小的学习者，干扰性偏误越少。一般来说，他们的偏误，大多是目的语规则泛化引起的。

**表 1　英语作为第二语言语法中干扰性偏误的比率**

| 研究者 | 干扰偏误比率 | 学习者类型 |
| --- | --- | --- |
| Crauberg | 36% | 第一语言德语，成人，高级班 |
| George | 33%（大约） | 第一语言混合，成人，毕业班 |
| Dulay & Burt | 3% | 第一语言西班牙语，儿童，不分层次 |
| Tran-Chi-Chau | 51% | 第一语言汉语，成人，不同层次 |
| Mukattash | 23% | 第一语言阿拉伯语，成人 |
| Flick | 31% | 第一语言西班牙语，成人，不分层次 |
| Lott | 55%（大约） | 第一语言意大利语，成人，大学 |

目的语规则泛化是二语习得学习策略。外国人学汉语时，常将汉语某些规则进行不适当的类推。如："不大、不太"都能跟褒义形容词结合，就以为它们能跟所有性质形容词结合，说出"*不大脏"。由"不大/不太+形容词"，类推出"不大/不太+动词"，说出"*我不太喝酒"。程度副词大多可以跟单独形容词结合（很好，挺棒），有学生由此类推到所有程度副词，生成出"*她的脸稍微红了"。（周小兵，1996）

目的语规则泛化，跟语言点规则化程度有关。规则化程度不高，容易出现泛化。（邓守信，2002）一般程度副词的用法，规则化程度高，学习难度较低。"稍微"所饰形容词后边要加"一点"，规则化程度低，学习难度高一些。

由规则泛化引发的偏误，跟母语关系不大。不同母语者都会出现，母语习得也会出现，如 geted，"不大脏"，由此产生的学习难度，可称为"语言发展难度"；由此引起的偏误，是发展性偏误（"语内偏误"）。

## （三）自然度因素与语言认知难度

学习难度需要从心理学出发考察学习项目的自然度。Hatch（1983）认为自然度是二语习得决定因素。二语中某个特征对学习者是否突显；一个已知形式与意义的关系是否清晰；语言形式是简单还是复杂。这些跟母语无关的因素，可能引发学习困难。相对来说，复杂结构比简单结构认知难度高。如：

(1) a. She lives here.　　　　b. *I know she live here.

(2) a. 他去了上海吗？　　b. *我不知道他去了上海吗？

西方二语习得研究者认为，在语音学和词汇学领域里，自然度因素和干扰同时起作用；在句法和话语领域里，自然度因素起主导作用。

Cazden 等（1975）发现，西班牙学生都沿着同样途径习得英语否定式，头一个否定式都由 no + V 构成。诚然，西班牙语有 no + V 句式，会引发负迁移。但这种否定式还出现于英语母语习得中，还出现于学习者母语没有此句式的英语二语习得中。学习总是由易到难。no 常单用，特征明显，学习者印象深刻；可在句中出现，比 not 容易习得。从形式、意义的配合看，"否定词 + 动词"是无标记，最简单，比"助动词 + 否定词 + 动词"容易。因此它在各种母语背景学生的习得中都会出现。no + V 先出现，是由自然度决定的普遍发展特征。

自然度因素跟认知有关，可称为"语言认知难度"。由此引发的偏误，是认知性偏误（"普遍偏误"）。

考虑自然度并不否定母语迁移。二语者用 no + V 的时间，西班牙学生比母语否定式跟英语一样的学生要长。学习者母语存在跟普遍特征相同的句式，会延长发展阶段。

### （四）偏误分析和回避策略

偏误跟学习难度的关系，可以从三方面考察：

第一，频率。偏误频率高的语言项难度高，频率低的难度低。

第二，阶段。西方二语习得研究认为，干扰性偏误多出现在初级阶段；发展性偏误多出现在中级阶段。下将全日制学习阶段分为五段：初级一（第一学期），初级二（第二学期），中级一（第三学期），中级二（第四学期），高级阶段（五、六学期）。

据考察，初级阶段偏误，语言项难度不一定低于中级阶段偏误。中级阶段偏误，语言项难度大多高于初级阶段。如"了、着、过"，相关偏误初级阶段都有。到中级一，"过"偏误很少；"着"偏误有时出现；"了"偏误常出现。到高级阶段，仅"了"偏误时有出现。可知，"了、着、过"学习难度由高到低排列。

第三，偏误延续时间，是学习难度指标之一。"了"偏误从初级延续到高级，说明难度高；"过"偏误到中级二几乎不出现，说明难度低。由此可总结出以下规则：**偏误延续时间的长短，跟相关语言项目的学习难度相关**。

此外，还需考察理解性偏误和回避。Schachter（1974）研究了英语关系复句的学习。汉、日无此句式，但学习者偏误少，因学生回避使用；波斯尼亚语和阿拉伯语关系复句跟英语相似，偏误却较多，因学生较少回避。Bertkau（1974）研究显示，对英语关系复句的理解，日本学生比西班牙学生差。日本学生可以回避生成，但不能回避理解；输出性偏误不多，理解性偏误却不少。外国人有时回避"把"句；生成偏误不多，并不说明掌握了"把"句。

可见，理解性偏误和回避的频率及延续时间也是判定学习难度的重要指标。

## 二、实例分析

### （一）含"多"的概数词语

先看"多"类词在前的语言：

(3) 三公斤多　　英语：more than three kilograms
　　　　　　　　越南语：hon（多）ba（三）can（公斤）
(4) 三十多公斤　英语：over thirty kilograms
　　　　　　　　越南语：hon ba muoi（十）can

跟英语、越南语相似的还有西班牙语等多种语言，构成简单，跟"多"相应的词在数词前。汉语较复杂：尾数是 1～9，"多"在最后；尾数是 0，"多"在数词和量/名词中间。第一语言一种格式对应第二语言两种格式，差异难度高。学习中有些学生将"多"逐步后移，呈现以下四个阶段：

(5) a. 多＋数词＋量词（＊多三十公斤/＊多三公斤）
　　 b. 数词＋多＋量词（三十多公斤/＊三多公斤）
　　 c. 数词＋量词＋多（＊三十公斤多/三公斤多）
　　 d. （三十多公斤/三公斤多）

a 是干扰偏误，由顺抑制引起。习得 b 式后，"三十多公斤"会了，却出现发展性偏误"＊三多公斤"，由顺抑制引起，跟目的语规则泛化有关。习得 c 式后，"三公斤多"会了，又类推出"＊三十公斤多"，可能是逆抑制引发,后学干扰先学。统计显示,a 类偏误频率低,延续时间短;b、c 类偏误频率高一些,延续时间长一些。

再看"多"类词在后的语言:

(6) 印尼语:a. 8 tahun(岁)lebih(多) b. 80 tahun lebih
(7) 土耳其语:a. 8 yasin(岁)uzerinde(多) b. 80 yasin uzerind

类似的还有泰语、韩国语等。表概数的"多"在后,跟汉语差异小一点,但"多"只有一个位置。一个位置对应二语两个位置,学习难度高。学生容易说出"*二十岁多"。原因有母语迁移,也有目的语规则泛化:从"八岁多"类推到"*八十岁多"。

语言差异难度高,又涉及发展难度[例(5)b、c 阶段偏误,汉语儿童也会出现],学习困难,偏误出现于初级一,大多延续到初级二,个别学生延续到中级一阶段。

再看认知难度。多数语言只有一种形式:跟"多"对应的词或在前,或在后;汉语却有两种形式,且学生不清楚这两种形式的必要性,即,意义与形式的关联不清晰。

"多"位置不同在表达上有没有区别?看"十"加单位词跟"多"的组合:

(8) a. 十岁多(10~11 岁)　　 b. 十多岁(11~17、18 岁)

显然,"多"位置不同会引起意义区别。但这种区别只是在跟"十"结合时才凸现;而在尾数小于 10 的数字中,在大于 10、尾数为 0 的数字中,这一区别被模糊化,被忽略了。这就使得含"多"概数词语的形式和意义关联模糊了,对学习者(包括外国学生和母语习得者)产生认知难度。

数词"十"加单位词跟"多"的组合,很多语言只有一种形式一个意思,即汉语 b 义。一语一个形式、意思对应二语两个形式两个意思,差异难度很高。由于"十岁多,十多岁"都合乎语法,输出话语或理解话语是否准确,只能结合语境鉴别。

## (二)度量差比句

"*我比小王很高"在刚学"比"字句时没有,学度量"比"字句

（我比他高得多）时才出现。这跟语言差异难度有关。请对比：

(9) a. 英语：He is much taller than Xiao Wang.
　　b. 土耳其语：O　Xiaowang　dan　cok　uzunum.
　　词译：　　　他　小王　　比　很　高

跟英语相似的有西班牙语、罗马尼亚语等；跟土耳其语相似的有韩国语、日语等。表度量的词都在形容词前，容易引发干扰性偏误。

度量词和程度副词在汉语中不同。"（很）多、一点"是度量词；"很、更"是程度副词。但它们在一些语言中界限模糊，如土耳其语：

(10) a. O cok　uzun.　　b. O Xiaowang dan cok uzunum.
　　词译：他很　高。　　　他　小王　比　很　高。（他比小王高很多）

两种句式都用 cok。因此，度量差比句的掌握对这些学生来说比较困难。

有的语言上述两类句式用不同的词语。如英语：

(11) a. I am very tall.　　b. I am much taller than Xiao Wang.

very 对应"很"，容易处理。much 有多种译法，有时可译为相对程度副词"更"，有时可译为度量词语"（很）多"，有时可译为"很"。它在度量差比句 b 中出现在形容词前。可见对英语母语者来说，汉语度量差比句有语言差异难度。

学生先学"他很高"，以为"程度副词+形容词"可用在任何地方，类推出"*他比小王很高"。这跟语言发展难度有关。

差比句由两个简单句加合转换而成（他高 + 比 + 小王高 = 他比小王高；斜体字表转换中删除部分）（张洪年，1972），比简单句难学。从认知看，"比小王"的位置，度量词选择（"很多/得多"还是"很"），度量词位置（形容词前还是后），都存在难度。

"他比小王高<u>很多</u>"有容易混淆的"很"，学度量差比句时先教，留学生易受母语影响，将已学的"我很高"泛化，生成"*他比我很高"。先教"他比小王高<u>得多</u>"，让学生明白表示"高"的度量是形容词后的补语，非动词前的状语；再教"他比小王高<u>一点/3 厘米</u>"，强化度量词的位置；最后教"他比小王高很多",效果会好一些。

### (三)含"半"的时量词语

词语义小于一时,汉语和许多语言一样,表示"半"的词放在开头,如英语、西班牙语、韩国语、日语、泰语、越南语、印尼语等,语序为:

(12) 半天/半星期/半月/半年

汉语特点是,有的词组要用"个"(钟头、月、季度、世纪),有的不能用(秒钟、分钟、天、年),有的可用可不用(小时、星期)。上述语言表时量概念时没有相应量词。一个形式对应两个形式,语言差异难度高。常见偏误是"＊半钟头/＊半星期/＊半月"。偶有"＊半个年",是汉语规则泛化的结果。见于初级一,初级二偶有出现。

词组义大于一的情况更复杂。对比汉语跟英语、西班牙语、越南语:

(13) 汉:一天半/一个半月
　　 英:one day and **a half**/one month and **a half**
　　 西:un　dia　y　medio /un　mes　y　medio
　　 字译:一　天　和　半　/一　月　和　半
　　 越:mot　ngay ruoi /mot　thang ruoi
　　 字译:一　　天　半　/　　月　半

汉语"半"或放在时间单位词后(一天半);或放在时间单位词前(三个半月);或插在时间单位词中间(三分半钟)。跟"半"对应的词,不少语言(如韩语、日语、泰语、印尼语、罗马尼亚语等)放在时间单位词后边。母语一个形式对应目标语的多个形式,差异难度高。常见偏误是"＊一个小时半/＊两个月半"。

有少数语言,如土耳其语,跟"半"对应的词放在时间单位词前边:

(14) bir　bucuk　gun　/　bir　bucuk　ay
词译：一　　半　　天　/　一　　半　　月

因此，土耳其学生出现"＊一个月半"的偏误要少。即使出现，也不是因为母语迁移，而是由于汉语规则泛化，从"一天半"类推出"＊一个月半"。

类似偏误频率高，延续久，涉及语种多。初级一出现，延续到中级二才大致消失，高级阶段偶有出现。原因是该项目学习还涉及了语言发展难度和认知难度。

先看汉语规则泛化。习得语义小于"一"的词组，"半"跟不少语言一样放在前边，不论有没有"个"。有的学生以为语义大于"一"的词组，只要把"半"放在最后就行了。由此产生"＊三个月半"的偏误。此类规则泛化路径如下：

(15)　　半天──→半个月
　　　　　　↓
　　　三天半──→＊三个月半

因涉及发展难度，类似"＊三个月半"的偏误汉族儿童汉语也会出现。

再看认知难度。"三个半月"是从"三个月＋半个月"转换而来，认知难度高。而且汉语转换程序比许多语言要难。请对比：

(16)　汉：三个月＋半个月→三个半月
　　　英：three months + half *month*　　→ three months*and* *a* half
　　　越：ba thang + nua *thang*　　　　　→ba thang <u>ruoi</u>
　　　词译：三月　　　半月　　　　　　　→　三月　半

斜体表删除或增加，下划线表替换。英语、越南语采用后删除，删除深层结构中后一词组中跟"月"相应的 month/thang。表层结构语义组合和结构层次较合理：

(18)　英：three months /and /a half
　　　越：ba thang /ruoi

这些词组类似汉语"三天/半"组合。外国人学英语、越南语时不会产生误解，不易出现偏误。英语语义加合标志"＋"在表层结构用 and 标示，容易学习。

汉语间隔删除前一词组"月"和后一词组"个"。表层结构形式组合和语义加合关系不够合理，外国人学习时不知如何划分层次。输入时可能误解为"3×0.5"，按"三个/半月"理解①；输出时可能生成"＊三个月半"，因"三个月/半"语义组合较合理。

汉语不说"三个月半"而说"三个半月"，是追求韵律和谐。汉语四音节组合中，2/2 最常见，1/3 很少，3/1 几乎没有。"三个月/半"是 3/1 组合，不和谐；"三个/半月"则比较和谐。由此让学生误解为"3×0.5"就不奇怪了。4 音组最典型的是"三分半钟"，为了不说"三分钟半"，硬将"分钟"拆开。五音节组合如"一个半/小时（钟头）"，"两个半/星期"，"一个半/世纪"。②

上述三个语言点难度较高，但有差别。从语言差异、发展、认知和偏误四方面综合考察，学习难度由易到难排序为：度量差比句，含"多"概数词语，含"半"时量词语。

**参考文献**

邓守信. 对外汉语语法点困难度评定［M］//国家对外汉语教学领导小组办公室教学处. 对外汉语教学语法探索. 北京：中国社会科学出版社，2002.

刘月华，等. 实用现代汉语语法［M］. 北京：外语教学与研究出版社，1983.

陆俭明，郭锐. 汉语语法研究所面临的挑战［J］. 世界汉语教学，1998（4）.

施家炜. 外国留学生 22 类现代汉语句式的习得顺序研究［J］. 世界汉语教学，1998（4）.

---

① 有一个脑筋急转弯：小明每天骑自行车上学，去学校用一个小时，回家用两个半小时，为什么？

② 有一种观点认为："半"的位置跟时间词的词性相关。时间词若是量词，词语中不用"个"，"半"在后，如"三天半/两年半"；时间词若是名词，前边要用量词"个"，"半"在中间，如"两个半钟头/三个月半"。这种观点难以解释下列事实："分钟"通常认为是量词（不说"＊三个分钟"），但却不能说"三分钟半"，只能说"三分半钟"。如果用单音节的"分"，就可以说"三分半"，因为三音组中，1/2 和 2/1 都是和谐的。说跟"个"的出现与否有关，是因为有"个"的词组，加上数词、时间词与"半"，词组一定包含四个或四个以上的音节，为照顾韵律和谐，"半"就不能放在最后了。可见，"个"的出现与否是表层因素，韵律和谐是深层的决定因素。

张洪年. 香港粤语语法的研究 [M]. 香港：香港中文大学出版社，1972.
赵金铭. 汉语研究与对外汉语教学 [M]. 北京：语文出版社，1997.
赵金铭. 对外汉语研究的基本框架 [J]. 世界汉语教学，2001（3）.
周小兵. 第二语言教学论 [M]. 石家庄：河北教育出版社，1996.
周小兵. 汉语第二语言教学语法的特点 [J]. 中山大学学报（社会科学版），2002（6）.
朱德熙. 语法讲义 [M]. 北京：商务印书馆，1982.
BERIKAU J. Comprehension and production of relative clauses in adult second language and child first language acquisition [J]. Language learning, 1974, 24.
CAZDEN C, CANCINO H, ROSANSKY E, et al. Second language acquisition sequences in children, adolescents and adults [R]. Final Report, US Department of Health, Education and Welfare, 1975.
Do Thi Kim Lien. Ngu phap Tieng Viet [M]. Nha xuat ban Giao duc, 1999. （杜氏金莲. 越语语法 [M]. 教育出版社，1999）
ELLIS R. Understanding second language acquisition [M]. Oxford: Oxford University Press, 1985. （《第二语言习得概论》，上海外语教育出版社，2000 年）
HATCH E. Psycholinguistics: a second language perspective [M]. Rowley Mass: Newbury House, 1983.
SCHACHTER J. An error in error analysis [J]. Language Learning, 1974, 24.

（原载于《世界汉语教学》2004 年第 1 期）

# "着"的习得考察

汉语研究将动态助词分为"着$_1$"和"着$_2$",前者表示动作行为的进行,后者表状态持续。对外汉语教学感兴趣的是,教学语法(大纲、教材)如何处理"着"?学生如何习得"着"?

有关"着"在大纲、教材中的情况,周小兵(2003)曾结合对外汉语教学语法做过考察,提出应按照难度等级将含"着"的不同句式依次教给学生;不应将相关否定句式(门没关着;墙上没挂着画)作为肯定式的对称结构同时教给留学生。

有关"着"的习得,李蕊(2003)发现学生在刚学完"着"的一个月内,学习时间跟习得程度负相关;回避使用"着"的倾向明显;"着$_1$"的掌握比"着$_2$"要差。李蕊、周小兵(2005)对综合考察"着"的学习难度和等级,讨论了教材对含"着"语法点的选取和排序。

本文考察留学生作文中"着"的使用情况,留学生完成描述任务的表现,多角度考察学生对"着"的习得。希望对教学、大纲制定、教材词典编写有帮助。

## 一、留学生作文语料的考察

本节考察中山大学对外汉语系约 20 万字的留学生作文。作者是中级 5~9 班学生,包括:①中国内地全日制学校学了一到二年;②在国外学过更长时间但水平跟第一类相当。

(一)正确句类

含"着"合格句 128 例,可分七类。

A 式:V 着(呢)。如:

(1) 在夕阳下,雪在闪烁着。
(2) 有一对情人在青绿色的草坪上坐着。

此类句式,带"着"的动词前边大多有状语。例(1)是"着$_1$",例(2)

是"着$_2$"。
　　B 式：V 着+宾语。如：

（3）他在车上看着我。
（4）深深的皱纹围着她的嘴巴和眼睛。

两例中的"着"分别表示动态和静态。
　　C 式：处所+V 着$_2$+宾语（存现句）。如：

（5）这书桌上摆着很多东西。
（6）在墙上挂着一张家人合影照片。

D 式：V$_1$ 着（+宾语）+V$_2$（+宾语）。如：

（7）如果听着音乐打扫的话，没有累的感觉。
（8）这张照片上有五口人坐着喝茶。

"着"可表示动态的进行，如例（7）；也可表示静态的持续，如例（8）。
　　E 式：V$_1$ 着$_2$+宾语+V$_2$ 着$_1$（+宾语）。如：

（9）老师拿着一本教材看着。
（10）他还是带着一双"欢乐的眼睛"看着生活，带着"生活很美"的念头活下去。

第一个动词多表示状态持续，第二个多表示行为进行。此句式一般教材没有专门讲解。
　　F 式：V$_1$ 着+兼语+V$_2$。如：

（11）他在门口等着我回去。
（12）对我的美好前途的憧憬支撑着她活下去。

此句式中"着"出现在头一个动词后边，可表示动态，也可表示静态。
　　G 式：V 着$_1$+V 着$_1$，……。如：

(13) 我走着走着，我看见一个风俗表演。

(14) 找着找着，大夫举起一副眼镜来说：……

"着"表示行为进行，句式强调第一个行为进行时，第二个行为发生了。

总之，A、B、D、F式"着$_1$、着$_2$"都有；C式只有"着$_2$"；G式只有"着$_1$"；E式第一个是"着$_2$"，第二个是"着$_1$"。

### （二）正确句频率

从表1可概括出两点：①按使用频率可分为三个层次：B、D式频率最高，A、C式次之，其他三类句式最低。这多少也反映出七类句式在难度上的差异。②句式结构的复杂情况不是决定学习难度的关键。包含两个动词的D式[$V_1$着（+宾语）+$V_2$（+宾语）]，正确使用率最高；只含一个动词的A式[V着（呢）]，正确使用率中等。

表1　作文中正确句式的次数和频率

| 句式 | A式 | B式 | C式 | D式 | E式 | F式 | G式 |
| --- | --- | --- | --- | --- | --- | --- | --- |
| 次数 | 17 | 41 | 16 | 47 | 2 | 2 | 3 |
| 频率/% | 13.3 | 32.0 | 12.5 | 36.7 | 1.5 | 1.5 | 2.3 |

### （三）类别和分析

在20万字的语料里，跟"着"直接相关的偏误28例。按形式特征可分八类。

Ⅰ类："着"的误加。如：

(15) *西式、中式的习惯反映着在长崎人的生活中。

(16) *很大的瀑布溅起着浪花直往下淌。

(17) *我住着朝南的五楼。

"着"一般不出现在补语的前后。例（15）留学生将"着"放在谓语补语之间，例（16）在趋向补语后边用了"着"。是否所有补语前后都不能用"着"，值得深入研究，以促进教学。

Ⅱ类：该用其他词语而误用"着"。如：

（18）＊保安让我的的士停着。

"停着"只表静态持续；例（18）表示由动到静的转变，应在"停"后边用表结果的"下"。（"躺下、坐下"的"下"既有趋向义，也有动作结果义）偏误原因有句法方面的（"着"与"下"的混淆），也有认知方面的，即静态持续和动静转换两种状态的混淆。

Ⅲ类："着"的缺位。如：

（19）＊本子上写星期五晚上星期天的作业。
（20）＊妈妈攥我的手说：……
（21）＊去外面的时候，一边拿词典一边出去。

前两句是一般的缺位，数量多。例（19）加"着"成为 C 式（存现句）；例（20）加"着"后成为 D 式（连谓句）。例（21）为另一类，该用连谓句（拿着词典出去）而用了"一边……一边"句；这涉及连谓句和"一边"句的变换，行为进行和状态持续的区别。含"着"连谓句有两类：

（22） a. 他坐着$_2$喝茶。　　　　b. 他跳着$_1$唱歌。

静态、动态的区别可通过变换凸显：b 句可以变换为"一边"句，a 句不行。如：

（23） a. 他坐着喝茶　　＊他一边坐一边喝茶
　　　 b. 他跳着唱歌　　他一边跳一边唱歌

"一边 A 一边 B"动词只能表动态。（21）显示，教学需区分"着$_1$"和"着$_2$"。

Ⅳ类：该用"着"而误用其他词语。如：

（24）＊那天，一天到晚下了大雨。
（25）＊他看过这条小河，他还记起所有的故事。

(26) *她这样说就哭起来了。

前两例用"了、过"误代"着"。原因是混淆了三个体态助词。虽教科书说"了、着、过"分别表示完成体、进行持续体、曾然体,但实际上其区别并不清楚。如:

(27) a. 院子里养了十几只鸡。　b. 院子里养着十几只鸡。

两句助词不同,意思差不多,使学生在选用助词时出现困难。例(24)(25)都讲过去的事情,学生容易受"那天""记得"类词语诱导,用完成体"了"或曾然体"过"。例(26)应将"这样说"改成"说着说着",即G式。

Ⅴ类:用"着"的同时误加其他词语。如:

(28) *我眼看就要哭起来着回家了。
(29) *我睁开眼睛的时候,火车在停着。

例(28)诱发学生用"起来"的原因是,"哭"前有表行为即将发生的"眼看就要"。此时"哭"后用表示动作开始并进行的"起来"顺理成章。问题是表示此意的"起来"跟持续的"着"冲突。例(29)混淆动态、静态。"停着"表静态。"在"倾向表动态。

Ⅵ类:"着"的错位。如:

(30) *植物、鸟和动物都还睡觉着。

"着"错置在动宾式离合词(洗澡)后,是常见偏误。

Ⅶ类:不同"V着"的混淆。如:

(31) *这条马看见走着走着的姑娘。

"V着V着"只在主句前以小句形式出现,不能单立或做定语。

Ⅷ类:用"着"时缺乏必需的相关词语。如:

(32) *在我们的社会上,许多人生活着。

可改为"许多人这样生活着"。汉语有些动宾间不能用"着",但各自加一些词语即可:

(33) a. *他们俩过着日子。/他们俩平淡地过着日子。
(34) a. *他们一家过着生活。/他们一家过着幸福的生活。

### (四)偏误频率

表2列出各类偏误的出现次数和频率。

表2　作文中偏误类型的词数和频率

| 词数和频率 | I类 | II类 | III类 | IV类 | V类 | VI类 | VII类 | VIII类 |
| --- | --- | --- | --- | --- | --- | --- | --- | --- |
| 词数 | 3 | 2 | 10 | 7 | 2 | 1 | 1 | 1 |
| 频率/% | 14.3 | 7.2 | 35.7 | 2.5 | 7 | 3.6 | 3.6 | 3.6 |

遗漏"着"(III类)最多,且大多是"着$_2$"。其次是误用其他词语代替"着"(IV类),说明学生分不清"着"跟相关词语的区别,使用时宁肯选用其他词语。这两类占全部偏误的60.7%。如何讲清楚"着"的使用,防止学生回避,是今后教学中应该重视的问题。

## 三、封闭性考察

为了考察"着"的使用,我们让初级、中级班学生用学过的句子对特定情景、行为进行描述。没有特别指出要用某类句式。一个情境,一个行为,可用不同句式描述。

### (一)初级班

考察时间为第二学期第8周,学汉语约7个月,刚学完含"着"5种句式。男女生各5人。描述任务,情景描述:桌子上放着两本教材;行为描述:教师坐在椅子上看书。考察结果,含"着"句15句,无偏误。可能跟刚学完"着"有关。描述情景用句为:

C式:处所+V着+宾语(8次)。如:

（35）桌子上放着两本书。　　　　（36）桌子上放着两本一样的书。

这些是理想句。学生使用较好，跟句式相对简单有关。描述行为用了三种"着"字句：

B 式：V 着 + 宾语（2 次）。如：

（37）老师看着书。　　　　　　　（38）老师坐椅子上看着书。

D 式：$V_1$ 着（+宾语）+ $V_2$（+宾语）（5 次）。如：

（39）老师在椅子上坐着看书。　　（40）现在老师坐着看书。

F 式：$V_1$ 着 + 兼语 + $V_2$（1 次）。如：

（41）她拿着一本书看着。

D 式是理想句式，学生使用最多；B 式相对简单一些；F 式是兼语句的一种，都少了我们希望表达的"坐着"或"在椅子上坐着"的信息。

虽然行为描述用了三种句式，情景描述只用了一种句式；但两种描述使用的含"着"句都是 8 句，总数持平。

有些学生回避"着"，用了其他句式。如：

（42）桌子上有两本书。　　　　　（43）老师在椅子上看书。

都比理想句简单。例（42）是最简单的存现句。例（43）只有一个谓语动词；但有学者认为，"在"是进行体副词"在"和处所介词"在"的合体；因此也有"着"的含义。

再看性别。15 个含"着"的正确句中，男生 5 句，占三分之一，5 个男生有 2 人未使用"着"句。女生 10 句，占三分之二；所有女生都使用了"着"字句。男生用"有"字句的比例远多于女生。这说明女性对语言形式更敏感，对刚学会的语言形式掌握得好一些。

## （二）中级班

考察时间为第3学期第8周，学过一年两个月汉语。男女生各6人。描述任务：①情景，桌上放着一个书包；②行为，老师站着看书；③行为，老师背着书包走。

考察结果，生成"着"字句19句，合格句14句；偏误5句。先看任务①情景描述的正确句和偏误句：

(44) 桌子上放着书包。
(45) *书包放着在桌子上。

回避"着"的有10句。如：

(46) 桌子上有一个书包。
(47) 书包在桌子上。
(48) 书包放在桌子上。

偏误是在谓语和介词结构补语之间误加"着"。多数学生采用回避策略，使用"有"字句或"在"字句来描述相关情景。

再看任务②。正确句有：

(49) 老师看着书。（B式：2次）
(50) 老师站着看一本书。（D式：5次）

多数句子是理想的D式，有两个动词。少数是只含一个动词的B式。偏误句如：

(51) *老师站着黑板前边看书。
(52) *老师站着桌子后边看书。
(53) *老师一边站一边看书。（站着看书）
(54) *老师捧着看一本书。（捧着一本书看）

前两句误用"着"代替"在"，源于母语迁移。例（54）宾语错位，跟

"着"关系不大。

性别。14 句中，男生仅 4 句，约 29%。6 人中有 1 人未用"着"字句；1 人用了，但句子不合格；其他 4 人一人一句。女生 10 句，约 71%0。1 人未用。女生使用合格"着"字句的频率大于男性。这进一步证明：女性更倾向用多种句式，尤其是较复杂的句式，而男性更倾向于用简单的句式，如"有"字句。

再看偏误。男生生成的偏误 1 句，比率约 17%。女性生成的偏误 5 句，比率约 83%。

对比合格句，不难看出，女生使用"着"的频率比男生要高得多。当然，生成合格句子的比率高得多，生成偏误的比率也高得多。两种情况形成互补。

此外，对比初级班可以看出，整体上看，学习汉语的时间长短跟"着"的习得程度的高低并非正相关；相反，好像还呈现出负相关的趋势。这可能跟学习"着"之后相隔的时间长短和遗忘率有关。时间越长，偏误越多，合格句子的比率越低。

## 四、结　语

目前研究还有不少问题没有解决。如：学生年龄、母语、年级等对"着"的习得是否相关？留学生对不同类型的"着"字句的习得过程和顺序如何？跟"着"字句同义或近义的句式有哪些？它们跟"着"字句的关系如何，留学生如何习得它们？等等。

**参考文献**

陈小荷. 跟副词"也"有关的偏误分析［J］.世界汉语教学，1996（2）.
国家对外汉语教学领导小组办公室汉语水平考试部. 汉语水平等级标准与语法等级大纲
　　［M］.北京：高等教育出版社，1996.
国家对外汉语教学领导小组办公室. 长期汉语进修生教学大纲—语法项目表［M］.2002.
李大忠. 外国人学汉语语法偏误分析［M］.北京：北京语言文化大学出版社，1996.
李蕊. 对留学生"着"习得情况的调查分析［J］.云南师范大学学报（对外汉语教学与
　　研究版），2004（1）.
李蕊，周小兵. 对外汉语教学中"着"的排序与选取［J］.世界汉语教学，2005（1）.
刘月华，等. 实用现代汉语语法［M］.北京：外语教学与研究出版社，1983.
陆俭明. 配价语法理论与对外汉语教学［J］.世界汉语教学，1997（1）.

钱旭菁. 日本留学生汉语趋向补语的习得顺序 [J]. 世界汉语教学, 1997 (1).
施家炜. 外国留学生 22 类现代汉语句式的习得顺序研究 [J]. 世界汉语教学, 1999 (2).
王建勤. 汉语作为第二语言的习得研究 [M]. 北京：北京语言文化大学出版社, 1997.
赵金铭. 汉语研究与对外汉语教学 [M]. 北京：语文出版社, 1997.
周小兵. "着"的教学与对外汉语教学语法 [M] // 胡有清, 钱厚生. 对外汉语教学与研究：第 1 辑. 南京：南京大学出版社, 2003.
周小兵. 学习难度的测定与考察 [J]. 世界汉语教学, 2004 (1).
FREEMAN D L, LONG M H. An introduction to second language acquisition research [M]. 北京：外语教学与研究出版社, 2000.
TENG Shou-hsin. The acquisition of "了·le" in L2 Chinese [J]. 世界汉语教学, 1999 (1).

（原收入陆俭明主编《第八届国际汉语教学讨论会论文选》，高等教育出版社 2007 年版）

# 汉语语法学习发展难度

汉语作为第二语言的语法学习，涉及语际差异难度，语内发展难度（Ellis，1985；周小兵，2004）。前者研究成果较多，但对二语习得过程和对中介语现象的解释力不足；后者研究相对薄弱。

语内发展难度，从学习心理看就是目标语规则泛化。目标语的许多规则，使用范围是有限制的。如果超出这个范围，就可能出现不恰当的类推，出现偏误。目标语规则泛化，是二语习得普遍使用的策略。通过考察语法点规则的复杂程度和相应的规则泛化，可以帮助我们测定语法点的学习难度，明确困难原因，进而寻找出最佳教学方式和途径。

## 一、语法点规则和规则泛化

目标语发展难度可以从两个方面进行考察：第一，语言项目（语法点）本身的规则；第二，学习者对规则的认识和使用。第一个方面是客观因素，跟汉语语法本体相关，跟某一个具体语法点的组合规则、聚合规则相关。第二个方面是主观因素，跟学习者的思维过程、心理机制相关。我们以偏误"*我比他很高"为例进行论述。

### （一）语法点规则

语法点本身的规则，是学习难度的客观因素。如"*我比他很高"，涉及两方面的规则。

第一，程度副词规则。"很"是绝对程度副词，可修饰形容词，但是不能在"比"字句中当谓语的修饰语。英语对应词 very 规则跟"很"接近。请对比：

(1) a. 他很高。　　　　　b. *他比小王很高。
(2) a. He is very tall.　　b. *He is very taller than Xiao Wang.

这说明"*我比他很高"的偏误不能只从英语迁移上探源。

某些表双项对比的相对程度副词,如"更",可在"比"字句和非"比"字句出现:

(3) a. 他更聪明。　　　　b. 他比小王更聪明。

第二,度量差比句规则。度量词语,汉语一般在形容词谓语后边,英语一般在形容词谓语前边。请对比:

(4) a. 我比他高5公分。　　b. 我比他高很多。
(5) a. I am five cm taller than him.　b. I am much taller than him.

英语度量词语 much,跟偏误句度量词"很"都在形容词前,偏误可能跟迁移有关。

### (二) 学习者心理机制

心理机制指学习者对某些具体规则的认识和使用。偏误"*我比他很高",可能跟多种类推有关。第一,学习者以为"很"可用于所有句子;由此可能出现以下类推:

(6) 我很高。→*我比他很高。

第二,学习者觉得"很"跟"更"用法一样,于是出现以下类推:

(7) 我比他更高。→*我比他很高。

第三,学习者想表达"我比他高得/很多",但不清楚"很"的位置,可能出现以下类推:

(8) 我比他高很多。→*我比他很高。

有些语法书说"很"不能出现在"比"字句中。由例(8)可知,准确说法应该是:"比"字句中的形容词,当谓语时不能受"很"修饰;当补语时可以。

偏误可能来自一种类推，也可能源于两种或多种类推。但都跟语法点规则的复杂度有关。

## 二、规则复杂度与学习难度

通过考察语法点规则的复杂程度和认知规则泛化，可以测定语法点的学习难度。

### （一）语言项的特征是否凸现

语法点的使用特征越凸现，越容易学习；否则就难于学习。如"再"：

(9) a. 我再试试。
 b. 我想再去一次那个地方。
 c. 他来了以后，我们再谈这个问题。

李晓琪（2002）测试英语母语者，发现 c 句"再"掌握最好。学习者明白，后句"再"所饰动词表示的动作，在前句动作完成后才发生。a、b 没有前句，学习者对"再"的理解不清楚，正确率下降。即，"再"句前面有另一个小句，凸显了"再"的使用条件。

### （二）形式、意义之间的关系是否简明

表行为动作重复，英语用 again，汉语用"再、又、还"。教材一般解释"又"表示过去行为的重复，"再、还"表示将来的重复。但是学习者照此使用，可能出现以下偏误：

(10) a. *明天再是中秋节，我再要去看月亮。
 b. *下个月我要还去长城。

教师又要解释：表示将来一定要出现的、有规律且必定要发生的，用"又"不用"再"。跟能愿动词连用时"再"一般在后，"还"一般在前。有了这两个规则，才可解释上述两个偏误。但是，李英、徐霄鹰（2002）发现，到了高级阶段，学生会出现以下偏误：

(11) *1991年我来过广州，三年后<u>还来</u>，我发现广州变化很大。（"还"应改为"再"）

虽然动词"来"表示的行为是过去发生，却要用"再"而不用"又"修饰。李、徐的解释是：相对于另一个更早发生的行为（1991年来过广州），"三年后来"是将来行为。为何不能用"还"呢？该文解释是："还"通常修饰主句谓语，"再"没有这个限制。"三年后再来"，功能相当于状语从句。

"再、又、还"还有其他意思和用法："再"可在祈使句中表"更加"（再大声一点），表假设（再不来就晚了）；"又"可表示几种情况并存（又耐用又便宜），转折（我想考，又怕考不上）；"还"可表"仍然"义（还那样），"更加"（我比他还高），程度低（身体还好）。

一个意思分别由三个形式表示，每个形式的使用都有分布上的区别和细微的意思差异。而这三个形式除了表示相似的意思，又都可以分别表示其他互不相关的多个意思。显而易见"再、又、还"这三个词，形式意义之间的关系相当复杂，学习难度相当高。

### （三）语言项目的形式是否简单

多数情况下，复杂结构（如包含关系子句的包孕结构）比简单结构认知难度高。学生说一个简单问句可能不出错，但是用于复杂形式就可能出错。如：

(12) a. 他去了天津吗？　　　b. *我不知道他去了天津吗？

否定动词后，学生以为放疑问形式即可；实际上，此类否定动词后边应放用"V不/没V"。

再如汉语"是"字句。请对比：

(13) a. 我是学生，他是大夫。
　　　b. 我是昨天坐高铁来的。
　　　c. 他手里拿的是双语词典。

a频率高形式简单，最容易。b形式相对复杂，比较难。c主语形式复杂，最难学习。

### （四）句内是否存在其他诱发因素

陈小荷（1996）基于中介语语料库的研究指出，一般句子中，学习者很少出现"也"放在主语前的偏误。但当句子主语前有其他成分时，"也"前置偏误比率明显增加。如：

(14) a. *这个时候也他比我有劲。
　　 b. *在学校饭堂也我见过他。
　　 c. *芳华和志英也关系好了。

学习者认为句首名词性词语是主语，因而把"也"放在其后。这是二语习得普遍现象。上述偏误的产出，跟句首时间、地点状语和大主语（话题）有关。

过去时间词语，可能诱发"了"的出现：

(15) a. *去年夏天我常常去了游泳。
　　 b. *我第一次去上海的时候，是5年前，坐飞机到达了上海已经过了下午四五点了。

学习者以为有过去时间词，动词后就应该用"了"。若没有过去时间词，误加明显减少。

### （五）语用功能是否复杂

语用功能越复杂，学习难度越高。如程度副词修饰性质形容词，一般没有限制。但是有个别程度副词，修饰性质形容词时表示说话者的主观性。如：

非常/很/干净　很/比较脏　非常/比较大　非常/很/比较小
*有点干净　有点脏/有点大　有点小

静态句中"有点"只能跟贬义词和中性词组合，组合后表示不太满意的主观色彩。

"不"的使用，如果是一般句内否定，比较容易掌握。若涉及语用功能，较难掌握：

(16) a. 他个头不高。　　b. 他比弟弟大6岁，但个头并不比弟弟高。

第一句"不"主要否定形容词"高"，容易掌握。第二句是句子否定，"不"是对句子"他比弟弟高"的否定。"不"否定的对象，可能是某人说过的话，可能是一种常识或共识：

(17) a. 甲：她比她爱人高。
　　　　乙：我觉得她不比她爱人高，只是比较瘦，看上去高。
　　 b. 女人并不比男人差。

由于涉及这些复杂的语用功能，"比"句否定式比一般否定句难掌握。学习者或者以为它的意思跟"没有"句相似，结果出现语义偏误，或者其他形式偏误，如：

(18) a. *他一米七，小王一米六，小王不比他高。
　　 b. *他比小王不高。

## 三、引发规则泛化的几种心理机制

### (一) 类推

某些语法单位，同属一大类，分布有同有异。学习者以为它们的分布完全一样，出现错误类推。如时间词"分钟、小时、钟头、天、星期、月、年"等，都是时间词，用法有相似之处，但在用不用"个"、跟"全、半"等词语结合时分布有差异。有的学习者以为其用法一样，将某些词语的用法类推到其他词语上：

全天，全年→*全星期，*全月
半天，半年→*半月
三天半、一年半→*三分钟半、*一月半
两个钟头、一个星期、一个月→*两个分钟、*一个天，*一个年

三分钟、两小时→＊三钟头、＊两月

多数程度副词可单独跟形容词结合。学习者以为所有程度副词都可以，出现偏误：

非常高，比较高→＊稍微高

邓守信（2002）指出，语言点规则化程度高，不易泛化；规则化程度不高，容易泛化。"稍微"所饰形容词后边要加"一点"，规则化程度低，学习难度高。有意思的是，"稍微"虽然修饰形容词时有限制，但它还可修饰非心理动词：

＊非常/比较吃一点　　　稍微吃一点

指人名词和人称代词的使用有时也容易出现错误类推。如韩国人偏误：

(19)　＊我找过<u>两次他</u>，他都不在。

我们看看韩国语如何表达：

(20)　나는（我）그를（他）두번（两次）찾았다（找）。

韩国语是状中组合，汉语是中补组合。学生知道"他""两次"汉语在动词后，但不知道如何排序。值得注意的是，宾语若是指人名词，可在动量补语后边：

(21)　我找过<u>两次小王</u>，他都不在。

这种格式容易诱发类推，让学习者以为人称代词也可放在动量补语后边。

## （二）混淆

A 和 B 存在相似之处，或在形式上，或在意义上，或二者都有。学习者分辨不清，用一个单位误代另一个单位。以下按有无相同语素分为两类。

**1. 无相同语素**

"一边……,一边……"表示两种以上的动作同时进行,"既……又……"表示同时具有两方面的性质或情况(吕叔湘,1984)。如:

(22) a. 他一边看书一边听音乐。　　b. 这件衣服既便宜又好看。

都涉及"两个相关"这一特性,学生可能会用"一边……一边"误代"既……又":

(23) a. *故事一边有意思一边可怜。　b. *我一边爱玛丽,一边爱琳达。

a 表示同时具有两方面的性质;b 的"爱"不是两种不同的动作,动态性弱。

关联副词"也"主要表示"类同","还"主要表示范围的扩大:

(24) a. 他学习西班牙语,我也学习西班牙语。
　　　b. 他学习法语,还学习西班牙语。

相同点:都在动词前连接两项类似或有关联的行为、事情。不同点:"也"侧重表示不同主语发出相同行为;"还"侧重表示相同主语发出同属一个语义范畴的不同行为,或同一行为但对象不同。这两个词差别不太明显,有时可替换:

(25) a. 他学习法语,还学习西班牙语。
　　　b. 他学习法语,也学习西班牙语。

由于差别不明显,留学生容易错误类推,产出误代偏误:

(26) a. *北方的冬天不但很冷,而且也常常刮风。
　　　b. *我死了以后有儿子,儿子死了也有孙子。

### 2. 有相同语素

第一，两个语法单位都是双/多音节词。

"一方面……，一方面……"和"一边……，一边……"。前者表示一个事物或事件的不同方面；后者表示同时进行的两个动作。虽然语义范畴不同，但都在动词前，都表示相关的两部分，且有相同语素"一"，初学者会出现误代：

(27) *他喜欢<u>一方面</u>吃饭，<u>一方面</u>看报。

"这么"表示性质、状态、程度，也可以表示方式，但不用于疑问；"怎么"表示方式，常用于疑问。由于都是代词，都有相同语素"么"；都可表示方式；语音容易混淆；一些学生以为用法一样，出现误代：

(28) 甲：你可以在中国学习五年。 乙：*五年？<u>怎么</u>长时间？

后句是无疑而问的反问句。学生分不清"这么""怎么"，也未掌握反问句用法。

下例涉及的语法规则更难：

(29) *这样的情况很多老板和经理不高兴，但是不知道<u>这么</u>来解决这个问题。

"不知道"的宾语应该是表转述的疑问句，用"怎么"代替"这么"。

"尽管""不管"常常混淆。"尽管"用于转折复句，通常前句是陈述形式，后句有"还"类副词呼应，整句表示具体事件。"不管"用于无条件句，通常前句包含疑问形式，后句有"都"类副词呼应，整句表示一般情况。请对比：

(30) a. 尽管考试很难，他还是得了九十多分。
　　　b. 不管考试多难，他总是得九十多分。

但因为后一分句意思接近；加上有相同语素"管"，学习者容易混淆：

(31) a. *尽管学习怎么忙,他每天还是坚持看报。
　　 b. *不管风景很美,我还是不想欣赏。

"只有"表示充分条件,跟"才"搭配;"只要"表示必要条件,多跟"就"搭配。学习者对"充分条伴""必要条件"难于把握,不明白搭配条件,容易误代:

(32)　*只有刻苦练习,我们队就能得第一名。

这类混淆汉语母语者也时有发生,证明它涉及语言发展难度。
　　第二,两个语法单位,一个单音节,一个双音节。
　　"能"和"可能"。虽然二者都可表示有可能发生的意思,但"能"可表示"允许"义,"可能"不行。如中级阶段越南学生的偏误(张丽,2008):

(33)　*他要孩子等他在门口不可能去别的地方。

为了考察母语迁移的可能性,我们先对比越南语的对应句子:

(34) a. Ông ta bảo con đợi ông ta ở cổng không được đi chỗ khác.
词译:　他　要 孩子等　他　在 门口, 不　　得 去别的地方。
　　　b. Ông ta bảo con đợi ông ta ở cổng không cho phép đi chỗ khác.
词译:　他　要 孩子等　他　在 门口, 不　　准 去别的地方。

越南语中,跟汉语"允许、准"和表示允许义的"能"对应的是được、cho phép等,其意义、形式跟表示可能的词语有明显区别。说明例(33)不是越南语迁移结果;而是目标语规则泛化的作用:"能""可能"有相同语素;"能"表可能时,有时可跟"可能"互换(周小兵,1996);学生误以为二者意思形式一样。

## (三) 叠加

叠加指本该用一个句子,使用者却把两个句子混用在一起(周小兵,

1996)。

### 1. 简单结构叠加

叠加的语言单位独立可分,去掉其中一个直接成分,句子可以成立:

(35) *我问她,"你是不是灵魂还是人?"

叠加的两个句子为:

(36) a. 你是不是灵魂—?      b. 你是—灵魂还是人?

横线"—"表偏误句叠加成分的位置。a 是正反问句,b 是选择问句。跟 a 句比,偏误句多了"还是人";跟 b 句比,偏误句多了"不是"。从要求回答的内容看,a 要求回答"是灵魂"或"不是灵魂";b 要求回答"是灵魂"或"是人"。

偏误生成途径为:先输出 a,接着输出 b 选择问后半部分。接续输出的原因跟句法知识不足有关。从主观上看,可能学习者原来只想得到 a 句答案,后来又想得到 b 句答案。此类原因及由此产生的偏误,本族人有时也会出现。

叠加成分"不是""还是人"各自都是连续成分构成的短语;长度较短(只由两个词构成);结构较简单;且出现在单个词语"灵魂"的两侧,距离较近。这种叠加,句义容易理解,纠错也容易操作。

### 2. 复杂结构叠加

叠加单位结构较复杂,有时去掉一个直接成分,句子不一定成立:

(37) *<u>我们在学校里要</u>好好学习<u>是我们的义务</u>。

叠加的两个句子是:

(39) a. 我们在学校里要好好学习_____。
    b. _____在学校里_____好好学习是我们的义务。

a 句是学生较早学习的句式,词语、结构较简单。b 句由动词性递加式偏正短语充当主语,还有"义务"这个相对抽象的词,难度高。跟 a 句比,偏误句多了"是我们的义务"。跟 b 句比,偏误句多了"我们""要"。

　　偏误生成途径为,先输出简单句 a,接着输出 b 的谓语和宾语部分。原因可能有积极、消极两种。积极原因,学习者尝试使用更复杂的 b 句。消极原因,学习者遗忘了刚输出 a 句前一部分。也可能两种因素共同起作用。从生成角度看,重叠(杂糅)是两种结构竞争的结果。(周小兵、朱其智、邓小宁等,2007)

**参考文献**

陈小荷. 跟副词"也"有关的偏误分析 [J]. 世界汉语教学,1996(2).
邓守信. 对外汉语语法点困难度评定 [M] //国家对外汉语教学领导小组办公室教学处. 对外汉语教学语法探索. 北京:中国社会科学出版社,2002.
李晓琪. 母语英语者习得"再"、"又"的考察 [J]. 世界汉语教学,2002(2).
李英,徐霄鹰. 表示重复义的"再"与"还" [M] //周小兵,赵新,等. 对外汉语教学中的副词研究. 北京:中国社会科学出版社,2002.
吕叔湘. 现代汉语八百词 [M]. 北京:商务印书馆,1984.
张丽. 留学生"会"与"能"的使用情况分析 [J]. 暨南大学华文学院学报,2008(3).
周小兵. 第二语言教学论 [M]. 石家庄:河北教育出版社,1996.
周小兵. 学习难度的测定和考察 [J]. 世界汉语教学,2004(1).
周小兵,朱其智,邓小宁,等. 外国人学汉语语法偏误研究 [M]. 北京:北京语言大学出版社,2007.
ELLIS R. Understanding second language acquisition [M]. 上海:上海外语教育出版社,1985.

[原载于《华文教学与研究》2010 年第 1 期(合作者:刘瑜)]

# 语言对比分析的技术应用
## ——基于对韩汉语语法教学

由于顺摄抑制,先学知识会影响后学知识。第二语言学习也如此。韩国语跟汉语语法有不少区别,容易诱发韩国人出现系统性偏误。如:

(1) \*汉城是在韩国的第一大城市。
(2) \*我一个小时散步了。

适当对比两种语言,就可以找出上述偏误的母语迁移证据:

(1′)   서울은   한국에서   제일   큰   도시 이다.
词译:首尔添意  韩国处所格 第一 大的 城市  是
句译:首尔是韩国第一大城市。
(2′)   나는   한 시간 동안 산책했다.
词译:我添意  一 小时 期间 散步过去时
句译:我散了一小时步。/我散步散了一个小时。

例(1)误加"在"源于韩国语处所格词尾"에서(在)"。例(2′)"한시간 동안"在动词前,"一小时"在动词后。通过对比找出偏误成因,可促进教和学。

目前学界主要问题是,一些研究者不知道如何具体运用语言对比技术,不懂语言单位逐项比对技术,结论空泛。本文结合韩国人汉语常见偏误典型难点,探讨如何运用对比/难度等级模式,如何具体操作对比分析技术。

## 一、对比分析的意义与价值

### (一)推进外语教学

对比分析假说(contrastive analysis hypothesis)服务于外语教学。理论

创始人之一拉多（R. Lado）说：对比学生母语和外语，可定位学习困难，有针对性地实施教学。

两种语言有同有异。相同处可产生正迁移，促进学习；不同处会产生负迁移，造成困难，诱发偏误。应系统对比两种语言，确定难点和重点，进行针对性教学。

例（1′）显示韩国语中(에)跟汉语"在"并非一一对应。二者还有其他区别：

(3) 그는　　의자에　　앉아　있다.
词译：他添意 椅子处所格 坐持续 着（句译：他坐在椅子上）
(4) 싱가포르 에서　나는　비금원을　참관했다.
词译：新加坡　处所格　我添意 飞禽园宾格 参观过去
句译：在新加坡，我参观了飞禽园。

处所短语表示行为发生处所，可在动词前或主语前，如例（4）；表示动作发生后某人某物到达点，韩国语仍在动词前，汉语却在动词后，如例（3）。了解这些可促进教学。

### （二）推进语言本体研究

只在一种语言内部探求规则，难度相当大。若对比两种语言，相对容易。对比汉语"在"及韩国语对应成分，可发现不少规则（李炅恩，2011）。"在＋处所"有三种意义：①动作、状态在某处存在；②施事或受事通过动作达到某处；③动作在某处发生。分别对应韩国语"处所词＋에/에서"中的"에$_1$、에$_2$、에서"：

(5) 他在首尔住/他住在首尔。
　　　 그는　서울에　산다.
词译：他添意 首尔处所格　住
(6) 男孩倒在了地上。
　　　 사내아이는　바닥에　쓰러졌다.
词译：男孩添意　　地处所格　倒过去时
(7) 他在篮球场上打球。
　　　 그는　농구장에서　농구를　쳤다.

词译：他添意 篮球场处所格 篮球宾格 打过去时

例（5）"在"表存在位置，对应"에₁"；例（6）"在"表动作到达点，对应"에₂"；例（7）"在"表动作发生位置，对应"에서"。

朱德熙（1982）讨论过相关"在"字句：

(A) 在椅子上坐着　　(B) 坐在椅子上

通过转换可以把（A）分成两类。能转换为（B）式的是（A1），不能转换的是（A2）：

(8) 在床上躺着→躺在床上　　(9) 在河里游泳（*游泳在河里）

区分它们，汉语可用介词结构的不同位置，韩国语靠后置词的不同：

(8′) 躺在床上。
　　 침대에　누워 있다.
词译：床处所格　躺　着
(9′) 在河里游泳。
　　 강에서　　수영한다.
词译：河处所格　游泳现在时

例（8′）"在"对应 에，表动作后人/物到达地；例（9′）"在"对应 에서，表动作发生地点。双向对比，能凸显这一语法点在两种语言里的差异和规则。正如苏轼（《题西林壁》）所说："横看成岭侧成峰，远近高低各不同。不识庐山真面目，只缘身在此山中。"王士元把后两句改为"不识汉语真面目，只缘身在汉语中"。

## 二、对比等级和难度等级的改革

### （一）传统对比分析等级模式

以往语言对比等级（degrees）分6级（Cliford Prator, 1967；Rod Ellis,

1985)。以下用韩汉语言对比的例子进行解释。

**1. 韩国语和汉语无差异**

一些个体量词用法接近,如"장—张"。再如,修饰语和中心词位置一样:

(10) a. 학교 도서관　　　b. 매우 깨끗하다
词译：　学校 图书馆　　　　很　　干净

这类对比情况归为对比等级1级,困难等级0级。学习时只要把母语迁移过来即可。

**2. 韩国语两个或多个语言点对应汉语一个语言点**

如"哥哥",韩国语说话人的性别有区别,男称형,女称오빠。学习者把韩国语两个语言单位对应汉语一个语言单位即可。这是对比等级2级,难度等级1级,偏误少。

**3. 韩国语某语言点在汉语中不存在**

韩国语有多种格助词,如主格이/가、宾格을/를、对象格에게 等,汉语没有。对比等级3级,困难等级2级。学习者不清楚汉语某个成分对应韩国语什么格,理解时可能有困扰。

**4. 韩国语某语言点在汉语的等值项分布不完全相同**

韩国语和汉语的被动句、差比句,形式有同有异。再如对比关联成分的异同:

(11) 그녀는 예쁘고　 착하다.
词译：她添意 漂亮并列 善良
句译：**她又漂亮又善良。**
(12) 그는 　선생님이 아니고　학생이다.
词译：他添意 老师主格 不是并列 学生是
句译：他**不**是老师,**而**是学生。
(13) 그가　 안　오더라도　배는　 출항　할 것이다.
词译：他主格 不　来连结　 船添意 出港　会
句译：**即使**他不来,船**也**会出港。

相同处：关联成分都可放在被关联成分之间。不同处：①韩国语关联成分只放在前一分句谓词后面,功能像语尾;汉语关联词有的作为副词在谓语前,有的作为连词在主语前,如例(13)。②韩国语关联成分单个用;汉语关联词有些配对用,如例(13)。③汉语关联成分数量比韩国语多,有时两个或者多个关联词对应韩国语一个关联词,如例(11)(12)。这是对比等级4级,困难等级3级。分布有同有异,学生容易出现偏误:

(14) a. *她很漂亮而聪明。　b. *虽然他很努力,没有完成任务。

### 5. 韩国语没有,汉语有的语言点
汉语有补语,有动宾离合词,韩国语没有。例如:

(15) a. 그는 기쁘게 노래한다.
词译:他添意　高兴地　唱歌
句译:他们唱得很高兴。
(16) 우리는 오전에 선생님을 만났다.
词译:我们添意　上午　老师宾格　见面过去时
句译:我们上午跟老师见面了。

此类情况对比等级5级,困难等级4级,偏误比较多。如:

(17) a. *他们很高兴唱歌。　b. *我们上午见面了老师。

### 6. 韩国语一个语言点对应汉语多个语言点
如"조금"对应汉语"一点、有点"等:

(18) a. 밥을 조금 먹었다.
词译:　饭宾格　一点　吃过去时(吃了一点儿饭)
　　　b. 학교가 조금 멀다.
词译:学校主格　有点　远(学校有点远)

学习者不知道哪种条件下使用哪一个,容易出现偏误:

(19) a. *饭我一点吃了。　b. *我一点矮。

这类情况对比等级 6 级，困难等级 5 级，学习难度最高，偏误最多。

## （二）语义与等级模式的应用

据传统对比分析观点，语言差异越大，学习困难越大，偏误越多。但从外语学习事实看，情况并非那么简单。表层形式差异不那么大的语言点，有时学习难度更大，错误更多。对比分析仅从形式出发，无法涵盖影响外语学习的语言差异现象。

语言是形式意义结合体，引进语义，才能完善对比分析，使之更有操作性。语义层次多，除概念义外，还包括实词的格意义（施事、受事、与事、工具等）、虚词义（如处所、方向、顺承、连接等）、语法成分的功能（如主语、谓语等）等。

**1. 数量与频率**

请对比以下句子：

(20) 나는  어제  **많은**  한자를  썼다
词译：我添意 昨天  **多**  汉字宾格 写过去时
句译：我昨天写了很多汉字。

(21)  작년에   나는   한자를  **많이**/자주  썼다.
词译：去年时间格 我添意 汉字宾格  多/经常  写过去时
句译：去年我经常写汉字。

많다 修饰名词表数量多，如例（20）；修饰动词表频率高，如例（21）。"多"修饰名词要变成"很多"，如例（20）；但"多、很多"不在动词前表频率高，除非是未来行为。频率高汉语用副词"经常/常常"，韩国语有对应的 자주；但 많다（多）也可表频率高，这时需变形为状语"많이"。上述复杂情况用传统对比等级不恰当。如规则 {1}：

{1}"자주"对应"经常"，对比等级 1 级。

这个对比等级没有解释力。若真如此简单，就不会出现以下偏误：

(22) a. ＊他去年很多写汉字。  b. ＊他很多打篮球。

类似例（22）的偏误，韩国学生频率很高。类似例（23）的偏误也常

出现:

(23) a. *A 班有多韩国同学。  b. *我们喝了多啤酒。

这两类偏误,我们只能使用融合语义元素的对比等级。如规则 {2}:
{2} 많다对应汉语"多";作定语表示数量多时,对应"很多"(变形为많은);作状语表示频率高时,对应"经常"等(变形为"많이")。对比难度最高。

规则学习一般有三阶段:一是学谓语"多",二是学定语"很多",三是学状语"经常/常常"。第一阶段结束后,学习者可能直接用"多"作定语,出现例(23)。第二阶段结束后,知道 많다 在定语位置对应"很多",会以为表频率也可用"很多",诱发例(22)。在后两个阶段,母语负迁移及目的语规则泛化一直在起作用。

前边把"多、很多、经常"分开表述。例(20)(21)中的语言事实,规则 {1} {2} 的表述,其实是纠结在一起的。我们尝试用一个更概括的对比等级来描述:
{3} 不同的语义(如数量和频率),第一语言可用相同形式表达,也可用不同形式表达;第二语言只能用不同形式表达。难度等级最高。

定语的数量多和状语的频率高,韩国语可用词根"많(多)"表示(定语、状语词尾不同),尽管频率高也可用자주(经常)表达。汉语定语表数量多用"很多",状语表频率高用"经常、常常"。这种形式和语义的不对称,学习难度相当高。

融合语义的难度等级 {2} {3},比传统对比等级有解释力,符合二语学习实际。

规则 {3} 显示,数量和频率有区分度,也有关联度。韩国语可用相同形式많表示,尽管位置不同;说明关联度大,区分度小。汉语必须用不同的语音、位置;说明关联度小,区分度大。这自然成为韩国人汉语学习的难点。

### 2. 程度与差量

韩国语많이修饰形容词时,可表示程度高,也可表示差比的量大:

(24)  그는  (키가)  매우/**많이**  크다.
词译:他添意  个子主格  很/**多**    高/大   (他很高)

(25) 그는　나보다　키가　많이　크다.
词译：他添意　我添意 个子主格　多　　高（他比我高多了/很多）

非对比表程度高的例（24），韩国语可用 많이（"多"），也可用 매우/너무/아주（非常、很）；汉语只用"很"类绝对程度副词。差比表度量大的例（25），韩国语同样可用 많이，也在谓语前；汉语用"多"，但在谓语后。此差异也可用 ⑶ 解释。

韩国人先学非对比句，知道 많이 可对译为"很"；后学差比句，如例（25），以为它在这种句式中也可对应"很"，容易出现以下偏误：

＊我比他很高。

差量和程度，也是有区分也有关联。韩国语可用同一形式많이表示，位置也相同，说明关联度大。汉语用不同形式（"很、多"）、不同位置（形容词之前、之后）表示，说明关区分度大。这正是导致学习困难的原因。

除많이（多）外，조금（一点/有点）、약간（一些/有些）都是既可表数量、差量，也可表程度。而汉语区分清楚："一点/些"表数量，"有点/些"表程度。可见汉语、韩国语一些区别是成系统的。事实上，许多语言这个点类似韩国语。

总之，结合偏误引进语义因素，对比分析容易操作，效果也好一些。

## 三、新型对比分析的六个步骤

西方对比分析模式步骤：①描写学生母语和目的语的语言体系；②选择特定语言点进行对比；③找出两种语言的异同；④预测可能出现的学习难点和错误。

此模式从一般到个别，个体研究者难用：①难度大；②选择语言点无标准。我们认为，促进二语教学的对比分析模式应包含六个步骤，更加实用、有效、易操作。

### （一）发现问题

实践中发现问题，找出难学、难教、偏误多的语言点。如韩国人常见偏误：

(26) a. *我去到市场了。　b. *学校一点远。　c. *我找过两次他。

## (二) 确定目标

对问题进行初步对比，看是否跟母语迁移有关。如例（26a）的韩国语：

(26a′) 나는　시장에　갑니다.
词译：我添意　市场处所格　去结束体（我去市场了）

处所名词要用后置成分에（到）引出；汉语普通话处所词（市场）前不能用"在、到"等前置词。a 句显然是母语迁移。b 句可从韩国语找到痕迹，如例（18）：조금分别对应"一点、有点"，易诱发偏误。找到母语迁移证据，说明值得对比。

有的偏误跟母语关系不大，无需系统对比。如例（26c）的韩国语表达：

(26c′) 나는　그를　두번　찾았다.
词译：我添意 他宾格 两次　找过去时

学习者能生成"我找过两次他"，说明知道"他、两次"要放在动词后，母语负迁移并未发生。"他"错位，是不知道动词后的宾语和动量词如何排序。如果把"他""两次"按韩国语顺序放在动词后，就不会出错。其实，例（26c）是汉语规则泛化起作用。汉语可说"我找过两次小张"，容易类推出例（26c）；相关规则是：

{4} **动词后有指人宾语和动量词语时，一般代词宾语在动量词前，名词宾语可前可后。**

这跟汉语信息排列相关：旧信息倾向在前，新信息倾向在后。代词（他）通常是旧信息，应该在前；动量词语（两次）是新信息，应该在后。

人的能力有限。对研究者来说，最好选定某个/组特定语法点对比。选择原则有：①偏误频率高；②前人未研究，或未研究清楚；③能用适当的理论、模式、方法；④跟自己的兴趣、能力相适应。如：

(27) 丈夫装了爱妻子的样子，戴了眼镜。他突然转过身一直看妻子，然后脱下眼镜，还说一句："我不戴眼镜。"

跟"了"相关的偏误多，有误代、遗漏等。现有研究解释力还不够。研究"了"的习得，可深化汉、韩对比研究；可使用心理学研究范式，直接促进教学。

### （三）收集语料

确认对比目标后，要较大规模收集语料，为系统对比打好基础。语料包括两类：①中介语语料。除自己收集外，还可从中介语语料库中找。北京语言大学、中山大学、暨南大学都有公开的语料库。北语料库语料最多。中山大学国际汉语学院连续性中介语语料库（http://cilc.sysu.edu.cn）含初中高各级语料。②双语语料，即学生母语和目标语的对应语料。主要收集现有语料，即前人已翻译好的语料，或韩译汉，或汉译韩。找现成翻译作品，还可从网站中找：

21世纪世宗计划韩国语语料库：http://www.sejong.or.kr/
首尔大学KKMA世宗语料库活用系统：http://kkma.snu.ac.kr/search
高丽大学民族文化研究所韩国语语料库：http://db.koreanstudies.re.kr/
延世大学网站上的韩汉语言对比语料库：http://ilis.yonsei.ac.kr
沪江韩国语学习网站：http://kr.hujiang.com/

确定对比目标时，有些语料可由研究者自己翻译。确定目标后，最好利用双语语料库。原因：①研究者翻译水平有限；②研究者观点会影响翻译的准确性、公正性。

### （四）逐项比对

对比必须是语言单位的逐项比对，以凸显相同点和不同点。如：

(28)　소명은　잔디에　앉아 있다.
词译：小明添意　草地处所格　坐　持续体
句译：a. 小明在草地上坐着/b. 小明坐在草地上

语言差异：处所词在韩国语里当状语；在汉语里可当状语（a句）；也

可当补语（b句），此时动词后不能用"着"。韩国学生偏误如：

＊小明坐着在草地上。

学习者知道汉语处所词可放在动词后，但不知道含"在"补语对"着"的排斥。有语言单位的逐项比对，能凸显两种语言的细微差异，明示母语负迁移的证据。

逐项比对最好以学习者母语为起点：先展示学习者母语；再逐项比对每个语言单位（词译、对译）；最后是整句、整个语篇的翻译（句译、意译）。成人学二语倾向把母语译成目标语。以母语为起点，模仿习得路径，容易找出母语迁移的证据。

### （五）多层解释

基于比对的解释，起码有：①找出两种语言的不同规则；②找出诱发偏误的原因。如：

(1′)　서울은　　한국에서　제일　큰　　도시이다.
词译：首尔添意　韩国处所格　第一　大的　　城市是
句译：首尔是韩国第一大城市。

综合例（1′）(3)～(9)(28)的对比，可概括出以下规则：
{5} **韩国语处所词后要紧跟**에서**等处所格助词；汉语处所词若在判断句中当定语表示被修饰语的范围、所属，一般不用介词"在"。**

不知道此差异，会把韩国语处格助词搬到中介语里，滥用"在"：

(1)　＊首尔是在韩国第一大的城市。
(29)　＊昆明是在中国最漂亮的地方。

这类异同是对比等级6级：에서，有时对应汉语介词"在"，有时对应零形式：

(4)　싱가포르에서　나는　비금원을　참관했다.
词译：新加坡处所格　我添意　飞禽园宾格　参观完成时

句译：**在**新加坡，我参观了飞禽园。
(30) 집에서 손님 한 분이 오셨다.
词译：家处所格 客人 一 位主格 来了
汉语：家里来了一位客人。

韩国学生不知道 에서 何时对应"在"，何时对应零形式，因此会误加"在"。

### （六）教学建议

找出最佳教学法，用合适的教学顺序和手段，减少负迁移，促进有效习得。"*我比他很高"是常见偏误，原因有母语迁移。学生不知道"很"不能修饰"比"句谓语，若用"比"句表示度量差别大，要把"很多、多了、得多"放在谓语后。从认知看，"他比小王高很多"，有易混淆的"很"，容易让留学生受到误导而出现偏误。

为提高教学效益，减少负迁移，可用以下教学顺序：①先教精确度量差比句，如"哈尔滨比广州冷20度""长沙比广州冷3度"。通过适量、多样化操练，使学习者逐步内化度量词语的位置。②再教模糊度量句，如"哈尔滨比广州冷得多/多了""长沙比广州冷一点"。通过适量操练，让学生明白，模糊度量也要在形容词后，而不能放在前边。③最后出现差比句补语的"很多"，如"哈尔滨比广州冷很多""他比小王高很多"。有前两阶段的教学和巩固，学生就不容易把"很"放在形容词谓语前边了。

## 四、结　语

韩汉语言对比分析，是连接汉韩语言研究的桥梁，是连接语言研究和汉韩二语学习的桥梁，可促进二语教学，深化习得研究，推动汉语和韩国语的本体研究。

做好语言对比，关键要切实掌握、正确运用对比分析技术。不会使用分析技术，没有语言单位逐项比对，对比就很难有实质性成果，很难收到实效。

**参考文献**

陈珺. 成年韩国人汉语比较句习得研究 [M]. 北京：科学出版社，2013.

陈珺，周小兵. 比较句语法项目的选择与排序 [J]. 语言教学与研究，2005（2）.

崔健. 韩汉范畴表达对比 [M]. 北京：中国大百科全书出版社，2002.

李炅恩. 表示处所的韩国语助词"에"与汉语相应形式的对比研究 [C] // 周小兵. 中山大学国际汉语教育三十年硕士学位论文选. 广州：中山大学出版社，2011.

柳英绿. 韩汉翻译基础 [M]. 延吉：延边大学出版社，2002.

周小兵. 韩汉语法对比与韩国人习得难度考察 [C] // 韩国中国语教育学会. 中国语教育与研究. 首尔：韩国中国语教育学会，2007.

周小兵，钱芳，裴得成. 韩汉对比与对韩汉语教学 [C] // 崔健，孟柱亿. 北京：汉韩国语言对比研究（3）. 北京语言大学出版社，2012.

周小兵，朱其智，邓小宁，等. 非母语者汉语语法偏误研究 [M]. 北京：北京语言大学出版社，2007.

朱德熙. 语法讲义 [M]. 北京：商务印书馆，1982.

ELLIS R. Understanding second language acquisition [M]. Oxford：Oxford University Press，1985.

PRATOR C. Hierarchy of difficulty [R]. Los Angeles：University of California，1967（Unpublished Classroom Lecture，Cited in Brown H，1980）

（原收入周小兵、孟柱亿主编《国际汉语教育：教学资源与韩汉对比》，中山大学出版社 2014 年版）

# 中介语与相关语言系统的对比研究

中介语的概念由 Selinker 于 1972 年提出。Corder（1978）提出两种中介语连续体。Gatbonton、Ellis 等人也做了相关研究，都是关于英语习得的中介语。

汉语相关成果有一些。鲁健骥（1984）最早将中介语理论引进中国。孙德坤（1993）探讨了中介语理论与汉语习得的关系，中介语研究的目标、困难和问题。王建勤（1994）介绍中介语研究的几种理论模式，探讨中介语及其产生因素之间的关系。周小兵等（2007）从 5 面考察汉语中介语发展路径：母语迁移，目的语规则泛化，教学误导，交际策略运用，普遍认知，考察英、日、韩、越、泰、西、法等母语者语际偏误，从普遍性、标记性探讨偏误产生的认知因素。

本文从二语习得角度，系统对比中介语与相关语言，探讨中介语的语言系统价值及对比的意义。以往语言对比只涉及学习者母语、目标语、中介语；本文还考察汉语中介语与以下语言系统的对比：学习者第一外语，汉语方言，中国少数民族语言，汉语儿童语言、近代汉语。对比角度多，容易凸显语言学习中的共性与规律。

## 一、中介语是一种语言系统

中介语（interlanguage）是学习者在二语习得过程中构建的，既不同于母语又不同于目标语的一种语言系统。中介语与一般的语言系统相似，有三个特征：

一是可塑性。中介语规则不断修正。如母语为英语的学习者刚开始学被动句时，动词后会出现复指受事主语的宾语，如例（1）。但此现象不会持续太久，几周后就会被正确句子取代。

(1) *王宏被老师批评了他。

二是扩散性。规则以渐进方式逐步扩展。扩散理论（Gatbonton, 1978）

将中介语的发展分为习得阶段和取代阶段。丁雪欢（2010）研究发现，外国人学汉语中的特殊问句，并不是同时习得所有的疑问代词，而是按照以下顺序逐步掌握的：

（2）怎么样/什么→多少/几→哪里/谁→怎么（+V）→多（+A）。

首阶段学会"怎么样、什么"，次阶段学会"多少、几"，三阶段学会"哪里、谁"，四阶段学会"怎么+V"（怎么写），最后学会"多+A"（这个房间多大，明天有多冷）。

三是系统性。中介语现象并非偶然，而是有系统规则。其语音、词汇、语法都有一套规则。它与目标语偏离，却符合中介语规则和发展规律。如汉语形容词谓语句，印欧语系的留学生学习中出现的偏误并不是杂乱无章的，而是有一定规律性，大致按以下顺序演变的：

（3）他是高→他高→他很高

学习者受母语影响，开始会误加"是"；后来直接用形容词当谓语；最后才真正掌握这种句式：肯定形式，谓语形容词前要用一个意义弱化的"很"类副词。（鲁健骥，1994）

中介语的运作有五种方式：①语言迁移；②目标语规则泛化；③训练迁移（如某一规则通过教学进入学习者的语言系统）；④二语学习的策略；⑤（与操母语者）二语交际的策略。学习者通过这些程序尽力内化目标语系统。其实，除了上述方式，语言普遍性、人类对语言的普遍认知因素也在起作用。

由于中介语是一个系统自足的、现实中运作的语言，研究它的特点和发展，对比它和其他语言系统的异同，自然可以促进语言研究，包括语言现象的描写、语言规则的概括，自然可以促进第二语言习得研究和相关语言的本体研究。

以下进行中介语跟两大类语言系统的对比：静态语言系统，动态语言系统。

## 二、跟静态语言系统对比

### （一）跟当代标准目标语的对比

中介语跟目标语相同的是正确表达；跟目标语不同的则是偏误。通过对比两者之间的异同，有利于研究者归纳出更多目标语（汉语）的规则。根据中介语与目标语的差距，一般将偏误分为五类（Carl James，2001；周小兵 等，2007）。

一是误加（addition error），指句子语篇中多了不应有的语言单位，如：

＊那篇文章被修改完了。

二是遗漏（omission error），指句子语篇中少了必须具备的语言单位，如：

＊他在广州住了六^月。

三是错位（sequential error），指句子语篇中某个/些语言单位的位置错了，如：

＊小王比较跑得快。

四是误代（substitution），指在某个句法位置上用了一个不该用的语言单位，如：

＊小李通常迟到。

五是杂糅（mix-up error），将两个甚至多个句法结构不恰当地糅合在一起，如：

＊她又不是广东人，哪儿有资格给人家教广州话的道理呢？

这五种偏误类别比较概括，将分散的类上升到较为抽象的类，便于看出正确与错误的差别。此类对比的价值有：第一，发现汉语作为外语学习的难点。王力先生指出："对外教学，我认为最有效的方法是中外语言的比较教学。要突出难点，就是中国人看来容易，外国人学起来困难的地方。……必须首先让学生突破难点。"（赵金铭，1985）第二，统计特定语言点正确与偏误的比例，可看出中介语发展情况。第三，偏误较多的语言点，容易概括出学生母语和目标语的异同，可深入挖掘出两种语言的规则，是最需要进行语言对比分析的地方。

## （二）跟学习者第一语言的对比

### 1. 学习者一语与目标语的对比最重要

对比异同存在等级，目的语学习难度也有等级。Ellis（1985）将对比分为六个等级。以下以韩国语为例解释这六个等级。

第一，某个语言点韩汉无差异。韩国语、汉语一些个体量词用法接同，如장、"张"。产生正迁移，困难等级为零。

第二，韩国语多个语法点对应汉语一个语法点。韩国语 었、었、였 等表示时制成分，大致对应汉语"了$_1$"。困难等级 1 级。

第三，韩国语某语法点在汉语中不存在。韩国语有完备的格助词系统，紧接名词，表示其语法性质（主格、宾格、主题格、处所、时间、工具等）。汉语没有跟这些格标记完全对应的成分。困难等级 2 级。

第四，韩国语某语法点在汉语中等值项分布不完全相同。韩国语被动句谓语经常由光杆动词加过去时后缀承担，汉语有些可由"动词 + 了"承担，有些不行。困难等级 3 级。初学汉语者经常出现如下偏误：

（4）\*房子被他修了。　　（5）\*杯子被破了。

第五，某语法点，韩国语没有汉语有。汉语有补语，有动宾离合词，韩国语没有。困难等级 4 级。

第六，韩国语一个语法点对应汉语多个语法点。如韩国语조금表示数量或者程度，可大致对应汉语"一点""有点"：

（6）a. 밥을　　조금　먹었다..
词译：饭宾格标　一点　吃终结词尾（吃了一点饭/吃饭吃得少）
　　　b. 학교가　　조금　멀다.

词译：学校主格标　一点　远终结词尾（学校有点儿远）

困难等级 5 级。由于不清楚哪种语境使用哪个成分，韩国学生容易出现以下偏误：

(7) *饭我<u>一点</u>吃了。　　(8) *我<u>一点</u>矮。

### 2. 了解偏误来源

了解偏误来源，才能把握二语习得的特点和规律，弄清楚中介语发展的过程和阶段。对比学习者第一语言，可以找到产生偏误的部分原因。如以下韩国人偏误：

(9) *他在饭馆四年工作了。（他在饭馆工作四年了）

将这句话翻译成韩国语，就可以看出母语负迁移的根源：

(10)　그는　음식점에서　**4년**　일했다.
词译：他主格标 饭馆处所格标 四年　工作了

时量/段词，韩国语在谓语动词前，汉语大多在谓语后边。韩国学生受母语影响，容易出现例（8）。对比并发现偏误成因，教学有的放矢，可提高学习效益。

### （三）跟学习者第一外语的对比

下面是日本学生出现的一个句子：

(11) *我要去做<u>我的</u>作业。

汉语宾语所指属于主语第一人称（我）时，前边一般不需要定语。日语与汉语相似，例（11）显然不是母语迁移；而可能是受第一外语英语的影响：

(12) a. わたしは　宿題　を　するつもり　です.
词译：　我　主题助词 作业 宾格助词 做 要　断定助词

意译：我要去做作业。
b. I'm going to do my homework.

从类型学角度看，此类定语缺省非普遍现象，有标记；而不缺省是普遍现象，无标记。日本人第一外语多是英语；当第一外语无标记、第二外语有标记时，第一外语容易迁移。

### （四）跟目标语方言的对比

中介语中会出现下面的句子：

(13) *他有去图书馆。　　(14) *给个理由先。

类似句子普通话中没有，但在南方方言中很多，如粤方言等。再如：

(15) *我们常常坐**着在**草地上讨论问题。

动词后有"着"和"在"字结构，类似句在方言如江西沙溪话中也有：

(16) 车停**倒在**那里。

例（16）"倒"是持续体标记，相当于普通话"着"。

二语者偏误跟汉语方言相似，有多种原因。第一，学习者在方言区或海外生活，受方言影响。如"有+V"在中国南方、海外华人社区普遍存在。第二，普遍语法的作用。如例（16）的作者并未接触过沙溪话。但很多语言有"V+持续体标记+处所介词+处所词"，符合人类普遍认知：持续体标志和处所介词功能不同，可以并存。北京话表持续的"着"和引出处所的"在"，语音语义相近，在由深层到表层的转化中合成一个。

### （五）跟中国少数民族语言的对比

状语、京族语的"量词+名词"可做主语或宾语，其中量词有定指功能，类似英语定冠词。（周小兵，1997）如：

(17) 壮语：Ko$^1$ fai$^4$　　　京族语：kon$^{33}$ vit$^{11}$
　　　　　棵 树　　　　　　　　　只　鸭

京族语是越南主要语言，由此越南学生常出现以下句子：

(18) a. *本词典不见了。　b. *我的本书谁借了？

从某种意义上说，这种句式也反映了一种语言普遍性。通过这种对比，可以从人类普遍认知的角度考虑问题，拓展视野，全面提高教师素质。

## 三、跟动态语言系统的对比

### （一）跟目标语幼儿习得语言系统的对比

**1. 将中介语跟目标语幼儿习得期的语言对比，可发掘二语习得和一语习得的共性**

汉族幼儿语言跟成人语言的差距，很多都与留学生偏误相似。彭淑莉（2008）指出，不少外国成年学生的被动句偏误，汉语母语的儿童也可能生成：

(19) a. *衣服被湿了。　b. *他被撞车了。　c. *窗户把球踢碎了。

a 句遗漏动词"淋"，b 句误加"被"，c 句误用"把"代替"被"。例句都出自汉族幼儿和外国留学生。可见被动句学习过程中，一语习得和二语习得确有相似机制。

**2. 此类对比还可证实汉语本体研究的某些假设**

如"在"的合体说："他在图书馆看书"是"他在图书馆"和"他在看书"两个句子加合而成。深层结构的两个"在"，因语音形式相同，在向表层结构的转换中合并成一个。转换过程如：

A. 他在图书馆在看书→他在图书馆看书
B. 他在在图书馆看书→他在图书馆看书

A 是远距离合体说。B 是近距离合体说。变换过程是参数重设过程，属外围语法。陈凡凡（2008）发现儿童对介词"在"掌握较好，但使用这类合体"在"却会用错：

(20) a. *哥哥在外面在踢球。 b. *他在厕所里在刷牙。

这从语言生成和发展角度印证了语言普遍规律。母语习得如此，第二语言也不例外。陈凡凡（2008）让在华留学生做合并句子的测试，发现不少类似偏误：

(21) *他在桌上在喝水。

这说明成人二语学习，跟儿童母语学习有相似性，可以用人类的普遍认知来解释。

### （二）跟历史发展中的目标语对比

彭淑莉（2008）在汉语第二语言的语料发现以下偏误：

(22) ***他**经常被人骂**他**。（美国，中级二）

被动句动词的宾语复指受事主语，这在汉语发展中也有：

(23) **杨奉**言侯成盗其马，被侯成杀了**杨奉**。（《三国志平话》）

这充分显示语言发展的可塑性和普遍性：有标记的被动句，从无标记的主动句发展而来。在转化中出现一个主动句、被动句杂糅的阶段，符合语言发展规律。留学生先学主动句，后学被动句。中间可能出现前涉干扰，杂糅句型。一段时期后才掌握被动句。

上述语言现象的中介语产生机制和发展过程，可描写如图1所示。可见两种语言系统的发展过程相似。不同的是，汉语此句式从出现到消失，经历了几个世纪；类似规则的修正在二语者的中介语中只需要经历一两个月的时间。

```
经常（有）人骂他。
    ↓
他经常被人骂。      ⎫
    ↓              ⎬  →他经常被人骂他。→他经常被人骂。
他＝他              ⎭
```

**图 1  被动句生成机制**

## 四、结　语

中介语研究需要多角度、多层面的对比。上述对比，其实反映了中介语（如外国成人学习汉语的中介语）的生成与运作，可能有多种语言系统在起作用。

### （一）多种语言系统与中介语的关系

我们可以把多种语言系统及其对中介语的影响图示如下（图2）。实线，表示这些语言系统之间的影响可能是直接的；虚线，显示二者的关系只是语言普遍认知上共性，可能没有直接影响的关系。又有实线又有虚线，则存在上述两种可能性。

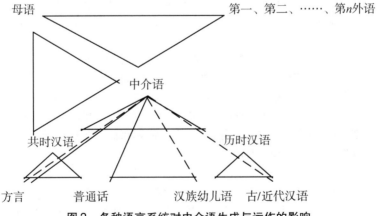

**图 2  各种语言系统对中介语生成与运作的影响**

中介语跟目标语（包括标准变体）和学习者母语的对比是第一个层面。这是相对动态的中介语跟两个相对静态的语言系统的对比，是内圈的对比。

中介语跟学习者母语后、目标语之前的语言（如第一外语英语）对比，跟目标语非标准变体（方言）的对比，跟其他民族语言的对比，是第二层面的对比。可以说是中圈的对比。

中介语跟目标语幼儿习得的语言对比、跟目标语历史发展中的语言对比，只是从语言认知的普遍性上进行对比考察。这是相对动态的语言系统的对比，可以说是外圈的对比。

### （二）多语对比、认知共性与学习难度

对比考察说明：中介语某些偏离目标语的现象，可能符合人类认知规则，反映语言普遍性，折射出中介语跟其他现实语言系统相似的特征和历时过程。某些跟目标语的偏离现象，越多出现在其他语言系统中，说明目标语相关语言点的学习难度越高。

本文系统对比中介语与多种语言，是一个尝试。我们相信，随着对比研究在深度广度上的拓展，对中介语的性质，对人类语言认知的考察，将会进入全新的阶段。

**参考文献**

陈凡凡. 汉语二语习得与一语习得的共性表现探析［J］.学术研究, 2008（6）.
丁雪欢. 汉语疑问句作为第二语言的习得研究［M］.北京：中国社会科学出版社, 2010.
靳洪刚. 语言获得理论的研究［M］.北京：中国社会科学出版社, 1998.
鲁健骥. 中介语理论与外国人学习汉语的语音偏误分析［J］.语言教学与研究, 1984
　　（3）.
鲁健骥. 外国人汉语语法偏误分析［J］.语言教学与研究, 1994（1）.
彭淑莉. 汉语动词带宾语"被"字句习得研究［J］.汉语学习, 2008（2）.
孙德坤. 中介语的定义、描写与研究方法［J］.语言文字应用, 1993（4）.
王建勤. 汉语作为第二语言的习得研究［M］.北京语言文化大学出版社, 1997.
赵金铭. 把汉语教学与研究推向新高潮——第一届国际汉语教学讨论会论文举要［J］.
　　语言教学与研究, 1985（4）.
周小兵. 广州话量词的定指功能［J］.方言, 1997（1）.
周小兵. 学习难度的测定和考察［J］.世界汉语教学, 2004（1）.
周小兵. 越南留学生学习汉语难点分析［M］//《第七届国际汉语教学讨论会论文选》
　　编辑委员会. 第七届国际汉语教学讨论会论文选. 北京：北京大学出版社, 2004.
周小兵, 朱其智, 邓小宁, 等. 外国人学汉语语法偏误研究. 北京：北京语言文化大学
　　出版社, 2007.
JAMES C. Errors in language learning and use：exploring error analysis［M］.北京：外语教学

与研究出版社, 2001.

CODER S. Language distance and the magnitude of the learning task [J]. Studies in Second Language Acquisition, 1978, 2 (1).

ELLIS R. Understanding second language acquisition [M]. Oxford: Oxford University Press, 1985.

GATBONTON E. Patterned phonetic variability in second language speech: a gradual diffusion model [J]. Canadian Modern Language Review, 1978, 34.

[原收入刘荣主编《国际汉语文化研究》(第一辑), 四川大学出版社 2016 年版; 参加第 28 届北美汉语语言学研讨会 (美国杨百瀚大学, 2016.05.06—07)]

# 泰国人汉语多项定语语序习得研究

汉语多项定语排序较复杂，是二语学习难点。泰语定语一般在中心语后，泰国人学汉语定语经常后置；多项定语偏误更复杂：

(1) *我和我的朋友在泰国聊一会儿天。(初级：我在泰国的朋友)
(2) *食品著名的重庆是火锅。(中级：重庆著名的食品)
(3) *王强是那一位同学我认识。(中级：那一位我认识的同学)

多项定语共现时，某些定语在中心语前，某些定语在中心语后，如例(1)(3)。这跟泰汉语序都不同，但可以用普遍认知规则来解释。本文描写泰国人学汉语多项定语语序的特点，概括中介语特征，用多种理论解释其成因，为教学和习得研究提供参考。

## 一、研究综述

定语语序研究从描写结构语义发展到探索认知共性。刘月华等(2001)、卢福波(2011)归纳了汉语多项定语语序。陆丙甫(1988,1993)从外延和内涵角度，袁毓林(1999)从信息量大小的角度，刘丹青(2002)从 VO 语言的关系从句位置，陆丙甫(1998,2005)从可别度角度，解释定语排序规则。

泰语定语排序，裴晓睿(2001)认为是：名词＞形容词＞数量词＞结构助词短语＞领属性定语＞指代；也有例外。汉泰定语排序基本相反，也有例外(林勇明,2000；陈洁明,2009；马竞,2012；柯伟智,2012)。泰国人定语偏误，成因有母语迁移、目的语规则泛化、教学不足等(江竹青,2008；林勇明,2000；邓世文,2011)。

以往研究，中介语语料不够，缺少理论支撑；偏误少，分类简单，考察统计不细，原因探索较粗浅。本文力图解决上述不足。

## 二、理论、目标与语料

戴曼纯（1998）认为 Chomsky 的直接可及说可用于二语习得研究。杨连瑞等（2011）认为中介语发展体现语言共性。郑丽娜（2012、2014）、常辉（2014）证明习得过程中的参数重设是目标语输入与普遍语法共同作用的结果。

本文除考察母语、目标语、教学外，尝试用可别度领前、语义靠近等模式，探讨泰国人汉语定语错序的特点规律，以及普遍认知对中介语的影响，验证普遍语法的有效性。

语料含宋卡王子大学、瓦莱岚大学、重庆大学107名泰国学生的日记和作业，55万字。分初（HSK 2级、3级）、中（HSK 4级）、高（HSK 5级及以上）三级。多项定语句2449个，其中初级689个，中级781个，高级979个；偏误频次546；错序频次298，占偏误的54.6%。

## 三、多项定语语序习得情况

### （一）定语语序习得概况和分类

各定语类型的习得概况如表1所示。

表1 各定语类型在不同学习阶段的出现频次和错序数量、比例

| 类型 | 初级 | | 中级 | | 高级 | | 合计 | |
|---|---|---|---|---|---|---|---|---|
| | 频次 | 错序数/错序比例 | 频次 | 错序数/错序比例 | 频次 | 错序数/错序比例 | 总频次/错序比例 | |
| 名词 | 381 | 12/3.1 | 462 | 5/1.08 | 493 | 2/0.4 | 1336/1.42 | |
| 代词 | 121 | 4/3.3 | 143 | 4/2.8 | 238 | 2/0.84 | 502/1.99 | |
| 数量词 | 220 | 5/2.2 | 219 | 8/3.65 | 382 | 7/1.83 | 821/2.44 | |
| 形容词 | 143 | 4/2.8 | 175 | 3/1.71 | 204 | 2/0.98 | 522/1.72 | |
| 动词 | 34 | 7/20.6 | 34 | 6/17.65 | 43 | 2/4.65 | 111/13.51 | |
| 名词短语 | 92 | 14/15.2 | 101 | 10/9.9 | 137 | 3/2.19 | 330/8.18 | |
| 形容词短语 | 182 | 19/10.4 | 245 | 15/6.12 | 238 | 7/2.94 | 665/6.17 | |

续上表

| 类型 | 初级 | | 中级 | | 高级 | | 合计 | |
|---|---|---|---|---|---|---|---|---|
| | 频次 | 错序数/错序比例 | 频次 | 错序数/错序比例 | 频次 | 错序数/错序比例 | 总频次/错序比例 | |
| 动词短语 | 68 | 24/35.3 | 45 | 4/8.89 | 113 | 17/15.04 | 226/19.91 | |
| 介词短语 | 74 | 52/70.3 | 44 | 26/59.1 | 33 | 6/18.18 | 151/55.63 | |
| 主谓短语 | 39 | 15/38.5 | 35 | 9/25.71 | 71 | 3/4.23 | 145/18.62 | |
| 区别词 | 10 | 0/0 | 1 | 0/0 | 7 | 0/0 | 18/0 | |
| 固定短语 | 4 | 0/0 | 5 | 0/0 | 18 | 1/5.56 | 27/3.7 | |
| 总计 | 1368 | 156/11.4 | 1509 | 90/5.96 | 1977 | 52/2.63 | 4854/6.14 | |

说明：错序比例单位为%。

错序偏误随水平提高而减少。偏误率由高到低为：介词短语，动词/主谓短语，动词，名词/形容词短语，固定短语，数量词，代词，形容词，名词，区别词。

根据错序参照点，可把多项定语错序分两大类、三小类。

A类：定语在中心语后。可分两小类。

A1. 所有定语都在中心语后，如：

（4）＊还有水果<u>很多好吃</u>。（初：<u>很多好吃的水果</u>）

A2. 部分定语在中心语后，如：

（1）＊我和我的朋友<u>在泰国</u>聊一会儿天。（初：<u>我在泰国的朋友</u>）[①]

B类：中心语前多项定语错序。如例（5）"一个"后置错位（参照点为"新"）[②]：

（5）＊现在，我有了自己的新<u>一个</u>梦想。（高：自己的<u>一个</u>新梦想）

---

[①] 学生写此句时在重庆学习，和在泰国的朋友电话聊天。
[②] 本文统计的错序偏误均为后置偏误，因此以第一项定语为参照，判定为另一项定语后置。

三类中，A2 最多（225 例），B 其次（39 例），A1 最少（18 例）。①

## （二）定语都错置于中心语后

18 例将两项定语错置于中心语之后，都在初、中级阶段。如：

(2) *食品<u>著名的</u><u>重庆</u>是火锅（中）
(4) *还有水果<u>很多</u><u>好吃</u>。（初）

都源于泰语迁移，但两项定语位置不同。例（2）"著名的重庆"照搬泰语：

(2′) konggin　ti　mee chisiang nai chongqing
词译：食品　<sub>定语标志</sub> 有名　在　重庆（意译：重庆有名的食品）

例（4）"很多好吃"却没有照搬泰语语序：

(4′) ponlamai　ti　aroi　makmai
词译：水果　<sub>定语标志</sub> 好吃　很多（意译：很多好吃的水果）

用可别度领前原则可以解释：表数量的"很多"可别度高，容易前置。

## （三）部分定语错置于中心语之后

一是介词短语后置。共 84 例。其中定语都后置的 9 例，其他定语前置的 75 例。如：

(6) *一个朋友选<u>一家</u>火锅店<u>在三楼</u>。（中）
(7) *那天我看见<u>双胞</u>高楼<u>像马来西亚一样</u>。（高）

共现定语：代词 32 例（担心<u>我的</u>生活<u>在中国</u>），数量词 11 例［如例(6)］，形容词语 19 例（她有<u>滑嫩的</u>皮肤<u>像孩子一样</u>），名词语 13 例［如例(7)］，都在中心语前。这些定语可别度高，容易前置。从发展看，学生先

---

① 共 282 例偏误，有部分偏误重复出现，所以偏误频次为 298。

把泰语左端的定语前移，右端介词短语最后前移。

二是动词短语错置。共 45 例。其中在中心语前错序的 7 例，后置中心语 38 例。如：

(8) *但是<u>那</u>老师<u>教 Boya 汉语</u>很帅。（初：那教博雅汉语的老师）
(9) *老师告诉我们<u>很多</u>地方<u>出去玩儿</u>。（初：很多出去玩儿的地方）

共现定语都在中心语前：代词、数量词 22 例［如例 (8)］，形容词语 16 例［如例 (9)］。泰语动词短语定语跟它们共现时，位置可前可后。动词短语错置，可能跟音节多有关。

三是主谓短语错置。共 27 例。其中 3 例在中心语前错序，24 例在中心语之后。如：

(10) *在重庆<u>第一个</u>地方<u>我们去玩儿</u>是瓷器口。（初：我们去玩儿的第一个地方）

共现定语位置都正确：数/指量词 17 例［如例 (10)］，形容词语 5 例（买了<u>很多</u>东西<u>我喜欢的</u>），名词 2 例。泰语主谓短语定语一般位于其他定语之后；学生一般先前移前边的定语，最后的定语来不及前移而出现例 (10)。

四是形容词短语错置。共 41 例。其中 11 例在中心语前错序，30 例在中心语后。如：

(11) *老师给我们看<u>一个</u>电影<u>很好玩儿</u>。（初：一个很好玩儿的电影）
(12) *北京菜，广州菜，东北菜，都是<u>中国菜</u><u>很有名</u>。（初：<u>很有名的中国菜</u>）

共现定语位置正确的，代词 10 例（告诉妈妈我的生活在重庆很多），数量词 5 例［如例 (11)］，性质/领属名词 8 例［如例 (12)］，形容词 5 例（它是<u>小红</u>袋<u>这么可爱和漂亮</u>啊），形容词短语和动词短语各 1 例（我也去过了<u>很多</u>地方<u>很好玩</u>）。泰语形容词短语定语与这些定语共现时，位置时前时后，如：

(11′) pappayon　ti　sanook mak　rueng　neng
词译：电影　定语标志 好玩　很　　个　　一　（意译：一个很好玩的电影）

(12′) ahan　jin　　ti　　mee chisiang　mak
词译：菜　中国 定语标志　有名　　　　很（意译：很有名的中国菜）

跟中心语语义关系，"很好玩"比"一个"密切，"很有名"没有"中国"密切。但中介语中，都是音节短的前移了。

五是名词短语错置。共 27 例。其中 8 例在中心语前错序，19 例在中心语之后。如：

(13) *我的家庭是<u>一个家庭的小老百姓</u>。（中：<u>一个小老百姓的家庭</u>）

其他定语位置大都正确：数量词 6 例［如例（13）］，名词 7 例（她有<u>博士学位的大脑的运作</u>），代词、形容词短语各 2 例。泰语数量词与名词短语共现时，一般在后，如：

(13′) krobkrua kong　prachachun lek neng krobkrua
词译：　家庭　定语标志 百姓　　小 一　　家（一个小老百姓的家庭）

上例显示，音节短的定语容易参数重置而前移。

### （四）定语内部错序

中心语前多项定语错序有 39 例。可分两类：数量词错序，其他定语错序。

一是数量词错序。数量词和其他定语错序偏误 22 例，如：

(14) *她是<u>一位我的好朋友</u>。（中：我的<u>一位</u>好朋友）
(5) *现在，我有了自己的新<u>一个</u>梦想。（高：自己的<u>一个</u>新梦想）

类似例（14）的偏误（代词、形容词语、动词短语等定语在数量词后）17 句，类似例（5）的偏误（数量词在后）5 例。泰语数量词定语位置灵活，易诱导相关偏误。

二是其他定语错序。共17例，多跟母语迁移相关，如：

(15) *麻辣小龙虾是<u>有名重庆</u>的菜。(中)
　　　ahan　ti　mee chisiang　nai　chongqing
词译：菜　定语标志　有名　　在　　重庆（意译：重庆有名的菜）

## 四、多项定语错序偏误成因分析

### （一）母语负迁移

相对中心语，泰语定语在后，汉语定语在前，呈镜像关系。容易诱发偏误：

(2) *食品<u>著名的重庆</u>是火锅。(重庆著名的食品……)
　　　konggin　ti　　mee chisiang nai chongqing ke hotpot
词译：食品　定语标志　有名　　在　重庆　是　火锅

受母语影响，学生可能后置两项定语［如例（2）］。

### （二）目标语规则泛化

学生可能照搬泰语、汉语定语的镜像关系，把定语依次反过来排列：

(16) *我喜欢<u>一个她</u>的朋友。(我喜欢她的一个朋友)
　　　chan chob　pean kong　kao kon neng
词译：我　喜欢　朋友 定语标志　她　个　一

也可能有其他原因。如：

(17) *<u>那我不想修的四门课</u>是每个留学生必须学的。(我不想学的那四门课)
　　　　　　　si　wicha　nan　ti　　chan maiyak rian……
词译：四　课程　那 定语标记　我　不想　学……

刘月华等（1984）说，限制性定语一般领属名/代词在前，表范围的

（主谓/动词短语等）在后，最后是数/指量词。如"我国大家熟知的一位科学家"，学生可能误将"那"看作领属代词，以为把中心语后的定语整体前移即可；却犯了音律"两短夹一长"的大忌（陈建民，1989；周小兵，1995）。而"我不想学的那四门课"正好形成"四音节+的+四音节"的匀称结构（邢福义，2016）。

### （三）教材解释不足

教材编排对多项定语的缺失，是泰国人偏误多的重要原因。

我们考察了四套在泰广泛使用的教材——《初级汉语》（任景文，2001），《泰国人学汉语》（徐霄鹰、周小兵，2006），《新实用汉语课本》（泰语版）（刘珣，2009），《当代中文》（泰语版）（吴中伟，2010），发现：汉泰定语位置的区别，《泰国人学汉语》《初级汉语》有简要说明，其他教材未提及；对多项定语常见问题，教材多缺乏解释；仅《泰国人学汉语》练习册有定语位置、结构的练习，其他教材均无类似练习。

## 五、中介语的特点与语言普遍性

中介语发展体现语言共性（郑丽娜、常辉，2012）。泰国人把介词短语、动词/主谓短语等定语放在中心语后，而代词、数量词、领属名词不易错置（见表1），这跟语言普遍性相关。

Hawkins（1983）的长度顺序原则认为，长成分在后是语言倾向。Dryer（1992，2003）的样本库显示，关系从句以后置为优势。介词/动词/主谓短语等结构较长，定语倾向后置；但汉语里它们在中心语前，属标记性。周小兵（2009）指出，一语无标记，二语有标记，中介语可能无标记；因此中介语这些定语容易后置：

(18) *我要好好准备<u>冯老师</u>的<u>期中考试</u><u>关于中国商务文化</u>。（中级）
　　　sob klangphak giaogab wattanathum tang turakit jin kong　ajan feng
词译：考试　期中　关于　文化　方面　商务 中国 定语标志 老师 冯
句译：……冯老师关于中国商务文化的期中考试

泰语代词、数量词等都在中心语后，但中介语里它们多在中心语前（参见表1）。

Greenberg（1966）、Hawkins（1983）、陆丙甫（2005）、刘丹青（2008）认为，指别词、数词、领属语倾向前置。从认知看，泰国人在普遍语法规则影响下，能克服母语迁移，完成部分修饰语（结构短、可别度高的代词、数量词、领属性名词语）右向参数到左向参数的重设。这说明普遍语法一些语言共性，二语者部分可及。而结构长、可别度低的介词/动词/主谓短语不易前置，参数重设较难。

教学应根据习得特点，对错序率高的定语，通过讲练使学生克服母语负迁移。可以先利用信息加工的共同策略进行讲练。而对有悖普遍语法规则的汉语语序，如关系小句在中心语之前，应重点讲练，帮助学生进行定语左向参数的重设。

**参考文献**

常辉. 母语为英语和法语的学习者对汉语双宾语句及其与格转换结构的习得研究［J］.语言文字应用，2014（2）.

陈建民. 汉语口语［M］.北京：北京出版社，1989.

陈洁明. 汉泰定语的比较［D］.北京：北京语言大学，2009.

戴曼纯. 普遍语法可及性三假说［J］.外语教学与研究，1998（1）：36-37.

邓世文. 汉、泰两种语言的定语与状语比较研究［D］.泉州：华侨大学，2011.

江竹青. 泰国学生汉语修饰语习得偏误的分析与研究——以泰国皇太后大学汉语专业一年级学生的语料为例［D］.厦门：厦门大学，2008.

柯伟智. 语序类型学视野下的汉泰修饰成分研究［J］.云南师范大学学报（对外汉语教学与研究版），2012（2）.

林勇明. 泰国学生汉语定语顺序的偏误分析及其习得顺序［D］.北京：北京语言大学，2000.

刘丹青. 汉藏语言的若干语序类型学课题［J］.民族语文，2002（5）：7-8.

刘丹青. 汉语名词性短语的句法类型特征［J］.中国语文，2008（1）：8，18.

刘月华. 定语的分类和多项定语的顺序［C］∥北京市语言学会. 语言学与语言教学. 合肥：安徽教育出版社，1984.

刘月华，等. 实用现代汉语语法［M］.北京：商务印书馆，2001.

陆丙甫. 定语的外延性、内涵性和称谓性及其顺序［C］∥中国语文杂志社. 语法研究和探索：4. 北京：北京大学出版社，1988：110.

陆丙甫. 核心推导语法［M］.上海：上海教育出版社，1993.

陆丙甫. 从语义、语用看语法形式的实质［J］.中国语文，1998（5）：359-363.

陆丙甫. 语序优势的认知解释（上、下）：论可别度对语序的普遍影响［J］.当代语言学，2005（1）：4，8-10.

卢福波. 对外汉语教学实用语法 [M]. 北京：北京语言大学出版社，2011：274.
裴晓睿. 泰语语法新编 [M]. 北京：北京大学出版社，2001.
邢福义. 汉语语法学 [M]. 北京：商务印书馆，2016：84-85.
杨连瑞，常辉，尹洪山. 中介语发展的语言共性研究 [J]. 外语研究，2011 (6)：60.
袁毓林. 定语顺序的认知解释及其理论蕴涵 [J]. 中国社会科学，1999 (2).
曾莉. 母语为英语的留学生对汉语反身代词的习得研究 [J]. 华文教学与研究，2012 (3).
郑丽娜. 母语为英语的学习者汉语语序参数重设研究 [J]. 语言教学与研究，2014 (6).
郑丽娜，常辉. 母语为英语的留学生汉语否定结构习得个案研究 [J]. 汉语学习，2012 (1).
周小兵. 对外汉语教学导论 [M]. 北京：商务印书馆，2009.
周小兵. 谓词前介词结构的同现顺序 [C] //中国语文杂志社. 语法研究和探索：7. 商务印书馆，1995.
DRYER M S. Word order in Sino-Tibetan languages from a typological and geographical perspective [C] //Thurgood G, Lapolla R J. Sino-Tibetan Languages. Richmond：Curzon Press，1992.
DRYER M S. The Greenbergian word order correlations [J]. Language，2003，68 (1)：43-80.
GREENBERG J H. Universals of language [M]. Mass Cambridge：MIT Press，1996 [中译文：某些主要跟语序相关的语法普遍现象. 陆丙甫，陆志极，译. 国外语言学，1984 (2)].
HAWKINS J A. Word order universals [M]. New York：Academy Press，1983.

[原载于《华文教学与研究》2018 年第 1 期（合作者：雷雨）]

## 第二语言教学与教材

## 口语教学中的听话训练

口语教学应以说话训练为主。若忽视听话训练,不仅会因听力差影响交际,而且会直接妨碍口语能力的提高。本文探讨听话训练在口语教学中的重要性及具体实施。

### 一、问题的提出

现在通行的口语教学程序是,先让学生看言语材料,接着跟读、朗读,最后让学生背诵。其间可能插入一些解释。显而易见,这种方法把阅读和说话直接连接,忽视听话这一重要环节。我们做过一个统计,一年制培训班的对外汉语教学中,口语课每周6~8学时,合300~400分钟,除阅读、朗读、背诵、说话、听老师解释、做各种练习外,学生听原始语言材料的时间30~40分钟;而且多是看着书面材料听老师念,单纯听的时间只有10~15分钟,不到总学时的4%。

结果是,好些学生(尤其日本学生)阅读能力强,听力却很差,同样的言语材料看一遍就懂;如果单纯听,听两三遍才懂一半左右。听力差直接影响口语表达。有些日本学生可轻松阅读较长较难的文章,但因听力差,说话也是结结巴巴。相反,有些欧美学生虽阅读能力差,但听力较强,口语能力也较强。

可见,忽视听力训练会引起不良后果。有必要提出并探讨听力训练问题。

### 二、听话训练的必要性

#### (一)听说联系的生理、心理机制

从生理、心理机制看,跟说话直接联系的不是阅读而是听话。儿童开口前不懂阅读,但由于能听懂、记忆许多词句,一旦发音器官成熟,就可再现记忆中的词句而开口说话。当三四岁的孩子能听说大量句子时,可能不认识

一个字。因为说话机制跟听话机制直接联系,跟阅读机制却没有直接联系。人脑内装有连接听话、说话机制的自动线路,当人在辨认语言声音时,发音器官(声带、舌头、嘴)会不自觉地轻微活动,这种神经系统的电脉冲可用仪器测量出来,有时听话人自己也可感觉到。

阅读跟说话的关系是间接的。它是通过视觉系统把书写符号传递到大脑皮层。这些符号印象跟生成话语使用的肌动机制之间没有直接联系。

在留学生教学中常常发现,口语好的学生听力一般都不错,尽管其阅读能力可能并不怎么样;而口语差的学生听力一般都不好,尽管其可能有较好的阅读能力。这正是说话机制和听话机制、阅读机制之间的亲疏关系所造成的。

言语能力包括两个过程:处理听觉输入信息的过程和生成输出话语的过程。前者跟听觉辨认能力有关,后者跟言语再现能力相连。留学生听到汉语句子时,一方面要将话语信息转入短时记忆,另一方面要调动储存于长时记忆中的话语信息,辨认对比,将两者对应,才能理解句子。当他生成句子时,要再现长时记忆中的话语信息,把它跟想表达的信息对应,在语音、语法和语义三个平面上生成和控制话语。

生成、接收话语都要依靠长时记忆中的语言信息,而这种信息主要靠听觉输入。听觉辨认能力先于话语再现能力,前者是后者的基础。儿童习得母语已充分证明这一点。成年人二语学习也如此。一个人到另一语区工作,住上一段时间,常听这种话,不知不觉就能听懂,不知不觉就会说这种话了。可见听话对语言学习极为重要。

## (二) 听话训练的实际效用

### 1. 能促使学生发音准确,说话流利

让学生听大量言语材料,能帮助他们形成正确的言语习惯。在听的基础上进行有效模仿,可以使他们发音标准化,话语表达流利化。下面是实验 I 的情况。

把学生分为两组,在同样时间里教 10 个句子。实验组不看材料,只是反复听,在听熟的基础上模仿,最后脱离听力材料再现。对比组阅读两次,跟读一次,然后自己朗读、背诵。事后让两组学生复述,结果如下:

| | 发音准确度 | 话语流利度 |
| --- | --- | --- |
| 实验组 | 86% | 79% |
| 对比组 | 73% | 61% |

### 2. 能促进陈述和对话能力

听说关联是直接的，读说关联是间接的。对提高学生陈述能力和对话能力来说，听觉输入优于视觉输入。实验Ⅱ证明了这一点。

给出一份口语材料（字数 200 个左右，内含生词 3 个），分别对两组学生进行测定。实验组不看材料，先听两次（包括对生词的口头解释），然后一句句跟读，也是两次。对比组先阅读（包括对生词的文字注释），然后自己朗读。时间都是 10 分钟，然后分别对两组学生进行陈述和对话考察。发现实验组在语音和流利度方面、在语法和词汇的掌握方面、在综合运用言语材料方面都优于对比组。

### 3. 能增强对言语材料的记忆力

一般来说，短期记忆中的一切信息（包括凭视觉接收的信息），都是按听觉的声音特性进行编码的；而听觉输入的话语信息比视觉输入的文字信息更容易转入长时记忆，下面是实验Ⅲ。①

将学生分为两组，用同样时间（10 分钟）学习同样的言语材料（约 150 字，内含生词 2 个）。实验组不给书面材料，只是听读、跟读；对比组阅读、朗读书面材料，最后收回材料。事后让两组学生在特定时间回忆复述所学的言语材料，结果如表 1 所示。

表 1　记忆复述所学材料内容的百分比　　　　单位：%

| 组　别 | 一小时后 | 六天后 | 两周后 |
| --- | --- | --- | --- |
| 实验组 | 95 | 83 | 76 |
| 对比组 | 85 | 74 | 61 |

## 三、听话训练的具体方法

### （一）听辨法

让学生听几组词或句子，辨别发音相近的词。如"伯伯/婆婆""很想/很像"。

---

① 以上三项实验均是笔者设计并实施的，共调查了两个班，表中数值均为平均值。

### （二）听解法

让学生先听言语材料，然后进行逐词逐句的口头解释。对初级班可用学生母语解释，对中高级班用汉语解释。

### （三）听读法

先让学生听一两遍言语材料，然后让学生一句句跟读，建立听觉辨认和话语再现之间的联系。对难词难句可要求反复进行口头模仿。

### （四）听译法

教师说汉语的词、词组或句子，让学生口头翻译成母语。可以在听说基础上建立汉语和学生母语之间的联系。

### （五）问答法

先让学生听一至三遍语料，然后让学生提问、答问。提问分两类：一类是听不清、听不懂的词句，帮助理解语料；另一类是听懂后对材料未说清的问题进行提问，帮助拓展思维。可由老师回答，也可由学生回答。可将学生分为两组，相互问答。

### （六）完成法

先让学生听言语材料，然后分别呈示句子前一部分或复句前一分句，让学生口头完成句子或复句。说笑话、讲故事或说短文前一部分，让学生口头完成后一部分。

### （七）复述法

听后复述，建立听说联系，使接收的话语信息更多地转入长时记忆，促进口语能力。有即时/延时两类。后者可在听后一小时、一天、一周进行，可分一次性、多次性。

传递性复述：一个学生听，然后向另一个学生复述，依次传到最后的学生。通过检查信息流失的点和量，可掌握不同学生在听说中的普遍问题和个别难点。

### （八）讨论法

听若干次后讨论。可全面检查、锻炼听说能力和思维能力。分封闭性和开放性两类。前者讨论材料内容，后者可联系学生以前的见闻进行讨论。

上述各种方法可交替使用。注意不向或少向学生呈示书面材料。解释生词难词，必要时可书写。学生不适应时，可先听几遍，再看再听。也可先看后脱离书面材料听。

## 四、几个需要注意的问题

### （一）听话材料的选编和呈示

体裁可以是对话、故事、笑话、新闻、报道、知识性或社会性文章等。以口语化材料为主，辅以其他性质的言语材料，以便使学生熟悉并习惯于听说各种材料。

听力材料由易到难，由短到长，跟学生平均水平相当。较适宜的难度：第一遍能听懂30%～50%；经简单口头解释后，第二遍能听懂50%～70%。速度适宜，初级班约140个音节/分钟，高级班约220个音节/分钟。可第一遍稍慢，第二遍稍快。

### （二）信息源的选择

除任课教师外，可请非教师职业的各类中国人跟留学生交谈、讲述和讨论。可录音教学，可选取影视剧及其他样式的对白，选取多种类型、体裁的录音。除了让学生听标准的普通话，还应该让他们听北京话，听带一些方言口音的普通话。

条件许可的话，可听台湾地区"国语"、新加坡华语等。男女老少的声音都应该让学生习惯接收。除无干扰信息外，还应该让学生听一些有干扰的信息。对学生施以不同类别的话语刺激，有助于提高他们在各种场合的言语交际能力。

### （三）听话训练中的指导

应注意解除学生焦虑感，让他们身心放松地听。教师最好向学生"讲"而不要"读"。要让学生分清新旧信息和重要次要信息，会抓重点。对难点要多次重复。对听力弱一些的学生应及时给以提示乃至个别辅导。注意观测学生反馈，及时调整教学方法、内容乃至速度、频率。可利用学生互助增强教学效果。

**参考文献**

布莱尔. 外语教学新方法［M］. 北京：北京语言学院出版社，1987.
LIGHT T. 现代外语教学法［M］. 北京：北京语言学院出版社，1987.

（原载于《世界汉语教学》1989 年第 3 期）

# 对外汉语学习词典的编写

近年来我国留学生数量每年超3万人,在本国学汉语的更多。为适应教学需要,一些双语词典相继问世。但适应有初级汉语水平的外国人使用的汉语单语词典却非常少。当学生掌握一定汉语词汇、具有初步汉语交际能力后,很需要合适的汉语词典,可用汉语学汉语,学习新知识,使用和巩固旧知识,提高学生的学习积极性。

目前,全国有三四种对外汉语单语词典正在编写或刚刚出版。本文想结合实际的编写情况和经验,讨论对外汉语词典编纂中的几个问题。

## 一、词典的性质、对象与特点

作为对外单语词典,应先明确"第二语言学习"的定位。因词典读者具有初级或中级汉语水平,汉语只是其第二语言,在选词、释义、举例、辨析、用法说明等方面就要处处以此作为出发点,千万不能把它混同于给汉语母语者使用的词典。

收词方面,主要依据国家对外汉语教学领导小组办公室汉语水平考试部编纂的《汉语水平词汇与汉字等级大纲》(简称《大纲》)。《大纲》共收词8822个,从易到难分甲、乙、丙、丁四级:甲级词1033个,乙级词2018个,丙级词2202个,丁级词3569个。《大纲》是我国汉语水平考试和对外汉语教学总体设计、教材编写、课堂教学及测试的主要依据,也是编写对外汉语词典的框架范围。因篇幅限制和其他原因,我们在收词过程中删除了《大纲》中的一些词。主要有:方言色彩较浓的词(如"半拉"),学习中基本不会出现困难的名词(如"桌子"),跟技术、行业关系密切的名词(如"半导体")。

具体操作上,应使词典容易学习、记忆、练习、使用。使词典具有"四易"特点,使用语言必须简单易懂,信息量大。有时候汉语母语者可能觉得啰嗦,冗余度大;但对于汉语二语者来说,可能正好。

如《现代汉语词典》对"名利"的解释是"指个人的名位和利益",例为"不求～|清除～思想"。释义的"名位"在《大纲》中没有,根据释

义和举例也很难推测出词义。若把"名利"释为"个人的名声、地位和利益",释义词语都不超出《大纲》,中级汉语水平的外国学生容易理解。但"名声"是丁级词,初、中级水平学生未必能懂。因此,释义还可以写得更浅显一些。如:

一个人想变得有名,有地位,得到好处,那么,这个人就是想得到名利。

释义词都是甲、乙级词,中级水平者和大多数初级水平者都可理解。此外,为了学习方便,对外汉语词典应该力求给每个词(包括每个义项及用法)标注词性。

## 二、释义方法

考虑到对外汉语词典的特点,释义应注意以下两点:

(1)简单句释义。对二语者释义,应尽量使用易懂词组成一两个简单句进行。主要用《大纲》甲、乙级词,最难的不应超出《大纲》。如上节解释"名利",一个乙级词,其他为甲级词。再如《现代汉语词典》对"耳背"的释义是"听觉不灵"。《大纲》没有"听觉","灵"又是丁级词,一些留学生看此释义可能仍不明白词义。若释为"听力不好(并没有完全聋),声音小了就听不见",外国学生就容易理解了。

释义应避免或尽量减少以词释词,尤其要避免用难词解释易解词。如"名"在《现代汉语词典》中的义项③是"名义",义项④是"名声;名誉"。在《大纲》里,这三个词都是丁级词,而"名"是乙级词。用难词解释容易的词,不利于外国人理解。

即使用简单句,释义也有两种方式:一种是无被释词目出现,如上文对"听觉"的释义。一种是有被释词目出现,如上节对"名利"的释义。后者可让读者更容易理解。如释义"名利",如果不出现被释词目"名利",很难用甲、乙级词解释清楚。

(2)标明使用范围。为了使外国学生完整了解一个词的意思,常常需要在释义时使用一些附加说明。没有必要的说明,外国学生可能会在理解和运用上出现一些误解和错误。使用范围的说明一般用圆括号标出。如:

采访　（为了搜集新闻或资料）访问。

(3) 适当地使用列举和描述方法。如：

餐具　吃饭时使用的用具，如碗、盘子、筷子、小勺儿、叉、刀等。

之所以把西餐具也列举出来，一是为了引起外国学生的联想，方便学习和记忆；二是为了使词典具有跨文化的性质。

## 三、举例的原则

词典举例的目的主要有：使读者进一步理解词义，使读者了解词的用法。对外汉语词典选例应该比对内词典多，以方便外国学生学习。具体要注意几点：

(1) 上下文语境辅助。含有较大的信息量，使学生容易通过例子理解词义。《现代汉语词典》对表示"利益"的"利"释义后，例子是："～弊｜有～｜兴～除害。"这些例子对汉语母语者可能适合，但汉语二语者不容易理解。若给出以下例句，学生更容易理解和掌握：

这个城市的汽车比以前增加了，这种情况有利有弊。利是交通比以前方便了，弊是空气污染严重了。

上下文充分，"利"（"弊"）的意思明白了，不同用法也有了（当主语/宾语）。

(2) 注解辅助。必要的时候，可以加上一些注解性成分。如"差不多"的例子：

这本书我已经看得～了（快要看完了）/这个月我～没出门（极少出门）。

(3) 例子有序化。例子排列应有一定顺序：先注重意义，后注重用法。头一两例主要让学生理解词义，可用信息量较大的句子；后边的例子让学生掌握用法，可用简单句或词组。

从用法及结构看，应从典型分布到非典型分布。一般动词，顺序应是：当谓语，当补语，当主宾语，当定状语。及物动词当谓语顺序是：带宾语（体词、谓词、小句），带补语（结果、程度、趋向、介词结构），不带宾补语。从结构完整看，应从无省略句到有省略句（"他被小偷偷了钱包"→"玻璃被打破了"）。应根据学习情况，抓住难点，有选择地给出例子。

## 四、词语辨析和用法说明

汉语中有一些词意思相近，构成词的某些语素也相同，外国学生在理解和使用时容易出现问题。对外汉语词典对这类词语要进行比较详细的辨析。如：

【辨】力气：力量　（1）"力量"可以表示精神上的能力，"力气"不行：他有一种精神力量，吸引了很多人跟着他（×他有一种精神力气）。(2)"力量"能表示人发挥的作用和某种东西的作用，"力气"不行：尽一切力量完成任务（×尽一切力气完成任务）/这种农药力量很大（×这种农药力气很大）。(3)"力量"可以表示发挥作用的人和团体，"力气"不行：团结一切可以团结的力量（×团结一切可以团结的力气）。(4)"力气""力量"都能表示身体的能力：他很有力气（力量），能搬动几百斤重的东西。但否定式一般用"力气"，不用"力量"：我没力气了，一步也走不动了（×我没力量了）。

同一个词可能有不同词义，同一个义项可能有不同用法。对外汉语词典应对不同义项和不同用法进行恰如其分的说明。如"从来"条的说明：

【注意】在"从来+没（有）+动词/形容词"的格式中，动词或形容词前边如果加上"这么"或"这样"等词，意思就会改变，甚至相反。例如：他从来没有懒过（=他从过去到现在一直不懒）。他从来没有这么懒过（=他过去也懒，现在比过去更懒）。

这一特殊的用法如果不进行专门的辨析和讲解，外国学生很难理解和掌握。

**参考文献**

国家对外汉语教学领导小组办公室汉语水平考试部. 汉语水平词汇与汉字等级大纲[M]. 北京：北京语言学院出版社，1992.

吕叔湘. 现代汉语八百词[M]. 北京，商务印书馆，1984.

中国社会科学院语言研究所词典编辑室. 现代汉语词典[M]. 北京，商务印书馆，1996.

（原载于《辞书研究》1997年第1期）

# 对外汉字教学中多项分流、交际领先的原则

## 一、问题的提出

汉字教学是对外汉语教学难点。教学界尝试过几种教学方法,如"先语后文""语文并进""拼音汉字交叉出现""听说与读写分别设课"等,发现它们"各有优点和不足"(李培元、任远,1987:448-451)①,都不能很好满足教学需要。

汉字难学,有多种原因。客观原因是汉字特质。汉字从象形文字演化而来,主要特征是表义性,跟语音无直接关系;文字单位跟语素基本对应。它跟表音文字有本质区别,认知、记忆时大脑神经机制和运作程序也跟拼音文字不同。拼音文字认知一般只涉及大脑左半球,而汉字认知要涉及大脑两个半球和复杂的加工传递程序。对母语是拼音文字的外国人来说,学习汉字自然会出现许多困难。(周小兵,1996:7)汉字有结构立体性、部件变异性和字形相似性等特点。这些都跟拼音文字不同,是留学生学习汉字的困难所在。(张旺熹,1990:526)

主观原因是教学方法的偏差。"对外汉语教学中最常见的偏向是把外国人的语言技能训练变成对中国人的语文教学或理论知识的教学","把对中国人适用的模式搬用到自己的教学中来,把对中国人需要的理论知识灌输给外国人"(施光亨,1987:543)。例如,照搬对中国儿童的集中识字法,强行使用"六书"的方法解释汉字。

要解决对外汉字教学难的问题,就必须解决主观原因,认清对外与对内汉字教学的本质区别。只有解决了这个问题,才能切实解决对外汉字教学的具体问题。

本文要讨论的,是对外汉字教学中多项分流、交际领先的原则。我们认为,在对外教学跟对内教学基本分流的前提下,还必须有不同层面、不同角

---

① 参考文献页码,除周小兵、蒋家富是原参考文献,其他都是相关文章被收入论文集《词汇、文字研究与对外汉语教学》(崔永华主编)中的页码。

度的分流，即在对外汉字教学中，针对不同的对象和情况，分别采用不同的方法，提出不同的要求。而在这些分流中，始终贯彻的应该是交际领先。

## 二、学习主体的分流

主体分流主要指跟学习密切相关的分流。如，学习目的和时间长短不同，对汉字学习的要求应有所区别。短期学习汉语，如半年以内，要求不能过高；否则会使学生负担太重，不但学不好汉字，还可能影响汉语听说能力的掌握。

### （一）学生来源的分流

学生来源影响汉字学习。日本常用汉字3000个左右，韩国人中学大多学过2000个左右的汉字。（蒋家富，1995：180）对外汉字教学中，要考虑日韩学生跟其他学生的区别，给其他来源学生设汉字课，读写练习要求可适当松一点。方法、要求相同，教学很难操作，会增加他们的压力，听说和汉字学习都会受影响。

一般认为东南亚学生汉字认知、读写比欧美学生好。其实不然。1992年广东省HSK考生中，东南亚43人，欧美澳16人，平均分一样；跟汉字联系密切的阅读、综合填空，平均成绩前者50分、43分，后者52分和48分（周小兵，1996：196-197）。石定果、万业馨（1998）调查显示，东南亚学生汉字能力并不比西方学生好。主观原因是师生以为前者汉字学习比后者容易，客观原因是他们的文字都是表音的。

### （二）学生性别的分流

性别不同会影响汉字学习。1992年广东省HSK考生中，女性（39人）平均成绩245分，比男性（43人）的219分高26分。整体讲女性模仿能力比男性强，语言学习敏感性和易接受性都优于男性。加上社会期待不同，女性学习语言比男性努力。

调查发现，跟汉字联系不那么密切的听力和语法两个项目，女生平均分只比男生高3分；跟汉字联系密切的阅读和综合填空项目，女生平均分比男生分别高7分和13分。这说明女性的汉字认读、书写能力比男性强。（周小兵，1996：197）其原因跟汉字性质和认知机制、加工程序有关。女性形象思维能力强一些，男性抽象思维能力强一些。认知汉字要动用主管形象思维的右脑，女性自然有优势。

教学中要适当注意男女区别，要求上可有不同处理，给男生多一些时间。男性学外语能力本来弱于女性，汉字特殊性加大此种差距。如果汉字学习完全"男女平等"，会加重男生负担，挫伤其学习汉语、汉字的积极性。

## 三、学习方式的分流

学习方式的分流跟汉字性质及其认知读写相关。

汉字难认难写难记，具体含义是什么？难认，仅指字形到字义的识义，还是指字形到字音的认读，或都包括？难写，是从字义到字形，还是从字音到字形，或都包括？难记含义更不清晰，除了难认难写外，还有音到义、到形，或都包括。

汉字形音义关系处于一个三角形的立体结构中（施光亨，1987：543），加上输入输出，构成少则6对、多则9对认知关系。若加上书写时拼音和汉字的区别，关系更多。只有认真分析这些关系，细化练习，才能切实推进对外汉字教学与研究。

### （一）输入与输出的分流

输入输出主要指认读与书写。对象虽然一样，但大脑神经机制和运作程序对这两种方式的处理区别很大。认读是被动接受，书写是主动创造，后者比前者难得多。

**1. 总量分流**

据语言习得理论，输入输出的量区别很大。学一种语言，输入量一般大于输出量10倍。实际交际中，认读、书写量比例更是远超10∶1。大量输入，大脑中才能储存足够的汉字信息，才可能产生自动处理汉字的机制，促进书写能力提高。

王碧霞等（1994：564）说，留学生对汉字学习质的突破，"需要在大量输入的基础上培养学生的'字感'，即快速识别、感知汉字的能力。但目前汉字教学的现状是，仅靠精读课的输入，从量上无法保证，也难有质的突破"。适当调整输入输出关系，用增加泛读课、补充读物等形式加大输入量，是改善对外汉字教学的当务之急。

**2. 汉字掌握的分流**

汉语母语者掌握汉字，认读多，书写少，语文教师也如此；对汉语非母语者更不能过高要求。认读和书写量应比例合理,如2∶1到3∶1,一学年可认读800个汉字,书写300~400个汉字。都要求"四会",不符合学习规律,很难达成目标。

掌握汉字分三个层次较合理:会读写的;只会读不会写;单个不会读,在一定上下文里,加上形旁,可推测出大致意思的。细化处理,效果比胡子眉毛一把抓要好。

这种分流很有用。假设两个学生,A能认读1600个汉字,能写其中600个;B能认读1100个汉字,能写其中1000个。实际交际中,A掌握汉字的情况比B有用。一般汉字交际主要是认读,书写时间、内容比认读要少得多。

我们统计过全日制院校学过一年半汉语的30个学生。按《汉语水平汉字等级大纲》的要求,应学1900个汉字;据其所用教材,应学近2000个汉字、4000多个词语。但从一个学期作业看,汉字输出量最多的是1300多个,平均每人汉字输出量不到900个。

## (二)输入时识记字义与识记字音的分流

认读是从形到义,还是从形到音,或两者兼顾,区别很大。只能从形到音,对交际没有多少实际意义,最多查字典方便。能从形推出义、音,当然很好。但汉语母语者都常常知义不知音,要求汉语非母语者完全掌握形、音、义就更不现实。阅读输入时应注重从形到义的认知,对形—音要求放松一些;符合二语学习规律,可推进用阅读进行交际。

拼音文字形体表音,阅读认知方式有:①用字形先唤起字音,再唤起字义;②用字形同时唤起音义;③用字形直接唤起字义。不完全认知是只会发音不懂字义。汉字形体主要表义,阅读认知方式多通过字形唤起字义;当然也可能通过字形同时唤起字义、字音。由于汉字特点,不完全认知往往只知道义而不懂发音。但这种不完全认知并不影响一般阅读。阅读时重形义联系,符合阅读要求。

施光亨(1987:543)说,汉字一直在建立形义直接联系上下工夫。王碧霞等(1994:559)指出,读者文字加工主要靠识别字形唤起字义。石定果(1997:469)认为,汉字形义结合度超过形音结合度,维系形义结合度的能力是汉字内在性能。汉字教学要充分利用字形的可解释性,扬长补短。

教学中不少学生阅读时常常只明义不知字音。学过三个月的学生朗读"桌子上放着一本书",一些人忘记了"桌"的发音,但知道相当于desk。

从阅读理论实践看，从字形推测字义具备现实性。阅读时碰到不懂的汉字，可通过已懂形旁推测字义。有关资料表明，用形旁推测字义，成功率大约为30%。（周小兵，1996：113）

因此教学中应有所侧重，要求学生主要掌握形义结合。如归纳字形特点、形旁类别，掌握它们跟字义的联系，实际效果会好一些。

### （三）输出时拼音与汉字的分流

为减轻学习汉字的负担，有些初级教材交叉出现拼音与汉字。输入时可以这样，输出时当然也不应排斥。日韩以外的学生，可允许其在输出时有限制地使用一些拼音。

现今世界绝大多数文字是拼音文字。对用拼音文字的学习者来说，相对于学习表意文字，学另一种拼音文字要容易得多。这是用汉语拼音教学汉字的原因。问题是从拼音到汉字的过渡需要多长时间？是否像通行教学那样，很短时间内就要完成？

实践证明，要求西方学生很快就全部用汉字输出，会增加学习困难，吓跑一些学生。为避免此现象，有学校采用东西方学生分班方式教学，允许非汉字圈学生用一定数量的拼音输出。国外一些学校则允许在较长时间里较多使用拼音输出。

设计推广汉语拼音的目的，开始是为了减少文盲，推广共同语。随科技发展，汉语拼音已广泛运用到中文输入系统中。这不但推动中文国际化，也为外国人书写汉字提供极大方便。学汉字的主要目的是交际。学生在认读汉字上已基本达到要求，只是在书写上有一些困难，完全可利用电脑，让更多学生学好、用好汉语。

**参考文献**

崔永华．词汇、文字研究与对外汉语教学［M］.北京：北京语言文化大学出版社，1997.
蒋家富．汉字：架设在汉、韩语间的一座桥梁［C］//天津师范大学中国语言文化中心．对外汉语教学论文集：第1辑．天津：百花文艺出版社，1995.
李培元，任远．汉字教学简述［C］//第一届国际汉语教学讨论会组织委员会．第一届国际汉语教学讨论会论文选．北京：北京语言学院出版社，1986.
施光亨．对外汉字教学要从形体入手［J］.世界汉语教学，1987（2）.
石定果．汉字研究与对外汉语教学［J］.语言教学与研究，1997（1）.
石定果，万业馨．关于对外汉字教学的调查报告［J］.语言教学与研究，1998（1）.
王碧霞，等．从留学生识记汉字的心理过程探讨基础阶段汉字教学［J］.语言教学与研究，1994（3）．

张旺熹．从汉字部件到汉字结构［J］．世界汉语教学，1990（2）．

周小兵．第二语言教学论［M］．石家庄：河北教育出版社，1996．

（原收入吕必松主编《汉字与汉字教学研究论文选》，北京大学出版社1999年版）

# 汉语第二语言教学语法的特点

随着我国经济实力的高速增长和政治影响的日益扩大,汉语热正在世界范围内形成。为满足社会需求,"语言学及应用语言学"已成为"中国语言文学"下的二级学科,"对外汉语教学"则成为重要的学科方向。如何进行应用语言学学科建设,成为摆在我们面前的重要任务。为促进相关研究和学科建设,本文从教学语法入手,论述对外汉语教学的特点。

从教学语法的对象来说,母语学习者和第二语言习得者有本质区别。母语学习者大多是大中小学学生,能用汉语交际。他们学的主要是语法知识,但不会按老师说的语法规则去说话,学习目的仅限于考试、教书、审稿改稿、翻译等。他们在交际中可能出现个别语法偏误,但一般不影响交际,很容易解释和纠正。第二语言学习者多是成人,培养用汉语交际的能力,在习得语音词汇的同时,习得遣词造句联句成篇的汉语语法,交际常出现障碍。他们需要学语法知识,而且会按老师教的规则去说话,去类推。这种类推会产生大量偏误,而对这些偏误的解释和纠正并不容易,相关汉语规则的解释更困难。外国学生常常抱怨:我们学汉语时出现病句,教师往往说:"不能那样说,应该这样说。没有为什么,是约定俗成。"一些外国人觉得,汉语好像没有语法至少是没有人能讲清楚。

由于学习对象不同,母语汉语教学语法和第二语言教学语法有本质区别。前者注重理论、知识、语法的概括性和系统性、语法单位的分析;后者注重实用、能力、语法项目的分解、语法规则的细化和解释的简明通俗、语法单位的组合(陆俭明、郭锐,1998;赵金铭,1997)。

下面从八个方面论述汉语第二语言教学语法的特点,顺带谈谈它跟理论语法的关系。

## (一)实用第一

教学语法的最大特点,是从汉语第二语言的教学实际需要出发,促使学生更快地习得汉语语法,而不拘泥于理论语法的理论性和系统性。

如"洗澡、游泳、见面、跑步"等动宾组合,理论语法认为是离合词。理由是:两个语素不都是自由语素,中间可插入其他成分。许多对外汉语教材据此将它们定为词，并用相应的外语词对译，如"to bathe, to swim, to see, to run"。结果不少学生把它们类同于"洗、游览、会见、跑"等词，生成出"洗澡着、游泳起来、见面客人、跑步得很快"等偏误。构成语素有一个不是自由语素，因此判定整个语法单位是词，这是根据西方的理论语法。但这对汉语教学没有什么实用价值。而其他特征，如可插进其他成分，动态助词、带"得"补语等要放在头一语素后边，重叠式是重叠头一个单位，对汉语教学却很重要，而这些特征恰恰是非词的标志。从汉语教学的实用性来看，将它们处理为短语更合适。

### （二）意义和形式并重

跟中国学生讲语法，有时可以少讲一些语义。但对外国学生来说，光讲形式会让他们难以理解。如：只给格式"把+名词+动词+在+处所名词"，而不做语义说明，学生就可能造出"把汉字学在课堂上"的句子。只有说明该格式的动词必须有附着的语义，名词所指必须在动作发生后附着在处所名词所指之处，才可能生成合格的句子，如"把字写在黑板上"。

再如，依据"程度副词+性质形容词"的格式，可能生成正确的句子，如"有点脏"；也可能生成错误的句子，如"有点干净"。在讲解这种格式时，必须说明程度副词"有点"一般跟贬义词和中性词结合，表示说话人的不满意。这样学生才能真正习得这一句式。

### （三）考虑篇章和语用因素

传统语法研究认为应把语法研究的范围框定在句子内部。但在汉语第二语言教学中，像"也、反而、连"等词语的用法，光在句内很难解释清楚。一般语法书说"连"表强调，而且只讲单句，学生很难理解。其实，"连"字句涉及预设、蕴涵等因素，应结合篇章语用进行研究，在教学中列出一个系列进行教学，效果会比较好。如：

（1）同事认不出他，好朋友认不出他，连妻子都认不出他了。
（2）同事、好朋友认不出他，连妻子都认不出他了。
（3）连妻子都认不出他了。

先从例（1）讲起，说明最后分句的句义在跟前两个分句的对比中受到强调；此外，它还常常表达人们认为最不可能发生的事情，这样讲留学生容易明白"连"字句的作用。然后再讲省略了某些成分的例（2）（3）。复句中"连"表递进，整句的作用使"连"后的成分受到强调。因此，单句中的"连"就跟"都"（或"也"）一起有了强调的作用。

从历时来看，近代汉语中也是先有类似例（1）（2）等有对比成分的句式，才有类似例（3）的单句。可见，结合篇章教学，既符合句式产生的历史，也符合一般人（包括留学生）的认知顺序，留学生容易理解该句式的预设、蕴涵等用法（周小兵，1996）。显而易见，篇章语用分析既是理论语法的重要内容，又是教学语法的必要环节，而且是二者的交接点。

### （四）语法规则的细化和使用条件的充分

理论语法的概括性，对学汉语的留学生来说，难于理解，很难运用。赵金铭（1997）认为：当外国人要通过学习语法来掌握一种语言时，几条最一般的规律就不够了。这时候的语法就要深化和细化，一般的规则下还得有细则。

一般语法书只讲程度副词能修饰形容词心理动词，讲"比"字句可分为同类事物比较和程度差别随时间变化两组。但这些规则对汉语学习来说过于概括。下面是学生的偏误：

a. *三个人里边，他更高。
b. *他住在挺西边。
c. *他比小王越发胖了不少。
d. *我比他很/最高。

在教学语法中，还应将程度副词分为绝对程度副词和相对程度副词两大类，前者如"很、非常、相当、有点"等，不用于比较；后者如"最、顶、更、还、越发、稍微"等，用于比较。相对程度副词中，"最、顶"等只用于多项比较，能修饰方位词语。"更、稍微"等只用于双项比较（因此 a 句错），不能修饰方位词语（因此 b 句错）；"越发"只用于一个对象不同时点的比较（因此 c 句错）；"比"字句表双项比较，只能用双项比较的相对程度副词，不能用多项比较副词，更不能用绝对程度副词（因此 d 句错）。（周小兵，1996）可见，将程度副词进一步分类，讲清各类的具体用法，有助于留学生理解并掌握它们的用法，减少偏误的出现；对已出现的偏误也可以进行有效的解释。

## （五）注重描写基础上的解释

描写主要是说明语法现象和语法规则"是什么"，解释主要说明"为什么"。描写基础上的合理解释，能促进教学。如，英语说 two hours and a half 或 two and half hours，汉语说"两个半小时"；英语 half 可以在后，也可以在中间，汉语"半"在中间；英语有 and，汉语没有相应成分；汉语有"个"，英语没有相应成分。这些都属于描写。

要解答学生提出的"为什么"，就属于解释了。英语、汉语上述句式的深层语义结构基本相同（汉语多了量词"个"），但转换程序有区别：

two <u>hours</u> + half an <u>hour</u> → two hours and a half
two <u>hours</u> + half an hour → two and a half hours
两个<u>小时</u> + 半<u>个</u>小时→两个半小时

英语是后删除或前删除（横线表被删除成分），加合关系有标记；汉语是间隔删除，加合关系无标记。因此，英语为母语的学生容易将该汉语格式误解为"2×半个小时"。转换程序不同的原因是：汉语重音律和谐，"两个小时/半"顾全了语义组合，但并列关系的四一组合在音律上不和谐；"两个半/小时"是三二组合，音律上和谐，语义组合不够完美。

解释必然要涉及语义、篇章、语用甚至心理、社会等因素，属于中层语言学。它可以反过来促进描写的精确化，同时又是语法理论化的必由之路。

## （六）语际对比既要考虑特性也要考虑共性

沈家煊指出：世界上的语言千变万化，但"万变不离其宗"，语言变异有一定范围，受一定限制，某些看上去是汉语特点的东西其实是语言共性在汉语里的具体反映（张伯江、方梅，1996）。不同语言中的一些语法结构，表层有一些区别，但深层语义结构相同。如：

我们学校数学系的年轻女教师
Giáo viên nữ trẻ của khoa toán trường chúng tôi。(越南语)
　　教师　女　年轻　的　系　数学　　学校　　我们
the young women teachers of the Mathematics Department in our school

三种语言中四个定语的位置不同，但它们跟中心语的距离基本相同："女（nữ、women）"离中心语最近，"年轻（trẻ、young）"次近，"数学系（khoa toán，the mathematics department）"次远，"我们学校（trường chúng tôi，our school）"最远。即越能表现中心语所指稳定的本质特征的，离中心语越近。这说明在中心语和定语的关系上，三种语言的深层语义结构相同。此外，类似汉语语序的还有韩国语，类似越南语语序的还有泰语，类似英语的就更多了。

这也证明了普遍语法中原则与参数的观点。原则指所有语言共有的规则，它们有一些有限的参数，学习母语的过程就是给这些参数赋值。学第二语言，要按目的语特点重设参数值，而普遍语法的原则仍起作用。因此，语法教学既要讲汉语特性，又要讲人类语言的共性。

### （七）注重习得研究

教学语法研究必须跟心理学交叉，考虑第二语言学习者的习得过程和心理特点。如习得顺序的考察和研究，就是教学语法研究的重要内容。现状是，某些语法单位（语素、词、短语等），在理论语法中的出现顺序跟留学生习得顺序不同。不少汉语教科书按理论语法的次序安排语法项目，教师和学生按这些顺序教和学，但学生实际的习得顺序却不同。

邓守信（Shou-hsin Teng，1999）的研究指出：一般教科书先出现完成体的"了$_1$"，再出现起始体的"了$_2$"。但据台湾师范大学第二语言中介语数据库进行的统计发现，母语为英语的第二语言学习者往往较早习得"了$_2$"，经过较长时间后才习得"了$_1$"。邓守信提出，教学中"了$_2$"应该先于"了$_1$"出现，且应尽可能早出现。"了$_1$"应在学习了相当数量的基本动词和类似"昨天、上个星期、今天早上"等时间词语后才教。

施家炜（1998）使用北京语言文化大学汉语中介语语料库系统，探讨留学生习得相关句式的顺序及其成因。研究发现，一些在语法等级大纲中比较容易的句式，学生较晚习得；一些大纲中较难的句式，学生反而较早习得。如，S＋把＋O＋V＋RC（T7：他把我打哭了）在大纲中是甲级项目（应早掌握）；S＋把＋$O_1$＋V（在/到/给）＋$O_2$（T8：我把书放在桌子上）是乙级项目（应晚一些掌握）。但学生习得顺序相反，这跟三个制约因素有关：①习得难易度。光从句法结构上看，T8（我把书放在桌子上）比T7（他把我打哭了）要复杂。若施事主语不变，也不考虑篇章语用因素，T8很难换成非"把"字句（*我放书在桌子上），T7可以换成非"把"字句

（他打哭了我）。学习有难度的新句式时，学生常采用回避策略，用已学句式表达相同意思。T8 回避不了，就渐渐习得了；T7 可以回避，习得时间就会长一些。②使用频率和广度。许多学生回避使用 T7，平时听说这种句式的机会少，自然会影响习得。③教学难易度。在教授"把"字句时，T8 比较容易演示和操练，课堂上可位移的东西很多，位移动作幅度较大，学生较容易掌握。相对来说，T7 的演示和操练稍难一点。

## （八）使用统计方法和实验方法

没有统计就概括出的规则，往往有偏差，并对汉语学习产生负面影响。如一般语法书说，双音节性质形容词能以 AABB 形式重叠。留学生以为是普遍规律而造出类似"长得美美丽丽的""特特别别的衣服"的病句。经统计可知，约 70% 的双音节性质形容词不能重叠。应告诉学生双音节性质形容词大部分不能重叠，小部分可以；并在教学中随机说明。

陈小荷（1996）曾对北京语言文化大学"汉语中介语语料库系统"中的 3367 例"也"进行统计研究，发现"也"的使用率为 0.63068%，比《现代汉语频率词典》统计出的 0.53248% 使用率要高。3367 例中跟"也"有关的偏误 328 例，有四种类型：

第一类（37 例，11.28%）是"也"在主语前：课堂里也他表现得很突出。

第二类（30 例，9.17%）是"也"跟其他状语错位：我也刚才在那边找过半天。

第三类（26 例，7.93%）是"也"在周遍性词语中间：他一点也没有理解力。

第四类（235 例，71.62%）是误代和滥用：我今天也又跟他见面。

统计证实，"也"偏误最多的果然是误代和滥用。通过分析偏误产生原因和语境，还得出："也"跟时间状语同现时，"刚才、以前"等名词一般在"也"前，"常常、时而"等副词一般在"也"后；并非如前人所说，两种顺序都可以。可见，基于统计的分析，可使教学者准确划定偏误范围，有的放矢地进行语法教学。同时，对语法规则的修正也有帮助。

实验方法，是使用人为控制和操纵手段，使某些需要观察的语言习得的行为、过程、特征集中地显示出来。实验法往往先有假设，再通过实验来证实或证伪。如张凯（2000）为考察 SOV 语序对日韩学生习得的影响，在 HSK 预测题语法部分放了一个实验题：

她_____。
A. 还没找到一份如意工作　　B. 一份如意工作还没找到
C. 一份如意工作找到还没　　D. 一份如意工作还找到没

此题 A、B 两个选项都合语法。实验假设是：汉语语序为 SVO，日语、韩国语语序为 SOV；日韩学生水平高的选 A，水平低的选 B。结果 129 名日韩学生都选了 A 或 B。其中，选 A 者 94 人，该考试其他题目的平均分 131（全卷 200 题，每题 1 分）；选 B 者 35 人，该卷其他题目平均分 117.5。实验结果证实了上述假设：①日韩学生先掌握 SOV，后掌握 SVO；②因普遍语法的作用，习得者不会产生野语法（无日韩学生选 C、D 两题）。可见，实验方法不但可以发现语言习得过程和特点，促进语法教学，还能验证理论语法的一些原则。

## 结　语

汉语语法研究者和教学者应明确汉语第二语言教学语法的特点，致力建立一个老师好教、学生好学，简单明了，解释性、实用性强的语法体系，以推动世界范围内的汉语教学。

上个世纪初以来，许多人把英语作为第二语言来学习，给理论语法和母语教学语法提出不少难题，迫使理论语法界和教学语法界有更多的合作，结果英语二语教学语法体系形成并日趋完善，英语语法研究飞速发展。21 世纪，当世界上越来越多的人把汉语作为第二语言来学习，理论语法界和教学语法界必将有更多的结合，使汉语语法研究出现历史性飞跃。

**参考文献**

陈小荷. 跟副词"也"有关的偏误分析 [J]. 世界汉语教学，1996（2）.
FREEMAN D L, LONG M H. An introduction to second language acquisition research [M]. 北京：外语教学与研究出版社，2000.
李大忠. 外国人学汉语语法偏误分析 [M]. 北京：北京语言文化大学出版社，1996.
刘月华，等. 实用现代汉语语法 [M]. 北京：外语教学与研究出版社，1983.
陆俭明，郭锐. 汉语语法研究所面临的挑战 [J]. 世界汉语教学，1998（4）.
施家炜. 外国留学生 22 类现代汉语句式的习得顺序研究 [J]. 世界汉语教学，1998（4）.

TENG Shou-hsin. The acquisition of "了·le" in L2 Chinese [J]. 世界汉语教学，1999（1）.

张伯江，方梅. 汉语功能语法研究 [M]. 南昌：江西教育出版社，1996.

张凯. 对外汉语教学学科的基本问题和基本方法 [J]. 世界汉语教学，2000（3）.

赵金铭. 汉语研究与对外汉语教学 [M]. 北京：语文出版社，1997.

周小兵. 句法·语义·篇章 [M]. 广州：广东高等教育出版社，1996.

［原载于《中山大学学报（社会科学版）》2002年第6期，《人大复印资料·语言文字学》2003年第3期］

# 汉语教材本土化方式及分级研究[①]

至 2013 年底，全球已建立孔子学院 440 所、孔子课堂 646 个，分布在 118 个国家和地区。但海外教材问题日益突显，海外汉语教师教学缺少可用教材，不少孔子学院和孔子课堂基本无法使用国内编的教材（陈绂，2008；许嘉璐，2008）。

国内编教材在海外不适用的原因，前人已有讨论。佟秉正（1997）指出国内教材很少针对学生母语与汉语的关系而编写；王怀成（2006）认为，德国汉语教材多为英美学习者编写，没有考虑德国人思维、语言特点。编写适用海外的汉语教材，需要充分考虑当地教育制度、社会文化、学习者母语和汉语的关系等因素（周小兵、陈楠，2013）。

除汉语教材外，其他二语教材是否考虑本土因素？从哪些角度考虑？哪些方面值得汉语教材借鉴？本文系统考察海外使用较广泛、具有代表性的三部汉语教材；系统考察在中国广泛使用的三部其他二语教材，总结初级二语教材本土化的具体途径；并对使用者进行需求调查，厘清各途径的重要程度，为汉语教材本土化编写提出建议。

汉语教材：美国版《中文听说读写》[②] Level 1，Level 2（简称《听说读写》），韩国版《多乐园掌握汉语》[③] STEP1、2（简称《掌握》），日本版《新编实用汉语课本》[④]（简称《新编》）。

其他二语教材：《当代基础英语教程》[⑤] 初级上、下册（简称《英语》），《新标准日本语》[⑥] 初级上、下册（简称《日语》），《标准韩国语》[⑦]

---

[①] 本文得到国家社会科学基金项目"基于语料库的汉语教材词汇多角度研究"（14BYY089）及广东省哲学社会科学规划项目"国际汉语教材库建设"（GD13CEW02）的资助。
[②] 姚道中、刘月华编著，Cheng & Tsui Company 2009 年版。
[③] 백은희、박정구编著，韩国다락원出版社 2008 年版。
[④] 相原茂；徐甲申编著，日本東方書店 2004 年版。
[⑤] 徐斌主编，北京大学出版社 2002 年版。
[⑥] 人民教育出版社（中国）与光村图书出版株式会社（日本）合编，人民教育出版社出版 2005 年版。
[⑦] 北京大学等 25 所大学《标准韩国语》编写组编写（中韩合编），北京大学出版社 2010 年版。

第1、2册（简称《韩国语》）。

# 一、教材本土化方式

经考察，二语教材本土化的实现方式，主要体现在符合当地的社会文化习俗、考虑学习者母语特点、符合当地的教育制度等方面。本文主要讨论前两点。

## （一）社会文化习俗

教材需符合当地的社会文化习俗，体现在词汇选择、文化点选择、课文背景设置及课文话题选择等方面。

### 1. 词汇

选用反映当地社会文化的词汇，学习者可用所学词汇表达身边事物。常见的本土化词汇包括以下七类：

（1）人名：海伦（《听说读写》，美国）、李秀丽（《日语》，中国）、왕단（洪丹，《韩国语》，中国）。

（2）地名：济州岛（제주도《掌握》，韩国）、外滩（外滩，《日语》，中国）、경덕진（景德镇，《韩国语》，中国）。

（3）机关团体名：大手町车站（《新编》，日本）、북경도서관（北京图书馆，《韩国语》，中国）。

（4）食物：泡菜（《掌握》，韩国）、油条（《日语》，中国）。

（5）节日：感恩节（《听说读写》，美国）、五一黄金周（《日语》，中国）、공자탄신일（孔子诞辰日，《韩国》，中国）。

（6）货币：韩元（《掌握》，中国）、人民币（《日语》，中国）。

（7）运动：野球（棒球，《新编》，日本）、太极拳（《日语》，中国）、배드민턴（羽毛球，《韩国语》，中国）。

（8）其他：京劇（京剧，《日语》，中国）、패왕별희（霸王别姬）、하지（夏至，《韩国语》，中国）。

各教材本土词汇选择情况（表1）为：①各教材都选择了一定数量的本土词汇，以激发学习者兴趣；②数量上，各教材差异较大，《听说读写》本土词汇最多，其次是《韩国语》《日语》，《英语》《新编》及《掌握》本土词汇较少。可见，美国汉语教材、中国的韩国语教材和日语教材都比较重视本土词汇选择，而韩国、日本的汉语教材及中国的英语教材对本土词汇的选择重视不够。

表1　教材本土词汇情况

| 教材名 | 词种数/占总词种比例 | 教材名 | 词种数/占总词种比例 |
|---|---|---|---|
| 听说读写 | 35/4.5 | 英语 | 6/0.3 |
| 新编 | 10/0.9 | 日语 | 48/2.1 |
| 掌握 | 9/1.0 | 韩国语 | 69/3.7 |

说明：比例单位为%。

### 2. 文化

当地文化一般包含日常生活习俗、国情、交际文化、成就文化等。

（1）日常生活习俗。

A. 中国人和美国人有不同的饮食习惯。（《听说读写》，美国）

B. 中国（跟日本不一样）是靠右侧通行，我总是记不住。（《新编》，日本）

（2）国情。

C. 韩国有一个很美丽的小岛，是济州岛，那儿是度蜜月的好地方。（《掌握》，韩国）

（3）交际文化。

D. 中国人的姓名是姓在名的前面，因此称呼中国人时……。（《听说读写》，美国）

（4）成就文化。

E. 中国のお茶はもともと薬として使用する……今中国茶の生産量は約世界のお茶の生産高の三分の一。（中国茶原本是作为药物使用的……。现在中国茶的产量约占世界茶产量的三分之一。）（《日语》，中国）

各教材本土文化选择情况（表2）为：①《日语》（36处）、《韩国语》（26处）注重展示当地文化，《听说读写》（11处）一定程度涉及了当地文化，《新编》《掌握》《英语》很少涉及本土文化。②《听说读写》《日语》《韩国语》较注重当地国情和日常生活，并涉及了当地交际文化；其他教材未体现。③《日语》《韩国语》还比较注重中国的成就文化。

表2　各教材本土文化情况

| 教材名 | 日常生活习俗 | 国情 | 交际文化 | 成就文化 | 合计 |
| --- | --- | --- | --- | --- | --- |
| 听说读写 | 5 | 4 | 2 | — | 11 |
| 新编 | 2 | 1 | — | — | 3 |
| 掌握 | 3 | 1 | — | — | 4 |
| 英语 | — | 1 | — | — | 1 |
| 日语 | 12 | 7 | 6 | 11 | 36 |
| 韩国语 | 4 | 9 | 1 | 10 | 26 |

### 3. 教材背景设置和话题选择

通用汉语教材常将背景设置在中国某个或几个城市，本土教材可考虑将部分课文背景设置在当地。①《听说读写》《日语》《韩国语》都将部分课文背景设置在当地，有助于拉近教材与学习者距离，有助于本土词汇和文化点的介绍（周小兵、陈楠，2013）。②《日语》《韩国语》教材先将背景设置在目的语国家，后期转移到当地；《听说读写》则是先设置在当地，后期转移到目的语国家。

表3　教材本土词汇情况

| 教材名 | 背景 | 教材名 | 背景 |
| --- | --- | --- | --- |
| 听说读写 | 美国/中国 | 英语 | 英语国家 |
| 新编 | 中国 | 日语 | 日本/中国 |
| 掌握 | 中国 | 韩国语 | 韩国/中国 |

海外教材话题选取体现所在国的特点。《听说读写》选择"美式足球"话题，《韩国语》选择"故宫""周口店"等话题；但这类话题在教材中比较少见。

## （二）学习者母语特点

教材编写应突出学习难点，在吸收汉外对比和习得研究成果的基础上，对学习者较难习得的语言要素进行有针对性的讲解和操练。

### 1. 语音

指基于学习者母语语音特点和汉语学习难点的语音点选择、排序、注释和练习。在语音选择、排序等环节，各教材基本按照汉语拼音方案展示声母和韵母，稍有调整。如《听说读写》将 z、c、s 调整到 zh、ch、sh、r 之前，因为前者的难度低于后者，这类排序在教材中尚不多见。

练习重点在容易出错的语音。如韩国教材《掌握》，"f—b、p""r—l"的练习比例较大，是因为考虑到韩国人学习难点主要是"f—b、p""r—l"的混淆（胡晓研，2007）。

语音编写本土化还体现在语音的注释。

（1）用学习者母语的相近音注释（相近音）。如：

F. な行和ま行的发音与 n、m 基本相同。（《日语》，中国，用汉语相同音注释）

（2）用母语相近音注释，并描述目标语和母语相近音的区别（相近音 + 区别）。如：

G. i，……，跟英语里 sheep 里的长元音相似，但是舌头比英语里的相应形式要高一些（《听说读写》，美国，用英语相近音注释，并说明区别）

（3）用母语相近音注释，同时说明发音方法（相近音 + 方法）。如：

H. a，口张开，舌尖离开下齿后缩，与汉语"啊"发音类似。（《英语》，中国，用汉语相近音注释）

表 4 显示：①《掌握》《韩国语》《日语》及《听说读写》都注重采用本土化注释方式；《新编》较少使用；《英语》基本未使用。基于对比的注释方法，在初级阶段有助于以更直观的方式，帮助学习者建立目的语与母语之间的联系。②《日语》和《听说读写》多采用"相近音 + 方法"，详细

描述两种语言的细微区别；《掌握》多采用"相近音＋方法"；《韩国语》多采用"相近音"。对两种语言"同中有异"的发音，应尽量使用清晰的语言描述其区别；否则学习者用母语相近音代替汉语发音，会出现洋腔洋调，甚至难以根除（张维佳，2000）。

表4　海外教材语音注释本土化　　　　　　　　　　　单位：处

| 教材名 | 相近音 | 相近音＋区别 | 相近音＋方法 | 合计 |
| --- | --- | --- | --- | --- |
| 听说读写 | 4 | 11 | 5 | 20 |
| 新编 | — | 6 | — | 6 |
| 掌握 | — | 8 | 30 | 38 |
| 英语 | — | — | 1 | 1 |
| 日语 | 4 | 26 | — | 30 |
| 韩国语 | 22 | — | 14 | 36 |

### 2. 词汇

主要体现在词汇选取和释义。下边主要讨论释义。

初级教材词汇，基本都用学习者母语注释。学某个目标词时，学习者根据教材的母语对应词或释义所蕴含的语义信息，建立母语与汉语词语间的语义联系（卢伟，1995）。两者语义完全对应时产生正迁移，促进习得；两者语义不完全对应时，容易使学生将目的语词汇与其母语词汇作不恰当的比附，产生偏误。因此，对语义形式不完全对应的词汇，应基于语言对比进行说明。如：

I. 中学，汉语中"中学"包括"初中"和"高中"（韩国语中"중학교"仅指"初中"）。(《掌握》，韩国)

汉源词是日韩学生学汉语，中国学生学日语、韩国语的优势。教材厘清汉源词与汉语词对应关系，可有的放矢，事半功倍。这种注释方法，目前教材中比较少。

### 3. 语法

主要体现在语法点选择、排序及注释方法三方面。

（1）语法点选择。英语区教材指出"10000，不能说成'十千'"，日韩教材无需指出。泰国教材应指出"'一百'前的'一'不能省略",英语区教材没必要指出。

(2) 语法点排序。教材应根据习得顺序进行安排。中国版教材常将"了"安排在"过"之前,如《博雅汉语》。장승성(2008)认为韩国人偏误率"了"最高,"着"其次,"过"最低。助词"过"和韩国语过去时态'였었'意义功能相似(김나리,2011,转引自金起愿、钱彬,2012)。因此,韩国教材《掌握》将"过"安排在"了"前。

(3) 语法点注释方法。教材中本土化语法点注释方法主要有三种:

第一,对于两种语言相同的语法点,用学习者母语注释,促进正迁移。如:

J. 汉语里的"的"在一定程度上跟"'s"一样。(《听说读写》,美国)

第二,明确指出两种语言的区别(简称"对比"),防止负迁移。如:

K. 汉语里,句子中有"谁""什么"时,句尾不用"吗",但是日语里,句子里即便有"だれ""何",句尾仍然要用"が"。(《日语》,中国)

第三,展示学习者偏误(简称"偏误")。如:

L. 在日语中,不论名词之间是什么关系,一般都加の,如"わたしの父",汉语中说"我父亲",但是日语里不能说"Xわたし父"。(《日语》,中国)

表5显示:①《听说读写》和《日语》最注重本土注释方式,其次是《新编》《掌握》《韩国语》,《英语》未采用;②类型上,《日语》《新编》多用"不同点",《韩国语》多用"相同点",《听说读写》《掌握》多用"偏误"。

**表5 教材语法注释本土化情况**  单位:处

| 教材名 | 相同点 | 不同点 | 偏误 | 总计 |
| --- | --- | --- | --- | --- |
| 听说读写 | 1 | 9 | 27 | 37(25.7) |
| 新编 | 1 | 8 | 6 | 15(16.0) |

续上表

| 教材名 | 相同点 | 不同点 | 偏误 | 总计 |
|---|---|---|---|---|
| 掌握 | — | — | 6 | 6（9.5） |
| 英语 | — | — | — | — |
| 日语 | 15 | 34 | 10 | 62（24.7） |
| 韩国语 | 17 | 2 | — | 19（10.2） |

说明：括号内为本土化注释占所有语法点解释的比例，单位为%。

## 二、本土化方式的重要性调查

英语教材基本未进行本土化处理；其他五部教材有本土化处理，但处理方式存在差异。对教师来说，教材是否需要本土化处理？何种处理方法好？为此，我们对中山大学、广州美国人学校98名教师和国际汉语教育专业硕士（均有汉语教学经验和二语学习经历）进行了问卷调查，获有效问卷98份；其中男性29%，女性71%。

本文采用Likert 7级量表，要求使用者对本土化方式的编写重要性评分：从"1=完全不需要"至"7=非常需要"。所得结果，评分低于4分的归为不重要；超过4分的分三个等级：4~4.9分为"一般重要"，5~5.9分为"重要"，6~7分为"非常重要"。结果如表6所示。

表6 本土化具体方式及重要程度分级

| 本土化方式 | | 具体内容 | 平均分 | 重要性 |
|---|---|---|---|---|
| 社会文化习俗 | 本土词 | 人名、地名、食物、节日等 | 5.8 | 重要 |
| | 本土文化 | 日常生活、国情、交际文化等 | 6.2 | 非常重要 |
| | | 成就文化等 | 3.8 | 不重要 |
| | | 方式：中外文化对比 | 5.4 | 重要 |
| | 课文背景、话题 | 以所在国为背景 | 4.8 | 一般重要 |
| | | 所在国常见的话题 | 5.3 | 重要 |

续上表

| 本土化方式 | | 具体内容 | 平均分 | 重要性 |
|---|---|---|---|---|
| 学习者特点 | 语音 | 语音选择 | 6.3 | 非常重要 |
| | | 按难易排序 | 6.1 | 非常重要 |
| | | 注释方法 | 5.3 | 重要 |
| | 词汇 | 选词 | 5.8 | 重要 |
| | | 注释方法 | 5.3 | 重要 |
| | 语法 | 语法点选择 | 5.6 | 重要 |
| | | 语法点排序 | 5.7 | 重要 |
| | | 语法注释：指出相同点 | 5.1 | 重要 |
| | | 语法注释：指出不同点 | 5.4 | 重要 |
| | | 语法注释：指出偏误 | 5.5 | 重要 |
| 其他 | 媒介语 | 以学习者母语作为媒介语 | 4.8 | 一般重要 |
| | 装帧 | 跟当地装帧风格一致 | 4.2 | 一般重要 |
| | 容量 | 容量适合当地课时 | 6 | 非常重要 |

（1）除成就文化外，本土化方式平均分都高于4分，说明本土化处理有必要。

（2）语音本土化编写极重要。有两项内容平均分超6分，属"非常重要"。

（3）语言本土化教学内容的"选择和排序"，比"注释方式"重要。语音选择6.1分，排序6.3分；语音注释5.3分。语法点的选择和排序也高于注释方式。

（4）表层本土化方式不太重要。如"以所在国为背景""以学习者母语作为媒介语""跟当地装帧风格一致"，均属"一般重要"。

（5）方式重要性排序：语音选择（6.3），文化点选择（日常生活、国情、交际文化等）（6.2），语音排序（6.1），教材容量（6.0），选词（5.8），语法点排序（5.7），语法点选择（5.6），语法注释（偏误）（5.5），语法注释（不同点）（5.4），话题（5.3），本土语音注释（5.3），本土词汇注释（5.3），语法注释（相同点）（5.1），以所在国为背景（4.8），以母语为媒介语（4.8），跟当地装帧风格一致（4.2），成就文化等（3.8）。

## 三、结　语

基于以上研究，我们对汉语教材本土化处理提出以下建议：

第一，二语教材需要本土化处理。近年来，越来越多的学者注意到中国使用的英语教材未进行本土化处理的弊端。从丛（2000）指出由于英语教材不涉及中国文化，使很多中国英语学习者"本土文化失语"。国春燕（2008）考察高中英语教材，认为许多学习者难以用英语得体地表达本土文化内容。可见，注重本土化已成为二语教材的发展趋势。

第二，本土教材编写，应充分吸收已有二语习得成果。如语音和语法点的选择与排序是"非常重要"的本土化途径，二语习得研究有丰富成果可借鉴。

**参考文献**

陈绂. 从北美地区中小学汉语教学的特点谈汉语国际教师的培养［C］//《第九届国际汉语教学研讨会论文选》编辑委员会. 第九届国际汉语教学研讨会论文选. 北京：高等教育出版社，2010.

从丛. "中国文化失语"：我国英语教学的缺陷［N］. 光明日报，2000-10-19.

国春燕. 高中英语教科书中本土文化贫乏现象研究［D］. 长春：东北师范大学，2008.

胡晓研. 韩国学生汉语中介语语音模式分析［J］. 汉语学习，2007（1）.

金起阍，钱彬. 韩国初级汉语教材的语法点选编问题考察［J］. 中国语教育与研究，2012（12）.

卢伟. 对外汉语教材中课文词语汉译英的原则和方法［J］. 厦门大学学报（哲学社会科学版），1995（2）.

佟秉正. 初级汉语教材的编写问题［J］. 世界汉语教学，1997（1）.

王怀成. 中外合作编写对外汉语教材［N］. 光明日报，2006-10-15.

许嘉璐. 解放思想，交流经验，共探新路［C］//北京汉语国际推广中心，北京师范大学汉语文化学院. 国际汉语教育人才培养论丛：第1辑. 北京：北京大学出版社，2008.

张维佳. 语音牵引：汉语语音习得中的汉字音介入［J］//陕西教育学院学报，2001（4）.

周小兵，陈楠. "一版多本"与海外教材的本土化研究［J］. 世界汉语教学，2013（2）.

朱川. 外国学生汉语语音学习对策［M］. 北京：语文出版社，1997.

［原载于《华南师范大学学报（社会科学版）》2014年第5期（合作者：陈楠，梁珊珊）］

# 西方早期汉语教材的拼音方案
# 与现行《汉语拼音方案》

汉字不直接表音。用"直音""反切"记录、分析语音,以汉字作注音工具,没有突破汉字形体的限制。明清之际大量耶稣会士来华,为学好汉语汉字,他们研习汉语音韵,尝试用拉丁字母为汉字注音,形成系统的拼音方案。它方便外国人学习汉语,同时开启了中文拉丁化的进程,对现行《汉语拼音方案》产生巨大影响。

## 一、西方早期汉语教材中的汉语拼音方案

### (一)《葡汉辞典》之罗氏拼音方案

罗明坚、利玛窦合编的《葡汉辞典》是最早用拉丁字母标注汉字的系统尝试。杨福绵(1995)指出,该词典收葡语词汇 6000 余条,对应汉语字词 5460 条(540 多条葡语词汇未找到对应词)。词典第一栏为葡语单词、词组和短句,按 ABC 排序;第二栏为罗马注音;第三栏为汉语词条,有单/双音节词和词组、短句。他整理出的罗氏拼音方案如表 1 所示。该注音体系不成熟:①声母无送气音符号。如"怕""罢"都拼成 pa。②同一韵母拼法不同。如"起"拼成 chi、chij、chiy;因当时意大利语 i、j、y 通用。③一个字母可代表多个音。如 c:"自(ci)、站(cen)、改(cai)"。④无调号。杨福绵(1995)说:"《辞典》中的罗马字注汉字音,是汉语最早的拉丁字母拼音方案,是利氏及《西儒耳目资》拼音系统的前身,也是后世一切汉语拼音方案的鼻祖。"

表 1 罗氏拼音方案

| 名称 | 数量 | 注音符号 |
| --- | --- | --- |
| 声母 | 23 | p、m、f、v、u、t、n、l、c、ç、cç、z、s、ss、cc、sc、g、h、sch、ch、q、gn、ng |

续上表

| 名称 | 数量 | 注音符号 |
|---|---|---|
| 韵母 | 44 | a、e（ae）、i（y）、o、u、ai、ao、eu、ia（ya）、ie、io、iu（yu）、oa、oo、oe、ui、uo、eao、iai、iao、iue、ieu、oei、uai、uei（ue）、am、an、em、en、im（ym）、in、um（om）、eam、iam、ien、yum、iun、oam、oem、uam、uen、uon、iuen（yuen）、ih |

## （二）《西字奇迹》之利氏拼音方案

尹斌庸（1995）说，1598年利玛窦与郭居静合制的拼音方案，标志拉丁字母注音方案的真正完成。《利玛窦中国札记》记载，郭是优秀音乐家，善于分辨细微的声韵变化。利玛窦借助其听辨能力，参照乐谱音阶给汉字确定音调，创制出罗马字汉语拼音方案。用此方案编制的注音读物《西字奇迹》（图1）1605年刻印。遗憾的是原书散失，仅四篇文章由明朝程大约的《程氏墨苑》收录，汉字有罗马字注音。罗常培（1930）根据这些音节的注音归纳出利玛窦拼音方案（表2）。此方案突出的进步有：①有送气音符号；②用5个符号表示5种声调，这主要得益于郭居静等人的贡献。

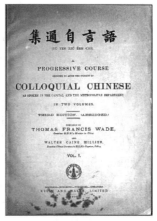

《西字奇迹》（1605）　　《西儒耳目资》（1626）　　《语言自迩集》（1867）

图1　部分西方早期汉语教材

表 2　利玛窦拼音方案

| 名称 | 数量 | 注音符号 |
|---|---|---|
| 字父（声母） | 26 | c、ç、ç'、c'、f、g、h、j、k、k'、l、m、n、p、p'、q、q'、s、t、t'、v、x、ch、ng、nh |
| 字母（韵母） | 44 | a、e（ae）、i（y）、o、u、ai、ao、eu、ia（ya）、ie、io、iu（yu）、oa、oo、oe、ui、uo、eao、iai、iao、iue、ieu、oei、uai、uei（ue）、am、an、em、en、im（ym）、in、um（om）、eam、iam、ien、yum、iun、oam、oem、uam、uen、uon、iuen（yuen）、ih |
| 次音字母 | 4 | ŏ、ŭ、iē（yé）、iǒ（yo） |
| 送气音符号 | 1 | c |
| 声调 | 5 | ˉ（阴平）、ˆ（阳平）、ˋ（上声）、ˊ（去声）、ˇ（入声） |

## （三）《西儒耳目资》之金氏拼音方案

1626 年，《西儒耳目资》（图 1）在杭州出版，是金尼阁基于利氏拼音方案，参考《洪武正韵》编撰的一部分析汉语语音的韵书。该书中提出的拼音方案如表 3 所示。

表 3　金尼阁拼音方案

| 名称 | 数量 | 注音符号 |
|---|---|---|
| 同鸣字父（声母） | 20 | p、'p、m、f、v、t、't、n、l、ç、'ç、s、ch、'ch、x、j、k、'k、h、g |
| 自鸣字母（韵母） | 45 | ū、é（i）、ṷ、i、u、iu、a、ia、oa（ua）、o、io、uo、ò、iò、uò（oe 或 ue）、e、ie、iue、ul、ié、u（uei 或 oe）i、ai、iai、uai（cai）、ao、cao（iao）、uon、an、uan（oan 或 uen）、am、iam（cam）、uam（oam）、cn、icn、eu、ieu、iuen、en、in、uen（oen 或 un）、iun、em、im、um、ium |
| 不鸣字音 | 5 | B、D、Q、R、Z |
| 声调 | 5 | ˉ（阴平）、ˆ（阳平）、ˋ（上声）、ˊ（去声）、ˇ（入声） |

罗常培（1930）认为，利玛窦的罗马字注音不如金尼阁谨严。二者相同之处都用声调符号，都用-n, -m 代表［-n］［-ŋ］两个韵尾辅音，都用 x 表示[-ʃ]声母。不同之处："字父"方面，金氏把利氏的 c［k］、c'［k'］（在 a、o、u 前），k［c］、k'［c'］（在 i 前），q［kw］、q'［k'w］（在 u 前）并成 k、'k 两个音位；g［γ］、ng［-ŋ］并成 g 音位；c［ts］、c'［ts'］（在 e、i 前），ç［ts］、ç'［ts'］（在 a、o、u 前）并成 ç、'ç 两个音位；j［ʒ］（在 a、o、u 前），g［ʒ］（在 e、i 前）并成 j 音位；n［n］、nh［ɲ］并成 n 音位。"字母"方面，金氏删掉利氏的 oo、oem 两母，添上 ua、un、oai、oan、uan、oen、uem 七母，把 ih 改成 ul。

金氏拼音方案只用 25 个字母、5 个调符就可拼读当时官话的全部音节。"这种简单而有条理的拼音方法，不但替向来被人们认为繁难的'反切'开了一条'不期反而反，不期切而切'的简易途径，而且引起当时好些音韵学者的注意和文字可以拼音化的感想。"（罗常培，1930）

此后 200 多年，中外人士创制了不少汉语拼音方案，英式、法式、德式和俄式，都有其合理之处，但都基于利氏、金氏方案，鲜有创新和突破。

### （四）《语言自迩集》之威式拼音方案

19 世纪末，威妥玛出版《语言自迩集》（图 1），以北京官话为基础，创制了威妥玛式拼音方案（表 4）。利氏、金氏方案描写的是南京官话，而威式方案是记录北京口语。

表 4　威妥玛拼音方案

| 名称 | 数量 | 注音符号 |
| --- | --- | --- |
| 声母 | 28 | p、'p、m、f、v、t、't、n、l、ts、ts'、s、tz、tz'、ss、ch、ch'、sh、j、ch、ch'、hs、k、k'、ng、h、y、w |
| 韵母 | 40 | a、o、ê、êrh、ǔ、ih、ai、êi/ei、ao、ou、an、ên、ang、êng、i、ia、io、ieh、iai、iao、iu、ien、in、iang、ing、iung、u、ua、uo、uai、uei/ui、uan、uên/un、uang、ung、ü、üo、üen/üan、üen、ün |
| 声调 | 4 | 1 上平（高平调），2 下平（低平调），3 上声（升调），4 去声（降调） |

北京话只有四个调值，威妥玛把"1、2、3、4"写在注音右上角表示四声。如：

na⁴ i⁴ t'ien¹　wo³ mên　shang¹ liang² cho　ch'u¹ ch'êng²　sai⁴ ma³ ch'ü⁴.
那一天　　我们　　商量着　　　出城　　　赛马去。①

威氏方案总结了以往各方案，在中国官话南北转换之际填补了空白，因其实用性、科学性而迅速在学汉语的外国人中流行，并对现用《汉语拼音方案》产生重要影响。不足之处如一些不同的声母用相同符号表示。

## 二、中国近代当代的汉语拼音方案

### （一）汉字笔画式拼音

鸦片战争后，以康有为梁启超为代表的知识分子主张"以字母取音，以简易之新文"来书写"中国名物"。王照1900年创制《官话合声字母》，有50个字母（声母）、12个喉音（韵母），以北京话为标准音，以汉字笔画为字母基础，用声韵双拼法。它是中国人独立研制拼音化注音方案的起点。

1918年，民国政府教育部公布我国第一个法定拼音方案——注音字母。以北京语音为标准音，以简单汉字作为字母形式，使用声介韵三拼法，音节用声母、韵母、声调三拼制，共37个（声母12个，韵母13个，介母3个）。如：

学　中　国　字　很　有　意思。
ㄒㄩㄝˊ ㄓㄨㄥ ㄍㄨㄛˊ ㄗˋ ㄏㄣˇ ㄧㄡˇ ㄧˋㄙ

该方案在民国时推行30余年，中华人民共和国成立后使用近10年，促进了国语统一、注音识字两大任务的完成。但相对于国际性的拉丁字母，汉字笔画不易学习。黎锦熙（1956）说："注音字母的最大缺点就在它是'民族形式'，而不是'国际形式'。"

---

① ［英］威妥玛著：《语言自迩集》，张卫东译，北京大学出版社2002年版，第141页。

## （二）拉丁字母式拼音

国语罗马字是中国第一套法定拉丁字母拼音方案。1928 年 9 月，国民政府大学院院长蔡元培公布《国语罗马字拼音法式》，用于给汉字注音和统一国语。采用 26 个拉丁字母，不另增加符号。不用调号和数字，用一套复杂的拼写规则标示声调。"阴平"用基本形式，但声母为 m、n、l、r 者加 h。"阳平"在开口韵元音后加 r，韵母第一字母为 i、u 者，改为 y、w，声母为 m、n、l、r 者用"基本形式"。"上声"单元音双写，复韵母首末字母为 i、u 者改为 e、o。"去声"韵尾为 -i、-u、-n、-ng、-l 或 -（无）者分别改为 -y、-w、-nn、-nq、-ll 或 -h，其他各韵（包含 iu）在韵尾之后加 h。如：

Shianntzay de shin wenshyue buneng meiyeou shin wentzyh,
现在　　的　新　文学　　不能　　没有　新　文字，

国语罗马字拼写规则烦琐，不易掌握，很难推广，影响远不如注音字母。

拉丁化新文字是 20 世纪 20 年代末 30 年代初在苏联创制，原目的是在苏联远东的 10 万华工中扫除文盲。1931 年 9 月通过《中国汉字拉丁化的原则和规则》。它原则上不标调，除非在极有必要或极易混同的情况下。如：

Ba sin Wenz nianxui ixou, iao shchang yng sin Wenz kanshu siesin.
把　新　文字　念会　以后，要　时常　用　新　文字　看书　写信。

周恩来（1958）指出："拉丁化新文字和国语罗马字是中国人自己创制的拉丁字母式的汉语拼音方案中比较完善的两个方案。在谈到现在的拼音方案的时候，不能不承认它们的功劳。"

## 三、现行《汉语拼音方案》

1958 年 2 月 11 日，第一届全国人民代表大会第五次会议批准颁布推行《汉语拼音方案》。提交讨论和批准前，周恩来（1958）在《当前文字改革的任务》中指出："现在公布的《汉语拼音方案（草案）》是在过去的直音、反切以及各种拼音方案的基础上发展起来的。从采用拉丁字母来说，它的历史渊源则可以一直推溯到三百五十多年以前。"最后一句话，指的就是早期西方汉语教材中的汉语拼音方案。

## （一）西方早期及中国近代拼音方案对现行《汉语拼音方案》的影响

西方传教士的拼音方案不仅开启了中文拉丁化注音的序幕，更为现今汉语拼音打下基础。表 5 展示以往拼音方案和现行《汉语拼音方案》的注音符号数量。从符号数量看，以往拼音方案对现行拼音方案有直接影响。但现行拼音方案采取"从简"原则，韵母只有 35 个，声母只有 21 个，声调与威妥玛方案一致。

表5　以往方案与《汉语拼音方案》的声韵调数量

| 拼音方案 | 韵母 | 单韵母 | 双韵母 | 三字韵母 | 四字韵母 | 声母 | 声调 |
| --- | --- | --- | --- | --- | --- | --- | --- |
| 利氏方案 | 44 | 5 | 20 | 18 | 1 | 26 | 5 |
| 金氏方案 | 45 | 9 | 22 | 13 | 1 | 20 | 5 |
| 威氏方案 | 40 | 7 | 17 | 13 | 3 | 27 | 4 |
| 国语罗马字 | 39 | 7 | 13 | 14 | 5 | 24 | 4 |
| 拉丁化新文字 | 37 | 8 | 16 | 11 | 2 | 21 | 0 |
| 汉语拼音方案 | 35 | 6 | 13 | 12 | 4 | 21 | 4 |

下面以"推行汉语拼音方案"为例，从具体注音形式上进行对比（表6）。不同方案相似性很大。某些标注法，西方早期汉语教材的方案和《汉语拼音方案》更接近。

表6　以往方案与《汉语拼音方案》注音对比

| 拼音方案 | 推 | 行 | 汉 | 语 | 拼 | 音 | 方 | 案 | 是 | 我 | 国 |
| --- | --- | --- | --- | --- | --- | --- | --- | --- | --- | --- | --- |
| 利氏 | T'uī | xîm | hán | yù | p'īn | yīn | fām | án | xí | ngò | quô |
| 金氏 | 'Tuī | xîm | hán | yù | 'pīn | yīn | fām | án | xí | gò | kuô |
| 威氏 | 'Tui$^1$ | xing$^2$ | han$^4$ | yu$^3$ | pin$^1$ | yin$^1$ | fang$^1$ | an$^4$ | shih$^4$ | wo$^3$ | kuo$^2$ |
| 罗马 | Tuei | shyeng | hann | eu | ping | yn | fang | ann | shy | uoo | gwo |
| 拉丁 | Tui | xieng | han | y | pin | in | fang | an | sh | uo | guo |
| 现代 | Tuī | xíng | hàn | yǔ | pīn | yīn | fāng | àn | shì | wǒ | guó |

续上表

| 拼音方案 | 重 | 要 | 的 | 语 | 言 | 文 | 字 | 方 | 针 | 政 | 策 |
|---|---|---|---|---|---|---|---|---|---|---|---|
| 利氏 | chúm | yáo | te | yù | yān | vên | çú | fām | chǐn | chým | c'é |
| 金氏 | chúm | yáo | te | yù | yān | vên | ç'ú | fām | chǐn | chým | ç'é |
| 威氏 | chung⁴ | yao⁴ | te | yu³ | yan² | wên² | tsǔ⁴ | fang¹ | chên¹ | chêng⁴ | ts'ê⁴ |
| 罗马 | jong | iaw | de | yu | yan | wen | tzyh | fang | jen | jenq | tsyh |
| 拉丁 | zhung | iao | de | y | ian | wen | z | fang | zhen | zheng | ce |
| 现代 | zhòng | yào | de | yǔ | yán | wén | zì | fāng | zhēn | zhèng | cè |

## （二）现行《汉语拼音方案》的创新

《汉语拼音方案》在继承早期汉语教材注音方案和中国近现代拉丁化注音方案的基础上，有很多独创和进步之处：

第一，遵循一音一母原则，尽量不用"变读法"。早期教材的方案中，同一字母或字母组合在不同音节或单词里可代表几个不同的音素（一母多音），一个音素也可用不同字母或字母组合表示（一音多母）。如罗氏方案 c 与 i 组合时读［tsi］，与 ai 组合时读［kai］。这增加了学习和使用上的麻烦。汉语拼音只用国际通用的 26 个字母，并采用四个双字母 zh、ch、sh、ng，可完整拼出整个普通话的全部语音系统。

第二，创造隔音字母 y、w 和隔音符号两套规则来分隔字音，零声母的 i 和 u 改写为 y 和 w，或在主要元音前面加写 y 或 w，使音节界线分明。

第三，汉语辅音中塞音和塞擦音不分清浊，只有清音不送气和送气两套。《汉语拼音方案》用西方文字中表示浊音的字母 b、d、g、z 等表示汉语不送气闭塞音，简单实用，避免了早期教材方案中表送气的附加符号书写不便且容易丢失的毛病。

第四，使用 j、q、x 表示"基欺希"。周有光（2008）说：1956 年拼音方案初稿公布后公开征集意见，对"基欺希"的写法分歧很大。反对者认为，或用 g、k、h 变读，或由 j、ch、sh 变读；但这显然不符合"一字一母"原则。"j、q、x"读作"基欺希"在拉丁字母"国际音域"是特殊读音，汉语拼音方案的用法是一个创造。

第五，舌尖元音字母 i 兼表 3 个元音，符合音位归纳原理，切合实用。

第六，r 兼表声母和儿韵母及儿化韵的卷舌韵尾，一举三得。

### （三）现行《汉语拼音方案》的不足

《汉语拼音方案》公布施行至今，得到普遍认可和广泛运用，但也存在不足：

第一，简写（huei—hui、liou—liu、quen—qun）造成外国人学拼音的困难，可能诱导错误发音。

第二，ü 采用加符的形式。但跟 n、l 相拼时不省略两点，跟 j、q、x 相拼和零声母音节时省略两点，无形中增加了学习者记忆负担。

第三，通用电脑键盘难以输入 ê、ü 和声调。

### （四）现行《汉语拼音方案》的作用

《汉语拼音方案》摆脱传统以汉字作注音工具的局限性，规范汉字注音系统，极大地促进了普通话推广和汉字认知。同时给了汉语二语学习者一个完整的汉字注音符号体系，推动第二语言的汉语学习。语言学习和大脑密切相关，《汉语拼音方案》将每一个音节分解成音素，有利于推动汉语母语儿童的分析思维，同时为电脑输入打下基础。

## 四、相关思考

### （一）历史

张国刚（2001）指出："用拉丁字母拼读汉字起初只是传教士学习汉语的便宜法门，却由此发展出一整套汉字注音方案，则可看做传教士汉语研究的重要影响。"对比可发现，和中国近现代的拼音方案相比，早期汉语教材的方案对《汉语拼音方案》影响更大。如果没有汉语作为二语教学，汉语拼音方案不会这么顺利产生。

### （二）现实需求

周有光（2013）指出，汉语拼音"原来是国内的文化钥匙，现在延伸成为国际的文化桥梁"。从这个意义上讲，拼音化应该有两个层次，第一个是国家民族内部的层次，第二个是国际交流的层次。汉语拼音方案在早期的主要作用是推广普通话，促进国家民族内部的交流，而现在面临的任务是汉语拼音在国际上的流通和使用。现在海外 6000 万人学习、使用汉语，拼音实际上具有更广阔的空间，如编写实用性的拼音读物等，外国人学习拼音之后，能够直接使用。

《中华人民共和国国家通用语言文字法》指出，国家通用语言文字以《汉语拼音方案》作为拼写和注音工具。《汉语拼音方案》是中国人名、地名和文献罗马字母拼写法的统一规范，并用于汉字不便使用或不能使用的领域。可以看出，汉语拼音的应用范围是很广泛的，包括国际交往、汉语的国际使用。

### （三）未来

从国内视角转到全球视角看《汉语拼音方案》的作用，全球汉语教学中，拼音是实际应用的工具，外国人可以只用拼音来学习、使用汉语。全球汉语应用中，汉字不是唯一的符号。拼音应具有作为文字使用的更广阔的前景。当然，这需要时间和历史的验证。

**参考文献**

费赖之. 在华耶稣会士列传及书目［M］. 冯承钧，译. 北京：中华书局，1995.

利玛窦，金尼阁. 利玛窦中国札记［M］. 何高济，王遵仲，李申，译. 北京：中华书局，1983.

黎锦熙. 四十多年来的"注音字母"和今后的"拼音字母"［J］. 北京师范大学学报（社会科学版），1956（1）.

罗常培. 耶稣会士在音韵学上的贡献［J］. 国立中央研究院历史语言研究所集刊，1930（3）.

金尼阁. 西儒耳目资［M］. 北京：文字改革出版社，1957.

威妥玛. 语言自迩集［M］. 张卫东，译. 北京：北京大学出版社，2002.

杨福绵. 罗明坚、利玛窦《葡汉辞典》所记录的明代官话［C］//《中国语言学报》编委会. 中国语言学报：第五期. 北京：商务印书馆，1995.

杨福绵. 利玛窦对中国语言学的贡献［N］. 公教报（香港），1983-01-07，1983-01-14.

尹斌庸. 利玛窦等创制汉语拼写方案考证［J］. 学术集林，1995（4）.

尹斌庸.《西字奇迹》考［J］. 中国语文天地，1986（2）.

曾晓渝. 试论《西儒耳目资》的语音基础及明代官话的标准音［J］. 西南师范大学学报（人文社会科学版），1991（1）.

曾晓渝.《西儒耳目资》音韵系统研究［M］//西南师范大学中文系汉语史研究室. 汉语史论文集. 重庆：西南师范大学出版社，1995.

张奉箴. 利玛窦及金尼阁的中文拉丁注音［M］//纪念利玛窦来华四百周年中西文化交

流国际学术会议秘书处.纪念利玛窦来华四百周年中西文化交流国际学术会议论文集.台北：辅仁大学出版社，1983.

张西平.传教士汉学研究［M］.郑州：大象出版社，2005.

张国刚.明清传教士与欧洲汉学［M］.北京：中国社会科学出版社，2001.

周恩来.当前文字改革的任务（节录）［C］∥文字改革出版社.《汉语拼音方案》的制订和应用：《汉语拼音方案》公布25周年纪念文集.北京：文字改革出版社，1983.

周有光.回忆汉语拼音方案的制定过程［J］.秘书工作，2008（3）.

周有光.周有光文集：第14卷［M］.北京：中央编译出版社，2013.

［原收入李中生、李铭建主编《语言、文化与现代化——"周有光与中国语文现代化"学术研讨会文集》，广东高等教育出版社2015年版（合作者：李亚楠）］

# 国际汉语教材语料库的建设与应用[①]

语料库语言学和语料库技术的发展日益革新，对语言教学课程设计、教材编写与课堂教学均带来广泛影响（何安平，2010）。如"语料库证据"，指将大型语料库里真实语料的使用频率、常用搭配、前后语境等语言特征提取出来，为教材编写提供资源，指导教学中的语言选取、内容选编等（郭曙纶 等，2011）。

长期以来国内外基于海外非母语者教材（尤其多次改版的经典教材）所建的语料库，开发和研究很不成熟。表现为：建库少，应用少，研究少。因此有必要系统研究已编海外非母语者汉语教材的文本语料库。下文将此类语料库称为"国际汉语教材语料库"。

## 一、国际汉语教材语料库的建设

教材语料库建设一般分两个阶段：第一阶段是教材库建设，第二阶段是在教材库基础上建设教材语料库。下面以中山大学国际汉语教材语料库建设为例进行讨论。

### （一）教材库建设

全球汉语教材库由中山大学国际汉语教材研发与培训基地（www.cntexts.org；以下简称"教材基地"）建设。该基地由国家汉办、中山大学共建，2009 年创办。

全球汉语教材库（www.ctmlib.com）收录国际汉语教材 17800 余册（40 个国家出版、57 种教学媒介语）/种（该库中的"册"数是不重复的），实体教材 10000 余册/种。现有教材库主要收集海外非母语者使用的汉语教材，不包括我国少数民族学汉语教材。教材库收录教材信息包括：

---

[①] 本文为国家社会科学基金项目"基于语料库的汉语教材词汇多角度研究"（14BYY089）及广东省哲学社会科学规划项目"国际汉语教材语料库建设"（GD13CZW02）成果之一。

ISBN 书号、书名信息（书目全名、外文题名、丛书名等）、作者信息（主要责任者、责任者附注、主要责任方式等）、出版信息（出版国家、出版社、出版年、版次、页数、价格、重量等）、学习者信息（适用国家、适用水平、适用学校、语言环境等）、基本内容（教学媒介语、教材资源类型、汉字繁简体、注音形式、适用课型、语言要素、内容简介）、补充内容（教材介质、教材类型、专业汉语教材、文化类教材、练习形式等）、附载物（形式、数量、简介）、链接信息（本书介绍链接、购买链接等）、其他（样课、书籍封面、审核阶段等）

每册/种教材，详细信息含 98 个字段，最简信息含 35 个字段。建库目的是让全球汉语教师和其他从业者（含教育机构管理者、出版人员）及时从网上了解教材信息。

教材库提供国际汉语教材信息在线查询服务（图1）。用户可根据详细、准确信息，找到相关教材。也可通过国别或地区、教学媒介语、教学水平、大致教学内容等模糊关键词检索目标性、针对性较强的教材。建库以来教材库网站访问人次达 532572 人次。

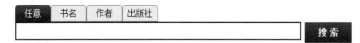

图 1　全球汉语教材库在线检索系统界面

大容量的全球汉语教材库，为建设教材语料库夯实了基础。

## （二）教材语料库建设

第一步，通过调研，选定首次进入教材语料库的教材。教材基地组建专门团队，对海外 16 个国家和地区的汉语教学和教材使用情况进行了考察。通过对 97 名海外汉语教育专家的访谈，形成了调研报告和调研方案。

在此基础上，通过专家遴选，初步确定首批入库的 3212 册/种汉语教材。其中，涵盖 19 个国家，22 种教学媒介语。教材选择兼顾了出版时间、语种、出版地、适用对象和课程类别等多个因素：①注重时效性，2006年后出版的教材有1752册，占54.5%；②覆盖当前国际汉语教材中较多的22个语种，包括日语、韩语、汉语、英语、越南语、俄语、泰语、法语、印尼语、西班牙语、德语、意大利语、荷兰语、印尼语、菲律宾语、阿拉伯语、冰岛语、芬兰语、哈萨克语、吉尔吉斯语、斯洛伐克语、马来语；③兼顾中国和海外出版汉语教材，其中海外版教材1802册，占56.1%；④照顾各年龄段，包含学前、小学、中学和大学各个层次；⑤通用汉语类教材包含当前国际汉语教学的主要课程——语言交际技能类，语言要素类，其他类（如唱歌、游戏、文化等）。

第二步，将选定教材的文本进行扫描或OCR处理，转化为电子文本。

第三步，对其中的字、词进行标注，制成在线检索系统。该系统存储并查询500万字的国际汉语教材语料库。检索系统工作流程原理如图2所示。

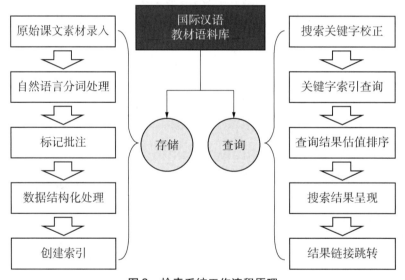

图2 检索系统工作流程原理

分词处理、分词人工校正以及文本特征标记服务于教材语料库的数据提取，为创建索引提供参照。教材语料库查询环节包括过滤、校正字词和语法等要素，通过查询结果匹配度计算出频率并排序，实现教材语料库的搜索功能和结果链接跳转。

该库语料有汉语二语学习的典型性、可教性特征，反映出字词、语法、文化的常用度。

第四步，在此基础上制成汉语文本指难针在线分析软件及汉语字词档案在线分析软件，使语料库实现以下功能：教材语料的字词分析，教材文本语料的定级与评估。

## 三、国际汉语教材语料库的应用

国际汉语教材语料库的应用价值，主要体现在以下方面：教材编写指南的研制，教材评估与难度测定，测评软件的研制与使用，教材语料库与其他语料库的配合使用。

### （一）教材编写指南的研制

不同的汉字、词汇、语法点，学习难度不同，二语使用频率也不同。教材编写必须了解现有教材的字、词、语法点分级和文化点选用情况，考虑它们的频率与分级。

现有汉字、词汇等级表，基本根据母语者使用频率研制。现有语法点等级表，只参照汉语本体研究的语法体系。现有文化项目表，是根据对本族人的文化介绍研制。这些等级、项目表，既未充分考虑二语学习、使用情况，也未充分考虑二语教学和教材情况。如果能依据国际汉语教材语料库中字词、语法点、文化点频率，研制出相应分级表和项目表，能直接促进汉语二语教材编写，对教学有指导作用。

基地广泛收集国际汉语教材，形成教材语料库，对其中字、词汇、语法点、文化点进行频率统计，结合汉语教学专家组意见，研制出《国际汉语分级字表》（中山大学国际汉语教材研发与培训基地，2012）、《国际汉语分级词汇表》（同上）、《国际汉语分级语法点表》（同上）和《国际汉语分类文化项目表》（同上），形成教材编写指南，实现语料库建设"从教材中来，到教材中去"。

**1. 编制分级字表**

《国际汉语分级字表》（2012）包含2719个汉字，选自3212册教材中频率较高的汉字；根据频率高低，参考汉字与词汇的关系，分成四个等级：一级869个，二级784个，三级574个，四级492个。

使用建议：零起点教材只选取最常用的一级字；初级教材只从一、二级汉字中选取；中级教材尽量只从一、二、三级汉字选取，慎用超纲字；高级教材汉字使用相对自由，尽量覆盖四级汉字，超纲字不超过35%。

2. 编制分级词汇表

《国际汉语分级词汇表》（2012）通过统计、分析3212册教材中词汇频率，结合国际汉语教学专家组的意见确立。研制过程参考《国际汉语教学通用课程大纲》。词汇表包括词汇8531个，分四级：一级1032个，二级1999个，三级2155个，四级3345个。

使用建议：零起点教材词汇除专有名词外，应限定在一级词汇之内，超纲词严格限制；初级教材除专有名词外，应严格限定在一、二级词汇之内，超纲词不超过20%；中级教材应从一、二、三级词汇中选择，超纲词不超过30%；高级教材词汇相对自由，但应尽量覆盖四级词汇，超纲词不超过35%。

3. 编制分级语法点表

提取、标注3212册教材中的显性教学语法点，进行频率统计和排序；参考《国际汉语教学通用课程大纲》等大纲，研制成《国际汉语分级语法点表》（2012）。语法点表包含245个语法点（287项），分四个等级：一级80个（102项），二级77个（88项），三级56个（62项），四级32个（35项）。

语法点较复杂，分四个层次，融在上述四个等级里。第一层次包括语素、词类、句子成分、单句、复句、固定格式六个部分；其中，语素仅在第三、四级出现。第二层次在第一层次基础上展开。如第一层次的词类，具体包括名词、代词、数词、量词、动词、形容词、副词、介词、助词、连词等。第三层次介绍具体语法点，如助词分为语气助词、结构助词、动态助词等。第四层次列出具体的语法项，如动态助词细分为四个语法项（即表中语法点后的"项"）：过、了、着、呢。

使用建议：零起点教材覆盖30%以上的一级语法点，可选用不超过10%的二级语法点，三、四级语法点应严格限制；初级教材尽可能涵盖一、二级语法点，超纲语法点不多于10%；中级教材基本涵盖所有三级语法点，超纲语法点不多于30%；高级教材可根据教材性质和内容选取，超纲语法点一般不多于35%。

4. 编制分类文化项目表

考察、统计3212册教材中的显性文化点，参考《国际汉语教学通用大纲》《AP汉语与文化课程概述》等相关大纲，制定《国际汉语分类文化项目表》（2012）。项目表共四层：第一层项目5项（中国国情，成就文化，日常生活和习俗，交际活动，思想观念），第二层项目 38 项，第三层项目 179 项，第四层项目 61 项（图 3）。例如：

A. 中国国情
1. 政治和法律
1.2 法律法规：宪法；婚姻法；个人所得税；知识产权保护；限塑令

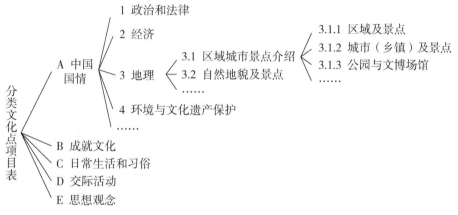

图 3　国际汉语分类文化项目表分类

文化项目表为国际汉语文化教学总体设计、课堂教学、教材设计与测试提供依据和参考。教材编写者在使用该表编写教材或设计文化内容时，可根据具体情况从项目表中选取合适的话题，也可对话题进行综合概括介绍。建议使用者以现有教材为基础，继续探索补充新的文化素材和主题，优化项目表的设置。

### （二）教材评估与难度测定

教材语料库为教材评估与难度测定提供了研究语料，依托语料库可以评估和测定现有教材中的词汇、成语、练习、文化项目等内容。

**1. 教材评估**

（1）词汇。周小兵、陈楠（2013）对比两种"一版多本"教材（《新实用汉语课本》7 个语种——英、法、西、日、韩、泰和阿拉伯语，《当代中文》还有印尼语和意大利语）与 6 部 9 册海外汉语教材词汇本土化情况，发现：海外教材本土词汇涉及面多于"一版多本"教材；本土词汇数量远高于后者。梁建华（2016）系统考察5套泰国高中汉语教材词汇使用情况，发现泰国主编或自编教材本土词汇高于中国国内的汉语教材，"一版多本"教材极少收录泰国本土词。研究显示，有必要借助语料库进行中外教材词汇对比研究，提高国别化教材编写质量。

（2）成语。周小兵、程燕（2013）基于语料库系统考察31册汉语二语教材，发现教材选用成语跟《汉语水平词汇和汉字等级大纲》差别巨大。教材成语，尤其是超纲、越级成语过多。对比母语者语料库发现，《汉语水平词汇和汉字等级大纲》中一些成语是母语者低频成语，难度等级不合理。

（3）练习。陈楠、杨峥琳（2015）对比3部美国、日本、韩国编写的汉语教材和3部在中国使用的英、日、韩教材，发现面向不同地区的教材练习，在学习策略上有显著差异。美国教材注重社交策略，日本教材突出认知和记忆策略等。原因是学习策略与当地教学法协同。研究为汉语教材练习的区域化提供了很好的参考。

（4）文化项目。周小兵、罗宇和张丽（2010）参考其他语种的经典二语教材，系统考察9部汉语文化教材。研究发现，不少汉语文化类教材存在以下问题：对象、目标不明确，偏重古代文化，语言难度大，跨文化体验练习不足。对比语料发现：课文语言难度，对话体比非对话体要低；有非母语者参与的对话，比纯母语者参与的对话难度要低。此研究对文化类教材编写有所启发。

**2. 难度测定**

周小兵、刘娅莉（2012）依据《汉语水平词汇与汉字等级大纲》（国家对外汉语教学领导小组办公室，1992），比较国内4部、国外4部初级汉语综合课教材词汇，发现甲乙级词比例，国外教材高于国内教材；越级词超纲词比例，国内教材高于国外教材。国外非华人所编教材，甲乙级词汇比例高于华人所编教材，越级词超纲词比例低于华人所编教材。相对而言，4部国外教材词汇等级与分布更符合《汉语水平词汇与汉字等级大纲》。此外，国外教材词汇中，汉语母语者使用的高频词比例远高于国内教材。

有初级教材出现"白薯、圆圈、按摩、镯、飞碟"等超纲词，难度太高。研究者还提出可行的教材编写建议，如参考大纲、参考教材共选词和母语者词的频度。

## （三）测评软件的研制与使用

基于教材语料库可研制衍生工具，促进智能化教材评估、研究和编写。

"汉语文本指难针"（金檀、李百川，2016）采用语言数据智能技术，以"汉语教材语料库"中课文语料为数据基础，具有文本难度定级、改编反馈与例句查询三大功能。

该软件基于汉词等级、平均句长与文本长度等计算文本难度。字词等级依据《汉语国际教育用音节汉字词汇等级划分》（中华人民共和国教育部、国家语言文字工作委员会，2010；刘英林、马箭飞，2010）；平均句长计算每句所含字数，文本长度计算文本所含总字符数。计算文本难度采用机器学习中的支持向量算法。以《阶梯汉语·中级精读1》（赵新、李英，2004）第10课第一段为例。

红色是汉民族最喜爱也最常用的颜色之一。红色的种类很多，比如红中带紫的紫红，颜色较浅的粉红，颜色很浓的大红，像火一样的火红，像血那样的血红，还有跟红橘子皮一样颜色的橘红，等等，真是数也数不清。与汉语中的多数颜色词一样，红色包含着深厚的汉民族的文化心理和感情色彩，具有丰富的文化象征意义。

该文本平均句长为43，文本长度为127，难度三级，对应中级水平，适应中级学习者。经检验，该工具定级准确率已超90%（林星彤，2016）。由于定级准确、操作方便，汉语文本指难针已被许多二语研究采用，如许琪（2016）。

改编反馈，该工具主要提供词汇等级和最长句标注。标注初、中、高、更高级词和超纲词，分别用不同颜色标注（黑、绿、黄、紫、红）。如"喜爱、种类、紫、浅、火、清、包含、深厚、心理、色彩、象征"为中级词，标绿色；超纲词"紫红、火红、血红、橘红"标红色。编写者可视情况替换上述超纲词。标注最长句，可方便文本难度改编；尽管最长句未必是最难的句子。

例句查询。该工具依据教材库3212册/种教材语料信息，基于"频数驱动"理念，筛选代表性教材语料数据，实现词语查询功能。可根据需求输入特定词语（"见面、满足、都、了"等），找出各教材中该词汇或语法点呈现的句子语篇，用于编写教材、教辅或教学。通过查询，明确特定词汇在教材语料库中的使用，决定取舍。如查询"橘红"会发现教材语料库中只有3例。

由于具体上述功能，该工具可促进教学，帮教师解决以下问题：①选材主要靠个人经验和主观判断决；②教学时找不到合适例句；③不知道如何改编文本难度。

### （四）教材语料库与其他语料库的配合使用

汉语第二语言学科建设，要解决"教什么、怎么教、怎么学"等基本问题。（赵金铭，2001）而这些问题的解决，需要综合使用教材语料库和其他相关语料库：①目标语语料库；②学习者母语语料库；③中介语（二语学习者）语料库。

**1. 相关语料库的功能**

在二语研究中，这三种语料库和教材语料库的功能有一定分工，需协同使用。

（1）目标语语料库。可考察教什么。如：①看学习者中介语表达，跟目标语母语者使用有何异同。形式不同会被认定为"错误"。如韩国人说"*我一小时学习了"。使用频率不同，可显现二语使用特点。如"见面"在"离"状态时（见了他两面）的使用频率，母语者远高于二语者。②从某语言项的使用情况、频率中总结具体用法，概括规则。如表示逐指的"都"，从其位置、搭配可总结出其用法，从用法、频率中可概括其规则。

（2）中介语语料库。可考察怎么学。功能：①看中介语跟目标语有何异同。形式跟目标语不同的为错误。由正确率统计可看出语言项的习得状况。如同一学习者，"我学了一小时"的频率超过"我一小时学了"，证明他基本习得该语言项。大范围统计可概括语言项习得顺序。②从特定语言项的使用情况、频率等，总结它在中介语中的用法、规则和发展趋势。

（3）学习者母语语料库。可考察"怎么学"。如：①跟目标语语料库对比，看学生母语与目标语的异同。形式相同会产生正迁移。形式不同可能发生负迁移（我比他高得多 /I am *much* taller than him），如英语区人易出现"*我比他很高"。②系统对比学习母语与目标语，规括两种语言的规则和差异。

（4）国际汉语教材语料库。可考察"教什么、怎么教"。例如，比照教材语料库特定语言点的信息与其他三种语料库的异同。如存现句否定式（墙上没挂着画儿）在汉语母语语料库中频率极低，根本不需要教学；但不少汉语教材却用了很多篇幅讲解。

各类语料库可根据学习者母语不同再分类。学习者母语语料库可分英、日、韩等。中介语语料库也可根据学生母语分类，以凸显教材的本土性特征。如阿拉伯区教材,"酒、猪肉、比基尼"等词语是否出现,如何呈现,就要慎重考虑。

**2. 教材语料库与相关语料库综合使用案例**

下面以二语者使用离合词"见面"为例,看如何使用多种语料库进行考察。

第一步,用中介语语料库考察二语者"见面"的使用情况(表1)。

表1 北语 HSK 动态作文语料库"见面"的使用情况

| 总频次 | 正确频次 | 正确率 |
|---|---|---|
| 281 | 236 | 84% |

从中介语角度考察,可以把出现"见面"的句式分为以下几类:

A. 能愿/否定/频度……+ 见面 + 了。如:

我们又能见面了。(错误极少)

B. 时/地等状语 + 见面。如:

我们每天都在学校见面。
*他们隔了好久才见面<u>在一个公园里面</u>。

C. 跟 + 宾语 + 见面。如:

如果我没跟她见面的话,我可能现在不学汉语。
*回去我的国家我就见面<u>同事</u>。

D. 见 + 了/过/…… + 面。如:

我们去年见过面。
*这么多年都没见面<u>过</u>。

E. 见 + 次数词 + 面。如:

我和家人一周见一次面。

*一年之中一两次我跟他见面。

F. 见+对象+的/一+面。如：

他们不想见对方的面。

*我一见他面就觉得有一些奇怪的感觉。

以下是这六类句子的使用情况（表2）。由表2可知，外国学生使用"见面"，"合"时正确率高，"离"时正确率低。

表2 北语HSK作文语料库"见面"小类使用情况

| 句式 | 总频次 | 使用频率/% | 正确频次 | 正确率/% |
| --- | --- | --- | --- | --- |
| A | 85 | 29.7 | 84 | 98.8 |
| B | 58 | 20.3 | 48 | 82.8 |
| C | 108 | 37.7 | 92 | 85.2 |
| D | 14 | 4.9 | 7 | 50 |
| E | 20 | 7.1 | 15 | 75 |
| F | 2 | 0.7 | 1 | 50 |

对比母语者使用频率（表3）可知，"见面""离"的状态，二语者频率为12.7%，远低于母语者的34.2%。

表3 北大CCL语料库"见面"使用情况（抽样1000条）

| 句式 | 频次 | 使用频率/% | 句式 | 频次 | 使用频率/% |
| --- | --- | --- | --- | --- | --- |
| A | 234 | 19.3 | D | 148 | 12.2 |
| B | 168 | 13.9 | E | 211 | 17.4 |
| C | 394 | 32.6 | F | 55 | 4.6 |

第二步，用双语语料库考察汉外语言对比，探索二语者错误、回避"离"的状态的原因，是否跟母语有关。此处只列举英汉、韩汉对比，使用"二语星空"英汉语料库（http://www.luweixmu.com/）、沪江韩语学习网站（http://kr.hujiang.com）。

英语和韩国语，跟汉语"见面"对应的词，①都不能分离；②都可带对象词作宾语［I met Liz /나는（我）친구를（朋友）만났다（见面）］；③表示过去等语义单位，或在该词后，或动词变形；④次数、时间、地点等成分，韩国语均在动词前［일년에（一年）그와（他）한두번정도（一两次左右）만나요（见面）］，英语一般在动词后（We met once a week）。母语影响使学习者容易回避"离"的状态，容易出错。

第三步，使用汉语教材语料库考察"怎么教"，统计教材对"见面"的呈现情况，看教材对学习可能产生什么影响。下面是部分教材展示的"见面"句：

A. （能愿/否定/频度……）＋见面（＋了）。如：

马老师：我们还在一个学校，会常常见面的。(《乘风汉语》4)
咱们聊聊天儿吧，很久没见面了。(《发展汉语》高级上)

B. 时/地等状语＋见面。如：

田中平：好吧，七点一刻见面。(《新编汉语教程》1)
过一会儿我们在咖啡厅见面。(《中国全景·中级汉语》3)

C. 跟/和/同＋宾语＋见面。如：

太好了，我也想和你见面。(《乘风汉语》3)
她说三点钟跟我们见面。(《拾级汉语》第2级)。如

D. 见＋了/过/……＋面。如：

毕业后，我们再也没见过面。(《博雅汉语》初级起步篇Ⅱ)
路易斯：见了面，我给你介绍。(《中国全景·中级汉语》1)

E. 见＋次数词＋面。如：

我想跟你见一个面。(《当代中文》)
传说王母娘娘只许牛郎和织女每年七月七日见一次面。(《新中国语》5)

D + E. 见 + 过 + 次数词 + 面。如：

我们曾经见过一次面，后来就没再联系。(《走进中国·中级本》)
我们见过三次面，此次都很愉快。(《目标汉语·基础篇》6)

F. 见 + 对象 + 的/一面。如"见他的面，见妈妈一面"，教材库中没有体现。

上述句式分布情况如表 4 所示。

表 4 "见面"句式统计

| 合 | | | 离 | | | | 合计 |
|---|---|---|---|---|---|---|---|
| A | B | C | D | E | D + E | F | |
| 122/37.78 | 90/27.86 | 50/15.48 | 38/11.76 | 13/4.02 | 10/3.11 | 0/0 | 323/100 |
| 262/81.11 | | | 61/18.89 | | | | 323/100 |

注："合"指"见面"未分离状态，"离"指分离状态。"/"前为频次，"/"后为比例（单位:%）。

教材解释"见面"多用英语 to meet 注释；多标注为"动词/V."，极少数标为"离合词"；拼音多是 jiànmiàn（说明是一个词），少数为 jiàn//miàn（说明是离合词）。

目前教材普遍的问题是：呈现"见面"句"合"态（尤其是对象不用介词导引的 AB 句式）比率过多，"离"态比率太少，仅占 18.89%。学生使用"见面"偏误多（"离"态频率高），常回避"离"态"见面"，跟教材输入严重不足密切相关。

由上可知，教材语料库跟其他语料库配合使用，可解释学习者偏误产生的部分原因，可直接促进教材研发和教学，有助于解决"教什么、怎么教、怎么学"。

## 四、问题与展望

综上所述，我们认为目前国内教材语料库建设存在以下问题：
（1）类别少，分类不科学。海外非母语者教材语料库主要收录通用教材，缺少专用教材。在通用汉语教材内，未区分传承语教材和面向非华裔汉语教材。

（2）规模小。中大汉语教材语料库目前仅 500 万字。跟实际教材比，教材库收录教材量还不够。多媒体教材只能查询基本信息，未将其纳入语料库建设。

（3）加工不够。多数教材语料库仅做分词、词性标注等加工。中大语料库只对字、词、显性语法点和文化点做标注。教材其他内容如图片、表格、练习等尚未深加工。

为满足全球汉语教育的迅速发展，满足从业人员对教材研发使用的迫切需求，面向海外非母语者的汉语教材语料库建设应着力做好以工作：

（1）加大语料库类别、规模建设，强化语料库分类建设，以提高使用范围和效率。语料库分类可分层进行。如，第一层，传承语/非传承语教材；第二层，目标语/非母语环境教材；第三层，通用汉语/专用汉语教材；第四层，各年龄段教材；第五层，水平分层。此外，语别、国别因素也需要适当考虑。

（2）对教材语料进行系统、纵深加工。在识别字、词、显性语法点和文化点的基础上，对隐形语法点、篇章结构、话题点、交际点（含功能与场景）等进行标注，进而标注话语态度，标注图片、表格等多模态资源，使之成为多方面的参考依据。

（3）加强多种语料库综合使用功能的开发。作为教与学的辅助工具，语料库在功能上需配合多种语料库共同使用，实现教学、教材之间的互动。

国外成熟的二语教学资源已初步形成从词汇到语法的各类应用产品，以词典、手机应用 APP、教材等方式呈现。国内教材语料库的发展趋势，是依托现有教材库，编制出国际汉语教学各类大纲的参考依据，形成教材编写资源，通过从人工评定教材到机器自动评定的研发，构建出"人—机"评估模型基础，全面促进教学。

**参考文献**

BARLOW M. Corpora for theory and practice［J］. International journal of corpus linguistics，1996（1）.

BENAVIDES C. Using a corpus in a 300-level Spanish grammar course［J］. Foreign language annals，2015（2）.

CARROLL J B，DAVIES P，RICHMAN B. The American heritage word frequency book［M］. New York：American Heritage，1971.

COXHEAD A. A new academic word list［J］. TESOL quarterly，2000（2）.

GARDNER D, DAVIES M. A new academic vocabulary list [J]. Applied linguistics, 2013, 35 (3).

HUNSTON S, FRANCIS G. Pattern grammar: a corpus-driven approach to the lexical grammar of English. Amsterdam/Philadelphia: John Benjamins, 2008.

JOHNS T. Microconcord: A language-learner's research tool [J]. System, 1986, 14 (2).

JOHNS T. Should you be persuaded—two samples of data-driven learning materials [M] // JOHNS T F, KING P. Classroom concordancing. Birmingham: University of Birmingham, 1991.

LIU D, JIANG P. Using a corpusbased lexicogrammatical approach to grammar instruction in EFL and ESL contexts [J]. Modern language journal, 2009, 93 (1).

LU H C, CHU Y H, CHANG C Y. A corpus-based system of error detection and revision suggestion for Spanish learners in Taiwan: a case study [J]. JALT call journal, 2013 (9).

MCCARTHY M. Accessing and interpreting corpus information in the teacher education context [J]. Language learning, 2008 (4).

MILLER D, BIBER D. Evaluating reliability in quantitative vocabulary studies: the influence of corpus design and composition [J]. International journal of corpus linguistics, 2015 (1).

SCHMITT N. Researching vocabulary: a vocabulary research manual [M]. New York: Palgrave Macmillan, 2010.

SINCLAIR J M. Looking up: an account of the COBUILD project in lexical computing [M]. London: Collins ELT, 1987.

SINCLAIR J M. Corpus concordance collocation [M]. Oxford: Oxford University Press, 1991.

XUE G, NATION I S P. A university word list [J]. Language learning and communication, 1984 (3).

YEPES R G, Krishnamurthy R. Corpus linguistics and second language acquisition: the use of ACORN in the teaching of Spanish [J]. Lebende sprachen, 2010, 55 (1).

陈楠, 杨峥琳. 基于学习策略的汉语教材练习本土化研究 [J]. 世界汉语教学, 2015 (2).

国家对外汉语教学领导小组办公室. 汉语水平词汇与汉字等级大纲 [M]. 北京语言学院出版社, 1992.

国家汉办, 教育部社科司. 汉语国际教育用音节汉字词汇等级划分 [M]. 北京语言大学出版社, 2010.

郭曙纶, 杨晓惠, 曹晓玉. 另类中介语初探 [C] // 肖奚强, 张旺熹. 首届汉语中介语语料库建设与应用国际学术讨论会论文选集. 北京: 世界图书出版公司北京公司, 2011.

何安平. 语料库的"教学加工"发展综述 [J]. 中国外语, 2010 (4).

何安平. 国外语料库语言学视角下多形态短语研究述评 [J]. 当代语言学, 2013 (1).

金檀, 李百川. 汉语文本指难针 [EB/OL]. (2016 - 12 - 15). http: // www. languagedata.

net/editor/.

梁建华. 本土化和适龄性视角下的泰国高中汉语教材研究：基于词汇和课文的考察[D]. 广州：中山大学，2016.

刘英林，马箭飞. 研制《音节和汉字词汇等级划分》 探寻汉语国际教育新思维[J]. 世界汉语教学，2010（1）.

林星彤. 国际汉语阅读文本难度指针的设计与实现[D]. 广州：中山大学，2016.

许琪. 读后续译的协同效应及促学效果[J]. 现代外语，2016（6）.

赵金铭. 对外汉语研究的基本框架[J]. 世界汉语教学，2001（3）.

赵新，李英. 阶梯汉语·中级精读1[M]. 北京：华语教学出版社，2004.

中华人民共和国教育部，国家语言文字工作委员会. 汉语国际教育用音节汉字词汇等级划分[M]. 北京：北京语言大学出版社，2010.

周小兵，陈楠. "一版多本"与海外教材的本土化研究[J]. 世界汉语教学，2013（2）.

周小兵，程燕. 汉语教材中成语的系统考察[J]. 汉语学习，2013（6）.

周小兵，刘娅莉. 初级汉语综合课教材选词考察[J]. 语言教学与研究，2012（5）.

周小兵，罗宇，张丽. 基于中外对比的汉语文化教材系统考察[J]. 语言教学与研究，2010（5）.

［原载于《语言文字应用》2017年第1期（合作者：薄巍、王乐、李亚楠）］

# 西方汉语教材与教学语法

汉语二语教学语法，注重在描写规则的基础上合理解释规则，使语法知识易教易学，方便二语者使用。许国璋（1986）指出："供语言学研究的语法，目标是明语法的理，分类要求有概括性和排他性，以最少而又足够的例子说明类别；对象是语言研究者，学术兴趣比较一致。教学用的语法，目的是致语法的用；分类不要求严格，以说明用途为主；例子力求翔实，本身就是学习的材料；对象是语言学习者，学习条件不尽相同。"他的论述，从目标、分类、举例和对象等方面对两种语法加以区分，很有启发。

汉语作为第二语言教学语法的特点，在近代西方汉语教材中有所体现，如《华语官话语法》（瓦罗，1703）、《汉语札记》（马若瑟，1847）、《汉语官话口语语法》（艾约瑟，1857）、《语言自迩集》（威妥玛，1886）、《华语须知》（奥瑞德，1931）① 等。这些教材，主编是汉语学习者、使用者与教授者，比较适合二语学习者使用。本文考察若干部近代西方汉语教材，提取其中汉语第二语言教学语法的特点。

## 一、对象、目标与分类

《语言自迩集》（威妥玛，1867）第一版序言明确指明：该书"基本功能是帮助领事馆的学员打好基础，用最少的时间学会这个国家的官话口语，并且还要学会这种官话的书面语"②，其教学对象即"英国驻中国领事馆招募人员"。

---

① 《华语官话语法》（*Arte de la lengua mandarina*），编者：Francisco Varo（瓦罗），1703 年在广州出版。
《汉语札记》（*Notitia Linguae Sinicae*），编者：Joseph de Prémare（马若瑟），1831 年马六甲出版拉丁版，1847 年广州出版英文版。
《汉语官话口语语法》（*A Grammar of the Chinese Colloquial Language*），编者：Joseph Edkins（艾约瑟），1857 年写成，本文采用 1864 年第 2 版。
《语言自迩集》（*Yü-yen Tzǔ-êrh Chi*），主编：Thomas Francis Wade（威妥玛），1867 年第一版。
《华语须知》（*Practical Chinese*），主编：Harry S. Aldrich（奥瑞德），1931 年出版。
② 威妥玛：《语言自迩集》，张卫东译，北京大学出版社 2002 年版，第 12 页。

目标对象直接影响语法内容的分类。以疑问句为例。面向母语者的《现代汉语》(黄伯荣、廖序东,1991)① 根据语法形式将疑问句分为"是非问、正反问、特指问、选择问"四种。而最早的汉语作为外语的教材《华语官话语法》(瓦罗,1703),则从交际功能出发,将汉语疑问句分为"表怀疑、问原因、问时间、问数量、问是非、问有无、断言否定"七类(蔡建丰、周小兵,2015)。此后不少汉语教材继承此传统。如 2002 年版《新实用汉语课本1》②,在第 2～12 课的"练习与运用"环节用大量替换、问答练习,教授学习者如何"问需要、问国籍、问姓名、问地点、问职业、问年龄和出生地、问时间、问原因"。

## 二、服务二语习得的语法点处理

教材对语法点的处理,主要包括语法点选择、解释和排序。理论语法注重全面描写语法规则,很少在某个语言点上深入剖析。二语教学语法,则要从使用频率、交际需求、学习难度等方面考虑语法项目的选取和解释(周小兵,2003)。如《华语须知》(奥瑞德,1931)用半页讲解"不"和"没"的区别③:

(1)"没"否定"有",不用于否定"是";"不"否定"是",不用于否定"有"。如果学生知道"不"用在现在时态(有时也有将来时态),"没"经常用于过去时态,就不会混淆二者的用法。如:
a. 我不念书。(I am not reading. /I shall not read. )
通常,句中会有一些提示词,如"今天""明年",用以指示现在时态或将来时态。
b. 没念书。(I did not read. /I have not read. )
此外,根据上下文,"不"也表示"没有这种习惯(not to be in the habit of)"。"我不念书。"可表示没有念书的习惯。"没"可修饰动词,"不"也可修饰形容词、副词。

---

① 本书采用 2015 年增订五版。
② 刘珣主编:《新实用汉语课本1》,北京语言大学出版社 2002 年版。
③ Harry S. Aldrich (奥瑞德), *Practical Chinese* (《华语须知》),1931:62-63.

该书在课文中展示的例句还有：

(2) A. 那书是你的<u>不是</u>？
　　B. <u>不是</u>，是他的。她的书<u>没有</u>罗马字。
　　A. 对啦。他念中国字，他<u>不念</u>罗马字。
　　B. 你有笔<u>没有</u>？
　　A. 我<u>没有</u>，他也没有。

混淆"不"和"没"是二语者常见偏误。为此教材先解释"不""没"的主要区别；接着给出例句辨析其时态区别；最后用大量例句操练，促进学生学习。

但相同的语法点，面向中国读者的《新著国语文法》[①] 的解释仅有一句：

(3) 不；没有，（没，未，不曾）（常用过去时）例如：他昨天"没有"来，今天还是"没有"来，明天也许"不"来了。"（黎锦熙，1992：142）

语法教材必须考虑习得顺序，遵循由易到难、由高频到低频的原则把相关语言点逐一教给学习者（周小兵，2003）。李真（2005）考察《汉语札记》（马若瑟，1847），发现该书对"把"字句的教学，由易到难呈现以下例句：

(4) a. <u>把</u>他拉到房里。（谓语是典型的动作动词，"把"带有一点动词义）
　　b. <u>把</u>他灌醉了。（"把"的介词功能明显）
　　c. <u>把</u>金银视为粪土。（"把"的介词功能典型）

从（4a）到（4c），"把"字逐渐虚化，由实变虚，符合语言认知由易到难的规律。

---

① 黎锦熙：《新著国语文法》，商务印书馆1924年版。这是中国第一部较系统的白话文语法著作。

1950年后中国版的汉语教材,"把"字句分类主要依据形式,语法点排序只依据形式复杂度,未考虑学习难度。施家炜(1998)研究外国留学生22种句式的习得顺序,涉及两种"把"字句:

(5) a. 他把我打哭了。(S+把+N+V+结果补语)
　　b. 我把书放在桌子上。(S+把+$N_1$+V在/给/到/向+$N_2$)

该研究发现:①在《汉语水平等级标准与语法等级大纲》(国家汉办,1996)中,a式为甲级,难度低一些;b式为乙级。②习得考察证明,这两类句式等级都是Ⅱ级,相对较难。③学习者对句式难度的主观认定,它们也在同一等级。

李英、邓小宁(2005)研究表明:留学生使用的"把"字句主要集中于以下句式:

(6) 句式7:S+把+$N_1$+V在/给/到/向+$N_2$(你把书放在桌子上)
　　句式2:S+把+N+V+结果补语(我把衣服洗干净了)
　　句式3:S+把+N+V+趋向补语(我把钱送过去了)
　　句式8:S+把+$N_1$+V成/作+$N_2$(她把学生当作自己的孩子)

其中句式7使用率、正确使用率最高;句式3偏误率较高;句式1、2学生常常回避。

对比《汉语札记》《实用汉语课本》,参考"把"字句习得研究,可以看出,近代西方汉语教材(图1是其中一些教材的书影),多基于学习难度排序;母语者编写的汉语教材,往往基于形式复杂度排序。

《华语官话语法》(1703)　　《汉语札记》(1831)　　《汉语官话口语语法》(1864)　　《华语须知》(1931)

图1　近代西方汉语教材书影

## 三、细化的多层面规则解释

概括性太强的规则解释,对二语学习者来说难度太大。赵金铭(1994)认为,几条一般规律不足以使外国人通过学习语法掌握语言,应该深化、细化规则。比如一些易混淆的语法单位,其区别就体现在更为细致的语法规则之中。汉语二语教学,就应该更注重辨析这类问题。如《华语须知》(奥瑞德,1931)对"刚""刚才"的辨析,采用对比例句与学习者母语解释相结合的方式,细致解释规则:

(7) a. 我<u>刚</u>来了。I arrived just now. —(and I am still here)
　　b. 我<u>刚才</u>来了。I arrived just now.(a few minutes ago)—(and I am back again)
　　c. 他<u>刚</u>来了。He just came.(and is still here)
　　d. 他<u>刚才</u>来了。He just came. —(and has gone somewhere else)

用了学习者母语,又用不同后续句凸显"刚"和"刚才"句细微差别。周小兵(1987)发现,"刚"实际上表示完成体范畴,所饰动词时态相当于英语现在完成时或现在完成进行时;"刚才"句谓语动词时态相当于英语过去时。比较:

(8) a. 他<u>刚</u>离开五分钟。(He has just left for five minutes.)
　　b. 他<u>刚才</u>离开了五分钟。(He left for five minutes a moment ago.)

这些对比解释,与《华语须知》的对比解释很相似,英语母语者容易理解。

教二语者语法,很多教师习惯用公式来概括语法形式。但对二语者而言,单讲形式不够,应从语义、形式、表达多个层面来解释语法。如《语言自迩集》[①]讲授施事和对象位置变化,体现主动、被动语态的形式区别和语义区别:

(9) a. 父母养儿女。

---

[①] 威妥玛:《语言自迩集》第 427 页。

这句话是父母"行的"（hsing ti [此处是"行的"的拼音字母。下同。引者注]，动因 agent，发出动作的 the one that acts）。"父母"的谓语表明"他们是动作的发出者（they are the agents of an act）"。

b. 儿女为父母所养。

这一句，是"受的"（shou ti，承受动作 acted on）。"儿女"是动作的宾语（"children" are the object of an act）。

从语用方面讲授。该书在词类章，通过列举例句的方式①，表达出"被"字在语用时更注重"不如意性"：

(10) 那人实在可怜，从前在王大人那儿做门，被人冤屈，说他私受银钱。因为这个，挨打很利害，就把他辞了。注：被人冤枉：他是别人弄错的对象。挨打很利害，他被打，打得很厉害。

编者选择"不如意"的情况展示例句并注解，体现"被"的语用特点。

蔡建丰（2014）举出《语言自迩集》对"VP 不 VP"的解释：

(11) a. 他<u>来</u>不<u>来</u>？（Is he coming?）——他<u>不来</u>。（He is not coming.）
b. <u>是</u>他<u>不是</u>？（It is he, is it not?）——<u>是他</u>。（It is he.）

该书特别对其语用做出说明："在否定或肯定回答时，一般不单纯回答'不'或'是'，应该重复部分词语，重复是为了避免'生硬粗俗'（张德鑫，2001）。当然，这也是基于学习者母语和汉语的对比，针对英语母语者常见的语用问题进行解释。因为英语母语者经常用"yes"或"no"来回答问题。

## 四、汉外对比

语言对比是成人二语学习的重要方法。近代西方汉语教材通常用学习者母语解释语法规则，并注重从学习者母语视角出发，促进了西方人的汉语学习。

---

① 威妥玛：《语言自迩集》，第 428 页。

以疑问代词"哪"为例。丁雪欢（2009）研究留学生疑问代词习得情况时发现，其习得从核心词向边缘词扩展，从最早习得到最晚习得依次排序如下：

（12）什么、为什么＞几、多少、哪儿、怎么样＞谁＞怎么样＞**哪＋量词**＞怎么

可见，有关"哪＋量词"的学习是偏难的内容。学习者在用"哪"表示指别时，很容易出现如下偏误：

（13）a. ＊这些书**哪**是我的？（遗漏量词"本"。中大中介语语料库）
　　　b. ＊这些礼物**哪一**是给妈妈的？（误用"一"代替"个/些"。中大中介语语料库）

蔡建丰（2014）指出，《语言自迩集》在讲解"哪＋量词"的意义和用法时，使用了"双向交叉解释方式"：a. 给出一个汉语词，用学习者母语解释其在英语中对应的意思和用法。b. 展示与该汉语词对应的英语词，介绍其在汉语中的表达法及用法。如：

（14）a′. 哪——加上"个"或别的陪衬词（插不插"一"都可以），表示疑问：what person, what thing。
　　　b′. What person——"哪一个人"或者"哪个人"。
　　　Which——假如涉及许多对象中的一个，有生命的也好，无生命的也好，都用"哪"表示，如上所说，后面跟上"一"和相应的量词，或者用量词而不用"一"。

以上对比解释细致到位。首先，a′的解释注重对比汉英，明确汉语要用量词。学习者掌握此规则，不容易出现类似（13a）的偏误。b′的解释则通过英汉对比，明确汉语必须用量词，"一"可用可不用。学习者掌握此规则，不容易出现类似（13b）的偏误。

## 五、大量例句

重视例句展示，是近代西方汉语教材的重要特点。以《汉语札记》为例。张西平（2005）指出《汉语札记》是近代以来汉语语法研究的奠基之作。蔡建丰（2014）指出，该书列举了多种表疑问的词或句，例句达 203 个。如解释"麼"（口语），相当于现代汉语"吗"：

一是单用，如：

(15) a. 你說了麼？　　b. 想是又有別樣功課麼？

二是与"可"连用，构成"可……麼"式，如：

(16) a. 你可知道麼？　　b. 如今可还在麼？

三是与"莫非""莫不"连用，构成"莫非……麼""莫不……麼"式。从语用功能上来说应该是构成起强调作用的反问句，如：

(17) 莫非就是此人麼？

而供本族人使用的《现代汉语》（黄伯荣、廖序东，1991），疑问句例句数量仅 37 例。

可见，汉语二语教材应该为学习者提供大量的例句输入，方便学习者模仿并习得。

## 结　　语

考察近代西方汉语教材教学语法的特点，有重大的现实意义。

第一，促进语法教学，启示当下汉语教材。近代西方汉语教材，编者多是汉语二语学习者，对学习难点和策略深有体会。教材中的教学语法体系就更易教易学，对后来汉语教材编写有启发。蔡建丰（2014）指出，1867 年的《语言自迩集》和1926年的《言语声片》①都注重汉外对比和语法交际功能，例句多。不难看出前者对后者的影响。

第二，概括汉语规则，促进语法研究。近代西方汉语教材能促进汉语语法的研究。目前发现的外族人编者大多是印欧母语者，对汉语语法较敏感，概括出一些语法规则。汉语语法的许多特点最早见于这些教材。艾约瑟（1857）在《汉语官话口语语法》中首先注意到语序、虚词是汉语重要语法手段，总结出短语顺序9条原则②，如时间顺序、种属关系、内容与形式、重叠、自然优先等。如表示种的语素在前，表示属的语素在后③："闰月、正月、母亲、乡亲、母猪、公狮子"。表整体的语素在前，表部分的语素在后："脚跟、脚底"。

以自然优先顺序④举例。该书介绍，词组、短语的顺序也有按照中国传统观念中的长幼、男女、高低次序进行排列，如"君子小人、母女、兄弟姐妹"。可以看出，艾约瑟编书时，很早就注意到词组排列顺序融合了中国传统观念、传统文化的若干顺序，对此有系统总结。这一总结也影响了此后国内汉语本体语法的相关研究。

研究近代西方汉语教材的教学语法，可促进当代汉语二语教学语法体系构建和教学实施；可梳理近代西方汉语教材对当代语法学的具体影响，考察二者是否存在传承、发展关系。为促进相关研究，应建立汉语教材史的教材语料库，方便研究者提取信息进行统计分析。此外，还应在全球语言背景下系统研究理论语法、教学语法和语法教学的关系，促进相互融合，深化汉语二语及其教学的研究。

**参考文献**

蔡建丰，周小兵.《华语官话语法》疑问句系统考察[J].华文教学与研究，2015（2）.

蔡建丰．汉语作为外语（第二语言）教材的疑问句历时研究[D]．广州：中山大

---

① 布鲁斯·爱德华兹、舒庆春：《言语声片》（*Linguaphone Oriental Language Courses*: Chinese, Vol. I & Vol. II），The Linguaphone Institute, 1926。

② 原文："Compound substantives are formed according to certain laws of combination regulating the arrangement of the constituent words."

③ 原文："The word denoting species precedes that which marks genus."

④ 艾约瑟：《汉语官话口语语法》，1864年第2版，第109页。原文："When relative nouns are placed together, those that express superiority usually stand first, as in 母女 mother and daughter, 君子小人, the good man or the man of honour, and the bad man or the man of no principle 兄弟姐妹 elder and younger brothers and sisters."

学，2014.

丁雪欢. 留学生疑问代词的习得研究 [J]. 语言教学与研究，2009（6）.

黄伯荣，廖序东. 现代汉语 [M]. 5 版. 北京：高等教育出版社，2015：101-103.

李英，邓小宁. "把"字句语法项目的选取与排序研究 [J]. 语言教学与研究，2005（3）.

李真. 《汉语札记》对世界汉语教学史的贡献 [J]. 世界汉语教学，2005（4）.

施家炜. 外国留学生 22 类现代汉语句式的习得顺序研究 [J]. 世界汉语教学，1998（4）.

许国璋. 论语法 [J]. 外语教学与研究，1986（1）.

张德鑫. 威妥玛《语言自迩集》与对外汉语教学 [J]. 中国语文，2001（5）.

赵金铭. 教外国人汉语语法的一些原则问题 [J]. 语言教学与研究，1994（2）.

张西平. 传教士汉学研究 [M]. 郑州：大象出版社，2005.

周小兵. "刚+V+M"和"刚才+V+M"[J]. 中国语文，1987（1）.

周小兵. 对外汉语语法项目的选择与排序 [C] // 翟汛，萧素秋. 对外汉语教学与中国文化 2003 国际汉语教学学术研讨会论文选集. 广州：汉学出版社，2003：174-178.

周小兵. 教学语法研究的内容与方法 [C] // 冯胜利，等. 甲子学者治学谈. 北京：北京语言大学出版社，2017：278

[原收入周小兵主编《国际汉语》（第 4 辑），中山大学出版社 2018 年版（合作者：张惠芬、蔡建丰、师文）]

# 国际汉语教材40年发展概述[①]

教材是教师教学、学生学习的依据。它规定教学内容，体现教学方法，保证教学大纲的实施。科学研发、合理使用教材，可提高教和学的质量，促进课程建设。

1978年改革开放以来，汉语国际教育不断发展。随着中国综合实力显著增强，全球学汉语人数迅速增加，对教材的需求也不断扩大。本文主要参照国家汉办设在中山大学的国际汉语教材研发与培训基地（简称"基地"）所藏教材，对改革开放40年的国际汉语教材发展做简要概述，总结经验，发现问题，以促进教学资源发展。

基地建于2009年，研发出全球汉语教材库（简称"教材库"），2011年6月上线。目前收集、整理、展示全球汉语教材信息17800多册/种（40国出版，56种媒介语），包含题名、ISBN号、责任者、出版者、内容等信息。其中10108册/种（29国出版，53种媒介语）信息较详细，含学习者水平（零起点、初、中、高级）、机构类（大中小学、幼儿园）、媒介语、技能类别（综合、听、说、读、写、译）、语言要素类（语音、汉字、词汇、语法和句型）等。到2017年10月，网站访问量超过60万人次。

## 一、教材数量猛增

2004年以来，我国在146个国家建立了525所孔子学院和1113个孔子课堂。[②] 学汉语的海外人士数量猛增，汉语教材出版数量、种类不断增加。

目前教材库录入基本信息的教材10108册/种。其中，2000年以前出版的1373册，占13.58%；2001—2005年出版的2279册，占22.55%；2006年至今年出版的6456册，占63.87%。由此可看出汉语国际教育事业已进

---

[①] 本文是国家社会科学基金项目"基于语料库的汉语教材词汇多角度研究"（14BYY089）成果之一。

[②] 国家汉办/孔子学院总部官网（http://www.hanban.edu.cn/），数据统计时间截至2017年12月31日。

入跨越式发展阶段。

## 二、教材类别多样化

### (一) 课堂教材

#### 1. 从综合技能到专项技能

早期教材以综合型交际技能为主，如北京语言学院（1980，1981）的《基础汉语课本》《实用汉语课本》，用一套课本培养学生语言知识和技能。海外类似教材如佟秉正（1982）的《汉语口语》，说是口语，但也有综合性。

改革开放深入发展，留学生迅速增加，综合教材很难满足需求。受英语教材影响，1980年代末出现分技能教材（精读、口语、听力、写作、阅读）。第一种类型是，精读教材以精读文章为载体，教阅读理解的同时教词汇、语法、汉字等知识，其他教材分别以特定技能（听、说、读、写）教学为主。精读教材跟其他分技能教材关系有紧有疏。如李德津、李更新（1989）主编《现代汉语教程》，《读写课本》为主干，《说话课本》《听力课本》《汉字练习本》为辅。第二种类型为几本教材并行，如《阶梯汉语》（初、中级）（周小兵等，2004）、《发展汉语》（李泉等，2012）根据学习水平分级，再分列各种技能教材。第三种类型是单列分技能教材，如《中级汉语阅读》（刘颂浩等，1997）、《汉语中级听力教程》（潘兆明，1998）、《中级汉语阅读教程》（周小兵等，1999）、《汉语口语速成》（马箭飞等，2000）、《初级汉语阅读教程》（张世涛等，2002）、《中级汉语听和说》（白雪林，2002）、《汉语会话301句》（康玉华、来思平，2015）、《新汉语写作教程》（罗青松，2012）。

分技能教材出现，反映目标语环境学习者对交际技能精细化的需求。在非目标语环境，因课时环境限制，仍以综合教材为主，如《中文听说读写（第三版）》（姚道中、刘月华，2009）。在中国内地，也有不分技能的，如《汉语教程》（杨寄洲、邱军，1999）、《博雅汉语》（李晓琪，2004），后者这两年开始编出口语、听力等技能教材。

#### 2. 从通用汉语到专用汉语

专用汉语又称特殊用途汉语（Chinese for specific purpose），满足某种专门需求，如商务/旅游/医学汉语等。其目标性、实用性强，专门用途价值高。由于中国经济快速发展，1990年代中期起，以商务汉语为代表的专用汉语教材大量出现。

专用汉语一般分两类。①职业性，让学习者用汉语从事特定职业，如商务/旅游/酒店法律/空乘服务汉语等。教材如《经理人汉语》（张晓慧，2004）、《旅游汉语》（中国中央电视台英语频道《旅游汉语》节目组，2008）。含多项技能学习，方便学习者用汉语从事特定职业。②教育性，让学习者用汉语学习特定专业。如医学/经贸/社科汉语等。教材如安然的《科技汉语——中级阅读课程》（2006）、莫秀英的《医学汉语——实习篇》（2007）。重视输入性的听力、阅读技能，方便学习者能跟中国学生一起用汉语学特定专业。

从教材库数据看，专用汉语教材有21类，500多册/种。比例由高到低为：商务、旅游、媒体、医学、体育、法律、交通、科技、烹饪、纺织、公务、军事、历史、公关、警务、航空客服、数学、外交、哲学、政治、IT。

商务汉语教材。1982年我国出版第一本面向留学生的商务汉语教材《外贸洽谈500句》（北京语言学院、北京对外贸易学院合编）。从教材库看，90年代末中国版商务汉语教材只有十几部。本世纪以来，汉语学习人数剧增，教材库收录商务教材282册。其中，课堂教材最多，占85.3%；读物、工具书、考试辅导用书等较少。近70%的商务汉语教材为中国出版；其他国家出版的，日、韩版较多。媒介语有汉、英、日、韩、泰、越等12种，汉英双语最多。听说、阅读、写作等技能教材较多，如李晓琪（2009）的《新丝路商务汉语速成系列》、关道雄（2014）的《商务汉语101》、张黎（2018）的《商务汉语拓展》；综合课系列教材如王惠玲、周红（2011）的《卓越汉语·商务致胜》。

专用教材大幅增加，显示汉语教学从通用型向通用/专用型兼备的方向发展，显示了汉语教学专用化、精细化的发展趋向。

## （二）非课堂教材

随着学习人数迅速增加和需求多样化，多种类型的非课堂教材快速发展，如读物、自学、工具书、手册、考试辅导、教师发展、各类大纲等。课外教材占教材库36.83%，可称为"广义教材"。其中有些（如考试辅导教材）也可在课堂使用。

### 1. 读物

读物含汉语读物和中华文化读物两类，约占11.92%。如中国版《中国那个地方》（张英，2002）、《汉语风》（刘月华、储诚志，2007）、《实用汉语分级阅读丛书》（崔永华，2008）、《中文天天读》（朱勇，2011）、《中国人的生活故事》（孔子学院总部，2015）等；海外版 Asiapac Books（Asiapac Books Pte Ltd，2002—2004）系列、Chinese Culture Active Learning Series（Dr. Jane Liedtke, et al. , 2007）、《中文读本系列》（Various，2009）等。汉语读物大多分级，内容丰富，有利于学生课外阅读。

### 2. 自学教材

自学教材占 7.12%。如中国版的《汉语 900 句》(《汉语 900 句》编写组，2006)、《体验汉语 100 句》（岳建玲 等，2006）等，海外版的 Talking Chinese Series（Li Shujuan，2005）、《자학자습 중국어 1》（한무희 윤영근，임향섭，2011）等。

### 3. 实用手册

实用手册供学习者在生活、工作、旅行中查验相关语句，占 3.86%。如《300 词畅游中国》（王尧美、林美淑，2005）、《想说就说：汉语口语完全手册》（新语言工作室，2007）等，方便查询，既是简单的语言教材，又可作"救急"手册。

### 4. 工具书

工具书包括字典、词典、单词本等，占 4.72%。如中国版《商务馆学汉语词典》（鲁健骥、吕文华，2006）、《汉语图解词典》（吴月梅，2008）、《汉语图解小词典》（吴月梅，2009）、《商务馆学汉语近义词词典》（赵新、李英，2009）、《全球华语词典》（李宇明，2010）、《现代汉语学习词典》（北京商务印书馆辞书研究中心，2010）、《汉韩学习词典》（甘瑞瑗，2011）等，海外版《岩波中国语辞典》（仓石武四郎，1963）、Collins Easy Learning Mandarin Chinese Dictionary（Collins Dictionaries，2009）等。

### 5. 考试辅导教材

考试辅导教材占 3.52%，含汉语水平考试（HSK）、少儿汉语考试（YCT）、商务汉语考试（BCT）、IB 中文考试等辅导教材［如《HSK 标准教程》（姜丽萍，2013）］，包括日本、韩国、泰国版的各类汉语/汉字考试（日本"中国语检定"、韩国 TSC 口语考试等）的辅导教材。

### 6. 教师发展教材

教师发展教材占 4.63%。如《语言教学原理》（盛炎，1990）、《对外汉语教学概论（讲义）》（吕必松，1996）、《对外汉语教学课堂教案设计》（吴勇毅等，2003）、《对外汉语教学入门》（周小兵，2004 年第一版，2017 年第三版）、《汉语教学法研修教程》（周健等，2004）、《汉语可以这样教》

(张和生、白荃 等，2006)、《华文教学概论》（郭熙，2007)、《汉语教师应有的素质与基本功》（陆俭明、马真，2016）等。系列类教材如商务印书馆"对外汉语专业本科系列教材""实用汉语师资培训教材"，北京语言大学出版社"对外汉语教学专业教材系列"，北京大学出版社"对外汉语教学精品课程书系"，高等教育出版社"国际汉语教师培养与培训丛书"，外语教学与研究出版社"汉语国际教育硕士系列教材"等。

### 7. 各类大纲和等级标准等

各类大纲和等级标准等占1.06%。中国版如《汉语水平词汇与汉字等级大纲》（国家对外汉语教学领导小组办公室汉语水平考试部，1992），国家汉办/孔子学院总部（2007，2009，2010，2014）的《国际汉语能力标准》《汉语水平考试HSK（高等）大纲》《汉语国际教育用音节汉字词汇等级划分》《国际汉语教学通用课程大纲（修订版）》，台湾师范大学、华语文教学研究所（2010）的《华语教学基础词库》等；国外版如《欧洲语言共同参考框架：学习、教学、评估》（欧洲理事会文化合作教育委员会，2008）、《全美中小学中文教师资格大纲》（Lucy C. Lee，Yu-lan Lin，et al.，2007）、《中国語初級段階学習指導ガイドライン》（中国語教育学会学力基準プロジェクト委員会，2007）等。大纲的编制，使全球汉语课程设置、教材编写、教学实施和汉语能力鉴定有较科学的依据，对促进全球和各地区的汉语教学有积极作用。

## 三、教材结构多元化

本节讲的教材结构，主要指课堂教材的结构。

### （一）从语法纲要到多元化纲要

教材纲要，指贯穿教材的线索和纲目，它决定教材的结构、教学内容的安排顺序、教学内容之间的关联、具体单元的设置等。

#### 1. 语法为纲

语法为纲是早期教材的特点。如朱德熙、张荪芬（1954）的《汉语教科书》，邓懿（1958）的《汉语教科书》，根据语法点难易度安排教学内容。改革开放初期，出现了语法纲目为主，兼顾交际技能的教材。如北京语言学院（1981）的《实用汉语课本》。

## 2. 交际功能项为纲

此类教材 1990 年以来大量出现。如《汉语会话 301 句》(2015)，包含"打招呼、询问、介绍、感谢、道歉、表扬"等多种交际项目。以交际为纲，比较适合口语教材，不太适合综合技能教材或读写、精读教材。

## 3. 交际场景为纲

此类教材大多是短期的口语教材。如浅井惠子、山本珠美（2004）的《中国语会话入门》，每一课一个典型交际场景：飞机内（找座位、换座位、聊天、点饮料），在机场，在酒店，在购物的地方，在邮局，等等。

## 4. 话题为纲

此类教材以不同话题内容（如气候、职业、饮食、爱好、环境、民族、国家、人口结构、社会焦点等）为线索，具体安排教学内容。有的教材融入一定的交际功能和语言结构。大多是中高级教材，如潘先军（2012）主编的《目标汉语·提高篇》。

## 5. 文化为纲

此类教材通常把中国文化知识分成若干个文化点（如历史、地理、器物、制度、礼仪、观念、风俗、饮食、节日等）来组织内容。如汉办（2007）组织编写的《中国文化常识》，介绍中国的传统思想、传统美德、古代文学、古代科技、传统艺术等。再如美国李端端等（2003）的《大学语文》，第一册主要介绍中国人的姓名、家庭、中国地理、神话、山水、成语故事、长城、中草药、中国菜等。

纲目多元化，满足多种需求，是教材发展的新趋势。如结构—功能型（语言为主，交际为辅）和功能—结构型。或以话题/场景为主线，语言结构或交际功能为副线。

### （二）单课制与单元制

## 1. 单课制

以课为基本单位。有的教材一课一课依次排列；有的几课（约五课）后设综合复习，或是设语法方面的复习。早期成人教材多是单课制。

## 2. 单元制

教材分为若干单元，一个单元由几课组成。单元划分根据语言结构、教学内容或话题。本世纪以来，单元制教材日益增多，多见于少儿教材。其目的是把单课的量减少，在一段时间内集中学习某个话题。

## （三）直线式和螺旋

### 1. 直线式

将内容分若干部分，一课教一部分，由易到难直线排列。如将语法点按难易度排列，一课教若干个。按话题分类，从入海关，到学习、生活，再到告别。

### 2. 螺旋式

把话题由易到难分成几圈，每圈重复主要话题，螺旋上升。如话题分个人、亲朋、学校、社会、世界五类；每循环五课，后一循环比前一循环难。如《快乐汉语》（李晓琪 等，2003）第一、二册都有"学校生活"单元，部分目录如下：

第一册：10 课 中文课；11 课 我们班；12 课 我去图书馆
第二册：10 课 你今天上了什么课；11 课 汉语难不难；12 课 来打乒乓球吧

## 四、教材媒介语日益丰富

改革开放初，中国教材多是英语媒介语。一些汉语教学较好的语区、国家有自己媒介语的汉语教材。其他学习者多使用中国教材，或勉强用英语，或由教师翻译成当地语言。上世纪末汉语学习人数猛增，不同媒介语教材迅速出现，2016 年已达 56 种。这些教材大致可分为两类。

### （一）单语种媒介语教材

教材库中单语种媒介语教材 5512 册，占 54.53%。

汉语媒介语教材 1761 册，占 31.95%，主要包括：①华文教材，如《中文》（暨南大学华文学院，1997）、《小学高级华文》（新加坡教育部课程规划与发展司小学华文课程组，2007）、《新编菲律宾华语课本》（周健，2009）、《汉语》（北京华文学院，2010）；②中高级教材，如《汉语综合写作教程》（李汛，2009）、《发展汉语·高级综合（Ⅰ）》（岑玉珍，2011）；③教师培养教材；④某些中国版大纲。

外语单媒介语教材 3751 册，占 68.05%，分布不均。前 10 位：日语 37.40%，韩语 31.96%，英语 15.73%，泰语 6.32%，法语 4.77%，越南

语 1.25%，德语 0.88%，西班牙语 0.72%，俄语 0.35%，印尼语 0.27%。其他还有意大利语、阿拉伯语、蒙古语、老挝语等。

还有"一版多本"教材，指教材母版为英语媒介语，后改成其他媒介语，如法语、德语、阿拉伯语等。它缓解了一些语区缺少学生母语媒介语教材的压力，但存在不足：学生母语只体现在词汇及知识解释，未充分考虑当地社会文化和当地人汉语学习的特点、难点。

### （二）多语种媒介语教材

两种或以上媒介语的教材 4596 册，占 45.47%。多是双媒介语，由高到低排序为汉英（60.88%）、汉韩、汉日、汉泰、汉俄、汉法、汉越、汉西、汉德、汉印（印尼）。

### （三）媒介语增长态势

先看上世纪和本世纪 8 种媒介语教材数量对比（表 1）。

**表 1 教材库 8 种媒介语教材发展变化情况**

| 年份 | 英语 | 韩语 | 日语 | 法语 | 泰语 | 德语 | 越语 | 西语 |
|---|---|---|---|---|---|---|---|---|
| 1978—1999 | 612/11.0 | 603/19.1 | 335/14.7 | 60/9.8 | 12/2.3 | 25/4.8 | 3/0.6 | 14/4.0 |
| 2000—2017[①] | 4972/89.0 | 2555/80.9 | 1947/85.3 | 554/90.2 | 511/97.7 | 491/95.2 | 460/99.4 | 334/96.0 |
| 合计 | 5584/100 | 3158/100 | 2282/100 | 614/100 | 523/100 | 516/100 | 463/100 | 348/100 |

①教材库教材信息录入数据更新至 2017 年。
说明："/"前为册数（单位：册），"/"后为百分比（单位:%）。

可见，用以上 8 种语言媒介语的汉语教材在本世纪出现了跨越式发展。

据教材库统计，上世纪只有 16 种媒介语教材，除表 1 所示 8 种外，还有汉语、保加利亚语、波兰语、俄语、菲律宾语、荷兰语、意大利语、印尼语。

本世纪出现的 40 种媒介语为：阿尔巴尼亚语、阿拉伯语、冰岛语、波斯语、丹麦语、芬兰语、哈萨克语、豪萨语、吉尔吉斯语、加泰罗尼亚语、柬埔寨语、捷克语、克罗地亚语、拉脱维亚语、老挝语、罗马尼亚语、马尔加什语、马来语、蒙古语、孟加拉语、缅甸语、尼泊尔语、挪威语、葡萄牙语、普什图语、瑞典语、塞尔维亚语、僧伽罗语、斯洛伐克语、斯瓦希里语、塔吉克语、泰米尔语、土耳其语、乌尔都语、乌克兰语、乌兹别克语、希伯来语、希腊语、匈牙利语、印地语。

媒介语迅速增加，满足了不同语区学汉语的需求，促进了汉语国际教育与推广。不过，某些语区、国家本土教材极少，是教材研发的短板，不利于汉语在当地的教学。

## 五、教材本土性增强

改革开放初期，中国大陆汉语教材主要服务于来华留学生，适用于不同母语者，可称为"普适性教材"。海外版教材少。一些普适性教材如《实用汉语课本》等，在不同语区、国家使用；因没有考虑区域特点，教材使用会遇到一些困难。

1990年代以来，一些语区，国家开始编写适用本地的教材。有多种称呼："本土性、国别化、区域化、语别化、在地化"等。优点：①用学习者母语作为教学媒介语；②适合当地制度，尤其是教育制度；③适合并反映当地社会文化；④考虑当地人学习难点。

上世纪末开始，本土教材飞速发展。出现多种类型：国外教师主导编写，如法国《汉语语言文字启蒙》（白乐桑、张朋朋，1997），美国《中文听说读写》（刘月华、姚道中 等，1998），德语区《中国话》（柯佩琦、曹克俭，2008）；中外教师合编，如《意大利人学汉语》（F. Masini 等，2006）、《泰国人学汉语》（徐霄鹰 等，2006）；中外教育机构合作，如英国麦克米伦公司和中国外语教学与研究出版社的《走遍中国》（Simon Greenall、丁安琪，2009）；中国教师编写，如李明晶（2002）《中级汉语会话课本》（面向韩国人）；孔子学院教师编写，如哥伦比亚安第斯大学孔子学院的《循序渐进汉语》（张慧晶 等，2009）。

上世纪还出现对中国教材进行改编的教材。如苏联/俄罗斯专家仿照《实用汉语课本》编写《实用汉语教科书》（Kondrashevsky，1989）和《实用汉语新编》（Karapetyanz，2003）。

本世纪出现"一版多本"教材。如《新实用汉语课本》（刘珣，2002）、《当代中文》（吴中伟，2003）、《跟我学汉语》（陈绂等，2003）、《快乐汉语》（李晓琪等，2003）、《汉语乐园》（刘富华等，2005）、《汉语图解词典》、《汉语图解小词典》，都有十几种乃至几十种媒介语版本。（周小兵、陈楠，2013）

## 六、少儿教材研发飞速发展

本世纪以来，少儿汉语二语学习者猛增。全球已有 79 个国家（地区）建立了 1113 个孔子课堂。孔子学院总部在全国 26 个省（自治区、直辖市）建立了 107 所汉语国际推广中小学基地，对口支持外国学校。[①] 孔子学院总部研发、实施面向少儿的汉语水平考试（Youth Chinese Test，简称 YCT）。英国文化委员会与中国专家合作编写《快乐汉语》向中学推广。德国 2004 年将中文纳入许多州的中学会考科目。美国 2007 年启动了 AP（Advanced Placement）中文课程和考试，通过者在大学可以免修中文课。（张晓燕，2011）据统计，全球有 70 多个国家的中小学有汉语课，60 多个国家已把汉语课纳入正规国民教育体制。

与此相应，少儿汉语教材研发飞速发展，主要表现如下。

### （一）各年龄段教材数量快速增长

本世纪以来，少儿教材飞速发展。据教材库统计，1978—1999 年间标注适用学校的教材共 620 册，其中少儿教材 241 册，占 38.87%[②]；2000 年后，标注适用学校的教材共 6364 册，其中少儿教材 3225 册，占 50.68%。（表 2）教材对象低龄化趋势明显。

**表 2　教材库少儿教材类别分布及发展变化情况**

| 年份 | 幼儿园 | 小学 | 中学 | 幼、小 | 小、中 | 幼、小、中 |
| --- | --- | --- | --- | --- | --- | --- |
| 1978—1999 | 48/19.4 | 107/7.6 | 59/7.0 | 14/3.7 | 12/2.1 | 1/5.3 |
| 2000—2017 | 199/80.6 | 1306/92.4 | 784/93.0 | 366/96.3 | 552/97.9 | 18/94.7 |
| 合计 | 247/100 | 1413/100 | 843/100 | 380/100 | 564/100 | 19/100 |

说明："/"前为册数（单位：册），"/"后为百分比（单位:%）。

---

[①] 国家汉办/孔子学院总部官网（http://www.hanban.edu.cn/），数据统计时间截至 2017 年 12 月 31 日。

[②] 本文将教材库中适用学校标注为"幼儿园""小学"或"中学"的教材归为少儿教材，标注为"大学"或"成人"的教材归为成人教材。

## （二）普适性与本土性教材同时发展

多数教材是面向不同母语者的普适性教材。1990年代后，本土性教材受到重视。如服务泰国儿童的《汉语入门》（任景文，2008）。针对韩国儿童的《好棒儿童中国语》（김명화，이윤화，2011）、面向英语母语中学生的《快乐汉语》等。

## （三）教学对象和目标更明确

对象明确。如面向非华裔中小学生的《轻松学中文》（马亚敏、李欣颖，2007）、面向华裔少儿的《标准中文》（课程教材研究所，1997）、面向英语母语中学生的《奇妙中文 Discovering Chinese》（虞丽翔，2007）等。

目标明确。如专为少儿HSK编写的《国际少儿汉语》（朱一飞，2008）、专为美国AP中文编写的《加油！》（许嘉璐 等，2008）等。

# 七、教材介质多媒体化

介质指教材呈现所依托的形式，如纯纸质、多媒体附载物（磁带、MP3光盘、DVD、点读笔等）。教材介质发展与科技发展息息相关。教材库中明确标注介质类型的教材里，纯质纸教材9304册，占62.11%。本世纪多媒体加纸质教材迅速增多，影响广泛。教材总体呈现多媒体化、立体化、网络化的发展趋势。

## （一）纯纸质教材

改革开放初期，绝大多数教材是纯纸质的，如《基础汉语课本》《实用汉语课本》。到上世纪末本世纪初，纯纸质教材还有很多，如《中国啊，中国！》（周质平 等，1997）。

## （二）多媒体加纸质教材

多媒体加纸质教材可分两种，一是纸质教材附带多种形式的多媒体（CD、VCD、DVD、CD–ROM、MP3、点读笔、点视笔、网络资源）。一般先有纸质，再附加多媒体，如《初级华语十课》（叶德明，1982）、《汉语900句》、《当代中文》、《汉语乐园》、《中文听说读写》、《中文滚雪球》（詹爱平，2006）等。不少教辅材料配图丰富，有多媒体支持，如《汉语图解小词典》、《汉语教学有声挂图》（育林教育创作组，2009）。

二是基于多媒体特点设计的电子教材，再配纸质教材。如《长城汉语》（马箭飞，2005）、《汉语教学直通车》（谷丰，2009）等。还有"多媒体一体化设计"的立体化教材，多种媒体互相配套，如《中国全景》（刘道尊，2002）、《易捷汉语》（李孚嘉，2010），体现基于网络多媒体开发，以多媒体、光盘、教科书、互联网等多种方式呈现的新型教材。世界上第一个移动孔子学院学习平台（厦门大学，2010），中央电视台《快乐学汉语》《跟我学汉语》等电视节目，"全球华语广播网""网络孔子学院""全球华文网"和"汉语阶梯网"（中山大学，2009）等网络资源日益丰富，移动终端汉语学习软件 iChinese、汉语助手 APP、轻松学汉语 APP 等大量涌现，为汉语教材提供了新的展示平台。

再来看教材介质发展的趋势（表3）：本世纪，多媒体加纸质教材增长幅度大，但纯纸质教材在数量上还是占大多数。

表3 教材库不同介质教材发展变化情况

| 年份 | 纯纸质 | 多媒体加纸质 |
| --- | --- | --- |
| 1978—1999 | 1218/13.1 | 199/3.5 |
| 2000—2017 | 8086/86.9 | 5476/96.5 |
| 合计 | 9304/100 | 5675/100 |

说明："/"前为册数（单位：册），"/"后为百分比（单位:%）。

## 八、文本难度科学化

文本难度主要由词汇难度、语法难度、语篇难度构成。教材文本难度若不适合二语者水平，教学效果肯定不好。因汉字特殊，汉语文本难度中字词的难度起决定作用。

改革开放初期，教材难度科学性不够，中高级教材尤为突出。据《汉语水平词汇与汉字等级大纲》，中级主要教丙级词。周小兵、赵新（1997）发现80年代末90年代初四部中级教材[①]生词难度不合理，丙级词比例不到

---

① 四部教材为分别为：1987年北京语言学院编《中级汉语教程》，1989年北京大学编《汉语中级教程》，1990年复旦大学编《新汉语》5～8册，1996年北京语言学院编《现代汉语进修教程·精读篇》。

20%，远低于丁级词超纲词总量。某教材生词如：

璎珞、针箭、牝马、霞帔、金莲、婢仆、监生、庶民、中举、进学、差役、照棚、烟灯、烟膏、烟泡、小厮、少奶、荐头、桥辇、龙凤帖、水寨、旱寨、都督、马褂、弓弩手、落草、装裹、张惶、威压、隐忍、间时、粜、伊、箸、押当、衰年、念颂、成日家

生词难度高，表层原因是课文陈旧，多是文学作品。该教材课文 22 篇，1949 年以前的 15 篇，生词中有不少现代不用或极少使用的词语。深层原因是编者未考虑汉语二语教学特点，有些文章照搬母语者中学课本。

世纪之交，情况有很大改观。赵新、李英（2006）发现三套中级教材①中，《标准汉语教程》《中级汉语精读教程》丙级词比例超过 50%，超纲词比例较小，较为合理。

近十几年，汉语教材文本难度控制越来越合理。这在分级读物中体现最突出。表 4、表 5 是周小兵、钱彬（2013）对两册《汉语风》中《一副旧画儿》《青凤》的相关统计。两册 500 词级分册的甲、乙级词占 85.31%，越级词（丙级、丁级）仅占 9.75%，超纲词仅占 2.82%，符合该级别读物甲级词为主、乙级词为辅的要求。从单句字数、词数看，教材单句较长，合理性仍有提升空间。

表 4 《汉语风》500 词级别分册词汇等级统计

| 甲级 | 乙级 | 丙级 | 丁级 | 超纲 | 专有名词 | 词种数 |
|---|---|---|---|---|---|---|
| 505/71.33 | 99/13.98 | 39/5.51 | 30/4.24 | 20/2.82 | 15/2.12 | 708 |

说明："/"前为词数，"/"后为百分比。

表 5 《汉语风》500 词级别分册句长统计

| 总字次 | 总词次 | 总句数 | 句长（字数） | 句长（词数） | 句数（每百字） |
|---|---|---|---|---|---|
| 10114 | 7054 | 410 | 24.67 | 17.20 | 4.05 |

---

① 三套教材为 1996 年北京语言文化大学出版社出版的《桥梁——实用汉语中级教程》，1998 年上海教育出版社出版的《标准汉语教程》，1999 年北京大学出版社出版的《中级汉语精读教程》。

词汇难度的统计测量，以前多用《中文助教》（储诚志 等，2006）。它是满足教师编写教材和备课需要开发的软件，可实现加注拼音、词表字表注释、字词分布索引、字词频率统计、生词密度和重现率标示、字词 HSK 等级和常用度标示等功能；依据1992年《汉语水平词汇与汉字等级大纲》判定文本难度。目前中山大学教材基地研发的"汉语阅读分级指难针"①（金檀 等，2018）是一个评测文本难度的新工具，基于"国际汉语教材语料库"，使用大数据智能技术，以2010年《汉语国际教育用音节汉字词汇等级划分》和2014年《国际汉语教材通用课程大纲（修订版）》为定级参考标准，通过算法生成 LD 值，显示字词难度、频率和整个文本的难度等级。其操作简易，使用方便。

## 结　语

国际汉语教材的发展跟中国改革开放密切相关。随着改革开放深入进行和中国国力整体提高，国际汉语教材在数量、种类、质量等方面有了全方位的迅速发展。

国际汉语教材研发还存在不足。如：媒介语不够丰富，不同国家的区域性教材数量、种类不够；"一带一路"沿线国家中，有些国家没有适用教材；专用教材远不能满足需求；适合少年儿童的教材资源不够；适用不同对象多种需求的多媒体教学资源，尤其是互动性、社交性网络资源更是奇缺。对比英语二语教材资源，更凸显出目前汉语教学资源远不能满足世界对汉语学习的需求。

我们相信，随着中国改革开放深入开展，全球对汉语教学资源的需求会更加迫切、多样。未来40年，汉语作为二语的教学资源将会出现全新的发展态势和高峰。

**参考文献**

贾蕃. 商务汉语教材词汇评估与编写实践研究［D］.广州：中山大学，2018.
李泉. 对外汉语教材研究［M］.北京：商务印书馆，2006.
刘珣. 对外汉语教育学引论［M］.北京：北京语言大学出版社，2000.
刘珣. 新一代对外汉语教材的展望：再谈汉语教材的编写原则［J］.世界汉语教学，

---

① "汉语阅读分级指难针"工具网址为：http://languagedata.net/editor/。

1994（1）.

吕必松. 对外汉语教学概论（讲义）［M］. 北京：国家教委对外汉语教师资格审查委员会办公室，1996.

王尧美. 对外汉语教材的创新［J］. 语言教学与研究，2007（4）.

张健. 从《汉语乐园》的开发谈多媒体教材设计［J］. 国际汉语，2011（1）.

张晓燕. 国际汉语少儿教学在对外汉语教学中的定位［J］. 海外华文教育，2011（3）.

赵新，李英. 中级精读教材的分析与评估［J］. 语言文字应用，2006（2）.

周小兵. 对外汉语教学入门［M］. 3版. 广州：中山大学出版社，2017.

周小兵，陈楠. "一版多本"与海外教材的本土化研究［J］. 世界汉语教学，2013（2）.

周小兵，钱彬. 汉语作为二语的分级读物考察：兼谈与其他语种分级读物的对比［J］. 语言文字应用，2013（2）.

周小兵，赵新. 中级汉语精读教材的现状与新型教材的编写［J］. 汉语学习，1999（1）.

朱尉. 数字复合出版平台应用于教育出版的案例研讨：以对外汉语教材的数字化开发为例［J］. 编辑之友，2011（11）.

［原载于《国际汉语教育》2018年第4期（合作者：张哲，孙荣，伍占凤）］

# 二、《中国语言学大辞典》"语法卷"词条

## 向心结构

至少有一个直接成分同整体的语法功能和语义选择限制相同的句法结构。如"新房子"是名词性结构，由"新"和"房子"两个直接成分组成。"房子"是名词，跟"新房子"的语法功能和语义选择限制相同，因此，"新房子"是向心结构。同整体的语法功能和语义选择限制相同的直接成分是向心结构的核心，如"新房子"中的"房子"。向心结构有两类：（1）单核向心结构。只有一个核心的向心结构。包括偏正结构、述宾结构和述补结构。如"白马""慢走""学英语""洗干净"。偏正结构有定中式（名词性的）和状中式（谓词性的）两类，核心在后；述宾结构和述补结构的核心一般在前。（2）多核向心结构。有两个或两个以上的核心的向心结构。主要指联合结构和复指结构。如"饭菜""北京、上海、广州""首都北京"。在多核向心结构中，每个核心都和整体的语法功能和语义选择限制相同。由"的"字结构和量词组合充任定语的向心结构都包含两个核心。如"木头的房子"：住木头的房子、住木头的、住房子／一所木头的房子、一所木头的、一所房子／木头的房子盖好了、木头的盖好了、房子盖好了。在语法功能和语义选择上，"木头的"和"房子"都跟"木头的房子"相同。

## 扩展

（1）句法成分的增添。如"买房子"加上"一所"，扩展成"买一所房子"，扩展后的语言单位叫扩展式，扩展前的语言单位叫原式。扩展有两类：①更迭性扩展。原式中一个成分被包含这个成分但长度超过它的新成分替换，原式的基本结构不变。如"穿衣服"扩展为"穿漂亮衣服"，"我去"扩展为"我一定去"。②组合性扩展。以原式为整体同另一序列组合，原式的基本结构可能改变，如"老头儿"扩展成"走过来一个老头儿"。有时扩展后整体功能不变，如"叫他"扩展成"叫他去吃饭"。有时扩展后整体功能改变了，如"一本武打小说"扩展成"从来不看一本武打小说"。

（2）方言学术语。指用添加语素或音节的手段，扩展单音节形容词，造成凝固词组，以表示程度的极大加强。如上海话：绿→碧绿生青；黑→墨黑踢撮。

## 主干成分分析法

也叫"向心切分法"。以层次核心为基础，力求将成分分析和层次分析结合起来的一种析句方法。主要内容是：句子由主干成分组成，主干成分内部的成分（如传统语法中的定语）是支干成分，析句时无须考虑；句子以谓语主要成分为核心，其他主干成分一层一层围绕着核心；在分析句子时，每一层切分都有选择地进行，只向靠近谓语核心的地方切分，切分到谓语核心为止。如：他们两个 每天晚上看一部新出的电影

切分结果是三个层次，四个主干成分，句型是"主·状·谓·宾"。至于宾语还可以切分为

"一部新出的电影"

主语和状语也都可以进一步切分，那都不是句子平面上的分析，而是对句子内部"备用单位"的分析，析句时可以不考虑。这种切分法用一个核心控制切分流程，使层次切分简单明了，同时又考虑了成分之间的关系和句型归纳，简单实用，具有概括性。

## 类化

（1）语法学术语。也叫"类推"。指在某种语法规则、模式的影响下，其他语法形式发生变化的过程和结果。类化的结果是不规则的现象趋向于整齐化和规则化。如古汉语中疑问代词充当的宾语否定句中的代词宾语，用"是"或"之"等复指的宾语往往置于动词之前，其他句型的宾语多置于动词之后。由于受到占优势的"动+宾"格式的影响，前置的宾语逐渐变为

后置，最后在所有句型中，"动+宾"格式取代了"宾+动"格式。（2）文字学术语。指添加偏旁使不同偏旁的双音词具有相同偏旁。如"峨眉"变为"峨嵋"，"昏姻"变为"婚姻"，"凤皇"变为"凤凰"等。偏旁类化表明双音词概念的增强，也便于记识。

〔原收入陈海洋主编《中国语言学大辞典》，江西教育出版社1991年版（获国家语言文化图书二等奖）〕

# 三、《刊授指导》文章

## 语音的历史演变

好多人读古代诗词都感到奇怪,不明白为什么有些诗押韵,而有些诗却不押韵。如唐代崔颢的《长干曲》:

家临九江水,来去九江侧。同是长干人,生小不相识。

普通话里,"侧"读[ts'ə],去声,"识"读[ʂʅ],阳平,两个字不押韵。其实,"侧"和"识"在唐代是押韵的。从唐代到现在,汉语语音发生了很大变化,许多字在当时押韵,现在却不押韵了。由于语音演变是有地区性的,在一些现代方言中,我们还可以发现这种演变的痕迹。如在上海话里,"侧"读[tseʔ],"识"读[seʔ],韵母和声调都相同,是押韵的。

学日语的人也会发现,日语有好些从汉语借去的词语,但读音跟现代汉语不同。如"鸡",读[*kai]或[*kei]①,不读[tɕi]。这是因为,日语许多汉语词是在隋唐时代借去的,而那时汉语"鸡"的声母是[*k]。在保留了许多中古汉语语音的粤方言中,"鸡"的声母也是[k],跟日语相同。而现代汉语"鸡"的声母却是[tɕ]。

以上现象说明,语音是不断演变的。尽管这种演变非常缓慢,平时不大引起人们注意,但经过很长的历史时期,这些细微的变化累积起来,就可以为人们所察觉。我们把语音从一个时代到另一个时代的变化称作"历史音变"。下面谈谈汉语语音演变的几种情况。

语音的合并和分化。中古汉语的塞音和塞擦音声母有清音(声带不振动)和浊音(声带振动)两套。后来,塞音和塞擦音的浊声母[bˑ][dˑ][gˑ][dzˑ]等分别变成了[p][pˑ][t][tˑ][ts][tsˑ]等清声母。即,中古汉语清音和浊音两套声母合并为现代北京话的清音声母。这就是语音的合并。但在这种合并中又有分化。中古塞音和塞擦音的浊声母归并为清声母

---

① 左上角加*表示拟测的古音,下同。

时，有的变为送气的清声母，有的变为不送气的清声母。如：

| 中古汉语 | 现代北京话 | 例字 |
|---|---|---|
| *b ╱（平） | pʻ | 爬 |
| *b ─（仄） | p | 罢耙拔 |
| *d ╱（平） | tʻ | 提 |
| *d ─（仄） | t | 弟地敌 |

这就是语音的分化。值得注意的是，这种分化是有条件的。从上表可看出，凡是平声的中古双唇浊塞声母和浊塞擦音声母都变为现代北京话的送气清音，凡是仄声（包括上声、去声和入声）的中古浊声母都变为北京话不送气清音。这涉及语音演变规律的条件问题。

语音组合关系和语音系统的变化。中古汉语的清塞音 [$^*$p] [$^*$t] [$^*$k]，既可以出现在音节开头作声母，又可以出现在音节末端作韵尾。中古汉语声调分平、上、去、入四类，入声字就是以 [-p] [-t] [-k] 收尾的。在长期的语音演变中，入声字的塞音韵尾逐渐消失了，[p] [t] [k] 就只能出现在音节开头作声母了。也就是说，清塞音 [p] [t] [k] 在北京话中没有消失，但它们在音节中所能出现的位置改变了。这就是语音组合关系乃至语音系统的变化。

从上述语音演变的情况可以看出，历史音变是指某一发音部位和发音方法的变化。它涉及的是整类现象的有规则的变化。因此，我们可以将这种有规则的音变现象归纳为语音规律（又称"音变规律"）。所谓音变规律，就是把一定历史时期中发生的语音演变过程加以概括的公式。一般说来，一种音变规律只在一定的历史时期、一定的地域范围和一定的条件下起作用。下面谈谈音变规律的两种情况。

普通性质的音变，又叫自然音变，指在任何情况下，某种语音演变现象都是一样的。如中古汉语的双唇鼻韵尾 [-m]，发展到现代北京话都变成了舌尖鼻韵尾 [-n]，无一例外。如"南" [$^*$nam] → [nan]，"甘" [$^*$kam] → [kan]。

有条件的音变，又叫组合音变，指某种语音演变具有一定条件。如前面讲到，中古浊塞音 [b-] [d-] [g-] 等并入清塞音时，平声字一律变为送气音，仄声字一律变为不送气音。也就是说，声调的平仄是中古浊塞音变为送气清塞音和不送气清塞音的条件。

再如，中古汉语"见"母字都是以舌根清塞音［*k］作为声母的，如"记、见、居、古、干、公"等。后来，这些"见"母字发生了分化。在舌面前高元音［i］和［y］前面的［*k］，由于受了［i］［y］发音部位的同化，从舌根塞音变为舌面前塞擦音［tɕ］。如普通话中的"记、见、居"等现在都是以［tɕ］为声母。但其他元音前面的［k］则没有发生变化。因此"古、干、公"等至今还是以［k］为声母。我们在学习现代汉语语音篇时曾经学过一条汉语拼音组合规则，声母 g［k］不能跟齐齿呼（［i］开头的韵母）和撮口呼（［y］开头的韵母）拼合，就是上述语音演变的结果。上述音变规律也可以称为腭化规律。

音变规律是有时间性的。即某一音变规律只在一定时期内起作用，过了这段时期，即使在同样条件下也不会按原来的规律发生语音变化。如宁波话，［i］［y］前面的［k］也跟北京话一样一律腭化为［tɕ］。因此按理来说，在现代宁波话中不应该有［ki］这样的音节。但实际上宁波话确实存在［ki］音，如"甘、干、敢"。原来，现代宁波话中类似［ki］的语音组合，是在唇化规律起作用的时期过去之后才产生的语音现象，因而不受腭化规律的制约。音变规律还有地区性的特色。也就是说，语音演变是受区域限制的。如入声韵尾［-p］［-t］［-k］在北方方言地区消失了，但在某些方言区却还保存着。如粤方言保留着一整套入声韵尾：

［-p］急 合 十　　［-t］七 八 日　　［-k］石 食 六

再如，浊音清化规律在北方话系统中普遍起作用，但在现代上海话中还保留着原来的浊音，如"部"念［bu$^{13}$］，"度"念［du$^{13}$］，说明这条规律在吴语地区不起作用。

（原载于《刊授指导》1987 年第 12 期）

# 四、序　言

## 《医学汉语——实习篇》序

　　《医学汉语——实习篇》是一套 Chinese for Specific Purpose（CSP）教材。CSP 可直译成"特殊用途汉语"，可意译为"专用汉语"。我倾向用后者。

　　专用汉语跟通用汉语区别很大。后者用于一般二语学习，前者用于某种专门需要的学习。这反映在教学实施和教材编写上有许多不同。如词汇选择，专用汉语、通用汉语区别明显。"感冒、嗓子、不舒服"是通用词汇，"呼吸道、感染、支气管、扩张"是医科专用词。专用汉语的课文、注释、练习等项目也跟通用汉语不同。

　　专用汉语分两类。**专业汉语**使学习者能用汉语跟母语者一起学专业，如医科汉语；涉及面广，如科技汉语促进用汉语学理工科，社科汉语促进用汉语学社科专业。**职业汉语**促使学习者从事某项职业，如商务/旅游汉语。学习者可能已掌握相关专业，但不懂汉语，通过学习使之能在某种程度上用汉语从事相关工作。

　　专用汉语难度较大。二语学习，通常从通用语言开始，到一定程度才需要专用语言。近几年对专用汉语需求迅速增加，说明汉语的国际影响越来越大。

　　教材编写一般有准备、实施、修订三个阶段。《医学汉语——实习篇》编者在几个阶段都工作到位。准备阶段。编写者大多教过医科留学生通用汉语课程，多数上过医学汉语课，经验丰富。主编莫秀英、副主编林华生专门对见习实习的留学生做过调查，了解使用者需求，基于调查编出教材大纲初稿。编写者（十几所高校的老师）在中山大学开过研讨会，仔细讨论编写大纲和具体分工、程序等。

　　选词是教材第一关。教材基于医科本科生的实习需求，合理选择住院部实习常用词汇。课文有对话和成段表达，都可能在实习医生和病人之间、实习医生和指导医生之间产生。练习设计既考虑到实习汉语的要求，也考虑到学习者实际水平和兴趣，形式多样。词汇量控制、课文长度、课时容量、练习量等方面，教材编写都有认真考量。

目前在中国大陆学医科的留学生1万多人，且人数会不断增长。跟其他专用汉语教材一样，医科汉语教材的编写才刚开始。我们相信，随着时间推移，随着教学实践的发展，医科汉语跟其他专用汉语教材一样，会不断积累经验，越编越好。

［原为莫秀英主编《医学汉语——实习篇》（北京大学出版社2007年版）一书的序］

# 应用研究与开发研究的结合

## ——《汉字轻松学》序

让没学过汉字的外国人轻松学汉字,说说容易,做起来难!读完《汉字轻松学》,心想,用这本教材学汉字教汉字,可能真的没那么难!

汉字难学是全球外语界公认的事实。美国外交学院考察英语母语者学外语情况,看其到达"2+"水平(基础专业外语水平和能用它工作的水平之间)所需时间:

第一组(720小时):荷兰语、法语、德语、葡萄牙语、西班牙语、斯瓦希里语等;

第二组(1140小时):保加利亚语、希腊语、印地语、马来语、乌尔都语等;

第三组(1320小时):孟加拉语、希伯来语、匈牙利语、俄语、僧加逻语等;

第四组(1950小时):阿拉伯语、汉语、日语、朝鲜语。

汉语难学主要在汉字。语音是语言基本物质外壳。拼音文字用有限符号表示语音,跟有声语言直接相连;汉字不记录语音。认知拼音只需大脑左半球处理,认知汉字却要左右半球同时处理。习惯拼音文字的外国人学汉字,难度自然更大。

遗憾的是,有人只从母语学习出发,认为汉字容易学。一些汉字二语教材照搬母语学习经验方法,教师难教,学生不愿意学,效果不理想。

解决汉字难学问题,要尊重事实,找出解决办法。具体工作如:①考察研究外国人学汉字的过程、特点,探求学习规律;②参照特点规律,用各种方法探求有效的教学路径和手段;③把有效方法应用于教学和教材编写中。

前两点属应用研究,成果应转化为开发成果的第三点,验证其效用。目前汉字二语教学应用研究有一些成果,但转化为开发成果的还不多。开发成果形式很多:教材、辞书、多媒体课件和软件、网络资源等。后者可供学生、教师直接使用,产生实效。

让我高兴的是,李蕊等编写的《汉字轻松学》,就是在应用研究基础上开发的教材。作为面向零起点的二语教材,它有几个特点。

第一，基于应用研究。将汉字二语习得成果有机融入教材：吸收正字法意识发展促进汉字学习的成果，安排部件训练及知识传授；吸收万业馨"教学部件应主要界定在字符"的成果，部件教学定位在形旁、声旁；吸收江新等"认写分流"促进习得的实验成果，科学实施"认写分流、多认少写"，把拓宽识字量作为重点。

李蕊的博士学位论文《非汉字背景留学生汉字习得研究》有几个创新点：①首次详细描写留学生汉字习得过程；②纸笔测试考察其形旁、声旁意识的发展和关键期，形声字输出难点，促进教学；③证实"分阶段实施学习策略培训"的有效性。上述内容体现在教材中。如根据不同习得阶段特点编排单元，引导其养成部件意识；初级阶段声旁形旁学习有机结合，帮助学习者扩大识字量。

第二，遵循学习规律。贯穿教材的"先认后写，认多写少"理念，学习伴随丰富语境并通过练习提高复现频率等做法，符合认知规律。每课生字按形、音、义聚编成若干组；每组间存在有趣的教学线索，汉字量控制在7±2，适合记忆容量；练习多样活泼，提示实用的学习、记忆法，使教学活动轻松有趣。

第三，源于实践，教学检验。教材的安排和解说、练习形式，不少源于实际教学，经反复实验和改进。试用中发现学生学习热情高，认字量增加，写字质量明显改善。

第四，符合开发研究规律。教材优劣，衡量标准是用户需求。教材对象明确，有整体特点和教与学的方法介绍，每单元都有教学建议。内容安排、讲练比例、练习内容形式等较合理。版式设计合理，字号、字体选用，笔画笔顺指引，留空，图画和导航符号，色彩搭配等，都考虑到初学者认知特点和需求。

第五，符合"有限、有用、有序、有趣、有效"的汉语教学理念。该理念由崔希亮教授在第九届国际汉语教学研讨会上提出，是教学研究的科学总结。《汉字轻松学》仅685个生字，基本是《汉语水平词汇与汉字等级大纲》甲级字。要求默写267个，仅占39%。让学习者"练"中学，"用"中学，趣味性、循环性和应用性兼备。

周有光说：汉字难学难用，主要在字数多，据汉字效用递减率，最高频1000字的覆盖率是90%，以后每增加1400字覆盖率只提高约1/10。与其学多而不能用，不如学少而能用。（《语文现代化和汉语拼音方案》，语文出版社2004年版）2006年新加坡通过新常用汉字方案，删除一些低频字。今年

1月日本文化审议会通过《新常用汉字》试行方案,只含2131个常用字。对无汉字背景的学生来说,学习量更应限制。

当然,开发研究成果的优劣,最后还是应该让市场和用户来检验。

[原为李蕊主编《汉字轻松学》(北京师范大学出版社2009年版)一书的序]

# 丁雪欢和她的第一本书

## ——《汉语疑问句作为第二语言的习得研究》序

凌晨，被窗外"叽叽喳喳"的鸟鸣唤醒。开始想怎么写序。

看到"雪欢"这个名字，自然会联想：冰雪聪明，欢天喜地。见面才知道，人聪明，工作不见得快乐。邢福义先生的关门弟子（硕士），汕头大学教留学生汉语，同时给中文系本科生、硕士生上课。研究功底不错，发了一些论文，语法、方言，对外汉语的。

想不到2003年秋丁雪欢成了我博士生。她是在职的，在中大只能待一年。听我的三门课，还听唐钰明、施其生的课，说工作期间很难听到这些好课。给我的感觉，像是干涸土地上一颗小草，急切地吸取水分。

当导师十多年，发现研究生可分三类。第一类，指出方向和大致路线，很快能爬到山顶。理解清楚，执行到位，还能自己学习摸索，使用导师没想到的方法，得出导师想不到的结论。第二类，反复指导，路径清晰，提供解决难题的具体方法，最终也能写好论文。第三类，反反复复指导，路线图清清楚楚，好多好多具体方法，却只能实现一小半儿，最后勉强毕业。幸好第一类有五分之一，第三类不到十分之一。

第一学期上"二语习得"，介绍中介语研究，纵向研究讲否定、疑问、包孕句、时体表达。否定句、时体表达，英汉二语习得都有成果；疑问句英语成果多，汉语极少。课后不久，她就说论文要写疑问句二语习得，全面描写疑问句中介语系统，描绘各类疑问句发展路径，还要对比母语习得。我佩服她的勇气，但有点怀疑她的能力。

回汕头大学后她定期把研究报告发给我，我加批注发回，基本是邮件联系，偶尔电话。答辩前发了几篇论文，如《母语和二语习得过程/顺序的差异性及其原因分析》(《语言文字应用》2006年第2期)。还有一篇用稿通知，《初中级留学生是非问的分布特征与发展过程》(《世界汉语教学》2006年第3期)。从题目可看出从宏观到微观、从整体到个别的聚焦过程。指导过程中，我的那些疑虑，慢慢变为欢喜。

答辩相当顺利。匿名评审专家和答辩委员的评价很高。感谢她，让我知道了第一类研究生的存在和价值，自然感到欢欣鼓舞。

拿到学位后，博士又可分三类。第一类，不再做相关研究，不再发表相关论文（读博时投稿除外）。第二类，继续论文课题的研究，更广更深更完善，成果不少。第三类，除了继续博士课题研究，还扩大研究领域，多方面发展。

毕业后，丁雪欢在核心期刊发表6篇疑问句习得论文，多是后来的研究成果。语法和方言研究论文也常见诸各类刊物。期间，她从汕头大学调到暨南大学。

眼前这本书汇集她六年来研究汉语二语疑问句习得的成果。印象深的有几点：

**语料种类多**。除北京语言大学中介语语料库和中大留学生的语料，还有她自己收集的学习者不同语体的作文，她对三个学生追踪式的口头谈话语料。

**内容系统**。第一次全面地描写出外国人学汉语疑问句的中介语系统，包括各种疑问句的分布特征、习得过程和习得顺序。

**观察视角多**。本体、习得研究相结合，母语、二语习得相结合，横向群体、纵向个体习得相结合，习得、教学研究相结合。还考察了语言普遍性、标记性、自然度、输入环境、学习策略对语言习得的影响。

国内有学者认为，汉语母语习得和二语习得研究难整合。丁的研究发现，疑问句习得顺序，汉语幼儿和外国成人有惊人的相似。如特指问。"什么"等疑问代词多有逐步前移趋势："什么"先做宾语，再做宾语的定语，最后做主语；"怎么样"先做谓语，再做状语。都是先学会"什么、谁、哪儿、怎么样"，再学会"为什么、怎么（方式/原因）、哪（指别）、多+A"，最后学会表虚指、任指、否定、列举的疑问代词。原因："已知+未知"的普遍信息结构和认知程序，认知显著度起作用，受输入频率、交际需要、语义标记性的影响。这些都跟语言普遍性有关。

**方法手段的多样性**。对偏误，除了对比分析、规则解释，还定量分析语料，概括出各疑问句偏误类型在不同阶段、不同语体中的分布，总结出偏误发生的多种条件。使用相对频率统计法、习得区间归纳法、蕴含量表法，排出22种疑问句的习得顺序。

该书是汉语本体研究和二语习得研究结合的典范。在汉语二语习得研究上，在汉语二语教学语法体系的建立上，在疑问句教学和教材编写上，都有促进和启发作用。

这本书是丁雪欢第一部专著，也是国内第一部相对成熟的汉语句式二语习得研究专著。不足有：中介语语料范围不够广；学习者母语类别少了一些，以致不同母语者习得特点描述不太细；中介语现象的解释有的未能深入；有些论述材料不足。

如何更多从心理学汲取养分？如何在借鉴英语二语习得研究成果的基础上，创新理论方法？这些需要二语习得研究者共同努力。语言简明，表达流畅，理解方便，对读者友好，跟读者平等互动，则是所有论著写作的更高目标。

二语习得研究的种子，上世纪后十年萌动于中国大地；本世纪第一个十年，破土而出，茁壮成长；今后十年，二十年，三十年……，将长成大树，枝繁叶茂。

窗外的树上，鸟儿又在"叽叽喳喳"。刚收到丁雪欢的电邮，说了她对名字的理解：很羡慕雪花飘舞时的轻盈和欢快。

［原为丁雪欢著《汉语疑问句作为第二语言的习得研究》（中国社会科学出版社2010年版）一书的序］

# 语言对比研究的若干问题

——《汉越语言对比研究论文集》序

## 一、问题的提出

汉语和越南语在语音、语法上有相似之处：有声调；孤立型语言，SVO，语法意义主要靠虚词和语序表示；汉越词占60％以上。但它们毕竟是两种语言，有系统性特点。① 越南学生在学汉语时，常会因母语负迁移而出现偏误：

(1) ＊这个建筑工程非常规模。　　(2) ＊我要保卫自己的身体。
(3) ＊他往往睡觉。　　　　　　　(4) ＊谁知道答案那个人就回答。

例（1）词性误用。"规模"是名词，汉越词 qui mô 兼名词形容词（阮福禄）。② 例（2）搭配不当。"保卫"、bảo vệ 都是及物动词，意义相近；但 bảo vệ 可带"看法、权利、身体"作宾语，"保卫"不行（阮黄英）。例（3）thường hay 可对应"常常、往往"，易诱发误代（裴氏青香）。例（4）是因为越南语迁移（何黎金英）：

(5)　Việc *ai* người *ấy* làm.
词译：事　谁　人　那　做
意译：谁的事情谁做。

呼应任指句，越南语先用疑问代词 ai，后用指示代词 ấy。汉语都用"谁"。

---

① 有学者认为，汉语、越南语都属汉藏语系；也有学者认为，汉语属汉藏语系，越南语属南亚语系。
② 此处和以下引用论文，如无专门注明出处，均引自越南河内国家大学下属外国语大学中文系主编的《汉越语言对比研究论文集》。该书将由越南河内国家大学出版社出版。

可见，两种语言的相似处使学习者忽视表面相似下的区别，更容易出现母语迁移。教学应适当讲练，让学习者明白两种语言的异同。而且，汉越对比研究价值远超语言教学。它对汉语、越南语的互译，对词典编撰，对两种语言的共时、历时研究，都有重要价值。

汉语越南语对比研究历史长，成果多，但基于二语教学的对比研究成果少。《汉越语言对比研究论文集》是越南第一部结合汉语二语教学对比研究文集，作者都是越南汉语研究者、汉语教师。文集编写出版，对语言学和应用语言学有极大促进作用。

## 二、论文集特点

### （一）内容全面

有宏观论述和具体对比。前者如阮文康教授概述对比语言学起源发展，多角度探讨对比语言学研究的内容；指出汉越词的两面性，论证它在汉越对比研究中的重要性。阮黄英教授论证汉越对比在对越汉语教学中的地位和发展；从语言要素和功能两方面，论述汉越对比整体框架。它们对语言对比研究有指导意义。

微观方面文集涉及语音、词汇、语法等层面。词汇对比包括汉越词、亲属称谓、动词、数词、叹词、"请求"言语行为等研究。语法对比有疑问词、系动词、副词、同位语、介词短语、定语及标志、歧义句等。

### （二）语料丰富

语言对比，多有丰富语料。如《汉语四字格对称成语越译浅析》（阮氏云琼）选出 435 条与越南语有异同的成语，发现它们在越南语的形式：①汉根越语成语（门当户对：Môn đăng hộ đối）；②部分或全意译（知己知彼：Tri kỷ tri bỉ – Biết người biết ta）；③用越语表意（打草惊蛇：Đả thảo kinh xà – bứt dây động rừng"；④改换位置或用他词代替（九死一生：Cửu tử nhất sinh – thập tử nhất sinh）。

《汉、越语概数表示法对比研究》（阮琼庄）考察汉语表概数句 1900 多个，语料源于北京大学语料库和多部作品：《阿 Q 正传》《骆驼祥子》《围城》《张爱玲典藏全集——1943 年作品》《丰乳肥臀》《黄金时代》和《中外经贸信息》（2006 年）。

### （三）统计清楚

如上文对汉语、越南语概数词语的使用频率进行细致统计。再如《汉越语拟声词对比研究》（裴氏恒娥 等），统计两种语言的拟声词音节数量，发现：汉语845个拟声词中，双音节词321个（37.98%），四音节词236个（27.9%），单音节词167个（19.76%），三音节词121个（14.3%）；越南语876个拟声词中，双音节词653个（74.54%），单音节词157个（17.92%），四音节词55个（6.28%），三音节词11个（1.26%）。

阮氏香江对北大语料库含"什么"的780条实例进行分析统计。从南高、阮公欢、武重凤等作品和登载于《年轻电子报》上的一些短篇小说中找出"gì"（对应"什么"）例子324条，对其用法进行分类、统计。基于数据统计的对比分析有说服力。

### （四）找出差异，概括规则

基于描写对比，总结两种语言的异同和规则，对本体研究和二语教学很重要。

《现代汉语拟亲属称谓语与越南拟亲属称谓语的异同》（黎氏金容）指出，越南语常用"职称+哥哥/姐姐/爷爷……"称谓，如chị thư ký（书记姐姐）、anh kỹ sư（工程师哥哥）、ông giám đốc（经理爷）等；汉语少见。现代汉语常用"姓+职称"，如"张书记""王经理"等；越南语极少用。

《汉、越语概数表示法对比研究》（阮琼庄）通过对比统计概括规则：①概数表示法汉语有四类：单个数词，数词连用，数词前加/后加表概数词语；越南语只有前三类。②汉语数词可重叠连用表概数，越南语不行；汉语"九、十"不连用，越南语可以；汉语"十、十五"不连用，越南语有"mươi mười lăm"形式。③越南语一些数词有变体，如"đôi（二），dăm（五），mươi（十）"等可表概数；汉语没有类似形式。

《汉越疑问代词任指用法对比》（何黎金英）发现：①疑问代词表周遍性任指句，呼应疑问代词汉语用"都、也"，越南语用cũng（也）。②呼应性任指句，汉语用相同的疑问代词前后呼应；越南语疑问代词在前，指示代词在后［见例（5）］。

《现代汉语"介词短语+谓语"与越南语相关结构对比》（邓氏慧珍）概括出越南语介词短语同现规则。

第一，包容规则，语义大的单位在前，语义小的在后。如：

(6) Ba anh có nói là ông chiến đấu ở chiến trường nào ở Việt Nam không?
词译：爸爸你有说是他 战斗 在 战场 哪 在 越南 不？
意译：你爸爸有没有说他在越南哪个战场战斗？

表面上越、汉介构位置相反；但深层语义结构相似：语义范围小、跟动词语义关系更密切的介构更靠近动词。

第二，时序规则，先发生的在前，后发生的在后。如：

(7) Nó bước men theo bờ rào về phía cổng nhà.（V—路线—目标）
词译：他 走 顺着 篱笆 向 边 门 家
意译：他顺着篱笆向家门口走去。（路线—目标—V）

第三，施受规则：越南语介构一般在谓语后，但表施事的介构多在谓语前：

(8) Nó bị bọn phỉ chặt đứt chân.（施事—受事）
词译： 他 被 暴徒 打 断 腿
意译：他被暴徒把腿打断了。

作为首部汉越语言对比文集，自然存在不足。如有的论文选题不够明确，有的运用理论方法不够娴熟，有的跟汉语二语教学结合不够密切。

## 三、如何深入开展越汉语言对比研究

### （一）以实际问题为选题，划定有限的研究范围

以汉语二语教学为目标，就应该从教和学的实际问题出发。如学生常见偏误有哪些，最难教的问题有哪些。抓住它们进行研究，可提高对比研究的效益。

如汉越词在语义、语法上跟现代汉语词汇同中有异，属语言对比中有"关键相似度"的语言点，易引发负迁移，如例（1）（2）。因语音、语义跟现代汉语相似，为越南人学汉语提供方便；因语义、语法差异，又会增加

麻烦。如能发现学习者偏误,针对它们进行对比,可得出有益的结论。文集中多篇文章涉及汉越词。

阮文康指出:"借汉词和汉越词是一柄'双刃剑',是汉越双语对比研究中不可缺少的内容。"该文细致对比汉语词与汉越词的差异。"心事"汉语是名词;tâm sự 越南语还有动词用法:与人私聊。"亲情"汉语是名词;thân tình 越南语还有形容词用法,表示"亲密的"。这些"大同小异",容易诱发学习者出现偏误。

阮福禄考察了 1504 个汉越词,发现跟现代汉语词对比,义项增加的占 24.8%,义项减少的占 54.1%,有增有减的占 10.5%;以词的一个义项为单位,词义扩大的占 2.4%,词义缩小的占 8.2%。如 lam lũ,汉语义项是"(衣服)破烂"。越南语增加"辛劳、辛苦、困难"等义项;可以说 áo quần lam lũ(衣衫褴褛),cuộc sống lam lũ(褴褛的生活)。

对比应抓住常见问题和常见偏误,确定有限研究范围,保证研究深透。汉越词对比内容多,一篇文章很难写完。如阮福禄的论文,只是博士学位论文的一部分。

研究者也可选汉越词某一词类,如动词,并继续聚焦。杜氏青玄先选《汉语水平考试 HSK 词汇大纲》甲级动词 283 个(离合词和助动词除外),又从《现代汉语常用词频率词典》选出高频动词 49 个作为补充,目标集中,可使研究更深入细致。

值得注意的是,历史上汉语词汇先后传入越南、朝鲜半岛和日本。该书有关汉越词的研究,不仅适用越南人汉语教学,也在很大程度上适用日本、韩国汉语教学。

语言翻译、词典编撰等,也是语言对比的重要领域。翻译常见错误是什么?双语词典常见问题是什么?抓住它们进行研究,可解决实际问题,促进应用语言学发展。

### (二)起点:从母语到目标语

基于习得的对比,应以学生母语为起点。越南人学汉语,宜从越南语出发,对比汉语看异同,符合学习路径。起点不同,过程、手法不同,会导致结论不同。①

例如,汉越词 thuyết minh 和"说明"都有"解释明白"的义项。区

---

① 参见陈珺《成年韩国学生汉语比较句习得考察》,华南师范大学出版社 2013 年版。

别有：

第一，thuyết minh 有现代汉语"配音"的意思：

(9) Bộ phim này thuyết minh rất hay.
词译：部 电影 这 配音 很 好
意译：这部电影配音很好。

汉语"说明"无"配音"义。学生会受越南语影响，生成以下偏误：

(10) *这部电影说明很好。

第二，"说明"有"证明"义；thuyết minh 无此义，表达此义只能用汉越词 chứng minh（证明）。（杜氏青玄）从越南语到汉语对比，可清楚看出 thuyết minh 对应现代汉语"说明""配音"，母语一个词对应目标语两个词，难度最高，容易出现例（10）。这样对比可帮助越南人学汉语。反过来则不容易发现上述对应。

若从汉语到越南语对比，现代汉语"说明"对应越南语 thuyết minh（说明）、chứng minh（证明），能帮助中国人学越南语，但对越南人学汉语促进不大。

### （三）恰当使用语言研究理论、模式和方法

对比分析应吸收他人成果，用成熟的理论模式方法，使研究更加科学、深入。Ellis 讨论过对比和难度等级模式。[①] 据此模式，越南人学汉语最难的有三类。

第一，越南语某语言点在汉语等值项分布不完全相同。如 ai（谁）的分布：

(11) Không ai chịu ai.
词译：不 谁 让 谁
意译：谁也不让谁。

---

[①] R. Ellis, *Understanding Second Language Acquisition*（《第二语言习得概论》），上海外语教育出版社 1999 年版。

(5) Vẫn việc *ai* người *ấy* làm.
词译：还 事 谁 人 那 做
意译：还是谁的事情谁做。

例（11）是对待任指句，两个代词所指不同。例（5）是呼应任指句，代词所指相同。越南语前用疑问词 ai，后用指示词组 người ấy；汉语前后都用"谁"。即这两类句式中越语、汉语代词有时对应，有时不对应。初学者以为都对应而产出例（3）：

（3）＊谁知道答案那个人就回答。

第二，越南语无、汉语有的语言点，如"把"句，对比等级 5 级，学生常出错。如：

(12) ＊她放钱包在我的包里。

第三，越南语一个语言点对应汉语两个/多个语言点。如 vừa...vừa...可对应汉语"又（既）A 又 B"和"一边 A 一边 B"：

(13) Món ăn của nhà hàng này vừa rẻ vừa ngon.
词译：菜 的 饭店 这 又 便宜 又 好吃
意译：这个饭店的菜既便宜又好吃。
(14) Nam vừa ăn cơm vừa xem tivi.
词译：南 一边 吃 饭 一边 看 电视
意译：小南一边吃饭一边看电视。

"一边 A 一边 B"用于同时发生的两种行为，只连接动词；"又 A 又 B"可连接动词和形容词。对比等级 6 级，难度最大。初学者不知道如何选择，容易出错。如：

(15) ＊老人既拉灰车又用手擦汗水。

语言学理论还有类型学、配价语法等。若能用它们指导研究，可以发现问题，得出有说服力的结论；并把对比成果有效用于二语教学。

最后要强调，语言对比必须有词词对译，凸显差异。如"把"句和越南语相关句子的区别，有了例（16）的词词对译，异同点就很清楚了：

(16) Đặt  con  gà  vào  giữa  mâm.
词译：放　只　鸡　进　中间　盘子
意译：把那只鸡放在盘子中间。

文集不少文章有词词对译，凸显两种语言在某些句式、词汇上的区别。词词对译，是语言对比的基本要求，使语言差异更加明确，让读者获取更清晰的信息。

### （四）收集更多语料，建立若干语料库

对比研究语料要充足。首先是双语语料，包括：书面语和口语，汉译越语料和越译汉语料，多文体语料（文学、报刊、教科书、教辅、工具书等教学资源）。其次是丰富的中介语语料，包括越南人学汉语、中国人学越南语的中介语语料。应建立双语语料库和中介语语料库；并对语料深加工，方便查询、使用。

第一部汉越语言对比论文集的编辑、出版，在越南汉语教学史上是一个里程碑。我希望，能以文集的出版作为新起点，将对比研究更科学、深入、广泛地进行下去。

我相信，汉越语言对比研究将会出现更多更好的成果！

我期待，这些成果更好地转化成有效教学模式，融入实用好用的汉语教材。

［原为越南河内国家大学下属外国语大学中文系主编《汉越语言对比研究论文集》（越南河内国家大学出版社 2014 年版）一书的序；又载于《华文教学与研究》2013 年第 3 期）］

# 五、致辞与发刊词

## 跨文化的视野

### ——在华南理工大学跨文化传播研究中心成立仪式上的发言

尊敬的主席,各位专家、领导,各位与会者:

首先请允许我代表世界汉语教学学会、广东省中国语言学会、中山大学国际交流学院,对华南理工大学跨文化传播研究中心的成立,表示衷心的祝贺!

随着全球化的发展,随着信息科学传媒技术的日新月异,跨文化交流成为每个人每天都要遭遇的问题。伊拉克人质危机不断,欧美人质得到国家全力营救,日本人质的家属不但受到国人谴责,还要向国民道歉。可见跨文化交流不可避免。

华南理工大学新闻与传播学院、国际教育学院合办跨文化传播研究中心,正逢其时。依照邀请信的要求,我对中心的发展提几点建议。

第一,内容明确。主要研究中国文化与其他相关文化的关系、交流与传播。如中韩日三小时经济文化圈的文化交流。

第二,理念清楚。明确本学科包含的文化多样性,挖掘并应用外来文化和本土文化之间的建设性关系。不但关注异,还要关注同,关注表层不同但深层相似的元素。前几天访问菲律宾,得知该国教育部刚提出,所有专家学者,除掌握菲律宾语、官方语言英语之外,还要掌握最少两门外语;且能用于以下三个工作之一:外语教学,菲外翻译,商务外语。

跨文化传播,要克服己方文化中心造成的孤立。最近有首歌叫《猪都笑了》:"北京人说他风沙大,内蒙古人就笑了。内蒙古人说他面积大,新疆人就笑了。……小日本说他是人,全世界的猪都笑了。"这种民间仇日情绪,实际上是传媒宣传民族主义的后果。近5年国学热,鼓吹21世纪是中国的世纪,更加让人担忧。

第三,重点突出。如从媒体类别看,跨文化传播中的非纸质媒体(音像、电子、互联网等)比纸质媒体更为重要。

研究文化双向或多向交流时，应重视己方文化传播。全国第三届文博会上，商务部一位官员说，去年文化输出 103 个亿，而图书进口、出口比例是 10∶1。从第二届文博会得知的消息：深圳大亨村复制油画的出口创汇，占全国文化产业输出的 1/3。这对深圳可能是骄傲，但对全国却是耻辱。文化出口比例不到经济出口的 1%。如何提高文化创新和传播能力，不但是全国，也是我们中心研究的重要课题。去年全国外事工作会提出三贴近：贴近外国人习惯、思维、生活，为传播中华文化提出了方向和具体办法。

这两年电影界有一个现象值得关注。香港电影《无间道》的故事版权，被美国购买，摄制出美国《无间道》。同期大陆两个著名导演，参考外国 100 年甚至几百年前的戏剧，摄制出电影《满城尽带黄金甲》和《夜宴》。虽然都是跨文化传播的结晶，却显示出香港文化创新能力并不逊于内地。

对非母语者的汉语教学和应用，也是中心研究课题。有关部门统计，现在约有 3000 万人学习汉语，但相对英语却差得很远。目前汉语母语者 11 亿多人，海外 0.3 亿人学习，真正使用的仅 0.15 亿人，但大部分是华裔。而早在 1985 年，英语母语者 3.25 亿人，官方二语使用者 14 亿人，仅亚洲就有印度、菲律宾、新加坡等多国把英语作为官方语言。怎样让更多人学好并应用汉语，很值得研究。

第四，选题的应用性。少研究大而空的课题，多研究具体课题，尤其是社会迫切需要解决的课题。"动漫""动画"有何区别，无需花功夫研究；为何日本动漫在全球流行，却值得认真研究。美国很多少年儿童看了类似《千纸鹤》的动漫，开始喜欢日本文化并学习日语。中国的功夫片和影星、流行音乐和歌星也吸引甚至迷倒不少外国人，其中一部分人开始学汉语。对这些现象，中心应进行研究。上世纪中的动画片《孙悟空大闹天宫》曾获国际奖，现在为何创造不出好的动画片？跨文化交际可细分为几个层次，每个层次有什么内容和特点？这些都很值得研究。

第五，研发结合。跨文化传播学是应用学科，检验效度的唯一方法，是看其能否转化为开发性成果——直接对接使用者的产品，看其能否在社会广泛使用并产生效益。

第六，队伍配置。应有国内外、多学科、多层次人才配置。有一本用于英语区的中外合编教材，初稿中教"比"字句有一例"我的香蕉比你的大"，加拿大教师说这在当地是"不洁语言"，出版时改成"我的书包比你的大"。这反映了国内外合作的重要。

跨文化传播学是综合学科，需多学科参与。今天参加仪式的有多学科代表，显示了良好开端，希望能开花结果。研发结合，也需要技术人员和开发人员参与。

最后提一个疑问，cross-cultural communication 和 inter-cultural communication 区别是什么？应该如何翻译和解释？哪一个跟"跨文化传播"更接近？

上面说的可以概括成一句话，身体力行，使中心成为名副其实的跨文化传播的楷模；力争在 10 年内，在全国乃至国际跨文化交流与传播学界占一席地位。

最后预祝跨文化传播中心取得丰硕的研究成果和开发成果。谢谢大家！

2007 年 7 月 25 日于华南理工大学

# 《国际汉语》发刊词

1982 年，我开始教外国人汉语。当时很希望有个刊物，讲怎样上好课，怎样解决教学难题，类似为中学语文教师服务的《语文教学通讯》。那一年，来华留学生全国只有几千人。

2009 年 5 月，国际汉语教材研发与培训基地成立，筹办刊物成为可能。这一年来华留学生达 23 万人，海外学汉语的有 4000 万人。创办服务国际汉语教学的刊物，显得更迫切。

2001 年，辛亥革命 100 周年，《国际汉语》终于跟读者见面了！刊物的目标，是反映全球汉语教学、传播、应用的情况和研究成果，为全球汉语教师和其他相关人员服务。

教学资源，是本刊重要内容。本期"国别教学资源"栏，有新加坡汉语文化教材的分析（吴英成等），泰国汉语教材的描述（谭国安），法国本土教材开发的论述（吴勇毅）。"教材研发"栏，有编者讨论课文的交际性和知识性（吴中伟），阐述文化教材的开发策略（张英）；有编辑分析汉语文化教材出版现状（郭力），探索以学生为中心的多媒体教材设计（张健）。资源本土化，对象低龄化，教学全媒体化，是全球汉语教材开发的三大趋势，上述文章有精彩论述。

"资源评介"栏，刊登了冯学峰对《全球华语词典》的评介，认为："只要全面、客观、准确地描写全球华语实态，加强不同华人社区的沟通，汉语就一定能呈包容性态势向前发展。"当然，发展全球汉语还要关注非华裔使用的汉语，还要加强所有汉语使用者的沟通。

面向教师，促进教学，是本刊重要原则。本期设四个栏目。"教学与习得"栏，江新从教、学、用三个方面论述改善汉字教学的对策；温晓虹对任务教学法的内容和具体实施给出切实指引；袁博平对英语母语者汉语结果补语的习得，做了实证研究。刘颂浩对一度流行的"用不同的方法训练不同的语言技能"提出质疑；李泉对文化教学的定位、内容表达了自己的看法。"教师发展"栏，陆俭明着重论述了汉语师资培养的三个针对性。"汉语课堂"栏，一篇传授"了"的教学技巧，一篇讲解韩国中学的课文教案和实施，具体实在，易学易用，希望对一线教学有帮助。"调研报告"栏鼓励调查各类实际问题,本期调查海内外师生对文化教材的使用反馈。

  国际化、跨学科是本刊的追求。本期21篇文章。其中8篇来自海外,讨论7个国家的汉语教学;另有两篇,是中国作者探讨国外教材。本刊编委来自多国,除汉语和汉语教学专家,还有教育学、心理学、传播学、英语教学等领域专家。我们希望,在组稿、审稿、编稿上向国际刊物靠拢,在作者、内容上加大汉外比例,使刊物更突显国际化、跨学科特点,更加更名符其实。

  本刊力求形式多样,论文,笔谈,教案,评介,访谈,调研报告,难题征答,观点选摘……,以满足内容多样化的需求。本期笔谈,以小见大。"椅子"中日汉字相同,意义有别,显示出文化差异(古川裕)。用汉语表达身边发生的事,是法国学生的最爱,也是教学本土化的表现(华卫民)。外语学习中,行为文化最重要,"体演文化教学法"相当有效(史昆)。本刊采访《走遍中国》主编丁安琪,展示该教材的编写过程,再现中英编写者如何把国际二语教材新理念融入汉语教材编写,值得一读。

  刊物是作者、编者、读者交流的平台。平等的交流,多向互动的交流,用心的交流,才能培育出好刊物。人培育刊物,刊物也培育人。作为读者和作者的桥梁,我们会努力实现这种交流,致力于把《国际汉语》建设成国际汉语工作者精神和心灵交流的家园。

[原收入周小兵主编《国际汉语》(第一辑),中山大学出版社2011年版]

# 线上学习与大数据开发

## ——在外文局华语教学出版社"中文帮"发布会上的讲话

各位朋友，各位嘉宾，大家好！

很高兴出席 ChineseBon 中文帮发布会，并担任全球中文在线联盟轮值主席，和各位校长、老师、同学们欢聚一堂！看到大家积极参与在线汉语教学，看到 ChineseBon 中文帮的出现，我感到很欣慰！

中文在线联盟，是互联网＋中文教育的产物！它的创立，在汉语国际教育与传播领域具有重要意义！

2015 年末，我接到联盟秘书处的热情邀请！接触中感到联盟充满活力、充满梦想、充满自信！创办人甘愿为汉语教育与传播事业奉献自己所能！由此我接受了邀请，希望能为汉语国际教育做一些实事。

随着中国经济持续发展，互联网快速普及，中文作为世界与中国融合的交际工具和文化载体，受到越来越多的国家政府、教育机构、企业和传媒的重视，中文在线学习已成趋势。

全球中文在线联盟的宗旨是：推动中文教育，促进中国与全球文化的交流；以互联网为载体，以中文信息服务为驱动，为各国中文学习者和教育工作者提供信息分享的平台化服务，助力中文教学和国际交流合作，聚集数字出版行业，构建行业化、专业化、社交化联盟体系，实行资源共享机制，全面打造中文产业生态圈，实现产业跨界融合，协同共赢。

有别于学界其他团体，全球中文在线联盟，特点很明显，就是"在线"：在线汉语课程、在线汉语教师、在线学习者、在线数字资源、在线教学法等。我们坚信，联盟的发展，一定会整合、完善在线教学资源，促进汉语教师转变观念，给予汉语学习者优质的选择，推动汉语国际教育的快速发展！

联盟下设三个联合会：全球中文在线学习者联合会，全球中文在线教师联合会，全球中文在线资源合作与发展联合会。三个联合会各司其职，互相支撑，一体运作，共同发展！

各位朋友，各位同行：

全球中文在线联盟，跟国家汉办在中山大学建立的汉语教材基地一样，都是致力于在线优质汉语资源的建设、研究与发展。联盟下设的学习者联合会、教师联合会、资源合作与发展联合会，跟我们教材基地的三大任务十分吻合：

第一，为学习者提供个性化诊断方案。基地在全球范围内收集不同水平等级、不同母语背景的二语学习者中介语语料（含汉字、词汇、语法、语篇偏误），建成"汉语连续性中介语语料库"。基于语料库研制全球不同区域汉语学习者的个性诊断方案，计划为在线汉语课程设计、课堂教学及测试评估提供科学实证证据和有效应用指引。

第二，为教师提供专业化发展课程。基地深入分析中山大学数十年汉语教学案例及录像视频，对海外教师进行问卷调查和访谈；进而研发实施独具特色的"本土汉语教师来华研修课程"，贯穿"典型案例驱动""本土课堂聚焦""线上线下融合"等理念，深受赴基地研习的海外教师与校长的好评。该课程将继续向海外来华教师提供。

第三，提供智能化资源。基地收录全球40国、50余种媒介语的汉语教材及资源，建成世界一流的"全球汉语教材库"。从海内外1000多家出版社上万册教材中精选有代表性的教材，建设"国际汉语教材语料库"，将于今年上线。研发"国际汉语字词档案""汉语文本指难针"，测定文本难度。前者在去年底第十届孔子学院大会上深受好评。

未来，在线汉语资源将呈现海量发展趋势，在线资源的大数据研究迫在眉睫。基地将建成语言大数据实验室，开展在线汉语资源的数据智能研究，利用自然语言处理、机器学习及数据挖掘技术，对海量二语资源进行大数据分析，自动获取最有价值的信息，如词汇、句法、语义、篇章、话题及摘要等，使在线汉语资源的大数据"智能化"。

希望有更多的学界同仁参与我们基地汉语资源的大数据"智能化"研究！

各位同行，我很荣幸能担任全球中文在线联盟轮值主席！我会与大家共同学习、工作，出席联盟举办的多种活动，对联盟工作给以监督和指导。

谢谢大家对我的信任！希望全球中文在线联盟在行业内能起到重要引领作用。也希望ChineseBon中文帮平台能够助力联盟的发展，为会员提供更多的服务。希望更多的同仁加入联盟，为在线汉语教育做出贡献！

谢谢大家！

2016年1月29日于北京

# 六、译　文

## 普通话两种体标志（节译）

[美] William S-Y. Wang

本文对普通话体标志这一难题提出解决方案。难题表现在否定句和 A 不 A 问句的形式不对应。本文证明语素"有"（跟"没有"的"有"一样）是体标志"了"的异干交替成分（suppletive alternant），显示陈述句、否定句和疑问句之间的关系简单明了，相互对应。

根据现代语法学理论，句子结构描写（structural description，缩写 SD）可用一系列图形——短语标记（P-marker）——表示。一个短语标记即一个树形图，图中每个节点由语法成分的一个层级标明；最高的节点标为 S，表示句子。有关一个句子假定成分间的种种关系有一系列解释，一个短语标记就是这些解释中的一种。每个结构描写 SD 都包含一个深层短语标记 $P_d$、一个表层短语结构 $P_s$ 和其他中介短语标记，即：

$$SD = \{P_d, P_2, \cdots, P_s\}$$

$P_s$ 是对句子直接分析，底部节点由语素序列标示；而这些语素对应构成句子的语素序列。

每个短语标记 $P_n$ 都派生于短语标记 $P_{n-1}$。从转换式看，后者在系列上先于前者，可省略、扩展、变换或被 P 替代。有时，从成分结构规则扩展而来的 $P_d$ 在形式上跟 $P_s$ 相同。

把 SD 阐述为跟转换规则相互联系的短语标记的一个序列，能使分析者在描写句子时把诸如"非连续成分""省略"等某些难处理的概念形式化。本文运用转换规则，说明"了"和"有"这两个形素是同一语素的交替形式，尽管其分布不同；并根据底层短语标记之间的相互点来揭示句式之间的深层关系。

## I

**否定句**。主要讨论"了""有"。"了"表示动作已完成，"有"表示动作至少发生了一次。不包含这两个体标志的陈述句是简单句。谓词短语前加"不"构成表否定的简单句：

  1a. 他买书。    b. 他不买书。

若句中有"了"或"过"，加"不"不合语法。(2a) 否定句不是 (2b) 而是 (2c) 或 (2d)：

  2 a. 他买了书。  b. 他不买了书。
    c. 他没有买书。  d. 他没买书。

同样，(3a) 的否定句是 (3c)(3d)，不是 (3b)：

  3 a. 他买过书。  b. 他不买过书。
    c. 他没有买过书。  d. 他没买过书。

否定词和动词之间有状语时情况一样：

  3e. 他没有高高兴兴大大方方地买过书。

  按传统分析法，含体标志否定句出现的不规则现象可解释为：①省略"了"（"过"不能省）；②用"没有"代替"不"，"没有"可省略为"没"。[1]
  这种解释认为，"没"和"没有"是交替形式，"过"是在语法性质上跟"了"平行的独立标志。
  如果用新方法说明这些形素，上述不规则的现象就会消除。首先，假定"有"和"有过"是两个体标志。形素"没"是位于这两个体标志之前的"不"的交替形式。"没有"其实是语素复合体，包含否定标志和体标志，而不是"没"省略前的形式。

---

[1] 参见 Y. R. Chao（赵元任），*Mandarin Primer*（《普通话入门》），Cambridge, Mass., 1948：58。

体标志在深层结构 $P_d$ 中能移到动词前面。① 在给定的语法条件下，"有"可省略，也可移到动词后边，变成其交替形式"了"；"过"无论怎样移位，都不会改变语音形式。

根据新的分析方法，(2a) 的 SD 包含一个初始短语标记，其底层节点标示为"他有买书"。(3a) 的 SD 也包含一个初始短语标记："他有过买书"。这类非表层短语标记的语符列可称为初始句（presentences）。上面两个初始句及否定句是：

4a. 他有买书。　　b. 他不有买书。
5a. 他有过买书。　b. 他不有过买书。

把 (4a)(4b)(5a)(5b) 转换为句子，有序规则是：①"不"变为"没"；②(4a)(5a) 的"有"和 (5a)(5b) 的"过"移到"买"后边；③把动词后的"有"变为"了"或零形式。

上述分析能使肯定句、否定句对应，不管其中是否有体标志：否定句"不"在动词短语前，肯定句没有"不"。对比 (1a)(1b) 和 (4a)(4b)(5a)(5b) 可看出：肯定句和否定句之间、简单句和复杂句之间的词形变化是整齐一致的。其他方言也可支持这个观点。普通话没有 (4a) 一类句子，但在粤方言、闽方言里，(4a) 完全合乎语法。②这些方言中，上述规则有些可不用，因分析时出现的一些深层短语标记，跟这些方言的表层短语标记相似。

**A 不 A 问句**。A 不 A 问句是一种特殊反义疑问句。③ 一般反义问句两个反义部分可调换次序，包含语素可完全不同，第二部分可前加连词"是"或"还是"。但 A 不 A 问句顺序固定（肯定先于否定），两个谓语间一般不能插入任何成分。

---

① 动词前的"有"是体标志，证据是插入成分不影响"不"和体标志的关系，如 (3e)。另一个理由是动词带有强调标记、助动词和补语时，体标志跟它们相互排斥，最简单的解释是动词前的选择限制。此外，许多句法规则要涉及动词及宾语，若体标志没有插入动宾中间，这些规则非常简单。

② 粤方言资料由 Anne Y. Hashimote 提供。闽方言参见袁家骅《汉语方言概要》（北京文字改革出版社 1960 年版）第 283、312 页。在日尔曼和罗曼语族一些语言中，有一种跟表示所有的"有"同音的体标。普通话体标志"有"、表所有的"有"、表生存的"有"、限定词"有"及表别比的"有"（见 8b）的前边，"不"都变为"没"。尽管这五个语素写法相同，但语法特征不同。

③ 赵元任在《普通话入门》中讨论了反义疑问句。我这里借用他的术语："A 不 A 问句"。

与（1a）（1b）对应的 A 不 A 问句是（6a），两个谓语部分的动词短语重复。事实上其中一个动词短语可省略一些成分；否定部分省略是（6b），肯定部分省略是（6c）①：

6a. 他买书不买书　　b. 他买书不买　　c. 他买不买书

A 不 A 问句可由不同谓语构成多种句型。在（7a）到（7e）中，圆括号标明动词短语左端成分的语法范畴：

7 a. 他看我的书不看我的书？（及物动词）
　b. 他来不来？（不及物动词）
　c. 他愿意买那本书不愿意买那本书？（助动词）
　d. 他干净不干净？（形容词或描写性动词）
　e. 他是日本人不是日本人？（系词）

所有动词短语内部被省略的都是右端成分：

7a′. 他看我的书不看？
　a″. 他看　　不看我的书？
　c′. 他愿意买那本书不愿意？
　c″. 他愿意　　不愿意买那本书？
　e′. 他是日本人不是？
　e″. 他是　　不是日本人？

上述省略句显示：A 不 A 问句是从其他句式衍化而来。请看：

8 a. 书你喜欢不喜欢买？　　（易位句）
　b. 你有他高不有他高？　　（对比句）
　c. 你把他带来不把他带来？　（把字句）
　d. 你被他批评不被他批评？　（被字句）
　e. 你买得起买不起？　　（结果动词句）

---

① 参阅丁声树等编著的《现代汉语语法讲话》（商务印书馆 1961 年版）第 205 页。

简单陈述句衍生上述句式所需的转换规则，我另文论述过。① ⑥ 下面是动词短语省略后的对应句式。在（8c）到（8e）里，省略限制在肯定部分。体标志出现时限制部分排除。

8 a′. 书你喜欢买不喜欢？
 a″. 书你喜欢　不喜欢买？
 b′. 你有他高不有？
 b″. 你有　不有他高？
 c′. *你把他带来不把？
 c″. 你把　　不把他带来？
 d′. *你被他批评不被？
 d″. 你被　　不被他批评？
 e′. *你买得起不买？
 e″. 你买　　不买得起？

体标志出现时情况更复杂。(9b)(9c)是(9a)的省略形式，它们之间的关系类似(6b)(6c)跟(6a)、(7a′)(7a″)跟(7a)以及(7c′)(7c″)跟(7c)的关系。

9 a. 他买了书没有买书？
 b. 他买了书没有？
 c. 他有　没有买书？

用传统方法解释不通。简单句［如（1a）（1b）］和带体标志的句子［如（4a）（4b）］之间的平行关系模糊，但生成（9a）是可能的。在简单 A 不 A 问句中，所有动词短语都被省略成为左端成分，这种规律性在带体标志的 A 不 A 问句中却被破坏。在（9b）中，"没有"等同"不"，"买书"略去。在普通话口语里简单 A 不 A 问句不能省略右边的动词短语，如例（10）。"没"被认为是"没有"的交替形式，人们会以为（11）是（9b）的交替

---

① 参阅我的文章"Some syntactic rules in Mandarin"（《普通话中的一些句法规则》），*Proceetings of the* Ⅸ *International Congress of Linguists*, pp. 191–202。

形式。但事实上（11）和（10）都不符合语法：

10 *他买书不？　　　11 *他买书没？

最大困难是（9c）的"有"，按传统语法，"有"绝不能出现在动词短语前边。①

例（9）说明我们对否定句的分析法确实可行。前边举过例（4），现在可看出，例（9）的底层结构实际上来自例（12），后者对应简单的 A 不 A 问句。

12 a. 他有买书不有买书？
　　b. 他有买书不有　　？
　　c. 他有　　不有买书？

这样不规则就消失了。在简单问句的底层结构是例（9b）（9c），因体标志"有"已成为动词短语左端成分。因省略了动词短语左端成分，例（10）（11）不合语法。使用例（4）提出的规则，可把例（12）转换为例（9）的对应句式。可见，用我们的分析法，不论是简单句式还是带体标志的句式，无论否定句还是源于简单陈述句的 A 不 A 问句，都是有规律地发生变化。

再考察例（7）（8）所举各类句式的体标志。由于动词短语的特性，(7c) 到 (7e) 和 (8a)（8b)（8e) 都不能带体标志。而其他句子都可以有规律地带上体标志。

7′a. ′他看了我的书没有？
　　a. ″他有　　没有看我的书？
　　b. ′他来了没有？
　　b. ″他有　没有来？

---

① 9c 格式在南方话中长期流行，最近开始在北方话中使用。比较《现代汉语语法讲话》第 206 页例句："天有没有亮？""他有没有起来？"北方话可能从南方话借用了上述说法。总之，在规则化基础上解释句法变化可使人信服。北方话中简单 A 不 A 问句的省略可能发生在肯定或否定部分；但如句中有体标志，省略只能发生在否定部分。流行的方言却不是这样。假如上述限制继续存在，就只能在 II 的 $T_2$ 中再加上一个条件：(iv) 如果 2 = ASP，只有 (A) 类转换是可能的。

  c. *他愿意了买那本书。
  d. *他干净过。
  e. *他是了日本人。
8′a. *你喜欢了买书。
  b. *你有过他高。
  c′. 你把他带来了没有？
  c″. 你有　　　没有把他带来？
  d′. 你被他批评了没有？
  d″. 你有　　　没有被他批评？
  e. *你买得起过。

(*Language*（《语言》），Volume 41，Number 3，Part Ⅰ，pp. 457－470。因篇幅关系删去Ⅱ、Ⅲ节，注释略有删节)

[原载于《中山大学研究生学刊（社会科学版）》1987年第2期]

# 中编 文学

# 一、散 文
## 肖 像

## 姑 妈

刚收到家信，说姑妈过世了。

姑妈是个慈祥善良的老太太，满头银发，宽脸盘有点浮肿，皱纹挺深。裹过一阵脚，走起路一摇一摆的。生在江南一个小店东家庭，儿时家业破落，父母早逝，抛下她和小她八岁的弟弟。为了生计她嫁给姑父，婚后还把弟弟带在身边，又当妈妈，又当爸爸，硬是把我父亲拉扯大。后来父亲发奋自学，上了大学，成了有名的编辑和作家。父亲出息了，姑妈花了不少心血。

"文革"初期，父亲含冤去世。年近六十的姑妈一个人从上海匆匆赶到广州。一进门，才喊出半句"苦命的孩子哟……"，就抱着母亲痛哭。后来我一直没弄明白，她说的"孩子"指谁，父亲，母亲，还是我们几个没有了爹的侄子侄女。那一年大哥十六，小弟才七岁。母亲在单位接受审查，很少回来。姑妈开始操持这个家。生活困难，食油、猪肉等必需品又定量供应，很难买到。姑妈排长队买来板油，先榨出猪油炒菜用，再用油炒渣熬汤。在那个寒冷的冬季，每当饭桌上出现一大碗热气腾腾的白菜粉条油渣汤，我和弟弟都像过节似的高兴。姑妈看我们高兴，露出慈祥的笑容，蠕动着厚嘴唇说："像你父亲小时候一样……"说着，眼圈就红了，忙撩起衣角去擦。

过了冬天，姑妈回上海了。当年大城市供应都紧张，只有上海东西多一些。逢年过节，姑妈总要寄来一个包裹，里边有桂花年糕、麻油酥糖、奶油瓜籽儿、五香蚕豆。收到包裹，要等全家人聚在一起，才隆重地打开，和在美国拆圣诞礼物差不多。要格外小心地用刀片割开细线，不能把包裹弄破了。以后还得用它给姑妈寄广东特产。八十年代以后，生活好多了，包裹就渐渐少了。

姑妈最后一次到广州，是"文革"后期，带着三岁的外孙。她买菜、做饭、洗衣服、打扫卫生，还得照看特别淘气的外孙，体力有些不济。那时我工作了，单位远，很少回家，对姑妈的记忆不那么清楚了。只记得她迈着半大的脚走路一摇一晃的，动作迟钝了许多。

姑妈没有什么奢望。到了晚年，唯一的希望就是能换到一个屋里有抽水马桶的单元。"文革"结束后，这个愿望总算实现了。1981年我到上海，在姑妈新调到的单元里住。有两间房，平时堂姐、姐夫跟小侄子住在里间，姑妈跟大侄子住外间。抽水马桶就在外屋的角落里，前面有一幅可以拉动的塑料帘子遮着。

姑妈只有一个女儿，比我大十六岁，在一间药厂当工程师。"文革"大串联时到过广州，还很年轻。1986年我路过上海，她已显出有点衰老。今年1月退休，3月正式离开工厂。原以为退休后可以照顾姑妈，谁想到姑妈没能熬到过年。

姑妈一生抚养、伺候了几代人，把一切都默默无声地给了家人、亲人；最后，又默默无声地走了。她是1月27日走的。那天夜里，纽约下着湿冷的雨夹雪。

听说她去年开始吃不进咸食。最后的一个月，每天只能喝一杯牛奶。半辈子吃不饱，走的时候还饿着。

姑妈走了。大哥飞去上海送别。妈妈替我送了花圈。远隔重洋，我只能写写心里的话，祝她来世过得好。

（原载于《侨报》1994年7月28日）

## 王洛宾和他的歌

带着中国大西北的草原清风，王洛宾风尘仆仆从新疆赶到世界大都会纽约。

从联合国总部到孙逸仙中学到哥伦比亚大学，音乐会场场爆满。美加华人从各地赶到纽约。王洛宾搜集、整理、改编创作的 20 多首民歌，以独唱、合唱、重唱形式演出，把人们带到那神秘美丽的中国西北，带到大洋彼岸那遥远的地方……

夜深人静，半片月亮爬上草原。小伙子站在姑娘窗前等待，渴望她把纱窗打开，摘一串葡萄扔下来……雪白帐篷旁，落日余辉里，姑娘和小伙子跳着欢快的双人舞："阿拉木汗怎么样/身段不肥也不瘦……/阿拉木汗住在哪里/吐鲁番西三百六……"

听着那熟悉美丽的民歌，人们仿佛回到久别的故乡，雷鸣般的掌声不时传出。随着熟悉的韵律，击掌节拍时起时伏，音乐会上洋溢着热烈的气氛。

82 岁高龄的王洛宾，头戴维吾尔族黑色小帽儿，手提一篮红苹果，演唱《卖苹果》："……如果苹果使你能喜欢/我愿把它送给你/如果我自己也使你喜欢/也把他送给你带回家去。"边唱边舞，像 28 岁的小伙子，把音乐会推向高潮。

事实上，演员和观众（最后参与大合唱）很多不是华人。一位叫玛丽莎的姑娘临时要求上台，用不纯熟的汉语唱《在那遥远的地方》。50 年代著名歌唱家罗伯逊把这首歌唱遍五洲四海。几年前美国用飞船把录有十几个国家的民歌的录音带送上太空，希望用地球人音乐与外星人沟通，《康定情歌》是其中一首。王洛宾的歌，早已走出民族血缘圈，传遍环球，飞向深邃的宇宙空间。

王洛宾整理改编了许多民族歌曲，涉及维吾尔、乌孜别克、哈萨克、俄罗斯等民族，人们听过唱过，却不一定知道它们出自王洛宾之手。很长一段时间王洛宾的名字不能出现。正如现在许多人知道王洛宾的歌，却不知道他坎坷的一生。王洛宾像西北夜空中一颗被云雾遮掩的星星。

## 边疆的民谣情歌,使我每天都感到惊喜

王洛宾 1913 年生于画家家庭,从小受艺术气氛熏陶。1931 年进北平师范大学音乐系主修声乐和钢琴。当时中国现代音乐教育刚起步,采用欧洲音乐教学法。他接受的音乐教育基本是西方的。1934 年肄业后在中学任教。

1937 年全面抗日战争爆发,王洛宾到山西加入八路军西北服务团。一次他与作家萧军、萧红、塞克去西北,被大雨困在六盘山一家客栈。在那里,车马店女老板唱的西北最原始的山歌"花儿",彻底征服了王洛宾。从此他一头扎进西北民族音乐的海洋里。

王洛宾一生搜集、整理、改编、创作了 700 多首民歌。他改编的第一首民歌是《达板城的姑娘》。在兰州,他把一位维吾尔族司机唱的吐鲁番民歌《达板城》改编为《马车夫之恋》,编排进第二天的演出曲目,受到观众热烈欢迎。

这种工作在当时非常困难。要先学语言,再请歌手演唱,记录词谱并将曲调和歌词对应。改编要考虑汉语音律。有时为一个词的译法,如"小羊"好还是"羊儿"好,会推敲很久。有时只能保留少数民族词,因为很难找到音节长短相近、跟曲谱相配的汉语词。《青春舞曲》中"别的那哟哟",就是维吾尔语"小鸟"的意思。

王洛宾的民歌,是西部少数民族生活的真实写照。《掀起你的盖头来》反映的是维吾尔族风俗。新疆女性美主要表现在眉毛上。当地舞蹈动作稳健,女舞者多用眉毛表意传情。王洛宾在库车搜集、整理过十九首民歌,有四首是唱眉毛的。

## 苦难中有美  美得更真实

1941 年王洛宾在青海被当局逮捕,在狱中饱受磨难,仍坚持创作了很多歌曲。

"芦沟起烽火,从姑娘那里讨回自己的心,交付给祖国。他却把我投进苦狱的门槛。奈何天!不如归去,归故山!"《云曲》反映"进则兼济天下,退则独善其身"的心境。

60 年代王洛宾又被投进监狱。他在狱中写了八首曲子,每首都诉说一个动人故事。一位维吾尔族青年订婚后蒙冤入狱。姐姐提着一篮丁香探监,

说他未婚妻已去世。青年悲痛至极，决心按风俗留长须纪念，因此遭毒打。王洛宾为他感动，写下《高高的白杨》："高高的白杨排成行/美丽的浮云在飞翔/一座孤坟铺满丁香/孤独地依靠在小河旁/……"这首歌和《萨阿黛》《玛尔江》一样，曲调优美，歌词动人，民歌风淳厚，被编入大学音乐教材，成为不少音乐会的保留节目。《玛尔江》叙事抒情，有人物情节、对话描写，有残酷的写实、梦幻的想象，曲调凄婉动人，紧拉慢唱，催人泪下。

王洛宾的民歌大多描写、歌颂美好的故事和情感。但铁牢苦狱毕竟在他心中刻下创伤。写出牢狱的黑暗和囚徒的苦难，使他的民歌丰富多样，让人既听到欢歌笑语，也听到歌哭悲泣，凸显出生活中更真实的美，苦难中的美。

## 在那遥远的地方

"丝绸之路的情歌，是叙述男女之间无条件的相亲相爱。"王洛宾情歌很多，最感人的，是他坠入爱河溅起的浪花，是用沸腾的血写出来、用滚烫的心唱出来的。

初恋发生在26岁。1939年导演郑君里到青海拍电影，请王洛宾同行。在青海湖畔，郑君里找到一个千户长的女儿卓玛饰牧羊女，王洛宾演藏族小伙子。

藏族姑娘卓玛像草原上的野花一样纯美。在导演安排下，王洛宾跟她同骑一匹马。坐在卓玛身后的王洛宾很拘谨，双手抓着马鞍。卓玛突然纵马疾驰，王洛宾本能地抱住卓玛的腰。两人一起拍电影，白天放羊，对歌，赛马，晚上坐在一匹马上看过电影。第三天黄昏，卓玛把羊群赶入羊栏，晚霞在她身上镀了一层美丽的光晕。王洛宾痴痴地看着她，一动不动。卓玛脸上飞起两条红，举起牧羊鞭，轻轻打了王洛宾一下，转身走了。王洛宾呆望着远去的卓玛，轻抚着鞭子打过的地方。晚上，他在卓玛和她父亲的帐篷外徘徊了很久。

次日清晨摄影队离开。卓玛和父亲骑着马，送了一程又一程。王洛宾坐在双峰骆驼上，回头望了一回又一回。帐篷在草原上越飘越远，飘向天边。在颠簸起伏的驼峰上，在叮叮当当的驼铃声中，王洛宾写下只有四小节、音域小于一个八度的传世之作：在那遥远的地方/有位好姑娘/人们走过她的帐房/都要回头留恋地张望//我愿做一只小羊/跟在她身旁/我愿每天她拿着皮鞭/不断轻轻打在我身上。

歌儿用在《沙漠之歌》中，随着歌剧的成功演出，《在那遥远的地方》流传全国。

王洛宾说过，"我这一生很坎坷，爱情都没有好结果。我仍觉得，爱情就是信仰。"初恋情人卓玛以后再没见过；第一个妻子后来离他而去，第二个妻子在他第二次入狱时，惊疾而亡。他爱情的失意源于初恋时的犹豫。这使他的爱情往往终于失意，只留下美好记忆，还有是等待和希冀。新爱情来临时又会犹豫。这对民歌创作未必不是好事。在这种等待希冀、徘徊犹豫、怅然回忆中，王洛宾写下一首首动人的情歌。最近一首是给台湾作家三毛的《等待》。

三毛在一篇文章写到王洛宾的初恋："王洛宾徘徊在卓玛父亲的帐房外，毡窗落了下来，将那千户长的女儿和这位汉族音乐家分隔在两个世界里。"

90年代初三毛到新疆看王洛宾，两人有一段很好的时光。王洛宾《幸福的E弦》可以看出他们纯洁的感情。三毛的发卡丢在浴室，学生把它插在王洛宾的吉它弦上，王洛宾写下："因为她那发针/插在E弦上/我幸福的琴弦/奏起幸福的交响……"

当三毛离开人世时，王洛宾悲伤不已，遗恨万分。夹着那粉红色发针，拨起被泪水打湿的琴弦，唱出感人的《等待》："你曾在橄榄树下等待又等待/我却在遥远的地方徘徊再徘徊/为把遗憾赎回来/我也去等待/每当月圆时/对着那橄榄树独自膜拜/你永远不再来/我永远在等待/等待等待等待等待/越等待心中越爱。"歌词简朴，渗透着真挚的爱。曲调重复、相似、对位处很多，让人感验到他日复一日、年复一年的苦苦等待。

在纽约记者问王洛宾，你认为你最好的歌是哪一首？王洛宾说："我最好的歌还在后头呢！"82岁高龄，仍在坚持唱歌，写歌，"我心里有架钢琴，日日夜夜演奏乐曲，手断了，心还在弹，没有人能使我离开音乐。"

1994 年 6 月 15 日于纽约

## 忆朱德熙先生

读本科生时开始读朱先生的文章。几个喜欢语言学的同学,边讨论边击掌称快,说想不到语言学文章能写得这么漂亮。兴奋之余不免叹息:没能从朱先生学习,是终生遗憾。有位同学当时就决心考他的研究生,准备了半年,却没有考上。

后来在中大读研究生,导师跟朱先生熟,介绍我去北大旁听。1985年秋季到了北大,才知道朱先生那个学期没课,不免有些遗憾。先生那时任北大副校长,工作繁忙,还几次邀我去家里坐。

是中关村一座普通的青砖楼,一个四居室的单元。木头茶几,木头扶手的皮沙发,家里最值钱的是一部电脑。先生平易近人,没有长辈或权威的架子。问我在北大习不习惯,解答我的语言学问题。聊着聊着想起什么,从书架上抽出一本薄薄的小书,送给我。是他集三十年心血写成的《语法问答》,扉页上早写好了题词:

周小兵同学存正　朱德熙　一九八五年十二月

我知道这本书很抢手,出版后国内外学者朋友纷纷请他赠送。样书不够,好些人未能如愿。想不到先生心里一直惦着我这个旁听生,书一到就已写好了题词。

在北大没听到先生的课,却听了朱先生当年几位学生的课:陆俭明老师的"语法学",石安石老师的"语义学",叶蜚声老师的"国外语言学"。一次叶老师上课时见一位北大学生迟到,就说:"1961年到1962年,朱先生在这个教室用结构主义方法论讲语法,教室挤满了,走廊地板上也坐满了人,很多是外校、外省的老师。"

那个年代讲结构主义,要有很大的勇气。由此对先生的敬仰更深了,未能听到他讲课的遗憾也更深了。想不到没多久,朱先生突然通知我,北京外国语学院请他开讲座,如有兴趣可以去听。我当然一口答应。

是一个很大的阶梯教室,密密麻麻坐满了人。主持人是许国璋教授。我1977年底参加"文革"后首次高考,1978年初进入中山大学,英语课用学校自编教材。后几届学生才有机会系统学许先生的黄皮本《英语》，让我们羡慕死了。许先生主持彬彬有礼，给朱先生送水，颇有绅士风度，不知是否跟研习英语有关。

朱先生七十多岁了，说话却很清晰。平时艰涩的语法问题，经他深入浅出的讲解，很容易懂。如意义区别跟形式差异对应。鲸不属鱼类，因为具有胎生乳育、用肺呼吸等形式特征。"突然""忽然"好像一样，但可以说"很突然"，不能说"很忽然"，说明不是一类词。"很"有点像化学中鉴别酸性碱性的试纸。

记得朱先生讲过："教师要站在学生的角度来安排讲授内容，设计课堂教学。"从朱先生的几次讲座中，我亲身体验到他的教学理念和实际效果。

离开北大后跟先生见过几次，最后一次是 1990 年夏。他是世界汉语教学学会会长，回国主持第三届国际汉语教学研讨会。苍老了许多，头发全白了。他说看了我的几篇文章。还说：搞汉语研究，还是要立足国内。开完会他就回美国埋头搞研究去了。

不久就听说他得了肺癌。到了 1992 年，传出他在美国病逝的噩耗。

这次到美国纽约市立学院访学，给当地学生上汉语课，遭遇学生数不清的偏误，体会了非目标语环境下汉语学习和教学的实景。想到 1952 年，朱先生作为新中国第一批赴外教师到保加利亚教了三年汉语。记得看朱先生的论文，常有"这话不能说"的表述，而这正是促使他发现问题、深入研究汉语的动因之一。汉语研究结合二语学习的需求并用之检验，朱先生早已做出榜样。

朱先生西南联大毕业，专业是理工科，却在语法学、古文字学取得巨大成就。这对跨学科研究和人才发展是一个启示。

朱先生的学问和为人，他对我的教诲，我一生难以忘怀。我希望能把朱先生的学问和为人，哪怕一部分，真正学到手；并言传身教，传给我的学生，让他们能在学习、研究、工作、生活中，成为一个真正的人。

1994 年 9 月 2 日于纽约市立学院

补记：欣慰的是，我的学生也在践行朱先生的教学理念。研究生李智斌到过三个国家教汉语，"站在学生的角度来安排讲授内容，设计课堂教学"，讲练和活动很受欢迎，被誉为"优秀教师"。（见本文集下编的《〈大爱汉语〉序》）

## 理　发

　　到美国后从没上过理发店。或是让中国朋友帮忙理，或是对着镜子自己理。好在美国一般不看外表，发型和服装一样，越奇怪越难看说不定还越新潮。但我没想到，好些美国人也不上理发店，也是自己理或让家人理。放春假时，我就给一个洋教授理过一次发。

　　这个洋教授普通话极好，你如果未见其人只闻其声，还会以为他是地道的北京人。一口带京味的普通话，让不少中国人大吃一惊，让好些方言区长大的人自叹弗如。我们是十年前认识的。那时他在中国一间大学做访问学者。他曾和中国学生登台说相声，在市大学生汇演中获奖。他和著名艺术家侯宝林是好朋友，还发表过研究侯宝林相声艺术的文章，用英文写的，意在传播中国文化。

　　这次见面，发现他明显苍老了。尤其是那一头乱发，像黄草一样蓬松在瘦长的脑袋上，没一点教授的样子。饭桌上，我问他为什么汉语说得那么好，他说是老师教得好，他的老师是哈佛大学的音乐学教授和汉语教学专家赵如兰——著名语言学家、音乐家赵元任的女儿。赵如兰常说，林是我最好的学生。我问是不是，他说："当年在哈佛学习汉语，有好多学生。赵如兰教授很严格。学到最后，就剩下几个学生了。我是其中一个。"他汉语说得好，言谈举止也受汉文化影响。

　　饭后他对我朋友说："本想叫夫人理发。你来了，就有劳大驾了。"朋友指着我说："我的师傅在这儿。我可不敢献丑。"于是我就当仁不让。主要是想"开开洋荤"。我在"文革"时学会理发，当时生活困难，为省钱，兄弟几个互相理。"文革"后上大学，同学之间还是互相理。八十年代中后期，生活渐渐好了，才去理发店。到美国后又重新拾起这门手艺。

　　工具很简单，一把剪子，一把梳子。既没推子，也没梳发剪，连一块遮挡头发的布都没有。头发软软地搭在脑袋上，难梳难理；头皮也是软软的，手按在上边，像摸着婴孩的脑瓜。剪到脖子时，我停了一下，教授问："发现什么问题了么？"我说："你的头发怎么往下长，脖子上都是。"他笑起来，说：第一次有中国朋友给他理发时，理完后脑勺理脖子，理完脖子理背脊，边理边说，怎么洋人的头发这么怪。"要不是我及时制止，他可能要理到屁股上去了。"说完又笑,"洋人就是这么怪,头发和体毛不容易分清,只能按身体的部位来辨别。"听口气,好像他反倒成了中国人。

理完发,他说,以前他的头基本上是他妻子理,后来在附近认识了几个中国朋友,就把脑袋承包给他们了。

后来又给他儿子理。才十岁,可比父亲讲究多了。剪几下就要站起来照照镜子,说:"哎呀,这里高一块。""哎呀哟,那里陷进去了。"他只会说几个汉语叹词,拉得长长的,挺有味的。他说过两天要在学校登台表演,不能理坏了。理完后赶忙洗头洗澡照镜子,然后腼腆地走出来。大家赞叹道,好英俊的小伙子,他才咧嘴傻笑。

除了大城市,美国的理发店并不多。在许多地方,开车去理发店得花一段时间,到了还得等,耗时,理得也不见好,还得花不少钱。讲求实效,勤俭持家,这是中国人的传统美德,也是不少美国人信守的行为准则。

(原载于《南方周末》1995 年 3 月 24 日)

## 这样的科学家

不知不觉就混进了科学家的行列。一天，几个青年科学家聊起来，都觉得当科学家挺难，挺不潇洒。规规矩矩做学问，老老实实过日子。真没劲！于是就不甘心，于是就开始找潇洒的科学家。

居然找着一个。叫费曼（Richard Feynman），是美国土生土长的科学家。跟好多外国科学家和在美国的外裔科学家相比，费曼确实活得潇洒。

费曼先是获诺贝尔物理学奖，誉满全球。临终前不久参加美国航天飞机失事调查小组。在总统指定的小组成员中，有搞航天、工程、实验的科学家，像他这样搞理论物理的极少。想不到他高屋建瓴，以奇特的想象、严密的推理论证，找出了失事原因，令国人对他和理论物理刮目相看。下个世纪人们到月球旅行，该不会忘记他的名字。中国也有理论实践相结合的科学家，如数学家华罗庚，把5∶8的最佳比例用在日常生活中。可惜未能引起世界注目。

很多人以为费曼一辈子埋头做学问。事实并非如此。他不像一般科学家那样衣冠楚楚，道德文章。相反，他一贯以色著称。他特别喜欢看脱衣舞，喜欢到了痴迷的程度。与一般观赏者不同，费曼可以一边欣赏，一边做他的研究，写他的文章。

有一次，费曼常去的夜总会被关闭并遭到起诉。老板忙请顾客帮忙。其他人避而远之，只有他挺身而出。在法庭上，他以自己一边看脱衣舞一边产出科研成果的实例，陈述脱衣舞的好处，赢得陪审团和法官的好感。结果夜总会被判定不违法，可继续营业。这样的科学家，无论在亚洲还是在欧州，都是吃不开的，在美国也是绝无仅有。

费曼从小就不拘小节。还在读书时，他和几个同学辩论排尿的原理。尿为什么能排出来？有人说是因为地球引力，有人说是由于膀胱压力。费曼持后一种观点，为了证明其观点，他竟当场脱下裤子，倒立着排尿。在事实面前，地球引力论者只得认输。说好听点他是勇于实践，说难听点是流氓行径。事实上，他在证明一个有理论价值的问题，只不过是本能地使用一种本能的办法而已。如果事实证明费曼是错的，太空航行的地球人可能就要插管排尿了。

　　费曼一向以奇诡著称。美国的核实验场所，周围用铁丝网围着，进出有门卫盘查。费曼喜欢闲逛，有一天发现某处铁丝网有个洞，于是频繁地从洞口爬出去，再从门口走进来。来回几次，门卫以为见着鬼了，连忙报告上司：有个人总是进来，不见出去。好在上司还算有头脑，查出了漏洞并立刻补上。

　　所有国家，泄露国家机密是大罪过。可费曼对此却无所谓。他对核实验场所的保密措施大为不满，就用自己配制的万能钥匙，打开好些房间和秘密文件柜，把一些绝密文件摊在桌上。事发之后，保安部门如临大敌，以为机密失窃，严加追查。知道真相后，哭笑不得，又奈他不何，只得花钱改善保安系统和措施。

　　费曼最潇洒之处在于：他时时刻刻都在不经意地实践着"行动是最好的语言""事实胜于雄辩"这一真理。尽管他是搞理论的，尽管他的行为有点离奇古怪。

　　类似有性格的科学家在中国有没有？相信也会有，只是没有或不好宣传罢了。

（原载于《南方都市报》1995年8月25日）

# 迟来的父爱

## ——一个台湾女生的自述

我出生的时候,父亲在美国。母亲忙工作,就把我放到外公外婆家。三岁的时候,父亲回来了,并没有把我接回家,我由奶妈和外公外婆带着,一直到上小学。

在儿时的记忆里,父亲从没抱过我、亲过我。有时撒娇,要他抱,他总说:"去去去,一边去!"真觉得自己是妈妈抱回家的野丫头。

小时候脑筋不那么好使,成绩不理想。尤其是英文。起初,遇到难题就去问父亲。谁知他一见那些英文题,就大声说:"这么简单你都不会,豆腐渣脑袋!"碰了几次钉子,心想:"你不说,我就不问了。"还暗下决心,再也不学这个破英文了。

我从小喜欢跳舞。而父亲最烦我跳舞,总说:"什么跳'五'跳'六'呵!"初中毕业,考舞蹈专科,生米煮成熟饭。父亲也不想我在家荒一年再考高中,只得认可。

专科毕业后进了一个舞团。常常表演,很晚回家,总是被父亲责备,说我找错了工作。在家里住得不愉快,加上很快跟一个人谈恋爱,就干脆搬出去住。

后来感情生活有了大的危机,事业上也发生问题,最后心灰意冷,竟试图结束自己的生命。在医院醒来后,第一眼看见父母亲,突然有一种归宿感。他们说,家里还保留着我的房间,只要我愿意,随时可以回去住,我当时心里奇怪,最困难的时候,为什么就没想到家。

后来就决定到美国读书,母亲很支持,父亲却没表示什么,但我能感觉到他不相信我还能读书。用母语都读不好,用英语还能读好?只是不想扫我的兴,没说出来罢了。

离开台湾时,只有母亲一个人送我。到美国后给家里写信,也只收到母亲的回信。第一次回家,父亲还是那个样子,不冷不热的。直到我考完托福,考上大学,再回台湾时,才发现父亲的态度有了改变。

先是发现父亲正在用我从韩国带给他的皮包,知道父亲已经在心里接纳了我。

有一次在家吃晚饭，突然发现父亲头发花白，才觉出他的苍老，不由生出一丝忧虑，一丝遗恨。已经三十岁了，才刚刚考上大学，以后怎么去抚养衰老的父母呢？

离开台湾时，父亲突然说要一个人送我去机场，全家人都很吃惊。

到了机场，父亲问我饿不饿，要不要再吃点台湾的特产。我点了馄饨面。父亲先是看着我吃，接着就开始谈他的生活。说他以前做外交工作，常带母亲去跳舞。退休后又去进修社交舞，跳了一年，进步很快。母亲不高兴，他也就不去了。正说着，机场餐厅里响起了华尔兹舞曲。父亲说，我跳给你看，就站起来，在桌子之间的空地上独个跳起来，很优雅的。饭厅里的人都看着他，我更是惊讶万分。明白了，我的舞蹈基因，实际上也是他遗传的。

进候机室前，父亲突然抱住我，亲了亲我的前额。我的眼泪差点掉下来，这可是生平第一次呀！

两个人隔着玻璃板，厚厚的，走了一段路。只见父亲嘴巴不停地动，声音却听不清楚。到尽头了，我就要转进去，见父亲扬起双手，食指和中指搭在一起，还嫌不够，又把两条腿搭在一起，那是美国人表示祝福的手势。人们通常用一只手，父亲竟手脚并用，完全像个小孩子。我转过身去，滚烫的泪珠子吧哒吧哒掉下来。爸爸你好可爱！我知道你是真爱我！

到美国后，我收到父亲的第一封信。信上说，看着飞机腾空而起，仿佛看见女儿昂首挺胸，走上征程，感谢主，让女儿走上重新读书的路。还说送我的时候，忍不住掉了眼泪。

我好幸运，终于得到了父爱，沉沉的，暖暖的。为了这份迟来的爱，我整整等了三十年。

1997 年 3 月

## 乐　乐

　　乐乐到家时刚出生一个月，一团绒毛，棕白相间，双眼刚能睁开，怯生生的，却鼓起勇气看着我们。毛细软绒绒的，身上有婴儿的味道。捧起来，听话地缩在手掌里，有了依赖感。在地板上蹒跚地走几步，闻我鞋子。没几天就用一点点的小牙咬鞋带，再过几天就试图拖动比他大好多的鞋。

　　出生两个月抱到花园，抽着塌鼻子闻陌生的味道，看旁边的草地，兴奋又疑惑。我在三步远的地方伸开双手："乐乐，乐乐！"他犹豫地抬起腿，一步一步，就走到我手掌里。捧起来亲一下小脑门，他大眼睛里充满喜悦。

　　乐乐开始学如何社交。跟小伙伴见面，先互相闻，鉴定身份（性别、年龄等），合适的就会一起玩耍，跑跳翻滚。但见到某些狗狗就吼，像前世有仇。后来遇到一只年龄小得多的贵宾，见面都叫个不停；但乐乐竖着尾巴摇，对方却夹拉尾巴。书上说，竖尾是自信，垂尾是防御，大概跟辈分有关。

　　乐乐天生爱大自然，喜欢草地，闻树闻草闻花儿。人少时我们会放开绳子。蝴蝶飞过，鸟在草地上跳，就要去追；追不上，就回头疑惑地看我，好像问：为什么我不能飞？一岁多在惺亭旁碰上一个小男孩，见到乐乐，一边叫一边绕着大圈跑，乐乐在后边兴奋地追。我忙拉住乐乐，他还不依不饶地叫，似乎埋怨：他凭什么大喊大叫？有时放在草坪上，远远吹一声口哨，他就欢快地一颠儿一颠儿跑过来，像小马驹一样。

　　有一年中秋，带着乐乐坐在八角亭前的草坪上，闻着草香，望沉蓝色天空中的月亮。几只萤火虫在草尖儿上飘过，忽高忽低的。四周一片寂静。

　　到二沙岛公园最高兴。一出宠物包就咧开嘴笑。闻花闻草，还会跟很多狗狗交流，玩耍。最怕到水边。小时候有一次被扔到水里，拼命往岸边游；爬不上岸，落汤鸡似的，瞪着大眼睛渴盼挽救。但有一次在花都的湖里却游得很潇洒，知道我在后边护卫。

　　嗅觉特好，喜欢闻花闻草闻树，还边闻边思考，做学问似的。有时认真寻找某种草，找到了，就会吸着舔着咬着草叶草茎。有时会突然拉着我们跑，走过几个路口，就看见他的朋友或仇敌。犬类嗅觉系统好，后脑中掌管嗅觉的部位（嗅球），重量是人类的四倍。听觉也极敏锐。小时候一听打雷，就缩在我们身边。在户外有人远远咳嗽一声，就知道是谁。

超感觉惊人。我们要到家了，他早早在门口等着。何时起床，何时出去，何时睡觉，特别准时。但有几次该出去了，我们喊"出去"，他却纹丝不动。看窗外，原来下起细雨。窗台很高，细雨无声，不知他怎么感觉到的。本能更厉害。一岁左右发现他啃咬家里的墙角，医生说是缺微量元素。后来天天吃带微量元素的营养膏，墙角就一直安好了。有时身体不适，到外边找某种草咀嚼，咽下去，不久就会把胃里难受的东西呕吐出来。

特别"拽"。京巴、蝴蝶的混血，五十厘米长，三十厘米高，才十一二斤，可多大的狗都敢交流，不高兴也敢对他们吼叫。一次到军犬基地，过窄窄的通道，两旁笼里是上百斤的军犬，大声吼叫。有的狗狗吓出了尿，乐乐却从容踱步，让我脸上增光。

楼顶天台中间横贯着一条四十厘米高的梁柱，小短腿的乐乐自然跳不上去。但看见比他高一点的波波一下跳上去，就很不服气。于是一次一次尝试。几天后，终于跳上了梁柱，昂首挺胸站着，有一种傲视天下的感觉。

小时候我们牵他，到中年情况变了：你在前面牵拉，他会用力停下；等你停下了，他才不慌不忙走在前面，自己决定去哪儿。

对所有新事物都好奇。一次朋友开车带，他非要跑到前排，用小爪子触摸手挡，想看看怎么回事。朋友吼了他一句。此后每次见到这位朋友，他都会发牢骚地吼几声。

我们常出差。出门时乐乐总是有意坐在门边小窝里，大眼睛盯着我。太太出差不同：看见收拾行李就开始不理不睬；出门时缩在门边小窝里，却扭头不看。出差超过三四天，会买个玩具。每次回来，乐乐先扑上来亲热，然后围着箱包转，用力闻。一打开就爬进去翻，找到玩具，叼出来，跑得远远的一个人享受，好像怕被抢走似的。玩具要毛绒绒的，有小耳朵、小尾巴什么的，咬着方便，叼着到处走，像抓到猎物一样。

最想追捕的猎物是小猫。走着路会突然停下，发现目标后拼命追，可惜一次都没追到过。最辉煌的时刻是把小猫追到树上，围着树蹦跳着向上吼叫，竖着尾巴摇动，向全世界宣告胜利。

乐乐的毛大约三个月就长了。起初去宠物店，花时间剪得也不怎么样。我想，给人理了几十年发，还不能给他剪？就尝试自己剪。一般狗狗怕剪毛，一朋友的狗狗，剪了毛躲在桌底下不敢出来，觉得自己不是自己了。我家乐乐不同。一副极享受的样子，先站着、趴着让我剪背毛，再四脚朝天让我剪肚皮毛。难度较大的是剪爪子。边剪边夸他勇敢、可爱、漂亮、帅……。剪完洗澡,吹干。然后就面目一新地接受表扬:谁家的小狗狗啊?这么漂亮!

他也知道自己美容美体的效果,或情不自禁叼着刚擦过的毛巾跑几步,或昂首挺胸站着亮相。太太第一时间带他在校园里显摆,回来后总是心情极佳,说这个如何表扬,那个如何赞赏。第二天,她自己就去美发店了。

乐乐的毛幼时软软的,深棕夹白,耳毛自然卷曲,像美发师卷的。随年龄增长,毛色变浅,卷发也少了。眼睛却一直很大,圆圆的,会说话似的。看着你,像要把你吸进去。疑惑时看着你,像在问:为什么呢?有时歪着脑袋盯着你,让你觉得自己是做错事的孩子。

最独特的是把自己当人,跟人平起平坐。常走到沙发前仰脸看:为什么你们坐上边?前脚就搭上沙发。抱上来才安心。于是想,人站着狗狗不仰头只能看到小腿。后来就尽可能趴在地上跟他交流,爬着跟他玩。由此他最信任我,特喜欢跟我玩。高兴时伸开前腿,胸脯触地,屁股抬起,摇着尾巴对我叫。这是狗狗之间的"鞠躬礼",邀请对方玩。于是我也模仿他的姿势叫,他兴奋地叫几声,转身跑开引我追逐。

联想开去,跟学生也应该平起平坐,平等交流。于是上课时常常走下讲台,常常弯腰低头跟学生交流。讲课怕学生不懂,选择最容易明白的话语。

乐乐常跟学生玩儿,有的还成了好朋友。一次出去玩儿,一个博士带上三岁多的儿子。乐乐跟他特别亲,两个人趴在草地上脸对脸的。不知道怎么了,孩子突然哭了,说乐乐舔了他一口。他妈说:那是喜欢你啊!往回走的时候,乐乐突然停住脚步,转身张望。看见跟他最好的学生提着他的小宠物包过来,他闻了闻,才放心地继续走。

有一次爬凤凰山,上山非要自己爬阶梯。过了陡坡,大家休息。才坐两分钟，几个年轻学生往前走，他也跟着走。但走了两三百米，就停下脚步。问为什么，学生说，他见爸爸不在，就不走了。到山顶，旁人惊讶：小狗狗怎么上来的？我很骄傲：自己爬上来的呀！可下阶梯就不容易了，才走两三步，就停下看我。打开宠物包，立刻钻了进去。上山从低往高，双腿承受力不那么大；下山从高往低，全身重量压在腿上，筋骨磨损厉害。阶梯为人设计，反差不明显。狗狗很矮，反差就凸显出来。同样的原理，对象不同，显示度不同。

长时间看书看电脑忘了休息，他会推开书房门，用爪子挠我的腿：该休息了吧！见我站起来，就跑到门口，不放心地扭过头；看我真的要追他了，才撒腿跑出去，有时还叼着玩具引我追抢。常见的室内游戏，是我和太太一人一边，隔五六米扔玩具让他抢。一会儿跑到这边，一会跑到那边，最后我总是让他如愿以偿，"抢"到玩具后心满意足地啃咬着。

乐乐示爱的方法很多，前脚立起来搭在我身上，一头钻进怀里，小舌头不断地舔，关灯后悄悄缩在我后膝弯儿里酣睡。有一次我夜里发高烧，头疼得厉害，忍不住呻吟，乐乐就关心地舔我的手。真不明白：狗狗为什么跟人那么亲？

据说十几万年前，群居群猎的动物只有人和狼。因习惯相似，跟狼同类的狗成为第一种被人驯化的动物，大约是在一万五千年前甚至更早。从此狼就成了人的仇敌。而犬的功能，从狩猎、追捕、放牧、看守等，发展到搜救、导盲、缉毒、陪伴、治愈……，成为人类最宠爱的动物。有专家研究认为，犬在人类发展史上有重要意义，如狗狗撒尿标记领地的习惯，启发人类用绘画和图形来标记自己的领地。而现代人跟原始人最大区别之一，就是前者驯化了犬类并得到其帮助。

最厉害的狗狗能听懂二百多个词。乐乐能听懂二十来个：出去，乐乐，爸爸，妈妈，喝水，剪毛，小朋友；还有几个熟悉小伙伴的名字。一喊"出去"就跳起来跑到门口。

四五岁时要求跟人一起睡。四脚朝天的样子最可爱，小呼噜是最佳催眠曲。半夜醒来听见他的小呼噜，很快会睡着。有时梦里汪汪叫，知道他白天又跟小伙伴吵架了。

小时候一到医院就发抖，要贴着抱着才有安全感。医生说他天生心脏不好，要注意，少跟别人吵。可他总觉得自己了不起，见到某些狗就叫个不停，只好抱走。常常走得很远，累趴下了，回不去，只得抱。十岁时动过一个手术，全麻，但很顺利。晚年看病多了，还针灸过。不那么怕了，但心脏越来越差。

  从一岁起每年给乐乐过生日,吃鸡蛋,到外边观风景赏花草,跟他一起拍照。以为可以过十六岁生日,谁想到没熬到那一天。见我们愁容满面,其他狗爹狗妈安慰说:以狗的天年算,乐乐已是长命百岁了。

  将近十六年,我们养育了乐乐,乐乐也教会我们很多:责任,关爱,尊重,自信,热爱大自然,平等交流……

  很想在梦里见到乐乐。但只梦到几次。记得最清楚的一次,乐乐站在沙发上,竟然沿着墙上的世界地图往上走。是乐乐的灵魂回家了?还是他想走遍全世界?

2020 年 4 月 12 日

感　觉

## 风暴卷走的童年

　　童年最早的记忆是在北京绒线胡同，一个四合院。沉重的木头门，门里有照壁，四边有回廊，后院有一座两层的小木楼。我家住两间房，门口种着一棵桑树。桑果熟了的时候，我爱偷吃酸甜的浆果。吃完总被爸爸妈妈发现。知道了原因，就用桑果涂手指甲脚趾甲。最高兴的时候是国庆节，跟着哥哥爬上木楼顶上，眼巴巴望着天安门方向。游行开始就有大群的和平鸽飞上蓝天，好多的彩色气球随风飘荡。几个彩球顺风飘来，哥哥举起长竹竿晃动，缠住气球的丝线。他牵着红气球走下小木楼，小朋友们都把他当成英雄。

　　街上有个卖烧饼的老头儿，模样记不清了。但他做的烧饼松软香脆，想起来都要流口水。后来老头不见了。我吵着要烧饼，爸爸动了动嘴唇，什么也没说。哥哥偷偷告诉我，有人发现他做的烧饼上有个十二角星，像国民党党徽，就给抓走了。

　　后来搬到北池子，离北海公园近，周末常去那儿玩。北海有宽阔清淼的湖，描金飞彩的五龙亭和九龙壁，还有亭亭玉立的白塔。小船在荷叶中穿行，满面都是荷花的清香。脚浸在清凉的水里，看白云碧波塔影，听鸟语虫鸣，和吱呀吱呀的桨声。美丽的北海，是我童年最明朗的天空。夏天，就着幽香的茉莉花茶吃透红的山楂糕；冬天，就着热腾腾的杏仁霜吃指头大的小窝窝头。

　　三年自然灾害时期，常喝粗涩的棒子面粥，常用土豆沾盐充饥，一个星期只吃一次肉。一次爸爸带我上饭馆吃面，雪白的面条，赤红的榨菜，还有比火柴棍还细的肉丝。看着闻着，却舍不得吃。

　　上二年级时，一家人搬到广州。刚到时住招待所，楼旁有一片青草地，一块青石墓碑。傍晚，总有几只白蝴蝶在草地上飞。我时常感到一股冰凉的气息从墓碑里传出来，不明白是什么征兆。没多久"文化大革命"开始了，爸爸妈妈常不回家。

　　那是一个夏夜，台风来临之前。闷热、死寂的夜。半夜醒来，见爸爸在书房呆坐，台灯的光照着他蜡黄的脸。一屋子的烟气好怪，静止不动的。凌晨刮起狂风，吹开凉台门，门上玻璃震成碎片。风掀翻了街上几棵大树。接着下雨，雨把院子漫成河泽。台风过去了，再也没见过爸爸。

  过几天，妈妈告诉我们爸爸得病去世了。又过了几天，院里孩子开始骂我们"狗崽子"。这才知道爸爸是"对抗文革，畏罪自杀"。我们从一个四房单元搬到两间小平房。家里原来好多书，还有爸爸写的几本书。小平房里堆满书，转身都困难。也怕抄家，就挑出有"封资修"嫌疑的书，当废纸卖。一三轮车一三轮车地卖，几分钱一斤地卖。废纸价越来越低，不卖了，就用来烧饭炒菜。撕下几页，扭成麻花状，一条一条地塞进火炉。看着一片片书页燃出火苗，红红地在炉膛里跳动。

  我开始提心吊胆地活。走在路上，有人追着喊"狗崽子"；待在家里，有人往窗户上扔东西。我学会了勾着脑袋匆匆走路。有一次实在气不过，打了一个比我大一岁的孩子。他父母晚上闯进我家大喊大叫，说是"阶级报复"。妈妈低声下气地赔不是，高声痛骂我。紧咬嘴唇，我觉出咸腥的味道。他们走后，妈妈长叹一口气，用手绢轻轻擦去我唇上的血，说："你已经不是孩子了！别再给我添麻烦了！别再给这个家添麻烦了！"听着妈妈哀求的声音，我忍了好久的泪水一下涌出眼眶。

  从那时起，我明白我的童年已经过去了。那一年我十一岁。

（原载于《世界日报》1994年4月24日）

# 圣诞夜的飘雪

圣诞前几天雪就停了。天空蓝蓝的,浮出几朵彤色的云。刚刚认识的邵知道我到美国不久,一个人,就邀我到他的女朋友莉莎家过节。

莉莎父母住在新泽西湖地。有许多湖,大大小小,若即若离,依次蜿蜒在山岗和树林中。湖面结着冰,冰上有一层薄雪。树枝上残雪刚化,湿漉漉的黑。垂直的黑色枝干衬在白色湖面上,剪纸一般,透出一种苍凉。地上积了一团团落叶,枯黄的,冷风吹过,耐不住寒冷似地跑动起来,发出急急的喘息。我更感到彻骨的凉。

直到看见那座老式的青石建筑,和窗口溢出的橙色灯光,才觉出一点暖意。厅不大,墙角立着一架钢琴,壁炉烧着火,烘出一种温暖如归的气氛。饭前,三个家庭,再加上我和邵,二十多人手拉手站成一个圈。主人致辞,感谢在座的各位,美国人、中国人、瑞典人、德国人,和睦相处,组成一个融洽的国际大家庭。接着自助餐开始。莉莎父亲一边帮我拿这拿那,一边说别不好意思,在这里我就是父亲。莉莎母亲更把我当孩子,一会儿介绍哪个菜好吃,一会儿跑过来,咧开阔嘴笑着说:你做的土豆泥都吃完了。你是个好厨师。

饭后,高个子瑞典人和他八岁的女儿弹起钢琴。小姑娘弹主旋律,父亲配和声,打节奏。琴声清雅,像小溪的淙淙流水。炉火跳在一长一短两个身影上,柔柔的,暖暖的。忙了一天的莉莎母亲合上疲劳的眼睛,嘴上还挂着微笑。一种家庭的温情,伴着琴音,伴着炉火,在大厅里弥漫。

不知何时飘起鹅毛大雪,雪花纷纷扬扬,给天地挂起轻纱。数不清的灯火,闪烁在茫茫雪野之上,明灭于漫漫飞雪之中。圣诞的夜,美丽而神奇。

夜深了,我独自躺在莉莎家的闲暇厅里。落地玻璃窗上,雪花自由地飘飞,有几片竟不小心撞在了玻璃上,疼痛地滑落着,融化着,长长的泪痕,在寒风中,在微红的炉火映照下,轻轻地闪动。更多的雪花,坠落在地上,楼板上,发出低低的絮语。听着雪花的细语,我慢慢飘进白色的梦境。

(原载于《南方周末》1997年2月7日)

## 哈得孙河畔的雪季

曼哈顿雪季的黄昏，我独自漫步在河畔公园。公园坐落在曼哈顿西侧，哈得孙（Hudson）河高高的河岸上，与新泽西州隔河相望。顺着河朝东北望，可见华盛顿大桥，巨龙一般横卧在宽阔的河面，把新泽西州和曼哈顿岛连在一起。

紧靠公园北边，是一座尖顶的圆柱型建筑，灰白色的圆形石柱，环抱着灰白色的石墙，透出一种庄严的肃穆，这是美国第十八任总统格兰特（Grant）的灵堂，也是美国最大的私人陵墓。它肃立在冰雪盖着的土丘上，暮色苍茫中透出灵界的神秘。格兰特是林肯手下最善战的将军，为结束南北战争立下赫赫战功。他毕生致力于奴隶解放运动，在林肯被刺四年后任总统。陵墓是一个总统死亡的归宿，也是美国新生的象征。

和陵墓遥相呼应的，是公园东侧的河畔教堂。哥特式的建筑，浑厚挺拔。皇冠一般的塔顶刺入苍穹，似乎真能把人领进天堂。

公园一侧，是曼哈顿岛车速最快的准高速公路。黄昏，看车水马龙络绎不绝川流不息，听车胎与地面擦出的声响如流水行云般的乐曲，好像触摸到了美国大都市的脉络与呼吸。

河畔公园里，却有另一个恍如与世隔绝的天地。

地面上冻着厚厚的冰，冰上盖着皑皑的雪。一排排疏枝横斜的树木，向着远方延伸，光秃秃的枝干，纯纯的黑色，纵横交错，疏朗瘦劲，衬在白色的冰雪上，透出一种苍凉的美。

四周一片寂静。鞋子踩在有弹性的雪上，挤出吱吱的声响。空旷的河畔显得更加寂寥。眼前冰雪茫茫，望不到尽头。身后一行孤零零的脚印，看不见起点。一种茫然若失的感觉悄悄爬上心头。我从哪里来？我要到哪里去？乡愁，伴着苍茫之感，如一溪雪水，流遍全身。我感到沁入骨髓的冷。

哈得孙河似乎也被冻住了。水色晶黑，像已经凝固的黑色冰河，闪射出幽幽的乌光。只有当一片片浮冰漂过，才能感到河水在寂静之中寒冷之中还在缓缓流动。河中间的浮冰流动得较快一些，靠岸的则挤在一堆，静止不动。人，也像浮冰一样，有的奔走异国他乡，涉过无数河流，经过无数港口，最后漂进浩瀚无涯的大海；有的则滞留在浅滩上，终此一生。

天色暗下来，对面黑乎乎的河岸闪出点点灯光，犹如星星一颗一颗地蹦出黑色的云层。在浮冰流动的河水中，灯光时隐时现，明明灭灭。远处，华盛顿大桥灯火辉煌，河中的倒影，宛如仙境。这时候，天边传来教堂的钟声，沉沉的壅壅的，像被冰雪裹住一般，缓缓地流过疏影横斜的树梢，弥漫在宽阔的河面，然后向远方缓缓地流去。不由想起了唐朝诗人张继的名句：……姑苏城外寒山寺，夜半钟声到客船。

　　河畔的灯悄无声息地亮了。纯黑色古典式的灯柱，纯黑色古典式的灯箱，举着抱着一团团桔黄。光晕撒在玻璃似的冰面上，柔柔的，暖暖的，让人感到温馨。可是，当瘦长的身影投在昏黄的冰面上，又觉出愈加的孤寂。人仿佛被融进那厚厚的冰层，连影子也被晶冷的冰紧紧裹住。

　　谁能想到，在冰封雪裹之中还有生命，还有抗争。几株小草，从无边的冰雪中探出身来，在风中瑟瑟抖动。草色桔黄，但当我的手指触到窄窄的叶片，能真切感到叶脉中有温热的液体在流动。我觉出了春的气息。

　　似乎是毫无生命的东西，也在与冰雪搏斗。在坚硬的冰面上，我发现一个个小洞，洞里注着一泓清水，仔细一看，下面都有一粒连着细枝的树籽儿，像松果似的。虽然被封在厚厚的冰层下边。它却用躯体的深绿色吸进温暖的阳光，把压在头顶上的冰融化了。如果活着，它能长成一棵巨树；即使死了，仍能融化一方冰雪。为了春天，它用死去的躯干与冰雪抗争。这小小的种子让我深深感动。

　　离开公园时，依依不舍之情油然而起。在哈得孙河畔，在黄昏的雪季，我体味到从未有过的孤独，从未有过的宁静，体味到孤独宁静中从未有过的感动和欣喜。那风雪之中的一株小草，那冰层深处的一粒种子，永远种在了我的记忆里。

（原载于《侨报》1994年3月5日）

## 在美国过中国年

到美国忙了三个月，压根儿就忘了过年。那天下课回家刚到楼门口，听见一声：Happy New Year！抬头见邮差满脸笑容，心想都啥时候了。突然明白，忙问：你怎么知道中国新年？他得意地说有几个中国朋友。而且一到这时，寄自、寄往中国的邮件特多。

开始想怎么在美国过年。在广州过年程序化了，买年货，逛花市，三十晚上看电视，都有些腻味了。此时独身一人，咀嚼起过年的滋味，又觉出亲切和温暖。人就是这么奇怪，享有时不懂得珍惜，失去时才知道价值。

年三十一个人去逛街。一进唐人街，就感受到节日气氛。天气很冷，店铺却早早开了门。各类年货应有尽有，煎堆，莲子，年糕，油角，光瓜子就有七八种。顾客很多，收款机前排着长队。海鲜店柜台上摆满带鱼、鲳鱼、黄鱼，以及橙红的鲑鱼；玻璃水箱里，鲫鱼草鱼活蹦乱跳，龙虾对虾鲜活生猛，螃蟹挥舞着钳子横行。蔬菜店色彩斑斓：北方大葱清清白白，南方菜心翠绿翠绿，削了皮的荸荠奶白凝脂，拳头大的西红柿鲜红透亮，薄如蝉翼的生菜淡黄纯透，粗圆的大白菜泛着鹅黄，还有墨绿雪白的小白菜，溜紫放光的长茄子，水绿水绿的西洋菜……看得我眼花缭乱，不知该买什么好。

最喜欢人行道上的花摊儿，水仙冰清玉洁，玫瑰沉红幽香，菊花争妍斗艳，康乃馨清纯淡雅。人人脸上挂着笑，个个手中捧着花，像漫步在广州花市。花摊前偶尔也有几个白人。我问过两位，女的说她喜欢中国的春节；男的说他妻子是华人，每年春节分别买花，看谁买的漂亮。

初一晚上应邀去唐人街聚餐。一走进勿街，就见许多人燃放鞭炮烟花，一串串美丽的花朵盛开在夜空。一个美国姑娘想放鞭炮又怕炸着自己，忙着找绑鞭炮的棍子。我拿起一串鞭炮，抓着一头，点燃另一头，让它在手里炸响，快炸到手边了，再扔上半空。金色火光在天上飞迸，轻烟在湿冷的空气中袅袅腾腾，红色纸碎飘落在雪地上，过往车辆上，还有那姑娘棕色的头发上。她看呆了。一咬牙，提起一串鞭炮，胳膊伸得直直的，英勇就义似的说：点吧！我说，叫你扔你就扔。鞭炮响了，她咬紧牙关，脸涨得红红的，胳膊僵僵的。炸完一大半，我说，扔。她竟木头人似的。眼看要炸到手边了，我凑到她耳边大喝：快扔！这才松手。好几个白人黑人都效法她，边放边喊：Funny（好玩）！

餐厅是华人开的。聚餐的有中国人，美国人（包括华人），日本人，德国人，韩国人。一共坐了三桌。有些初次见面。有四对夫妻三对恋人，都由不同民族的人组成。服务员是华人，喝的是家乡茶，吃的家乡菜，说的有家乡话，像在家乡过年。但客人好些不是华人，交际说英语。当然他们多少了解一些中国文化，有的会武术，有的懂气功，有的对中国美术有研究，还有的到中国学过汉语。近几年他们年初一都到唐人街跟华人一起过年。有个美国人在中国跟我学过汉语："回来几年了，汉语忘了一些，但中国文化已经留在我身体里了。我常来唐人街吃中国菜，逛中国商店，用汉语跟华人聊天。来这里就像回到中国一样。"

跟他们用英语交谈，感到文化隔阂，也感到文化认同。有他们对中国文化的认同，也有我对异国文化的认同。既非全同又非全异的文化接触，有一种若即若离的感觉，有一种既新鲜又熟悉的体验。多种文化就在这种感觉和体验中悄然无声地交融。

走出餐馆，还有不少人，华人白人黑人，在纵情燃放鞭炮。焰火在空中掠过，鞭炮在耳边炸响，我恍恍惚惚不知在美国还是在中国。此时的中国正在新春炮竹声中震动。一种历史久远的文化，能把深厚的影响传播到世界。一个胸怀博大的国家，能包容多种文化。

年初四我去法拉盛——纽约市仅次于唐人街的华人居住工作区，碰上一个舞狮队。狮子时而在半空中腾跃，时而在雪地上打滚，时而张牙舞爪，时而俯首帖耳。鼓点时缓时急，疏密有致。狮子在雪坡上蹿上滚下，比平地更加生动。舞狮队在每个店铺前狂舞，得到红包后又移到下一家。到跟前才发现舞狮的都不是华人。一个白人说他从小喜欢看舞狮，最早在功夫片里。几年前开始学舞狮，现在还会中国功夫。

华人华裔在美国公民和移民中不到百分之五，但对美国社会的影响力却是巨大的。美国总统克林顿在春节前发表讲话，给美国的华人拜年，给全世界华人拜年。

年过完了。我觉得像在中国又不像在中国。我给华人寄贺卡,也给其他人寄。我收到华人的贺卡,也收到其他人的。旧历年是中国和亚洲一些国家的传统节日。在美国,在全世界,有数不清的华人过年,也有数不清的美国人和其他国家的人过年。

(原载于《南方日报》1995年2月8日)

## 纽约的那个春天

冬末,一个人在哈得逊河边漫步,就看见一棵稚嫩小草,站在茫茫冰雪中,让人怜爱。它用力吸收地热和太阳苍白的光,又把那一点点热能和绿色向四周扩散。

小草终于汇成连天草色。一夜潮暖的风,树枝冒出蜡捏似的小叶片儿,透着嫩玉般的润泽。一粒粒小小的花蕾被吹醒,伸伸懒腰站起来,在鸟鸣中跳出柔美的舞。躺在草地上,静静地,就听见花草絮语,草棵拔节的欢笑,花瓣坠地的叹息,如大自然的梦呓。微风掠过,朵朵樱花展开薄翼,飘出片片飞雪。恍惚中不知道是花瓣在浮游,还是粉蝶在香风中陶醉。只觉得已沉入花海,坠入梦境。

突然有了一种感慨。彩蝶在花丛中舞蹈,蜜蜂在草木间奏乐,只为了传播不属于自己的生命。它们和流动的空气一道,把鲜花遍野的春天,引向果实累累的秋季。

纽约人游春、赏春,还培育春天。房前屋后,金黄的迎春花,在春雨中撑出一顶顶彩色的伞。小小圆圆的矢车菊,从草丛中探出娇小的身子,好奇地打量周围的世界。最美艳的是一盘盘典雅的郁金香。葱绿色的叶茎,亭亭玉立,顶着一盏盏润红,鹅黄,雪白,贵气十足的纯黑,娴静透着躁动的蓝紫,如一群清纯的少女,妩媚动人。

在纽约,第一次有了伤春感。花瓣细雨般飘洒,用女性的温柔和凄艳,润饰着天空、大地。仿佛新娘走出花轿,步入喜堂,被撩起红纱巾的那一瞬间。

最难忘的,还是那一对老人,和那一对带花斑的大鸟。

雨后山坡,遇见那对老人,七十多岁,脖子上挂着望远镜,地上竖着一个有支架的望远镜。"这两年春天,我和妻子天天到这里等一对带花斑的大鸟。它们去南方过冬。它们回来了,春天就真的来了。"透过望远镜,看见一个光秃秃的山坡,立着一棵光秃秃的树,几许枝丫,像抗战时报告敌军行踪的消息树。"来了!"老人嗓音颤抖着。一个黑点由小变大,慢慢幻化成一对大鸟。在山坡上盘旋了几圈,平稳地落在树梢上。"是它们!真是它们!"老人脸上泛着红光,似乎终于盼回了离家的儿孙。

我的视线有点模糊。多么可爱的老人!那样的单纯,童真。随着鸟儿的飞临,仿佛他们也走进了人生的春天。

(原载于《南方周末》1995年6月30日)

# 远郊的宁静

蒙特利尔（Montreal）在加拿大最有特色。不仅因为它是加拿大最大城市，世界最大的岛屿港口；也不仅因为它是世界第二大法语城市，有许多风格独特的法式建筑；还因为它的周遭弥漫着浓郁的法国乡村风味。

圣·索芙尔（Saint Sauveur）是一个很可爱的旅游村，小小的，离市区几十公里，一座天主教堂立在村子中心，浅咖啡色的石墙，嵌着圆形、拱形带图案的窗子，顶上四个小钟楼簇拥着一个大钟楼，都是白色圆柱体，顶尖上支着十字架。在青松翠柏掩映下，古朴而安详。四周有一些小店，木头搭成的，尖顶的，小小的房子，积木似的。门前大多有个木阳台，挂着，或用木片模特撑着一些随意的时装。店里摆着不多的纪念品、服装。走几步就到头了，像在家里客厅似的。卖东西的也像一家人，老的少的，挺温和。顾客少，常常是一个人，一间一间小店地逛，很轻松，很随意。

街上咖啡馆挺别致，尖顶草帽似的屋顶，半圆的小窗，外面支着四分之一圆球状布檐。门口半开放敞开，撑着木廊，布檐，葡萄藤，或是一顶顶白色阳伞，摆着奶白色的小圆桌，靠背椅。三两个人坐着，慢慢啜着咖啡，品味着闲适和懒散。有的窗子也是开放式的，很宽，没有玻璃，窗框种着花草，嫩嫩的绿，衬着一团团小小的金黄淡紫，很诱人的。

四周是田野和丘陵。小村很平静。上午的阳光把树的影子，房的影子，人的影子，投到干净的石路上，更有了一种孤谧的气氛。在静静的，别致可爱的，色调淡雅的小木屋中间穿行，犹如走进童话的世界。

从村舍走向自然，就到了圣·阿代勒（Saint-Adele）。一方小湖，安卧在绿的怀抱中。塔松墨绿，灌木苍青，草地翠嫩。四旁的水被染成纯纯的透绿，中间还是天的颜色，嫩嫩的蓝，浮着几朵白云。湖里有人游泳，泛舟。丁字形栈桥上坐着两个穿泳装的少女。对岸树影中，飘出几只小小的尖顶圆窗木屋，世外桃源似的。湖左边的高坡上，竖着一个大大的十字架。正午的阳光懒懒地照着。四周很安静，仿佛一切声响都被湖水山林吸尽。身后的草坡上，几个孩子跑着玩耍，笑声好像遥远的背景音乐，隐隐约约，如丝如缕。

一个金发女子，从草坡上走下来，走到湖边，脱下鞋，轮换着把两只赤着的脚浸进水里，又缩回来，好像在试水的感觉。提着鞋赤脚走过奶黄色的沙滩，在浅嫩的草叶上擦去湖水，穿上鞋，坐在石阶上。掏出笔，在一个小本儿上写着什么，抬头看一会儿湖，又写，小学生作文似的。湿湿的草味儿在四周弥漫，一阵正午的轻风，撩起她一缕软发。

草坡顶上，有一个深灰色的饭店，嵌着乳白色的小圆窗，突出着棱形和椎形的屋顶。饭店里曲径回廊，挂着好多法国的油画、版画，现代的，古代的。一架钢琴，摆在餐厅一角，古香古色的。凭窗远眺，一片湖光山色，蓝天白云。

沙湖（Lac Des Sables）很长，42公里的湖岸线。在码头等船，跟一对乡村青年聊天，很纯朴的，只会法语。英语就会几个词：Fish（鱼），Big（大），边说边指着湖，张开长胳膊。他们住在附近，是农人。

湖面不宽，中间有许多小岛。船左转右拐的，一个弯儿一个景。水是纯蓝的，岸树苍森浓郁，阳光把树的轮廓镀成金色，在湖波上跳出欢快的舞步。一个白色的尖顶船坞，卧在水面，后边是一片嫩青的草，一张小白圆桌，两把白色的靠背椅，和一把没有撑开的阳伞。不远处，葱郁的树木后边，隐现着一栋咖啡色带天窗的小房子。湖畔岛屿上的别墅，好些是名人所有，如美国前总统肯尼迪的夫人，美国某电影公司总裁等。

有一个小岛，至今不用电，只用蜡烛油灯照明，用油和阳光取暖。在这样自然美丽的小岛上，用这样自然简朴的方式生活，一定是很舒服，很惬意的。

不知什么时候，船熄了引擎，随意地飘，四周是润蓝色的幽静。浪花吻着船舷，晃出一点柔柔的响动。不由想起码头上那一对质朴的乡村青年；不由想起青城山一副对联："清风明月本无价，近水远山皆有情"。人若能随湖波晨起，伴山林夜眠，吸春风秋露，沐日月精英，必能尘浊尽去，还自然之本真。

真羡慕卢梭隐居湖畔的宁静。

（原载于《侨报》1994年12月17日）

# 秋 林 雾 雨

说是看今秋最后一轮红叶，去新泽西最高的山。半道下起雨来，密一阵稀一阵的。不远的山脚，绿的红的黄的树冠连绵不断，层层叠叠，波浪似的。浪峰上，一团团浓白的烟雾缓慢滚动，大棉花球似的。于是想象人在秋林，看雾团在头顶飘飞的情景。

进了山才知道，雾是静态的，像均匀的液体。只是由于距离，才由近及远地浓过去，把整个秋林浸在一幅水墨画里。

晴日的秋林，色彩斑斓，亮透的阳光，纯净的蓝天，叶子红得如火如荼，山林闹得锣鼓喧天。秋之热烈，让人失魂落魄，无法静下来细细赏玩。而此刻，烟雾给秋林披上薄纱，幻出少女的温柔、绵软。雨帘在艳丹的色彩上抹了一点冷色，涂一点湿静，像薄纱下隐隐透出羞涩。在冷润的雾气中，你可以平心静气，漫步于空林幽径，静静欣赏柿子树肥硕的橙金，野杏树薄嫩的鹅黄，糖槭叶锯齿状的幽红，银枫叶衬底的白雪……你可以慢慢地触觉枝叶的抚慰，细细地听觉秋林的呼吸。

随着山路的升高，烟雾不知不觉地稠浓。快到山顶看见一方湖。近水平滑明静，把湖底的鹅卵石，三星状的红枫落叶，清晰地坦现。但几步之遥，白雾却无形地漫出来，静静覆在水面，仿佛要等它擦拭后，湖水才能显出晶体般的明透。

有几棵树，叶子落尽，疏枝横斜，立在湖边的雾里。雾掩的湖边，隐隐透出些道骨仙风。湖对岸，几棵披着红叶黄叶的白杨，影影绰绰地直立在水边。雾气湿没了树的水影。树干枝叶在湿气中微微抖动，却像水中倒影一般。

落叶也不一样。晴朗的秋风中，叶子吹成水平状，一抖一抖的，被风拉离枝干，还依依不舍地在气流中漂浮，好久，才沉到地面。绷紧的心也随之沉落，有点隐隐的痛。在雨雾中，叶子是斜斜地奔着，在幽鸣的雨声中，承接不住湿重似的，甩开枝茎，义无反顾地向地面坠去。这时你感到的，是一种自然的宿命。

雾是静的。静静地升起，静静地弥漫。像巨大无形的海绵，把山林间所有声响吸尽。鸟不知飞到何处。也许就在林子里，却不忍心打破雾的沉默。

路上偶有车灯划过,睡眼朦胧的,听不见一点声音。人在林中走,不用像平时那样小心,怕听见干叶子被踩疼时发出的呻吟。整个林子只有一种雨打秋叶、雾落残红的声音。那嘀嗒嘀嗒的声响,单调,纯朴,和着那迷蒙的雨雾,把秋林的时空推到静寂的远古。

湿雾好像麻醉剂,麻醉着山林,湖水,麻醉着林间湖畔的一切。听不见鸟语虫鸣,看不见松鼠跳跃的轻盈,小鸟振翅的喜悦。远湖迷茫,近水凝止,把心底的一切,砂石木叶,标本似地呈现。树们一动不动,红,黄,绿,都失了往日的生动鲜丽,沉淡不语。叶子离开枝茎,不再轻吟;跌落地面,也不再叹息。山林,睡在恬静的梦里。

徜徉山林的梦,人的知觉迟钝了,思想也湿沉起来。辨不出景物的界限,不知道天地的区分,没了那一份感秋的欢天喜地,也没了那一份伤秋的刻骨铭心。只是机械地移动脚步,在山林雾雨中伫行。

感谢雨雾,把世界变得如此柔顺。事物的轮廓模糊了,万物的边界飘忽着。石头湿弱得如此疲软,水面平得没了柔性。色彩反差缩小了,冷和暖趋向中庸。红色显得淡远,黄色呈出湿重,针叶状的松树杉树,逸着淡淡的苍深。连雨雾也在模糊。山高气寒,雾就冷凝成雨;山低气暖,雨就飘散成雾。

雨雾把山林带回原始的混沌。在混沌中,人似乎找到了自我,那融于自然万物的本真。这才知道,为什么朦胧是美,模糊是真。

1994 年 11 月

## 渴 望 蓝 天

　　渴望蓝天已有大半年了。谁能想到，十年前跟阳光、空气一样无处不在的蓝天，现在的城里人，竟然要去渴望，去寻找。

　　渴望始于今年冬天。前年底去美国访问，去年底经欧洲回国，在法国遇见一位朋友，说他刚到巴黎的那个冬天，几乎天天阴天下雨，当时孤身一人，心情郁闷，很想看蓝天。我回国时正好也是冬季，天总是阴沉沉的。雨比往年多一些。但天晴时也看不到纯透的蓝。天要么灰蒙蒙的，要么橙黄橙黄的，好不容易看到蓝，却是那种缩头缩脑的蓝，蓝里边掺了好多灰，很不舒服。我挺纳闷，是广州空气污染一年内突然严重了，还是在美国看惯了蓝天，回国不习惯了？不由想起美国的蓝天，雨后明快的宝蓝，深夜沉远的湛蓝，枫叶烧红的半幅藏蓝，冰雪映照的一天晶蓝。接着就开始渴望，渴望能见到真正的蓝天。

　　早上起来走到阳台，仰头看被大楼分割的窄窄的天空。黄昏散步，坐在青草地上，望四周树影撑起的一帐夜幕。盼了几个月总是失望。不禁忧虑：没有蓝天，人们还能继续生存下去吗？后一代还会知道天空原本是蓝色的吗？我希望这只是杞人忧天，希望在其他大城市还能看到蓝天。

　　夏天到贵阳开会，突然遇见渴望已久的蓝天。

　　语言学会年会在花溪开。那天晚上，十几个人坐在放歌桥边，欣赏夜色。花溪很美，弯弯曲曲十几公里，从天河潭的阴河悠闲地流到这里。花溪很清，水中的草棵游鱼，水底的原石细沙，看得一清二楚。花溪很静，能听见鱼在水游，树叶在夜里呼吸。偶尔滋啦一声，是鱼儿从水中跃出。不知什么时候，从树影儿后边，月亮悄悄浮出水面，银镜似的，晃出一片奇幻的梦。

　　抬起头就看见无边的蓝天，深远纯透的蓝，如平静的大海。月球冰莹地在海上浮动。沐浴在宁静的月光里，玉润怡凉，通体明透。几朵白云，如初雪堆成的小船，飘出蓝天的大海，悄悄靠上月亮的港湾。夜，显出些许朦胧，神秘。

　　一位韩国研究生悄声说，到北京一年了，从没看过这样的蓝天、月亮、白云。我既惊讶又怀疑，她毕竟才来一年。一位北京的教授感叹，能看到这样的蓝天是一种福分。现在北京空气污染厉害,在天安门广场,很难从这头看到那头。

这才知道渴望蓝天是城市人的同感。

几十年前的旧金山,空气污染,汽车尾气弥漫,有那么几天,城市笼罩在烟雾里,一天死亡几十人。发达国家吸取教训,把环保摆在极重要的位置。现在的美国,包括旧金山等大城市,到处都能看到大海般纯透的蓝天。而发展中国家,却似乎要把发达国家走过的弯路再走一遍。难道现代化真的要以污染环境为代价吗?

夜深了,我们依依不舍,向花溪的蓝天、明月、白云,默默地告别。不知道几十年后,人们还会不会渴望蓝天?我们将去什么地方寻觅蓝天?

*1995 年 8 月 26 日于广州康乐园*

城　市

## 站在纽约夜空

第一次看纽约,是在飞机上。秋天。夜晚。远远地就觉出天底下一片虚渺的亮。那亮越来越大,形成一片灯的海洋。纽约几乎是由湖海河汊包围分割着,只见长桥火龙窜动,水畔灯影迷蒙,更感到一种神奇和迷幻。飞机一边盘旋,一边平缓下落,光波幻海,汹涌起伏,排叠而至,人仿佛正在沉入灯海,步入龙宫。

一年后又有机会俯瞰纽约。不在飞机上,而是在1350英尺高的世界贸易中心。

西天一片暖洋洋的红。浅橙色的太阳软软的,像熔化了的铁水,圆球般滚在黑色的地平线上。圆软的火球一点点沉落,怅然若失之感,像吞没夕阳的黑暗一样,一点点啃咬我的心。

突然想到,此刻,如果置身于泰山之巅,同样的太阳就会一点点浮起,心中流溢的将是喜悦和充盈。万物都是相对的。不以物喜,不以己悲,才是人生高境界。

夕阳将落未落之时,曼哈顿的楼群沉浸于一片暖红。四周的水泛着细纹,东边是苍深色的,西边呈出淡淡的白。等到夕阳隐去,水在西边浮泛出薄而浅淡的橙金,波纹细密,像一片被干风吹皱的沙漠。渡轮驶过,划出细长的沟,如骆驼在沙漠中跋涉。从来没想到自由女神会这样的孤独、寂寞。她静静地立在那里,脚下是纽约湾苍灰辽远的水,身旁是潮冷迷茫的晚秋暮色。一百个秋冬,几千个夜晚,就这么站着,高举着那炬温红的火。

夜幕低垂,事物的界限都模糊了。流动的水,此时像玉黑色的冰,默默地闪着柔光。玩具似的小船,在镜面上轻轻滑过。水面和田野的区分也不清楚了,融成黑漆漆的一片。一片荧光在墨色中缓行,竟分不清是车在陆上,还是船在水中。

无数的灯,不知不觉间亮了,从脚下一直铺到天际。近处的清晰明静,亮得很有理性;远处的朦胧着跃动,如狂歌的舞者,迸发出野性的激情。第五大道的车灯宛如一条游动的火龙。远近之别却呈出另一种幻境。近一些的灯向脚下缓慢地爬行，远处的车灯却一动不动。只有找到了那动与静的临界点，再向远处延伸视线，才能确知远处的静止只是一种幻觉。

头顶上，沉蓝色的天像海，闪烁着星如灯。脚底下，玉黑色的水如天，明灭着灯像星。一只只细小的飞机，一闪一闪地从脚下飞过，更模糊了天与地的界定。在夜幕的掩盖下，在距离和角度的作用下，一切都没了边界，陷于一片迷蒙。

创世之初，世界本是一片混沌。无生有，一生二，二生众。而在一定的时空条件下，这种混沌状态似乎还会轮回，坦露出万物相通的原始美。

夜之纽约，犹如一个盛大的生日盛会，张灯结彩，纸醉金迷。曼哈顿岛，像一个长圆形的蛋糕，烛光林立，香艳迷人。东河，哈得逊河，纽约港，夜光杯似的簇拥着大蛋糕，把葡萄美酒的甜香撒向高空。

夜之纽约，又像优美动听的音乐。史太登岛灯光疏淡，晨星迷茫，如一曲悠扬静远的乡村小调，哼出一片山光云色，草绿花香。曼哈顿、布鲁克林、皇后区的火海灯山，是一部气势磅礴的交响乐，主题副题，交错前行；管弦锣鼓，和谐共鸣。低回婉转时，叫人哀肠寸断；高潮汹涌时，让人热血沸腾。

一幛沉浓的迷雾，从哈得逊河面缓缓升起，漫出一支柔美舒缓的摇篮曲。烟雾袅袅腾腾，裹住了曼哈顿之西，街灯车灯，睡眼朦胧。曲调沉慢幽静，含着母亲的温软和甜蜜，摇呀摇的，把人摇进婴孩甜美的梦地。

爱丽丝岛对岸，有一排弧形的岸灯水影，像跳动着的音符，奏出一支溜冰圆舞曲。在空旷的椭圆形的冰池里，旋飘着轻盈欢快的节拍，温情动人的旋律。四只白色的冰鞋，托起一对迷幻柔软的身姿，动作和造型极优美，轻歌曼舞，如醉如痴。

夜色，灯光，高天的俯瞰，把大都会装扮得如此美妙神奇。没有了劫杀、乞讨，没有了枪声、强暴。有的只是孩子的憧憬，少女的梦幻，节庆时的烟花飘撒，丰收时的鼓乐喧天。站在纽约夜空，无数奇幻的联想会骑着仙鹤飘然而至，无数美好的心愿会驾着流云在星星身旁盘旋。怪不得有那么多人迷恋夜晚登高，怪不得有那么多人在纽约的山顶留连忘返。

夜色渐浓。秋风渐冷。东天际却泛出一点橙红。我知道，泰山顶上能看见那片晨月，淡白透明，此刻正在西沉。

真好,站在纽约的夜空。真想,永远靠着这片夜空。

(原载于《散文》1995 年第 8 期)

补记:2003 年 9 月 11 日上午 9 时许(北京时间晚上 9 时),纽约世界贸易中心双塔先后被两架恐怖分子劫持的飞机撞击起火,不久就轰然倒塌。……

## 大都会艺术博物馆

走进大都会艺术博物馆,有一种置身艺术迷宫的感觉。周围是雕塑的森林,绘画的海洋。千姿百态的工艺品,价值连城的珍宝,闪着迷人的光芒。五千载的古寺,上万年的石棺,诉说着岁月沧桑。站在大师的艺术面前,我感到失魂落魄,不能自已,惊叹大自然赋予人类的智能和美感,竟如此伟大、辉煌!

登德(Dendur)神庙建于公元前 15 年的埃及,默默立在一潭静水之畔。雕花圆石柱,墙壁房顶由石块垒成,石块上的雕刻栩栩如生,走进神庙,如走进遥远的古埃及。大理石雕《男孩的肢体》塑于 1 世纪的罗马,而它复制的,却是公元前 15 世纪古希腊的青铜雕塑。两个时代的艺术精华融于一体,把欧洲远古艺术及其演化拉到眼前。

宗教艺术往往让人感到崇高、敬畏,但东南亚古代佛雕却别具一格,好多佛跟凡人没有区别。爱神爱得如胶似漆,看了叫人心荡神摇。舞神四肢只剩小半截胳膊、大半条腿,但头颈、肩胸、腰腹、腿股曲线优美,全身舞成 S 字形,饱涨着韵律和动感,让人跃跃欲舞。

最吸引我的是 19 世纪欧洲绘画。梵高的《麦田与柏树》,基色是绿的,但树干树叶,麦杆草茎,以至地上的土,远处的山,天上的云,都是弯曲的点线,如一团团燃烧的火,烧在画家心中。马奈的《吕西·德拉比尼小姐》(*Mademoiselle Lucie De-Labigne*)很独特:一个金发少女,湖蓝色的眼睛,白皙的皮肤,溶在奇妙的柔光中,如梦如幻。模特是马奈在作家佐拉家里认识的,同时又是佐拉小说人物的原型。

博物馆有一些中国画,吸引了不少观众。郑板桥的《远山烟竹》,用笔墨的深浅,生出一片远近浓淡的烟雾,衬出竹子的风骨高节。刘海粟的《松岩雾瀑》,仙形神韵;齐白石的《明灯夜雨楼图》,幽深禅静:国画的散点透视,二维空间,洗练的笔法,写意的风格,给观赏者全新的感受和印象。

明代石涛的一组风景画都配有短诗。一弯小河,石桥横卧,孤舟亭影,秋叶飞落。诗曰:落叶随风下,残烟荡水归。小亭依碧涧,寒衬白云肥。确是画里秋声起,诗中秋意浓,诗画相衬,把作者的寂寥描绘得淋漓尽致。令我惊讶的是，馆内还藏有北宋画家李公麟的长轴作品，一幅幅小图构成，旁边题有"孝"的训导。问世900年了，画面字迹有些模糊。不仅是艺术珍品，而且是了解古代中国社会的珍贵史料。

建筑艺术极独特。西班牙内院，以庭院、圆柱、拱门、长廊、窗棂为框架，将塑像、浮雕、饰物等艺术有机地镶嵌其中。欧洲雕塑区高阔宽广，有大片的天窗壁窗，雕塑之间有高高的绿色植物和长长的靠背椅，徜徉其中，如置身欧洲的城市广场。小巧玲珑的中国亭园，花香草绿，石笋廊回，画栋雕梁，小桥流水，尽收东方园林之美。漫步其间，恍如在苏州园林游览。

西半球之冠的大都会艺术博物馆，收藏范围居全球之冠，囊括了地球人类艺术。展馆有中世纪艺术、欧洲装饰艺术、非洲艺术、美洲艺术、大洋洲艺术、日本艺术、20世纪艺术等。伊斯兰艺术全球收藏最完备。展品种类丰富，除一般艺术品，还有服装、挂毯，古兵器盔甲、乐器，早期爱尔兰和克里姆林宫的财富等。

全世界六大博物馆，五个在欧洲，大都会艺术博物馆最年轻。1870年，纽约市一批市民领袖、企业金融家、艺术收藏家共同建立了大都会艺术博物馆，收藏品多是捐赠。才100多年，就扩充为占地18.5万平方米的现代化博物馆，藏品超过200万件，每年吸引着400多万游客。

（原载于《侨报》1994年10月21日）

## 波士顿散记

波士顿位于半岛，是新英格兰最大的海港。麦丝迪（Mystic）河、查尔斯（Charles）河从这里流入大西洋的马萨诸塞湾。查尔斯河口横着一条大坝，控制海河的水流。夏天，河上轻波荡漾，白帆点点。冬天，河上的冰高低起伏，犹如秋日的轻波在一瞬间被严寒冻住，形成江涛的化石。

1635年，欧洲新移民在此定居5年后，建起美洲第一所公立学校。360年来这里一直是全美教育中心。市区有50多所高等院校，如波士顿大学、东北大学。查尔斯河对岸，有哈佛大学、麻省理工学院。

这样一个教育中心，老区街道却是歪歪斜斜。有的路未到交叉口，突然出现大转弯。一位攻读图书馆学硕士的本地女生说："你们纽约街道是人规划出来的，我们波士顿街道是牛车走出来的。"18世纪以前，当地人主要靠打鱼、捕鲸、造船、经商为生，那时的交通工具主要是牛车。

"新英格兰龙虾世界第一，到这里要吃龙虾。"女生跟她同学把我请到一个小饭馆。一只龙虾一磅多重，躺在长圆瓷盘里，橘红色的，看一眼顿生醉意，用银制小夹钳破开壳，脂白的肉滑滚而出，咬一口脆脆嫩嫩的，满口溢香。

请我吃饭，是因为我在纽约唐人街帮她买了广州话教材。她喜欢看华人武打影片，可惜听不懂广州话。饭桌上她说："我最崇拜李小龙、成龙。正在学中国功夫，希望有一天能把中国武功真正学到手。"她的中国同学兼广州话教师说，她不但学武功，还常实践扶弱除强的武林精神，帮助弱小受欺负的同学，奋不顾身抓小偷，抓抢劫嫌疑人。从她身上，我看到功夫片传播中华文化的威力。

波士顿是独立战争发源地。1770年，英军跟当地人冲突，射杀了4个居民，居民开始武装自己。3年后，为抵制不合理的税收，当地人把英国茶叶倒入大海，最终引发战争。战后，波士顿开始跟中国做茶叶生意。南北战争前，波士顿是反对奴隶制的中心。但1974年一项为反对种族歧视而制定的校车接送计划，却遭到白人学生的抵制，并由此引发一场暴乱。波士顿既有光荣的历史，也有耻辱的纪录。

坐落在查尔斯河畔的麻省理工学院，主楼用乳白色花岗岩建造，蜿蜒环绕，首尾相接，长约千米，气势磅礴。入口厅堂有几十个，其中一个塑有世界科技名人像。葛洪作为著名化学家位列其中。据说国内中医药界认为他是著名中医药学家。但在一般国人眼中，他只是"炼丹方士"。这些称呼值得我们深思。

门边有一块透明容器，挤着大小不一的泡状晶体，薄薄的泡壁闪着幽蓝橘黄的光，形成奇异的画面。不一会晶体转动，一个个破碎，成液状沿容器内壁下滑。紧接着又形成一个个新的泡状晶体，构成另一幅奇幻的图像。这就是"气泡板"。麻省理工学院的师生以奇诡著称。小孩吹肥皂，被设计成自控艺术品，很有深意。孩子用浑浊的肥皂水能吹出美丽的气泡，而大胆的想象和创造能产生伟大的发明和理论。

白尔蒙特（Belmont）小镇在波士顿附近，最独特之处是镇民投票禁止卖酒。清晨，听窗外雨声如微风穿树，如秋虫低吟。推窗看，雨打在紫铜榉沉甸甸的叶片上，敲出珠落玉盘似的脆响。叶片不时翻动，卸下背上的雨珠。这时就感到了秋的微凉。

波士顿有不少广场。剑桥广场是一片长着树的草地。有一棵高约四五米的树，据称当年华盛顿在树下发布独立战争第一道命令。最高的是士兵平民双层塑像。每年国殇日，成千上万的老兵会从全国乃至世界各地赶来聚会。

尽管波士顿是最早跟英国开战的地方，尽管英国爵士歌舞在这里不受欢迎，波士顿却脱不开跟英国的联系。因为它的名字 Boston，来自英国一个港口。

（原载于《侨报》1994 年 11 月 1 日）

# 旧金山的桥

旧金山有两座大桥，人们游览时往往只看金门大桥，海湾大桥则很少有人问津。其实，金门大桥只有1.7英里长，而海湾大桥先从旧金山到财富岛，再从财富岛到奥克兰，比金山大桥长一倍多。海湾大桥有上下两层，上层走奥克兰往旧金山的车，下层走反方向的车。金门大桥只有一层，车流量远比不上海湾大桥。

但金门大桥竣工于1937年，比海湾大桥早得多。造型很特别：两个吊塔高达227米。钢柱式的塔体挺拔峻峭，直通苍天。悬在塔顶的两根钢索，吊起主跨度1280米长的桥身。这个跨度比当时最长的桥梁长一倍多，在1964年纽约市韦拉札诺海峡大桥建成前，一直是世界第一。桥的颜色是浅沉色的红，像朝阳夕日涂上亮料，暖洋洋的。50年前，金门大桥和盐湖城摩门教总教堂、内华达州和亚里桑那州交界处的胡佛水坝，被认为是美国三大人工奇景。

海湾大桥从旧金山到财富岛一段，只比金门大桥长一点，却有4个吊塔，跨度无法跟金门大桥相比。中间还有一个粗实的桥墩，是大地震时桥的下层断裂，后来加建的。是吊桥又不是吊桥，不伦不类的。吊塔高度也比不上金门大桥，显不出巍峨壮丽。

金门大桥还占了地理上的优势。旧金山三面环水，西边是太平洋，东边是三藩湾，北边的金门是太平洋流入海湾的门户。航船从大洋驶入海湾，先看见金门大桥，然后才能见到海湾大桥。这样，金门大桥自然就先声夺人了。

地理区别带来气候差异。金门大桥靠太平洋，下午洋面上常升起一团团浓雾，遮天蔽日地扑向大桥。站在桥北，看着烟雾从海上、从市区飞滚而来，如狂涛汹涌，几分钟就将雄伟壮丽的大桥吞没，自然感受到大自然的奇诡魔力。看涛飞瀑落，却又无声无息，你会感到一种神奇的力量，似乎能听到一种死寂的回声。雾很凉，一瞬间降温10度。置身雾迷湿冷中，看桥上车灯缓缓迷蒙地游动，似乎在梦里云游，在灵界伫行。

烟雾继续东行，势头却在减弱。走到一半，被海湾的暖气流挡住。滚滚的浓雾突然止步不前，海湾大桥可望不可及。没有烟雾，海湾大桥少了一种神奇的美丽。

　　金门大桥看日落效果极佳。海平线上横着一道厚厚的暮霭，蓝灰色的，渗着微红橙黄。落日浮在上边，软和和的。当它慢慢沉落时，海平线上，暮霭中间，又幻出一个日影。暮霭上边的落日小一点，亮一些，滑落得快一些。暮霭中间的日影，披着海气的面纱，朦胧而迷幻，显得大一些，暗一些，漂浮着缓缓下沉。上边的落日消失后，薄纱后面的日影还半圆着，沉红柔弱的，恋恋惜别。在海湾大桥就看不见这种美景。

　　金门大桥是世界上自杀率最高的地方。1937年到1994年10月，已确认有971人跳桥自尽。一位大桥巡警说，看见有人在桥上徘徊许久，就会走上前热情地问是否迷了路，有什么需要帮助，用这种方法宽慰了不少人。几年来，他一直在观察思考，想弄明白，为什么那么多人想在金门大桥自杀。

　　人们都希望有一个美好的归宿。金门大桥雄伟壮丽，符合这个愿望。桥的橙红色很能刺激神经，使人兴奋。当大雾弥漫，人们会生出一种置身仙境的幻觉。这些，大概都是自杀者众多的原因。一个地方一旦出名，会产生连锁反应。而最让人迷惑的，是大桥设计师 J. B. 施特劳斯的传说。他当年因设计金门大桥出名致富。谁知大桥竣工1年后，发现桥墩有沉陷现象。他名声大降以至破产，最终从自己设计的杰作上跳入大海。

　　尽管金门大桥很有名，但欣赏夜景，海湾大桥更有特色。两桥飞架，灯河上下对流，有一种和谐又富于变化的美。对岸奥克兰码头，灯光如火炬的海洋，夜空明如白昼，海水泛着银波。远处，微弱的灯海漫上山坡，明明灭灭，若隐若现，幻出一种晕迷。在海湾长堤上，很多游人留连忘返。

（原载于《侨报》1994年12月10日）

## 巴黎圣母院

找到巴黎圣母院时,已近黄昏。湿凉的暮霭从塞纳河冉冉升起,湮没了一叶轻舟似的小岛。那座青石筑起的高大建筑,水墨画一般,悬在初冬的冷雾之中。

圣母院是最著名的中世纪哥特式教堂。始建于 1163 年,由教皇亚历山大三世奠基;花了近 200 年才最后建成。1831 年教堂建成 500 余年后,雨果的小说发表。此后巴黎圣母院在全球名声大振,参观者络绎不绝。那凄婉动人的故事,那善与恶、美与丑、真与假的冲突,总在参观者的脑海里漂浮,撞击。

教堂正面庄严厚重,像由巨石垒成。顶层两个并立钟楼,高 69 米;狭长的窗洞幽黑神秘,闪动着撞钟人卡西莫多善良的驼背,吉普赛舞女爱斯梅拉尔达美丽的忧伤。

从侧后看,建筑却是剔透玲珑。一对对翅膀似的飞扶垛向上飞升;飞扶垛、塔楼、斜升的堂顶,所有顶端都流向塔尖;而大大小小的塔尖如雨后春笋,争先恐后地插入苍穹。难怪在建筑史上,圣母院被誉为巨石交响乐。

步入高阔教堂,台下 7500 个座位已坐满人,虔诚地听布道。台上灯光柔和,照在神父米黄色的衣服和白发上,透出圣洁的气息。周围有 37 间龛堂,灯光昏暗。暗铜色的神像,幽红幽红的点点烛光,把人们引到古远的年代。祭坛上、回廊上、墙壁上刻着圣经人物和故事。高高的彩色玻璃上,镶着取材于圣经的连环画。中世纪,法国人大多看不懂圣经,这些画和雕像用于布道,被称为"傻瓜圣经"。

布道完毕,唱诗班唱起圣歌。6000 根簧管的管风琴,鼓出宏鸣浩响;几百人合唱,如天外之声。歌声琴声混然一体,淳厚而平和,从天空飘落,从地板从墙壁渗出,从四面八方包裹着渗透着你的躯体你的灵魂,让你不由自主感到崇高和神圣。空气微微颤动。门窗、墙上的各种人物似乎都鲜活起来。这时才悟到,雨果为什么选择圣母院作为他浪漫主义小说的背景。

小说里的副主教一直被人误读。他的悲剧只是代表神,却人性未泯。他被真美所吸引,真心追求美,却又不能背弃神,包括神赋特权。最近有资料显示,法国现有 1/4 的神父结婚,还不算秘密同居的。社会在进步,相信雨果在天之灵会感到欣慰。

走出圣母院,立刻被浓黑的夜包裹。塞纳河两岸,冷雨紧一阵疏一阵地飘洒。此时,顶楼 13 吨的巨钟敲响了。钟声深长滞重,被泪水般的雨淋湿,久久地停留在巴黎上空。我想起驼子卡西莫多,为死去的爱斯梅拉尔达和即将赴死的自己,为走进天堂的两个灵魂,撞响的最后一次钟声。

(原载于《南方周末》1997 年 3 月 22 日)

## 访雨果故居

初冬,巴黎无雪。经巴士底纪念碑,来到雨果居住过的沃热广场(Place des Vosges)。是一个典型的奥斯曼大院,四四方方的,中间种着一排排的树,四围是红黄相间的高楼,有圆拱形的檐廊、长型落地玻璃窗和高帽子一般的灰蓝色斜顶。

进6号门上二楼,就到了雨果住过的公寓。楼梯拐角处,一个衣衫单薄的小姑娘,双手提着沉重的大木桶,幼小的身子斜着,吃力地行走着。柯赛特的塑像,把我带进《悲惨世界》的风雪中。我感到了欧洲的寒冷。

故居有卧室、会客厅、写作室、餐厅等。1832—1848年,雨果在这里从事早期文学创作、社会活动。里边的卧室摆设简单,一张大床,两个衣柜。大衣柜镶雕花木纹,透出古典气息。印象最深的是那个小衣柜,沉色的,差不多齐胸高,柜顶平如桌面。据说雨果睡觉时,一有灵感就会爬起来站在柜前写。平时也常站在柜前创作,因为站着比坐着思维敏捷,还因为站着易累,要加快写作速度,少写废话。很难想象,雨果的许多不朽之作就在这不到一平方米的平面上孕育,《悲惨世界》的历史长卷就从这里展开。那关闭的大抽屉里,仿佛珍藏着雨果的灵感和博爱。

最吸引我的是中国餐厅一面墙上,嵌着88块中国瓷盘,有景泰蓝,彩瓷,圆的,菱形的,花瓣型的。陶瓷上有精美图案,周围镶着中国民间漆木画,花草鸟兽,山水人物,生动传神。尤其是披鱼鳞舞龙爪的麒麟,象征吉祥的长尾喜鹊,活现了中国人丰富的想象力。另一面墙上,有中国传统的神

龛,供着观音等佛像,还摆着景泰蓝香炉。雨果在这里就餐,吸收着中国民间艺术的养分。

记忆中雨果写东方的东西不多,想不到他对中国民间艺术如此酷爱。中国餐厅是雨果本人精心设计和布置,橱柜更是他亲手制作。可想而知,东方思维、中国人的想象力和写意民间艺术,对雨果的浪漫主义和博爱精神,有着多么大的影响!世界级的大文豪是跟整个世界生活在一起的。

**1995 年 1 月于广州康乐园**

# 俄罗斯纪行
## ——圣彼得堡

### 一

火车早上到圣彼得堡，沿涅瓦大街，经叶卡捷琳娜二世纪念馆，列宁读过书的图书馆，过涅瓦河几条支流。其中驯马桥四角各一个雕塑，展现少年驯马的全过程，很有特色。

去夏宫在涅瓦河畔乘船。水面宽阔，对面就是圣彼得堡的起点——圣彼得保罗要塞：一段红墙后，122米高的彼得堡罗大教堂高耸入云。始建于1703年，完成于彼得一世逝世前的1724年。俄罗斯在近代崛起，从个人能量看主要靠彼得一世。他1689年执政后全面改革，1703年在涅瓦河兔子岛建此要塞，很快扩建为城，并移都于此。

船进芬兰湾，莫斯科国立语言大学逻辑教研室主任布洛夫教授指着右边很远的陆地说：那是芬兰。300多年前这里是芬兰，后被彼得一世夺取，俄罗斯才有波罗的海出海口。十月革命后一些贵族踏冰逃往芬兰。正说着，见左岸一片葱森湿绿的树林，夏宫从林中浮现。

夏宫仿照巴黎凡尔赛宫，园林地势起伏，林木幽深。晨光给白桦树镀上银边；水渠引进海水，形成景观和喷泉。两排喷泉和金色人像雕塑依山而上，引人走近宫殿：黄色宫墙，蓝色宫顶，白色的门框窗框。彼得一世和后来的沙皇常在此度夏消暑。

望着大海，布洛夫兴致勃勃地聊起自己：出生于中国，半个中国通。副博士论文《王夫之哲学思想》在中国科学院写成并发表，著名哲学家任继愈参与指导。1958年参加过十三陵水库建设，据说毛泽东当时也在。周恩来接见过他，听说他研究王夫之，表示赞赏。现主要研究中国哲学和改革开放。参观完夏宫，他带我们拜访了孟列夫教授。

孟列夫家一厅三房，走廊一面墙是高达天花板的书架，中文书很多，如《李太白全集》。孟列夫中文系毕业，汉语好。他兴致勃勃地拿出几本书：1995年的《俄藏敦煌文物（一）》，他和魏同贤（中）主编，要出5册；

1992年的《俄藏敦煌文献》，总策划魏同贤，顾问有北大的，有香港饶宗颐。都是上海古籍出版社出版的。还有一套中华书局的《石头记》。孟列夫说，这些书的资料都收藏在俄罗斯。60年代李福清教授在列宁格勒分所发现以前未见的《石头记》抄本，就和时任古文献部主任孟列夫合作，1986年出影印本，是红学研究一大突破。

孟列夫说：1914年俄罗斯考察队在中国收集300件文物，18000多件碎片，临摹了很多壁画。之前1906年德国考察队买了50箱文物，一大批文献。1908年11月法国、日本考察队都到过敦煌。1908年中国禁止文物外运，但收效不好。到1913年，美国、法国掠夺了最有价值的文献。据他说，俄罗斯只是从沙子下边"收拾"了碎片，把散失在百姓手中的文献、碎片收藏在一起，是真正的科学考察。

孟列夫拿出几本他的书：《中国现代戏剧的改革》，译本《西厢记》《京本通俗小说》《搜神记》等。前者是他的副博士学位论文，认为现代戏剧始于20世纪30年代，主要变化是布景背景增多，有春夏秋冬，下雨；道具也多了。以前主要靠形体台词唱词表现。改革，失去了戏曲精华。他对中国戏曲民俗文学文化都有研究，知道中山大学王起教授。说准备撰写《当代中国诗歌选》；女儿研究俄藏中国文物（如地毯），外孙女在圣彼得堡大学东方系学汉语，一年级。

几天访问，发现俄罗斯汉学汉语专家很多，成果丰硕。俄藏文献文物是一个宝藏。可惜国内很少宣传，合作研究不够。

圣彼得保罗要塞和大教堂

与孟列夫教授交谈（1997年）

二

我们住圣彼得堡国立赫尔岑师范大学宾馆。赫尔岑（1812—1870）出身贵族，出生时正逢拿破仑入侵，莫斯科焚城。因是私生子，从小养成不分贵贱、平等待人的品行，喜欢跟仆人及其孩子一起玩，最喜欢听保姆讲各种有趣的故事，尤其是历史。在他笔下，保姆就是诗人荷马，保姆讲的故事就是他的《伊利亚特》《奥德赛》。22岁因反对尼古拉一世专制统治被捕、流放、监禁，长达9年。出国后继续从事反专制运动。著名的《往事与随想》写于1852—1855年，后用15年增补，记录家庭亲友、流放生活、时代的重要事件人物，文笔自然，娓娓道来，与读者亲切交谈，是回忆录的佳作，在全球的影响远超其文学作品。

一百年后的1974年，巴金开始翻译《往事与随想》："每天翻译几百字，仿佛同赫尔岑一起，在19世纪俄罗斯的暗夜里行路。我像赫尔岑诅咒尼古拉一世的统治那样咒骂'四人帮'的法西斯专政，我相信他们横行霸道的日子不会太长……""文革"后，巴金受赫尔岑影响，写了《随想录》，反思"文革"，追思亲人故友，深刻检视历史人生，达到他晚年创作的巅峰，为中国纪实文学留下一份珍贵遗产。

## 三

住处旁是喀山圣母教堂。圆顶的拜占庭风格，两侧是弧形的长廊，两排很粗的圆柱，气势磅礴。教堂由意大利人设计，是俄罗斯欧化的典型建筑。

夏天的圣彼得堡，晚上8点多太阳才开始西沉。一个人走在格力博耶多夫运河边，就看见了滴血大教堂（又叫"耶稣复活教堂"）。1883年3月1日，主张废除农奴制的亚历山大二世乘马车准备去签署法令，启动君主立宪制的政治改革。车到此处遭民意党极端分子暗杀。第一个炸弹炸伤卫兵和车夫，他不顾劝阻，执意下车查看卫兵伤势，却被第二个炸弹炸成重伤致死。亚历山大三世在此建教堂以为纪念。教堂仿照莫斯科红场的圣瓦西里大教堂，多个圆顶簇拥一个大圆顶，色彩斑斓。夕阳照射在这座俄罗斯风格的建筑上，流溢出一种悲壮的凄美。

参观冬宫，是走电影《列宁在十月》中列宁进冬宫的那条路。旁边有四个之前建造的小冬宫，一个比一个大。叶卡捷琳娜二世还不满意，最终建了现在的冬宫。冬宫广场宽广空阔，亚历山大圆柱刺入青天，仿佛把我拉入悠长的历史画卷。

冬宫殿顶有一圈儿人物、花瓶雕塑，西欧风格。展馆很大，有仿照凡尔赛宫的镜厅，右边几扇大窗户，左边几面大镜子映照窗外景物。我们依次参观意大利画廊、法国印象派画廊、中国日本艺术展、埃及艺术展等。印象深的有古埃及紫莎草文献,包括公元前2000年的《海上遇难记》;有达芬奇的油画《拿花的圣母》。冬宫建于1754年,现收藏艺术品约270万件,是全球最大的博物馆之一。

参观完后布洛夫来接我们,说托我们的福,刚拿到圣彼得堡科学院一个科研项目。

终于上了"阿芙乐尔"号巡洋舰。它1900年下水,长124米,排水量6731吨。1917年二月革命时水兵起义,参加推翻沙皇的斗争。同年11月7日(俄历10月25日)开进涅瓦河,9时45分率先向临时政府所在地冬宫开炮,打响十月革命第一炮。参观时遇到一对新婚夫妇向战舰献花,跟亲戚朋友一起以战舰为背景拍照。想起莫斯科鞠躬山新郎新娘冒着风雨向烈士纪念碑献花,让我再一次感动。

新郎新娘和家人在"阿芙乐尔"号巡洋舰前

"阿芙乐尔"号也有过滑铁卢:1904年日俄战争时随太平洋舰队到远东,次年5月在对马海战中舰队几乎全军覆没。"阿芙乐尔"号脱离舰队,到菲律宾时被扣留,战后才归还。后来参加"一战",1916年因受损到圣彼得堡附近船厂维修,才有机会参加十月革命。

## 四

涅瓦河周边有许多名胜,如彼得一世下令建造的俄罗斯第一座人类学与民族学博物馆,收藏四大洲200多万件珍贵藏品。海军胜利柱镶嵌着当年跟芬兰打仗缴获的战利品。

名人塑像更多:普希金(其塑像因维修被框架围住),创作讽刺喜剧

《钦差大臣》和小说《死魂灵》的果戈里，创作叙事诗《童僧》和小说《遍地英雄》的莱蒙托夫，都是外国文学课必讲的作家。以前知道普希金是决斗身亡，这次才知道莱蒙托夫也是如此。

一个塑像前卧着一匹双峰骆驼。布洛夫说他叫尼古拉·米哈伊洛维奇·普热瓦利斯基，19 世纪探险家，到过西伯利亚、新疆、西藏；在中亚发现野生双峰骆驼和普尔热瓦尔斯基氏野马，是生物学重大发现。中俄有过争夺新疆的战争，跟他多少有点关系。

最有名的是十二月党人广场上的"青铜骑士"：身披斗篷的彼得一世坐在前腿腾空的马上，目视前方。马代表俄罗斯，后蹄踏住的蛇象征阻止改革的旧势力。而迁都圣彼得堡，正是摆脱旧势力、锐意改革的大手笔。

**彼得一世塑像**

那时全球有三人被称为"大帝"：法国路易十四（1643—1715 年在位），中国清王朝康熙帝（1661—1722 年在位），俄国彼得一世（1682—1725 年在位）。其共同点是：年少继位，后来亲政；强化中央集权，扩大国土，喜爱科技。但三人中，彼得一世对本国贡献最大。

路易十四使法国成为欧洲最强，文化兴盛；但经济拮据，王朝仅维持到路易十六。康熙发展经济，扩展疆域；但爱科技仅个人兴趣，未推广先进科技，更没有改革教育、政治，却实施"文字狱"等恶政，留下缺少动力的王朝，至乾隆时已全面落后于西方。

彼得一世力推欧化改革：发展工商业和对外贸易；允许企业主买进农奴，引进外国企业，奠定近代工业基础。取消领主杜马，废除大教长，设立枢密院，打击保守势力，加强中央集权。建西式学校，引进西方书籍和生活方式，推行剃须，革除陈规陋习。培养、选拔人才，引进外国科技人员，派人留学西欧。简化俄文字母，引进西方历法，建立俄国第一个图书馆、医院、剧院、博物馆、印刷所。出版第一份报纸并任主编。推动文化繁荣，涌现一批思想家、文艺家。实施征兵制，建立正规陆海军，扩展疆域。

最有趣的是，他多次派团出访西欧学习，本人则隐姓埋名随团出访，先后在荷兰萨尔丹、阿姆斯特丹和英国伦敦学习造船和航海技术。

1724年秋，他见一艘船搁浅，几个士兵遇险。特有的个性使他跳进冰水救人，由此受寒生病，还坚持工作。次年2月病逝，葬于他亲手建造的圣彼得保罗要塞。

彼得一世的改革范围广、力度大，被认为超过世界文明史任何一次改革，不但留下庞大的帝国，而且留下一个生机勃勃的王朝，使俄国跻身世界列强。

罗斯民族起源于北欧，公国先在基辅，后向东北移至莫斯科，打败蒙古人后立国。但真正成为强国，则始于彼得一世的改革开放。建都圣彼得堡，是改革需要，也是持续开放的助推器。

附注：在孟列夫教授推动下，上海古籍出版社与俄方于2001年合作整理出版了17卷《俄罗斯科学院东方研究所圣彼得堡分所藏敦煌文献》，使与世隔绝的俄藏敦煌文献得见天日。孟列夫教授2005年病逝，发表论著200多篇（部）。孙女娜斯佳毕业于圣彼得堡大学东方系汉语专业，曾在天津大学留学，对中国当代女作家感兴趣。

初稿于1998年8月，二稿于2020年2月

# 从伊斯法罕到德黑兰

## 一

想不到,在伊朗参观的第一个宗教场所,居然是基督教堂。

伊朗中部的伊斯法罕,是萨法维王朝的首都。凡克教堂,一个米黄色的圆顶建筑,矗立在蓝天下,很像清真寺。"那是为了不引起伊斯兰教徒反感。伊朗亚美尼亚人很多,不少人有一技之长。那个时代,阿拔斯一世实施宗教文化多元化,兴建了这个教堂。"导游说。教堂有很多画像述说圣经故事:年轻的圣母玛利亚,传播怀孕喜讯的天使,耶稣受难。该教堂是基督教堂与清真寺的融合。亚美尼亚人是不同文化的中介:能得到伊朗人信任,也能让欧洲接受。宗教多元化也是伊朗的一个传统:历史上曾协助犹太人返回家园;1979年后,议会还是给犹太教、基督教教徒4个席位;犹太教、基督教教徒在伊朗人数超过50万。

伊朗起源于公元前3000年的埃兰王国,前1176年曾占领巴比伦。前550年,居鲁士建立波斯帝国;在大流士一世(前522—前486年在位)时期,成为世界史上第一个跨亚非欧三大洲的帝国。此后历经条枝、安息、萨珊等王朝。651年沦为阿拉伯帝国的一个行省。12—15世纪蒙古人入侵,帖木儿王朝建立后,改信伊斯兰教,跟占领中原的蒙古人信奉喇嘛教经历相似。始于16世纪初的萨法维王朝,在伊朗首次以什叶派伊斯兰教为国教。

伊斯法罕最有名的是伊玛目广场,建于17世纪初,长510米,宽165米,面积仅次于天安门广场。中央是巨大的长方形喷水池,四周有阿里卡普宫殿、国王清真寺、皇后清真寺和大巴扎(集市)。宫殿建于17世纪,有阳台供国王检阅军队,观看马球赛。宫殿天花板装饰复杂,墙面凹成多种波斯乐器的形状,增强音响效果。

国王清真寺大门呈半圆郁金香花形,顶端雕饰像几十个燕窝聚集于屋檐。多彩的瓷砖拼成花卉树叶状。大厅空无一物,可听到回音。壁龛指向麦加方向。高墙上几个窄窗泻入光柱。一个深衣女子坐在地面,仰面在光晕中遐想。皇后清真寺比较清丽,殿堂窗口多为镂空的精细几何图案,夕阳流人，有一种温柔的美。

广场是政治和休闲的混合体。国王清真寺前，有"打倒美国""打倒沙特""打倒以色列"的标语。载着40筒火炮的军车上，一个十二三岁的男孩儿正在摆弄方向盘，背景是清真寺上霍梅尼的超大肖像。傍晚，喷水池边有很多携家带口休闲的人。几个七八岁的孩子，挽起裤脚在戏水，笑声悦耳。西侧的大巴扎，更是熙熙攘攘，各种货物，如葡萄干、藏红花、无花果、坚果、地毯、羊毛卧毯、各种玉器玛瑙和金银首饰，应有尽有。

"伊玛目"原意为穆斯林祈祷领拜人，引申为学者、领袖。早期逊尼派、什叶派都用它尊称伊斯兰国家或地区的行政首脑哈里发，及知名将领、学者。后来什叶派组织、政权用它表示宗教领袖。

萨阳德罗河流经伊斯法罕，有11座桥。建于1602年的33拱桥最有名，上下两层，有水坝的蓄洪排泄功能。负责建桥的是格鲁吉亚族大臣阿拉威尔迪汗，体现出多民族政策。

哈鸠桥也有水坝功能，设计更优美：下层19个宽桥拱；上层可徒步休闲欣赏风景，建有39个郁金花形状的修长拱形；除中间主桥拱上下对应，其他都是上层两个拱形对应下层一个桥拱。上层年轻人聊天、约会多。我们到访时是旱季，河水很少，下层也成为休闲场所。在一个桥拱中，一群五六十岁的男性在唱爱国歌曲，两个人手舞足蹈地指挥，大家群情激昂，跟中国中老年人聚会唱歌近似。晚上灯一亮，哈鸠桥瑰丽万分，桥上和水中倒影一共四层，四排对称又参差的拱形呈镜像，流泻出柔黄的光。

四十柱宫也是阿拔斯国王所建，木制宫殿，大殿前的阳台有20根柱子，映在池水中，遂有此名。木头有些已陈旧，我们参观时正在修复。宫中最珍贵的是壁画，记载王朝的丰功伟业，再现宫廷与民间的真实生活：与土耳其人的战争，对乌兹别克人的款待，身穿彩服在琴鼓伴奏下舞蹈的宫女，提着猎物的猎人，野外弹琴饮酒的青年……

伊斯兰戒律禁止画人物塑像，但四十柱宫的壁画却描绘了多姿多彩的生活，人物动态表情栩栩如生，衣着装饰色彩缤纷，细致入微。当时波斯的艺术特质可见一斑。

四十柱宫前有文物、书籍摆卖。同行的一位研究波斯文化的老师，买了14世纪波斯诗人哈菲兹的精装诗集，其中有不少诗句描写葡萄酒，如："苏菲啊，来看我的杯盏如何闪光，引诱你向红宝石般璀璨的美酒张望。"在伊朗，到处可见哈菲兹的画像和诗歌。据说在伊朗，他的诗集发行量仅次于《可兰经》。

斟酒的美少年萨基（四十柱宫）

诗人哈菲茨（细密画）

离开伊斯法罕前一天，正逢"阿舒拉日"。晚上宗教场所人山人海。几千名身着黑衣的男性，包括少年儿童，一边游行一边用鞭子抽打脊背。公元680年，穆罕默德的外孙侯赛因被伊拉克人拥立为哈里发，自麦地那赴库法就任，途经卡尔巴拉时被伍麦叶王朝重兵包围，200余人全部殉难。此后伊斯兰教历1月10日成为什叶派纪念侯赛因的哀悼日：人们游行，祈祷，朗诵悼念诗，或赴卡尔巴拉谒陵。

## 二

德黑兰是伊朗第32个首都，在伊朗北部，厄尔布尔士山脉以南，古波斯语意为"山麓"。9世纪这里还是个村落。18世纪初，国王卡里姆汗下令在此建皇宫和政府办公处，后来却把办公处迁到设拉子。1796年卡扎尔王朝的阿迦·穆罕默德·汗加冕为王，德黑兰才成为首都。1943年苏美英最高统帅聚会德黑兰，制定"二战"后期总战略。1960—70年代，巴列维治下的德黑兰发展成为中东的经济文化中心。

德黑兰最令人触目的是建于1971年的阿扎迪塔，纪念波斯帝国创立2500年，材料是2500块产自伊斯法罕的大理石。倒Y字形，融合了萨珊王朝和伊斯兰建筑风格。

面积最大的，是位于德黑兰北部山麓的萨德阿巴德王宫，建于土库曼人执政的恺加王朝（1779—1921年）。占地400公顷，有一半是森林花园草坪。18栋建筑，隐现于葱郁的山林，原来都是宫殿，有的后来改为博物馆。

白宫是国王办公处，外墙为纯白大理石，内有很多礼宾厅、宴会厅。门口是伊朗民族英雄阿拉什射箭的雕像。相传古波斯与古图兰征战六十年，后来图兰军完成了对波斯王麦努切赫尔的包围。基于双方的实际情况，双方统帅决定和平谈判以结束战争。由一位勇士登上德马峰向东射箭，那支箭落地处为两国新的边界。在伊朗人称作"Tiregan（夏至）"那天，双方认可的波斯第一射手阿拉什登上德马峰，拼命将弓拉到尽头，一箭射出，他健硕的身躯随之迸裂；承载他生命的箭流星般飞到2500公里外的阿姆河（奥克苏斯河）河畔。以后每到夏至，波斯人都会纪念这位民族英雄。

印象最深的是两位画家的细密画。细密画（miniature）是波斯艺术的重要门类，笔法工细，色彩富丽，装饰性强，人物生动。多用矿物质颜料如蓝宝石、珍珠粉末，画在象牙板、木板、羊皮纸或普通纸上。细密画始于萨珊王朝摩尼教经典上的插图、壁画。

8世纪中叶怛罗斯战役后，被俘的中国画匠和造纸匠把造纸术和绘画艺术带到伊朗，细密画在材料、画风上有了变化。也有人认为，埃及新王朝（约公元前16世纪）法老陪葬品中的插图卷物，是最早的细密画；波斯帝国时传入伊朗，亚历山大帝国时传入欧洲。蒙古人占领伊朗时期，中国画影响更甚。如《穆圣升天图》，金色光环，奔驰的人马女神，飞翔的天使，中国式祥云。帖木儿王朝和萨法维王朝，是细密画的全盛期。

侯赛因·贝扎德是伊朗现代主义艺术家，画作线条简朴，色彩艳丽，装饰性强，像中国年画。如《西琳和法尔哈德》，山路上，红衣绿裤的姑娘骑在栗色的马上，蓝衣黄裤的小伙子连人带马一起扛在脊背上；背景是淡绿的山和绿树，前景山路上有蓝色、黄色的小花儿。他的画跟伊斯法罕四十柱宫的壁画风格相似。

生于1930年的马赫穆德·法尔希奇扬，用灵感和神话创造出融合幻想和情感的作品。丙烯画《协调》，姑娘倚坐在绿叶鲜花的树枝上，树上小鸟啼叫；丝绸裙衣纹细腻生动。鲜艳与细致，和谐与美好，是他的一种画风。

《阿舒拉的黄昏》最著名：刚从战场归来的白马，几处伤口，鬃毛零乱，头颅低垂，双眼疲惫。几个黑衣女子，一个捧着马头，两个抱住马腿，一个伏于马背，两个相拥伏地；看不见脸，但知道她们在痛哭。马背挂着空刀鞘，马鞍摔落在地，上有几只白鸟，旁边散落几支箭矢。这是穆罕默德外孙侯赛因的坐骑，暗示680年那场战斗的惨烈和失败。该画发表于1976年，但作者说他画了30年。

黑白蚀刻画多有寓意。《美好与邪恶》，一个年轻美女和一个丑陋老者，构成圆拱形，下肢连在一起；都拿着笔，正在画对方某个部位。*Shikh Sanan and Christian Girl*，描述伊斯兰教徒爱上基督教女孩。男女主角各有几个分体形象；男性有的渴求，有的犹豫，有的懊恼，显示出内心的矛盾冲突。

马赫穆德·法尔希奇扬现居纽约，被联合国教科文组织总干事马约尔称为"属于全人类的画家"。其画作融合了东西方之美，是跨文化的结晶。

侯赛因《西琳和法尔哈德》

马赫穆德《美好与邪恶》

伊朗人的生活其实非常丰富。听音乐，看电影、球赛，开诗歌朗诵会。餐饮跟中国维吾尔族人有些相似，菜肴丰富，羊肉特别鲜美。巴扎、饭店里顾客很多，好饭店需预约。一次在德黑兰一个网红饭店吃饭，店外排队几十米，店内楼梯上站满了人。伊朗米饭很香，白饭中常有约四分之一的黄米饭。伊朗人认为白米饭微寒，要加一些藏红花水煮的米饭中和，对脾胃好。这一点竟跟中医相同。

一天傍晚到德黑兰北边的Darband山谷，两旁有很多饭店，花园一样依山而上。我们在半山腰一个饭店就餐，服务员插上伊朗和中国两国国旗，说周末不预定就没座位。主人说沿着山谷可翻过厄尔布尔士山,走到里海。不少驴友走这条路。

## 三

伊斯法罕是伊朗古代最后王朝的首都,德黑兰则是伊朗从近代走向现代的象征。

在伊斯法罕大学,我们跟东道主讨论教学科研合作。在德黑兰,我参加德黑兰大学孔子学院主办的首届伊朗汉语教学研讨会和本土汉语教师培训。会议期间与会者就汉语教学教材、汉波翻译与文化交流等进行深入讨论。一位有中国中医硕士学位的伊朗人说,中医包括汉医、藏医、蒙医、回医、苗医等。中国《回回药方》很多内容是唐朝时从西方传入,一些医方来自波斯,如萨珊王朝时的《医典》。

《医典》作者是伊本·西那(拉丁名阿维森纳,Avicenna,980—1037)。该书内容丰富,继承波斯和希腊古典医学遗产,吸收古代中国、印度的医药学成就,有完整的医学理论、医学分科、疾病分类论述,更有解剖等外科手术介绍,是17世纪前亚欧主要的医学教科书。书中列举了48种脉象,35种跟中国晋代太医令王叔和的《脉经》吻合;诊治糖尿病的方法,与中医类似。

中伊自古交往密切,文化相通。公元前3500—前2500年,青铜铸造就出现于伊朗。葡萄、胡麻、波斯枣、茉莉等由伊朗传入中国,而桃、杏、丝绸、陶瓷、茶叶、印刷术等由中国传入伊朗。波斯史学家、名医拉施特(1247—1318)编辑过《中国医学百科全书》,而中国医学名著《千金要方》《本草纲目》都收录了波斯药方,其中"悖散汤"在中国很流行。

唐朝有很多波斯移民,有的人还入仕为官,如阿罗憾,官至右屯卫将军、上柱国、金城郡开国公。元朝时双方都有医生在对方国家任职。明代郑和三次到达伊朗的忽鲁谟斯,忽鲁谟斯也四次遣使来华。

伊朗虽在亚洲,但跟欧洲关系密切。公元前2000年起,雅利安人的一支南迁到伊朗,与土著融合成伊朗人主体,建立米底国。波斯语属印欧语,后者包括法语、意大利语、西班牙语、葡萄牙语、英语、德语、俄语、格鲁吉亚语、印度语等。波斯人善于经商。"丝绸之路"为沿线国家、民族共同构建,带动了沿线物质文化交流和经济发展,其中波斯人的贡献非常大。汉语"狮子、馕"等源于波斯语,波斯文"牌子(paizah)、钞(chao)"等源于汉语。

2007年在新疆哈密第一次看到"坎儿井",是地下水通道,可储存雪水雨水,防止蒸发,输送到特定地方流出地面灌溉或饮用。博物馆说"坎儿井"是维吾尔族人创造的,在伊朗也有。当时就想,"坎儿井"起源到底是新疆还是伊朗?十年后再到新疆,解说词已修改:坎儿井起源于伊朗。2018年到德黑兰了解到,公元前1000年波斯人发明坎儿井,波斯语为kariz,后经丝绸之路传到中国。

伊朗有数不清的坎儿井。规模大、设施完善的,如德黑兰大学中文系主任阿明的故乡Balade在伊朗东部伊斯兰米亚县,坎儿井途经三个村落和县城。2016年,全伊朗有11处现存的坎儿井被列入联合国世界文化遗产。

事实上,从几千年前开始,伊朗就开始联结欧、亚、非大陆。研究中国和世界历史,离不开对伊朗历史的深入研究。

〔原载于《美文》2021年第11期(6月上半月)(初稿有插图,因篇幅限制,在《美文》刊登时删去。此次补上)〕

风　情

## 夜 海 奇 观

　　第一次到上川岛，是几年前的一个冬日。飞沙滩空荡荡，白茫茫。阵风过处，沙飞雾漫，一片迷茫。

　　远方，深蓝的大海横卧在半空，恬静而安详。但离岸几百米处，平滑的翠蓝中陡然腾起一叠叠雪浪，依次向海岸线推卷。海浪越推越高，越卷越长，及近岸边，已筑成一嶂嶂齐崭崭陡峭峭的高墙，前呼后拥，扑面而来……令人惊诧的是，那一壁壁雪墙刚推上海岸，却突然消失在浅滩上，像地球板块滑动时，整座整座冰峰一下跌进地壳深处，没留下一点痕迹。

　　再访上川岛，是一个初夏的夜晚。蓝黑色的天幕上，悬着大大小小的星盏。轻风掠过，星星们摇晃着，闪动着，透出一阵阵凉意。黑色的波涛缓缓起伏，有如稠重的铅汁将要凝固。涛声柔和，浑厚，像混声合唱的摇篮曲，把人摇向遥远的梦境。

　　天空涌来大块浓云。星盏一支支熄灭，天海溶成一砚浓墨。突然，在那黑夜的尽头，远远蹦出一星莹火，幽幽地闪了几闪。

　　"海光！"海滩上有人喊道。话音刚落，一条条钢青色的光带从海上浮起，并迅速朝海边滑动。光带在滑动中不断拉长，及至几百米。快到岸边时，光带却从中段开始暗淡、熄灭；黑暗向两端延伸，最后，整条整条的光带一一熄灭。海光不断地浮现，延长，逼近，又不断地熄灭，消失。我突然感到大海中有一种未名的生命向我招唤。

　　我禁不住移步向大海走去，向明灭变幻的海光走去，向召唤我诱惑我的未名生命走去……

　　沁凉柔软的液体在身旁流动，在体内流动。胴体由松软而消溶，而虚幻。内心是从未有的宁静和空灵。只想飘浮在这沁凉而柔软的大海里，永生永世。

　　也不知过了多久，那奇幻的海光稀少了。在海天交换处的浓黑中，悄然透出一种猩红。像一颗血珠，渗出黑色的海，黑色的云，慢慢地，形成一瓣惨红。

　　莹光骤灭。大海肃然。云和海渐渐分离。红色在慢慢扩大。大海浮出一滩紫铜色的血水。浓云染上一抹金红色的血晕。大海在分娩。浓云在接生。浑身是血的月球正在挤出母体。

蓦地,海面上射出一道蓝青的光,呼啸着,跳跃着,直冲我飞窜而来。一股凉气直贯我的脑门。蓝光倏忽即逝,又似乎历历在目。惊恐之中,那一瓣儿血月已被浓云遮盖。蓝青色的闪电肆无忌惮地射出海面,一道两道,十道八道,上下飞窜,左右奔突,有如无数条青龙玉蛇在翻卷搅杀。大海,被撕成无数黑色的碎片。

我感到一种深深的恐惧。似乎冥冥之中有神灵在主宰这一切。那怪诞的蓝光就像海中的魑魅魍魉在吟歌,在舞蹈。

天尽头,又慢慢泛出光亮。硕大的月球从容步出浓云,现出半圆的球状。月球渐高,月色渐淡,大海慢慢地清晰,浓云缓缓褪散。最后,一球软软的鸭蛋黄整个儿浮在了靛青色的海平线上,通体透亮,纤尘不染。

海面上的蓝光渐稀渐暗。月球似乎还在上升,大海却要拉住她。于是月球拉长,海平线凸起。海和月之间,是橘蓝相间的水晶体。晶体渐长渐细,最后呼然断裂。大海和月球抖了一下,终于剥离。我松了一口气。

大团的乌云又自北向南涌来。缓缓上升的月球最终被乌云遮住。但天海交接处,在海平线月出的地方,留下一圈神秘的光,像一盘扁圆的铜镜。奇景静静持续着。

"会不会是太阳?"海滩上,一个声音幽幽的,"说不定太阳就要从那儿升起。"

我悚然,极虔诚地,立等着东方日出。那时,正是夜半。

(原载于《羊城晚报》1991 年 10 月 16 日)

# 和谐·禅净

## ——东方园艺在蒙特利尔

漫步加拿大蒙特利尔植物园,好像遨游地球。各地的藤林灌木,多种气候带的奇花异草,依次展现在你面前。从干燥的沙漠植物区,走进湿润的热带雨林;穿过葱郁的森林,踏进芦苇摇荡、蘑菇遍野的沼泽地;迈出高山针叶状植物区,置身暗香浮动的玫瑰园……

植物园有10个温室馆,30个露天植物园,最引注目的是中国、日本园林。

中国园占地2.5公顷,中心是沁谊堂和环抱的梦湖。湖上碧波云影,小桥横斜;湖边亭台楼阁错落有致,花草林木疏密相衬,反映出中国的和谐观。

熙春院黑瓦白墙,墙脊呈波浪形。进圆拱门见曲径回廊,花木掩映。沿雕廊画壁进荷亭,推窗可见后湖,片片荷叶躺在碧蓝的水面,荷风阵阵。

转出熙春院就到了沁谊堂,朱门碧瓦,飞檐挂角。堂前平台围着汉白玉栏杆,栏外就是蓝茵茵的梦湖。水平如镜,收蓝天白云,绿树红花,是庭园的灵魂。

对岸土坡矗立着宝塔状的凝霞阁,看日出月落,是梦湖园最高点。土坡旁是吸引各国游客的假山。3000吨形态各异的石块,堆成高高的山体,虚实相间,曲径飘忽,洞穴隐现;顶上涌出雪涛,飞泄湖中。山水相依,水靠山而具形,山凭水而显灵。

中国哲学讲究天人合一。梦湖园湖山是自然的缩影,亭台楼阁也是自然的象征。尖顶的凝霞阁,斜顶的沁谊堂,是山峰的写照;熙春院高低起伏的墙脊,是水波的映像。最有意味的是盆景。古人把树木缩小移进室内,日夜相依。松长寿耐寒,梅高洁不阿。人的品格融于树形,自然和人合为一体。

一个白人女郎在养心阁盆景前盘桓两个小时,观察拍照。说喜欢中国文化,栽种了几个盆景。"看见巴掌大的树舒展有力,米粒大的绿叶,娇嫩鲜活,觉得自己生命充满生机。"

中国园林以和谐为主调,重具象;日本园林以禅静为基色,重抽象。

日本园林像几何色块构成的艺术世界。大片的青草地,大片墨绿色的

湖。湖草之间，是一滩月牙儿形的鹅卵石；奶黄的石滩，竖着雪白的小灯塔，简单别致。湖岸有两个亭子：四角形，四个红柱子，底座白色，顶部由墨绿色的三角形拼成。湖水延伸出两条小溪，浮着片片青绿色的小圆荷叶，和薄如蝉翼的粉色小花。坐在草地上看湖水映出碧空云影，雪鸥在身边盘旋在脚边漫步，感到一种通体的宁静。湖边小瀑布，白色水帘顺一梯一梯青蓝色的岩石逐级而下，叮叮咚咚的声响，更显出一种幽深。

禅院印象最深。一片白砂地，划出道道沟纹，是海的象征。十来块岩石，断面上有独特的层纹，透出乳白、奶黄、赭红、深褐、铁青……雨丝悄然洒落，石块在雨中变幻着色彩。时断时续的古琴，胸腹深处哼出的民谣，在斜风细雨中飘散。坐在玻璃窗前看白色的砂石和色彩缤纷的石块，一缕禅意悠然而生……

你仿佛坐在空远的山中，看云海茫茫，日月沉浮。好像坐在遥冷的月轮，静观地球，七大洲和无数岛屿，在大洋中浮动。你好像到了很远很远。你就坐在禅园，看着那一片砂地，几块石头。禅从中国传入，对日本艺术和园林影响极深。

日本园林每周定期有民乐、茶道、叠纸、插花、书法等表演，还有禅宗的证明，吸引大量游客。梦湖园则有中国少数民族服饰器具文化的展览，民族歌舞表演定期轮换。我去参观时,正碰上云南舞剧团表演《阿诗玛》。优美的舞蹈,独特的服饰,动听的音乐,和催人泪下的故事,让各国游客感叹不已。

离开梦湖园时夕阳西坠,梦湖染上一层金红。沁谊堂前平台上,两个华裔姑娘在打太极拳,动作舒缓圆韧。几个白人跟着打,也中规中矩。古乐悠悠然而通透,漂浮在微凉的暮霭中。和谐宁静的梦湖园,透出几分灵秀和古意。

(原载于《侨报》1994年8月2日)

# 雷鸣的水

## ——尼亚加拉瀑布

有的河流淌万里，没有腾飞跌荡；有的河千回百转，始终默默无言。尼亚加拉河仅仅56公里，却奔涛迭雪，穿石破岩，挟雷霆而撼深谷，腾紫雾而蔽长天，一展地球河流的辉煌和美艳。

虽然是从伊利湖走来，尼亚加拉却集四大湖之浩瀚姿洋，一路上海阔天空，浩浩荡荡。及至格兰德岛，河水一分为二，生出险滩急流。过山羊、月亮二岛突然跳入万丈深渊，遂成美国瀑、新娘面纱瀑和马蹄瀑。

美国瀑300多米宽，50多米高，如一道宽宽的雪色屏风。崖底是成斜角的石滩，溅起一阵阵水烟。滩上巨石林立，把瀑布割成一道道冰流雪溪。石呈赭色，夕阳落照，雾影晕红，烟霞水赤，如幻如梦。

马蹄瀑位于加拿大一侧，宽670米，成马蹄状向内弯成弧形。瀑高56米，潭深55米。水从三面轰然坠落，鼓出雷鸣般的巨响。马蹄峡内，雪雾迷茫，蒸腾旋卷，扶摇直上，远看如巨柱飞升，气冲霄汉。

新娘面纱瀑窄窄白白的，挂在两瀑之间，静静地流，悠悠地飘。不知是清风吹拂，还是新娘娇喘的气息。轻纱未掀起，也能觉得满面羞红的美丽。如果说美国瀑是风流潇洒的公子，马蹄瀑则是像叱咤风云的武士。不知面纱后的新娘，将身谁许。

尼亚加拉瀑布成于12000年前。古生代，尼亚加拉悬崖一带覆盖着坚硬的白云岩。冰川退缩，大陆抬升，挡住融冰雪水，形成内海。北美最大的内陆海大水泛滥，流过尼亚加拉悬崖，经现在的安大略湖泄入大西洋。瀑布形成时，位于现在的马蹄瀑以北11公里处。12000年，流波飞浪一点点啃咬着坚硬的白云岩；风吹来的草籽树种，把根扎进石缝，挤开岩石；寒冬，岩隙中水结冰膨胀，一点点裂开石块。就这样，硬是凿出高峡深谷，把瀑布向上游移动了1万多米。1950年以来，马蹄瀑每年后移0.6米，美国瀑则基本不动了。

尼亚拉加四季分明。春天，冰流浪涌，雪涛奔泻。瀑布由弱而洪，两岸自白泛青。新娘面纱旁，色彩斑斓；马蹄飞落处，草色连天。

夏日，百尺惊涛，万吨骇浪，浩浩森森奔涌而至，拂拂扬扬直赴深渊。

如十里冰川，轰隆隆崩溃；似千年雪岭，忽喇喇坍塌。烈日当头影暗淡，湿风百里驱暑炎。

秋风起，清波如镜，飞流似练。两岸红枫声悲壮，晴雷空谷月明天。

冬季里，雪水稠，冰流重，冰雪晶莹照晴空。素洁不掩艳丽，红日几抹胭脂痕；冷峻难遮狂烈，白波万里断寒冰。

尼亚加拉瀑布风情万种，一百年来，一直是世界闻名的蜜月之都，浪漫之乡。我游尼亚加拉时，见一对白发苍苍的老人，从巴西来，观瀑听瀑，追忆半个世纪前的蜜月之旅。当他们找到当年留影的地方，兴奋得高声叫喊，抱在一起。

一个矮胖的老头儿，白衬衣，黑领结，白发稀疏，认真地演奏着小提琴。一个小伙子听入了迷，和着琴声唱起来。推着婴儿车的妻子说，他们从埃及移民加拿大，两年前在这里度蜜月。青年夫妻走远了，老头儿还陶醉在自己的琴声里，闭着双眼。滔滔不止的瀑声，构成一种弥弥漫漫的背景音乐，把琴声衬得柔美而忧伤。

一对菲律宾新婚夫妇，满脸幸福地站在马蹄瀑旁。彩虹从谷底的雨雾中升起。新郎激动不已，爬过栏杆在悬崖上摘了一朵野花，插在新娘的黑发上。新郎吹起一支竹笛，柔润的音乐在雨雾涛声中，显出一种特别的质感。头戴野花的新娘衬在一川雪瀑上，美丽而温情。

尼亚加拉（Niagara）是印地安语，意思是"雷鸣的水"。流动的冰涛雪浪，那样的单纯、明静，洗去世上人间多少尘浊。永远不变的白色轰鸣，那样的和谐、动听，如一首经万世而不衰的民谣，滤去人间世上多少不和谐的杂音。瀑流万年不止，雷鸣千古不绝，把燃烧在身旁那每一瞬间的爱情，凝成无边无际的永恒。

尼亚加拉瀑布还在后退。按现在的速度，两万五千年后，她将退到上游的伊利湖。但瀑布不会消失。那时的伊利湖，将会变成连接休伦湖和安大略湖的新河流。雷鸣的水，将在这条新河流上腾飞。

水是柔软的。但她一旦腾飞，却能创造出辉煌的美艳，让地球为之改观！

（原载于《散文》1997 年第 8 期，原名《美哉，尼亚加拉瀑布》）

## 醉入安大略

安大略（Ontario）湖位于美加边境，面积约2万平方公里。建于1787年的多伦多市坐落在湖西北。一带弧形半岛，一弯曲尺状的岛屿，如屏障拱卫着多伦多港。

从港口看湖，水是柔柔的孔雀蓝，纯透，典雅，在盛夏的时日，让人感到一种阔静和怡凉。冰一样晶蓝的轻波，似乎就在你心头柔柔地拍动。

湖上有好些船，轻盈的汽艇，华贵的游轮，更多的是竖着桅杆的帆船。帆一片一片的，雪白、鹅黄、桔红……在湖面上飘忽着前行，像一只只风筝在蓝天上摇晃。

岛上是浓绿幽森的树林，像蓝深的湖呵出一片湿翠的凉气。游船穿行于岛中间窄窄的河道，翁郁凉湿的绿，软玉似的贴着你，荫荫的凉渗入肌肤，沁人心脾。

多伦多人爱湖。假日，人们盘桓于湖波岛岸。游人悠闲漫步，湖水荡起帆影，泊船竖着森林般的桅杆，野炊的香气袅袅腾腾。多伦多人从容悠雅，如轻柔宽广的湖波。

好些人有自己的船。也有人花几十上百的，租一条帆船或汽船玩上一天。在岛内侧，可以悠然品味湖的娴静。在岛外湖面，可领略海的野性。风不大时，撑帆摆舵，破浪乘风。大风的日子，万里波飞，百尺浪立，丝毫不逊于海的波澜壮阔。

多伦多港是多元文化汇集点。可以看到穿多民族服装的游人，听多民族语言，欣赏多民族的表演——欧洲小夜曲，东亚西亚的民乐，南美土风舞，非洲的脚铃舞。旧货古董集市，有中国唐三彩、景泰蓝，埃及骨雕根雕，罗马黄铜古钟，日本艳丽和服。安大略湖，把许多民族浮载到多伦多，形成加拿大多元文化的缩景。

港口不远处，553米高的世界第一塔拔地而起。塔体修长俊秀，撑着几个由大而小的圆盘，直插液蓝的深空。登塔顶，如登高山而观沧海。黄昏的安大略湖，有海的宽广，湖的平静。岛外烟湖浩森，水天一色。几点归帆，如薄碎的雪片在苍空里飘扬。岛内湖面平滑如镜，汽船驶过，在透明玻璃上擦出细细的磨沙花纹。岸边白色的帆船，如微雕似的躺在暮色降临的船坞里，似乎要沉入梦乡。

夕阳坠落，湖面被抛上一块块、一条条色斑。湖色由藏蓝转为桔紫、灰黄。天色渐黯，湖霭凄迷。偶见一点帆影，悠然远去，飘入薄纱似的烟雾里，不免生出一丝怅然和挂虑，还有些许憧憬和希冀。湖色转成墨黑，远天却透出澄蓝。

夜晚走在湖畔，远湖浓黑，近水在岸灯微照下浮出几片墨蓝。风如缕缕轻丝，拂在脸上身上，感到一种舒远的凉。岸边泊着十几艘仿古木帆船，白桦林似的桅杆，帆索缆绳如密林中的古藤缠绕，织成一张张阔阔的网。船头，一只只雕刻的怪兽张牙舞爪，似乎真能驱走海中的邪魔。

码头两个印度艺人演奏。一个平着手掌，拍两面圆鼓；一个扇着手指，吹一片口琴。空空空空的鼓声，嗡嗡朦朦的琴声，飘在轻微的风里，沉入深静的水中，显得空远、沉冥。恍惚间仿佛回到中世纪东方的海港，看《一千零一夜》的故事在眼前衍生……

一声沉远的汽笛胀破夜墨的包裹，瓷瓷的，闷闷的，沿着平滑的湖面，缓缓而来，又缓缓而去。一艘通体透亮的夜航，慢慢驶离码头，如象牙灯雕，晶莹剔透，滑在墨蓝的镜面上，徐徐远去。犹如美丽而虚幻的梦，滑进沉浓的夜，滑进沉睡的安大略湖。

离开湖畔时，我在地铁口徘徊。一位妇女见状，问明情况后，就把我带上地铁，送出地铁站，一直领我到了长途汽车站。"你是来多伦多旅游的，我们有责任给你带路。"她平静地说。再三追问，才知道她在多伦多大学图书馆工作。

汽车开出多伦多，望着远去的灯光，我想：没有安大略湖，就没有多伦多；多伦多人的雍容大度，热情好客，来自安大略湖的宁静、广博。

（原载于《侨报》1994 年 9 月 1 日）

## 历史文化

## 西 点 游 思

离纽约市，沿9A公路驱车北上，一个小时，就进入西点（West Point）地区。但见山川俊秀，绿树蓊森。滔滔的哈得逊（Hudson）河，如利斧劈开崇山峻岭；流到此地，大川突转，水流湍急，台地高耸，两岸壁立，形成北美最险要的战略重地。

独立战争时英军曾占据西点。1778年萨拉托加（Saratoga）大捷后，华盛顿派军进驻西点。为保证新英格兰跟其他殖民地区的联络运输，山上构筑起永久性炮兵工事；一条重15吨、长600码的铁链，横跨哈得逊河，切断英军水上通路。

西点的特殊地貌，是几十万年前的地壳运动和冰川运动使成。西点花岗岩，古远而坚硬。史前期冰河突入，凿子般挤开岩石，在阿巴拉契亚山（Appalachians）余脉的哈得逊高地开出峡谷。同一时期台地高升，谷川深陷。当冰河缓缓退缩，融雪流注，遂成深峡高台。如今笔直的崖壁刻着水迹冰痕，如冰川运动的纪念碑，默默矗立。

独立战争后，华盛顿向国会提议建立军校，一直未获通过。19世纪初，不断的地方暴乱，跟印地安人的战争，与西班牙属地的边境纠纷，英国的战争威胁，迫使国会在1802年通过建军校的议案，校址选在西点。

早期军校费用有限，国会和人民都怀疑其作用。1815年，时任军校总监得知国会没有年度拨款，只得向纽约一个商人借款65000元，维持学校运转。1846年爆发的墨西哥战争是一个转机。不到两年两个大战役，就占领了当时的上加利福尼亚、新墨西哥和墨西哥北部。"没有军校毕业生，战争可能要延长四五年。"率军进入墨西哥城的温菲尔德·斯科特（Winfield Soct）将军说，尽管他并非西点毕业生。战争结束后国会拨款大增，现代化军校开始成型。军校威名是打出来的。

军校的成长离不开塞尔华纳斯·塞耶（Sylvanus Thayer）将军。他是军校1808年学员，毕业后被麦迪逊总统派到欧洲研习外国军事系统，既有广博的知识，又有优秀的指挥才能。1817年任军校总监（直至1833年）时，他才32岁。他严格入学和毕业标准，增加专业，建立道德荣誉教育系统。

"军校之父",是西点给予他的最高评价。

初秋,在美读博的本科同学杨亚军从纽约开车带我去军校。军校出入口很宽阔,中间立着古堡式青石建筑。军警白色大盖帽,白军装灰军裤,威风而友善地向进出的人车行军礼。校园草色连天,树影婆娑。秋风掠过,叶片摇出淡红。浓绿淡红间隐现着古旧的青石建筑,诉说着岁月沧桑。

校园有4座教堂。学员教堂最大,建于1910年,有世界最大的教堂管风琴,1.8万条琴管,可产生雷鸣、军鼓军号军乐等音响效果。阅兵前会公开预告,以吸引游客。当教堂巨琴鸣出央央大乐,浩浩洪声,当天国之籁滚过整齐威武的阅兵方阵,每个游客都能感触到"责任、荣誉、祖国"的西点校训,触觉到博大纯透的军校精魂。

军校入读条件很严,不仅要品学兼优,还要有议员推荐。4年学制,毕业时获学士学位并授少尉军衔,此后至少服役4年。有40门课,包括社会科学、人类学、自然科学、工程技术,当然还有军事科学和战略战术。

直到1835年,西点还是美国唯一设有国民工程学的学校。西点毕业生在开发西部资源、设计开发公路铁道运河、边境测绘、把美国引向工业革命等方面,做出巨大贡献。军校百年庆典上总统罗斯福说:"在国家荣誉公民榜上,西点学员的姓名比任何一间学校都要多。"他说的荣誉超出军事范围。地球第一辆载人月球车在月球表面行驶时,西点1954届的学员斯科特就在车上。

校园有许多塑像。少将塞奇威克(Sedgwick)是南北战争时的英雄,其塑像杖剑而立,是用当年部下缴获的加农炮铸造。巴顿一身戎装,手握望远镜;他佩戴过的4颗银星,婚后妻子佩戴的骑兵征章,都融铸其中。艾森豪威尔双手叉腰,潇洒自信。西点人杰地灵,巍巍高山,浩浩大川,哺育出众多英才。

游西点正值劳工节,三三两两的学员穿着军服、便服在校园内外漫步;遇游人问路,总是很有礼貌地指点,发音极标准。偶见女学员,白色戎装,英俊俏丽,好像全国美女都进了军校。一对中年夫妻探望儿子,一家三口在麦当劳就餐,围坐桌前轻声交谈,弥漫出温软的家庭气氛。西点人知道,他们要保护的,就是这种温馨。

军校最阴暗的日子是南北战争。双方各级指挥官几乎全是西点校友,昔日校友成为敌人。不过,正是校友情避免了过分的敌对行为,使战后修好未遇到太多困难。

1865年4月9日,北军总司令格兰特(Grant)和南军总司令李

(Lee)，两个西点军校毕业生，在弗吉尼亚州一个小村庄会面。格兰特的受降很慷慨，南军官兵可返回家园，军队要交出武器，军官可保留手枪佩剑。李提出南方耕作条件恶劣，格兰特说："可以把自己的马或骡子带回家……这样能调和、安抚我们的人民。"李策马离去，北军开始欢呼。格兰特命令部队肃静："战争结束了。叛乱者又成为同胞了。"很多国家都有内战，若都能厚待战败方，国民间的仇恨就能降到最低程度。

西点的公墓很简单：河畔高坡，一片青草地，竖着大大小小的石碑。西点毕业生，不但本人，妻儿也可竖碑铭文。有几个碑就是毕业生为早死的儿孙竖立。立碑人可以是亲属，也可以是部下。墓的规模并非以军衔高低名气大小排定，而是由出钱多少而定。将军墓碑有的是不到 1 米高的一片青石，尉官及妻子的墓却可能高达 10 米，豪华如小型宫殿或金字塔。美国式平等可见一斑。

离开军校时，夕阳滚落，透过树缝叶隙，在墓地抛下万点金辉。浓密的榉树垂下一串串圆珠似的叶片，闪出点点泪光。四围充溢着悲壮和苍凉。

哈得逊河水还在滔滔滚滚地流淌，奔向军校的第二百个年头。哈得逊高地还在一点一点抬升，把西点举向朗朗高天。200 年来，斗转星移，物是人非，但西点给予世人的启迪，却是永恒的。

（原载于《侨报》1994 年 10 月 4 日）

## 哈佛的魅力

多少年了,哈佛在全美大学排名榜上总是第一。游波士顿,最想去的地方是哈佛。

"那就是哈佛。"我们在波士顿约翰·汉考克观望台上,哈佛法学院一位硕士指着查尔斯河对岸说。天地交接处,细细密密的房舍看不清轮廓,沉入一片淡蓝烟雾中。

17世纪30年代,横跨大西洋来到马萨诸塞的英国清教徒越来越多,牛津和剑桥的大学毕业生超过百人。他们立志让自己的儿孙在新大陆能接受自己在英国受过的教育。1636年10月28日,马萨诸塞州议会同意拨款400英镑建一所学校。次年学校被命名为新市民学院,是北美第一所高等院校。

"这就是哈佛。"一位哈佛燕京图书馆馆员指着一段红墙说。傍晚,墙头森绿的树,树后隐约的红楼,古旧古旧的。突然有种感觉,像走在北京大学的围墙外边。

自1650年起,哈佛一直由校长、财务总监等七人组成的自恒性(self-perpetualing)委员会管理,这是西半球最古老的社团管理法。重大事务要由监查委员会讨论通过,监委会原由州镇地方长官和议会会长组成。1700年起,资金逐渐由学校自行筹集。南北战争后,监委会全由校友选举。这种管理和监查方式,是哈佛经久不衰的保证。

哈佛没有围墙,除了古老的哈佛院。燕京图书馆在路边,两层红砖小楼,门口蹲着两只汉白玉狮子。馆藏大量中文、日文、韩文典籍和各种最新期刊。哈佛的图书馆始建于1638年,至今有九十多个馆,首都华盛顿、意大利佛罗伦萨都有分馆。藏书1200万册。还有大量手稿、微缩印刷品、地图、图片、幻灯片等。哈佛图书馆是美国最早的图书馆,全球最大的高校图书馆。如此丰富的资料,确保了哈佛在全球的领先地位。

哈佛一直在学习。1815年,21岁的希腊文字教授艾裴雷特被送到国外进行研究。几年后,他和几位学者把德国教育方法带到哈佛,改革了当时哈佛和全美的英式教育体系。谦谦君子之风,使哈佛很快吸收先进经验,立于不败之地。

燕京图书馆（1994 年）

哈佛大学博物馆（1994 年）

哈佛的荣誉感源于一位没有在哈佛待过的年轻人——约翰·哈佛（John Harvard）。1607 年出生于伦敦，1635 年在剑桥的伊曼纽尔学院获硕士学位，1637 年渡海来到马萨诸塞州，1938 年病逝于肺结核。生前他把地产的一半约 1700 英镑，和藏有 400 本图书的私人图书馆赠给刚成立两年的新市民学院。捐助在当时数目很大，对学院发展极重要；州议会决定将学院更名为哈佛。

可惜，若干年后一场大火焚毁了图书馆。因书籍不许借出，人们以为哈佛的藏书不复存在。幸亏有人从馆里偷过一本书，后将此书交出，后人才能看到哈佛的唯一珍藏书。

哈佛塑像是 19 世纪建造。17 世纪没有摄影术，哈佛又没有留下画像。雕塑家只得从哈佛亲戚中挑选一位英俊青年作模特。塑像坐在宽阔的靠背椅上，目光深邃地注视着前方，右腿上摊开一本厚厚的书。

为何 200 年后才建哈佛像？19 世纪人们才看出哈佛大学的重要，才明白哈佛捐助的重要。塑像建好后给大学的捐款源源不断，不用政府资金的私立大学增多。20 世纪初阿博特·劳伦斯任校长时，每年收到的捐款从 2000 万美元增加到 1 亿 3000 万美元，哈佛快速发展。私立大学不受政府控制，教学研究质量比很多公立大学好，有巨大的生命力。

私立大学并不是有奶便是娘。在建校 350 周年的庆典上，哈佛校长说："我不担心哈佛会被其他学校赶上，我只担心哈佛会被政府或公司利用。"

（原载于《侨报》1994 年 12 月 21 日）

# 枫丹白露

　　枫丹白露是巴黎东南 65 公里的一个大树林，27 万亩，郁郁葱葱的。林子里的枫丹白露宫建于 16 世纪，拿破仑成为法兰西皇帝时，没有住在路易十六的豪华王宫、离巴黎市区仅 20 公里的凡尔赛宫，而是选择了偏远陈旧的枫丹白露。

　　我去枫丹白露，正碰上冬雨，一阵冷雨，一阵迷雾。轻风撩开烟雾，王宫轮廓渐渐显露。略带忧郁的白马广场，绿草地湿漉漉的，老式建筑深蓝色的斜顶竖着一排排垂直的窗户，一支支扁长的砖石烟囱。房檐上、吊灯上的雨水滴在青石路上，敲出寂寥的声响。

　　凡尔赛宫是 18 世纪欧洲建筑的典范，枫丹白露宫则是 16 世纪法国建筑的代表。楼宫门前有阳台，下接露天的双道环形阶梯。1814 年拿破仑率军在枫丹白露抗击反法联军。联军绕道兵临巴黎，临时政府宣布废黜皇帝拿破仑。拿破仑被迫在枫丹白露签署退位声明。在这个阳台上，他向跟随多年的将领告别，走下台阶，前往地中海厄尔巴岛。

　　宫殿里幽深寂静。一个人走，能听见脚步声在空寂中回荡。竖着几十支蜡烛的吊灯，流泻出历史的辉光。嵌在雕花木框里的一幅幅油画，亨利二世厅中间的两行圆形拱门，拿破仑用过的办公桌和卧床，仿佛在诉说早已逝去的辉煌。

　　庭园 17 世纪设计，空旷辽阔，有运河穿过。几个人工湖，长的，圆的，四方的，静卧在草毯上，构成匀称的几何图案。两只白天鹅在安详地浮游，高傲的长颈划出美丽弧线。墨绿色的矮松，修剪成圆锥形，卫兵似的，立在湖边和草地边沿。少了巴黎的繁华浮躁，没有凡尔赛宫的雕琢奢侈。拿破仑当政时，除了马背上征战，许多时光在这乡镇之交处度过。大概这是他终身奋进不息的原因。

　　走出庭院，爬上长满树木的后山。回首遥望，烟雨苍茫，宫殿森然巍立，楼台蜿蜒曲折，一派帝王气象。狂风乍起，湖波壁立，几万亩树木排山倒海般翻滚，声波浩浩。恍惚中，仿佛看见拿破仑跃马横刀，指挥着千军万马席卷大地。

1995 年 2 月于广州康乐园

# 尤卡坦和玛雅文化

## 一

尤卡坦州在墨西哥东南角,跟古巴西部隔海相望。州府梅里达,是尤卡坦自治大学和中山大学合办的孔子学院所在处。跟墨西哥很多地方不同,尤卡坦几乎没有毒品,梅里达更是治安极好,夜不闭户。

2008年1月初到梅里达,正是周末。街道一半走机动车,一半骑自行车、跑步或走路。在和煦的阳光下,到处是跑步、骑车和休闲散步的人,气氛祥和。

跟欧洲相似,城市有中心广场,周围有大教堂、市政厅、州政府等。州政府大厦挂着很多反映玛雅文明的大型壁画,最著名的是《人类诞生于玉米》,每一穗玉米中都有一个可爱的幼童。玉米约5000年前产于墨西哥,不断改良,耐旱易长,是全球第三大粮食来源,被认为是墨西哥的象征。

尤卡坦自治大学

玛雅女舞者

《人类诞生于玉米》

市里有各种文化活动。在市政厅见到一群准备表演的玛雅女子:带花的白衣裙,脸色黑里透红,形成鲜明对比。参加过一个露天歌舞晚会,宽阔的街角摆一些椅子就是剧场。男演员一身白,女演员一身花,舞姿狂放,笑逐颜开。压轴的是个中年男歌手,嗓音纯透而沉稳,气度不凡。观众多是中老年人,全身心陶醉在艺术欣赏中。

尤卡坦三面环海，却天气干燥，雨水少。海边的塞莱斯通湿地有各种各样的鸟：白色的鹭鸶，灰色的鸬鹚，黑色的鱼鹰，有的戏游于水中，有的站在河畔，有的摇摆于林梢，有的飞翔在蓝天。几只黑色的鹈鹕掠过水面，撩起一串水花和遐想。

最吸引人的是大群的火烈鸟（flamingo），像鹤，粉红的羽毛，细长的脖子，修长的细腿，静止时亭亭玉立，行走或叼食鱼虾时曲颈优雅。展翅那一瞬间，妩媚动人，露出两条黑色的羽毛；飞起来更美，优雅地拍动双翼，颈项前伸，长腿后展，黑红相间，在水面上轻飘，在蓝空中曼游。

湿地旁有一条小河，青蓝纯透；宽阔处，四围藤木幽深。1月天气暖和，令人忍不住步入水中畅游。到了中午，游泳者渐多，不少家长带着孩子学游泳。

梅里达美食很多。最有名的是玉米饼，松软中带点韧，有嚼劲儿。此外，窑烧的香蕉叶裹猪肉，蒸制的香蕉叶裹鸡肉，清香喷鼻，荤素相间，跟广东粽子相似。

住处不远是尤卡坦人类学博物馆，两层西式洋楼。多是石雕：玛雅人的雨神查克，被绑住的奴隶，崇拜物美洲豹，骷髅头盖骨。玛雅人喜爱额头扁平，一组图画展示了玛雅人如何用各种头箍，让婴孩额头扁平。最吸引人的，是玛雅的文字、历法、数字。

玛雅人有两种历法。旧历称"卓尔金历"，一个月20天，一年18个月，还有5天是忌日。新历称"哈伯历"，一年365天。数字只有三个符号：·、—、O。一个点是1，两个点是2；一横是5，两横是10；7是一横上面加两点，19是三横上面加4点。最厉害的是0（零），用贝壳表示，状如人眼（本文用"O"代表）。玛雅人最早发明0，用来计算复杂的天文数字。复杂数字需要引进"位"，而玛雅数字是20进位。如：

| | | | | |
|---|---|---|---|---|
| × 8000 | | · | | ·· |
| × 400 | ·· | — | — | O |
| × 20 | O | ·· | O | · |
| × 1 | · | — | — | — |
| | 806 | 10145 | 2005 | 16125 |

博物馆由原州长公馆改建，入口处有主人塑像，名字是：Gral Francisco Canton Rosado（1833—1917）。我问主人的背景资料，问Canton（广东）什

么意思。工作人员回答不了。相传印第安人祖先是亚洲人，1万年前从白令海峡到达美洲。玛雅人是印第安人中唯一有文字的部族。尤卡坦一半玛雅人，约四成是当地人和西班牙人混血儿，西班牙裔白人约一成。仔细观察，发现玛雅人个头、轮廓跟亚洲人差不多，肤色黑一些。原州长的雕像留长髯，相貌跟广东人相似。

## 二

尤卡坦有很多玛雅遗迹，奇琴伊察最有名。两个玛雅学生带我们考察，其中一人学玛雅文学。"玛雅"是西班牙人给的名称。这支玛雅人自称"伊察"。"奇"表示"口"，"琴"表示"井"，词义是"伊察的井口"。尤卡坦地表没有河流，生活靠雨水、泉水。玛雅"泉""井"是一个词。奇琴伊察是5—12世纪的古城，当时玛雅人政治、经济、文化中心之一；古城有行政部门、市场、球场、神庙、天文台等遗址。

库库尔坎神庙高24米，分9层；四面底长各60米，每面台阶91级，共364级；加顶部平台正好365级。四面各有52个四角浮雕，表示玛雅一个世纪52年。西面阶梯两侧到地面有两个蛇头。每年春分、秋分15点，蛇影就映在神庙上，随太阳下沉而变化，如巨蛇从天而降。这既体现了玛雅人对羽蛇神的崇拜，又是对玛雅人所掌握的建筑几何知识和天文学知识的绝妙展示。

不远处是一个球场，两边高墙3米处突出一个垂直的石圈，直径约30厘米。把球打进对方石圈就算赢了。让人难以置信的是，跟玛雅其他地方不同，在奇琴伊察，胜方队长要被斩首祭神，同时成为英雄。也有研究认为，比赛是一种宗教仪式。赛前祭司卜卦，暗自赋予两队吉凶含义。若代表好运的队赢了，皆大欢喜；若结果相反，胜方队长就会被斩首，以表示战胜了厄运。

奇琴伊察天文台

乌斯马尔占卜者神庙

乌斯马尔雨神雕塑

天文台最显眼，圆形白色建筑伫立在蓝天下，与当代天文台相似。三层，周围有观测口。有的地方已坍塌，游人只能进入下层。不知当时玛雅人用什么工具，但测算结果却很惊人：地球绕太阳一圈365.2420天，现在科学测算是365.2422天；金星年为584天，现在科学测算是583.92天。玛雅人观天象跟宗教活动有关。

玛雅人多近水而居。奇琴伊察有个深潭，叫祭祀井，直径十几米，潭壁是黄褐色页岩，水色墨绿，幽深莫测。据说当时附近有七口自然井，才吸引了伊察人居住。

987年托尔特克国王Quetzalcoatl（羽蛇神）从中墨西哥率军到此，与本地人结盟。神庙和和千柱寺等此后建成，呈玛雅、托尔特克混合风格。1221年战乱后开始衰落。

另一个遗址是乌斯马尔（Uxmal）古城，玛雅语义"重建3次处"。700年建，人口2.5万，有当年储存雨水的蓄水池。占卜者金字塔（西班牙人命名）高26米，底座椭圆。玛雅人神庙常常是一个覆盖一个。此神庙内套4个神庙，一个比一个小。不远处是个方形庭院，四围是三层房屋，88间，墙上的几何图案、雨神查克和鸟的浮雕清晰可见。据考证，这是玛雅人的学校，以培训占卜师为主。

不远处是高高的大金字塔，好不容易爬上去，看到被称为"用天文望远镜"的玛雅人雕像。所谓"望远镜"，就是鼻翼上有一个圆圆的棍状物。当地人说，那是玛雅人的鼻饰，动物骨头做的，塑像不过是艺术夸张。考古至今未发现玛雅人使用金属，怎么可能制造出精密的天文望远镜？

古城是7—10世纪玛雅文化鼎盛期的代表，后来因出现内乱而衰败，领导地位被玛雅潘取代。站在金字塔顶端俯瞰乌斯马尔古城，见一个个古建筑隐现于丛林中，有的大致完好，有的只剩一片高墙（鸽子宫）。我默默地体味着一个文明的衰落。

## 三

玛雅文化衰落，跟印第安人部族争斗、瘟疫蔓延（饮水不卫生）有关；但致命一击是西班牙人入侵。玛雅文大多写在动物植物皮上，只有祭司和一些贵族懂。1517年西班牙人从尤卡坦登陆，逐渐占领墨西哥全境。随军主教迪那阁·德·兰达下令烧毁搜集到的所有文字资料，杀死祭司和一些贵族。幸亏有4部玛雅书保存并流传，分别是《马德里抄本》《德累斯顿抄本》《巴黎抄本》和《格罗里那抄本》（美国）。其内容多是日月星辰的规律和变化、几次大洪水的记录。

梅里达原是玛雅古城蒂奥（Tiho）旧址，1542年被弗朗西斯科·蒙特霍率西班牙军队占领。他发现这里的石灰岩建筑接近罗马风格，就用有"小罗马"之称的西班牙城市"梅里达"为它命名，并把它改造成强推天主教、控制内陆土著的基地。蒙特霍故居（Casa de Montejo）入口处的雕刻作品，展示殖民者踩着土著头颅踏上这片土地的场景。

随着西班牙的殖民，墨西哥的玉米、巧克力、口香糖，拉丁美洲的马铃薯、辣椒等，还有众多矿产品，被输送到世界各地，促进了全球经济发展。中国明朝用的银子，多从墨西哥进口。明清两朝，引进玉米、土豆的地区，少有饥荒和农民起义。

现在中墨关系密切。2018年，中墨双边货物贸易额907.0亿美元；经济来往促进了汉语学习。10年间我到过尤卡坦三次。2008年仅两个志愿者教师，十几个学生。2012年已有五六个志愿者，学生近百。2018年学生、志愿者更多，还有中山大学培养的当地教师；孔子学院设独立校区，还在坎昆建立了面向中小学生的孔子课堂。

第一次离开尤卡坦自治大学时，校长送给我们每人一本《玛雅城市的消失》（*The Lost Cities of the Mayas*），是19世纪英国探险家加塞伍德（Frederick Catherwood）介绍他和美国探险家史蒂文斯（John Lloyd Stephens）发现的玛雅文化遗址，图文并茂，表层描述多。他们的游记发表后，玛雅文化和印第安文化逐步受到学界重视，成果越来越多。如现存的玛雅文字，已识认出大部分。

但是我想，更多的历史文物被发现，使用更先进的技术手段，有全球学者的通力合作，尤其是玛雅人、印第安人和亚洲人的实质性参与，玛雅文化乃至美洲人类历史研究才能有更多的突破性成果，玛雅文化的面纱才能进一步揭开。

初稿于2008年2月，二稿于2020年1月

# 比利时与鲁汶大学

鲁汶大学在比利时,但历史长于比利时。比利时1830年立国。鲁汶大学成立于教会禧年的1425年,由罗马教宗马丁五世下令建立,是现存最古老的天主教大学。

2011年我到鲁汶大学培训当地汉语教师。办签证时跟比利时驻广州领事馆电话联系。对方说,你们住中山大学吧?我明天有事去中大,见面谈。普通话挺好,像北方人。谁知第二天一见,竟是个白人,鲁汶大学中文专业四年级学生,在广州实习。于是我对鲁汶大学的中文教育刮目相看,特别想看看他们怎么教汉语。

## 一

6月30日到布鲁塞尔,迪克老师一行接机。迪克40多岁,络腮胡子,笑呵呵的,汉语纯正,鲁汶大学中文本科毕业。带我们看布鲁塞尔标志性景点:王宫,中心广场,传说用尿浇灭炸药导火线从而挽救城市的小童像。印象最深的,是马格利特(Magritee)展馆。

参观要票,教师免票。我们拿出中国教师证,就放行了。大厅立着一个塑像,迪克指着他开始讲历史:鲁汶大学建校时,现在的比利时属勃艮第公国,先后并入奥地利、西班牙、奥地利、法国、荷兰。1830年比利时从荷兰独立,是大国角力的结果:要在大国(法荷德)间建缓冲区。独立后分两个大语区:南部法语区,北部荷兰语(弗拉芒语)区。国王由三国指定的德国公国王子担任,以平衡两大区。看,这就是首任国王。只见利奥波德一世(Leopold I)长袍长靴,拄剑凝视,倒也气宇轩昂。

马格利特的画作很独特。一个人叉腿坐着,躯体、头部却是顶着礼帽的鸟笼,两只白鸟一里一外。并置不可能的对象,生成荒谬感,是他的最爱。1926《迷失的骑师》(*Le jockey perdu*)是他第一幅超现实主义作品,1960年代引起关注。其代表作是一个烟斗,写着"这不是烟斗"(1929),常见于书籍和教学,用于解释超现实主义。他想用画作证明:事实经错位后会形成梦,用视觉形象可以表达语言、表达思想。

迪克讲述比利时的历史　　《迷失的骑师》(1926 年)　　《这不是烟斗》(1929 年)

## 二

走进鲁汶市，看不出大学在哪儿。教学、管理机构和学生宿舍，多散落在城市建筑中。一天下课后，几位老师带我们到一个门洞前，青灰古砖，黑红木门。"这是大学会堂（University Hall），建于 1317 年。原是鲁汶教士会堂，1432 年市里把它捐献给大学。"

通道低窄，厅堂空阔。内侧两层建筑：下层并列几个宽宽的半圆拱门，敦实厚重；上层是高挺的门框。长长的落地窗玻璃透着奇妙的光。青灰石砖上，嵌有简朴花纹的拱顶上，撒着橙色灯光；大理石地板上是幽蓝的光。整个厅堂透出高贵的古朴。一位计划在鲁汶大学读博的老师说，若答辩能在这里举行，规格最高。我不禁生出一种期盼。不少中国学生在此读博，不知有没有在这里答辩的。

鲁汶大学的语言研究与教学有深厚根基。荷兰著名哲学家伊拉斯谟（Desiderius Erasmus）曾在鲁汶大学执教，1517 年创建三个语言学院，研究希伯来文、拉丁文与希腊文，使之成为当时欧洲人文主义研究中心。现在，大学的文学院研究语言文学；语言教学中心（ILT KU Leuven）教语言，包括英语、汉语等 10 种语言。

大学和国家息息相关。比利时国家领导、政府部长很多毕业于鲁汶大学，多位部长在大学兼职任教。更有意思的是，国王继承人必须获得鲁汶大学的硕士学位，才能继位。

荷兰哲学家伊拉斯谟　　　　鲁汶大学中央图书馆　　　　大学吉祥物：智慧之源

鲁汶大学图书馆有一座 87 米高的塔楼。它的历史就是一部大学史。建校时教材多是手稿，保存在教授家或不同院校和机构。1636 年才有图书馆。1797 年大学被取消，馆藏大部分被法国占领者转到布鲁塞尔中央理工学院，最有价值的被转到巴黎国家图书馆。法国大革命后，馆藏经多种渠道流转到欧洲许多图书馆。如 1425 年的建校章程原稿，1909 年在布达佩斯图书馆发现。1817 年图书馆重建，"一战"中被德国人烧毁。

现在的中央图书馆建于 1928 年，藏书 400 万册，其中东方馆收藏大量中文典籍。7 月 4 日迪克带我进东方馆，沿铁梯爬上顶楼，找到很多汉语教材，大部分是 20 世纪的，少数是 19 世纪的，更早的可能收藏在或转移到其他地方了。

馆前竖着高高的旗杆，没有旗，尖顶刺穿一个甲虫雕塑。有人说寓意科学研究像解剖昆虫；有人说暗喻在鲁汶大学读书很辛苦，像甲虫被刺穿身体。

## 三

比利时是君主立宪的联邦制国家。众多荷兰母语者和法语母语者，给国家语言政策及其他政策的制定、实施带来不确定性。两大语区，有各自的议会和行政机构。我访问比利时时正值两大区矛盾，国会停摆一年多，两大行政区独立运作。

因语言分歧，1968 年大学一分为二：鲁汶大学（原荷兰语校区），新鲁汶大学（法语区）。鲁汶大学即 University of Leuven，指荷兰语区鲁汶市的 KU Leuven；分出去的法语鲁汶大学称为新鲁汶大学（Louvain-la-Neuve）。

1970年图书馆收藏经协商进行分割，无法达成协议时，系列书籍奇数册留旧鲁汶，偶数册转新鲁汶。有意思的是，法国里昂大学也在1968年分为二大和三大：受"文革"影响，左派到二大，右派到三大。

大学老师说：比利时公民要懂本国三种官方语：荷兰语（弗拉芒族人口58%），法语（瓦隆族41%），德语（德意志族1%）。欧盟规定，欧盟国民要在掌握本国语言基础上至少掌握一门欧盟他国官方语言。比利时人学汉语，一般是第五语言。

鲁汶大学的考试很难，修学淘汰率极高。每年7月、9月考试。第一次不及格可再考，再失利只能重修。沿用几百年的口试：教授发题，准备20分钟后回答；考完后教授讨论，接着唱名公布结果。一年级学生考试时，有不少全家陪考。印象分挺重要，男生只需穿西装，女生则需精心打扮。

好在比利时最出名的是BCD（Beer, Chocolate, Diamond）。啤酒是大学"校饮"，城里酒馆极多。周五学校无课，周四晚上小酒馆人声鼎沸。即使在考试季，学生仍一边念书一边喝酒。啤酒种类繁多，每种配特定酒杯；供女性的不下10种。全球最大的跨国啤酒集团英博（Anheuser-Busch InBev），总部就在鲁汶。

7月6日上完最后一节课，我们在街边小饭店要了不同的啤酒：绛红的Belle-Vue，用矮脚大肚杯；黑色的Rodenbach，用瘦高的酒杯；土黄浓稠的Hoegaarden，用上圆下面六面的无脚杯；清纯碧透的Stella Artois，用圆圆的高杯……

大学吉祥物是一个叫福斯克（Fonske）的雕像：一个学生边读书边往头上倒水。雕塑家Jef Claerhout解释："他在头上倒水，并研究它的特性。"雕像后改名为"智慧之源"，说智慧像水一样源源不断流入他的脑袋，源于拉丁语Fons Sapientiae。

对吉祥物，不同的人解读不同：比利时人认为反映大学生边读书边畅饮啤酒的真实生活；英国人称为"辛酸泪"，因学习压力大；中国人戏称其"脑袋进水"。

## 四

比利时在中西文化交流中扮演着重要角色。有两个人不能不提：金尼阁，南怀仁。

金尼阁（Nicolas Trigault, 1577—1629）生于法国杜埃，在南京跟郭居静等学中文和音韵学。1613 年回欧途中把利玛窦意大利文的手稿《基督教远征中国史》译成拉丁文，补充润色，更名为《利玛窦中国札记》，封面署"比利时人"。此书不断再版，引发欧洲人了解中国的热潮。他两次环欧宣传，穿儒服介绍中国文化。

金尼阁第二次到中国，带了 7000 余部图书，联络多位中外人士，计划翻译成中文。因不幸病逝，计划流产。他著作很多，《中国史编年》(Annales Requi Senensis) 是第一部西方人撰写的中国历史著作。

他在王徵协助下完成中文书《西儒耳目资》（三卷，1626 年杭州刻本），用 25 个字母结合，加 5 个声调记号，拼写所有汉字读音。此方案是中国最早的汉语拼音方案，帮助很多西方人学汉语，是其他西方人编写教材的基础，在中国音韵学史和语言学史上也有里程碑的意义。7 月 4 日我在迪克指引下，特地在鲁汶大学图书馆东方馆查找此书，找到了几个版本。

鲁汶大学会堂正门

金尼阁《利玛窦札记》
（1639 年）

南怀仁博物馆前的天文仪

南怀仁（Ferdinand Verbiest，1623—1688）生于布鲁塞尔附近，毕业于鲁汶大学艺术学院。1658 年到中国传播天主教和科学知识。他是康熙的科学老师，尤精天文历法，被任命为钦天监（天文台）监副（业务负责人）。任职后根据天文学原理，继承汤若望，为中国确定了沿用至今的历法。重造适用新法的天文仪器，并于 1673 年安装在北京观象台，如测定天体黄道坐标的黄道经纬仪，测定天体赤道坐标的赤道经纬仪，测定天体地平坐标的地平经仪和地平纬仪，测定两个天体间角距离的纪限仪和表演天象的天体仪。他著有《康熙永年历法》《坤舆图说》《欧洲天文学》等，为传播近代西方科学知识做出贡献。他"以科学助传教"，促使清政府允准天主教合法。

南怀仁精通汉语、满语和拉丁语等欧洲多种语言，参与过中俄谈判，为缔结《尼布楚条约》做了不少工作。该条约使中国东北边疆保持了 160 年安宁。

南怀仁官至工部侍郎，正二品。去世后康熙撰写祭文："尔南怀仁，秉心质朴，四野淹通。来华既协灵台之掌，……可谓莅来惟精，奉职费懈者矣。遽闻溘逝，深切悼伤。追念成劳，易名勤敏。"祭文用满汉文镌刻在墓碑背面。其墓地在今北京车公庄6号市委党校内，比邻利玛窦、汤若望的坟茔。来华传教士中只有他得到谥号，"勤敏"是恰当评价。

第一天下课后去南怀仁博物馆，想不到吃了闭门羹。好在看到他研制的天文仪，青铜铸就，浑然一体，散发出一种沉稳、内蕴的气息，让我们的思古之情有所寄托。

## 五

我到鲁汶大学培训教师，讲全球及欧洲汉语教材、教材评估和汉语教学，边讲边练。培训中了解当地教学实况，认识了赵伊露老师。赵老师普通话极标准，教学很严格，有错必纠，力求把偏误消灭在萌芽中。实践证明，在非目标语环境此法很有效。中文课老师，除中国籍、华裔之外，还有该校毕业的本地人，普通话都不错。

参加培训的老师，有比利时人，有华裔，有中国外派教师和志愿者，还有在当地攻读硕士、博士的中国学生，各种专业都有。可见当地汉语教学需求量大，急需师资。

班上有一位台湾来的老师，原在台湾教汉语。后跟一个鲁汶大学到台学习的学生相恋，就来到比利时，现有两个孩子。课程结束那天，我们在市政厅旁边吃饭。有人问：今天周末，你不用给丈夫、小孩做饭？她说：让他们自己上街吃。有人说：鲁汶这么小，说不定就碰上了。正说着，那女老师惊呼：哎呀，我丈夫真的来了。

只见一个白人，带着两个男孩悠闲地走来；孩子一人一根冰棍儿，很开心。打招呼时发现，孩子头发黑里透出褐色。好奇地问，怎么是黑头发？老师说，我们也觉得奇怪：刚出生头发都是褐色的，眼珠都是浅蓝的；随着年龄增长，头发越来越黑；最近发现眼珠也有点黑了。我说，难道跨文化和跨基因有关？中国人的基因后发制人？

回国不久，中山大学招收了比利时学生郑永君攻读汉语国际教育硕士学位。他汉语好，常跟我讨论欧洲人编的汉语教材。硕士学位论文研究早期汉语教材。我鼓励他读博，研究鲁汶大学馆藏资料。硕士毕业后他到复旦大学读博，方向是传教士汉学，博士学位论文题目初定为《闵宣化生平及其汉语言著作研究》。闵宣化是上世纪荷兰著名汉学家，创建鲁汶大学远东图书馆。在中国传教 31 年，中国历史、语言的研究成果很多，如《东蒙古辽代旧城探考记帖木儿帝国》《热河方言》《古代汉语》等。回国后曾在鲁汶大学任职。

郑永君读博得到鲁汶大学的经费支持，毕业后要在鲁汶大学服务。他希望通过鲁汶大学馆藏资料，研究汉学和比利时籍的汉学家。我很期待，中西文化交流的种子，能够在新世纪、新一代，在比利时萌芽生长。

2020 年 1 月于康乐园

杂　感

## 美国人数数

科技最先进的美国，多数人算数能力差。看他们数数，让你又好气又好笑。

最常见的是只会加，不会减。到商店买 2 块 50 分的食品，给收款员 10 块钱，就可以看一场好戏了：他（她）先拿出两个夸特（Quarter，25 美分的硬币），说"3"，然后一张一张地数一块钱的票子，边数边念："4、5……"一直数到 10。有的收款员先掰手指算一次，然后再数钱，等加到 10 块钱时，你身后已站了一大溜人。

虽有计算器，但收款员用它算完，照样会边找钱，边把加法过程不厌其烦地说一遍。

华人收款员会不会好得多？实践证明更麻烦。有人试过："加税是 3 块 26 分，你给 10 块，这是 6 块 74 分。"顾客看着一把票子和硬币，傻了眼："你肯定对吗？怎么算出来的？""10 块减 3 块 26 分，等于 6 块 74 分。"顾客张大嘴，瞳孔在慢慢扩散。

用加法不用减法，是美国国情。说美国熔炉文化难找共同点，这大概算一个。或是趋吉避凶的风俗：用加法，最后得数总是最大的。

美国人数数慢，但少出错。两个小孩玩水枪，一人弄湿另一人衣服。"赔我 5 块钱。""上次你弄脏我的鞋，还欠我两块。"对方开始掰手指："3、4、5。你现在欠我 3 块。"

在美国久了，也习惯了。但一不留神，就会惹出麻烦。有一天到邮局买邮票。往国外寄信一般是 50 分，美国国内是 29 分。我看腻了女飞行员头像的 50 分，就对职员说："我要 10 张 29 分的，20 张 10 分的，10 张 1 分的。"那是个黑人姑娘，原来笑容可掬，没听我说完，面就拉长了："为什么要这么买？"我知道自己又错了，但不想改口："我喜欢。"她无奈地垂下头，开始摆弄那台计算器，咬紧牙关，随着手指的按动，头发不断晃动。等结果算出来，她突然惊喜地大叫："Five Dollar（5 块）！"脸一下子笑成了扁圆，嘴巴裂到耳根，露出两排白牙。可不，那么复杂的数字，加起来竟是一个简单整数。我也为她高兴。看着她脑门上的汗珠，又开始自责，责怪自己给一个姑娘制造了有如哥伦布跨洋探险那么大的艰辛。

1994 年 4 月于纽约市

## 歧视与法律

性别歧视在美国最常见，又最有戏剧性。在律师、医生等行业，女性比男性少得多，女性觉得受到歧视。男性也觉得受到歧视：为什么秘书、保姆等行业只要女的？

美国是移民国家，种族歧视屡见不鲜。联邦公布的1992年会计年度统计显示，在联邦、州和地方政府中，少数族裔员工被解雇的数字是白人的三倍。同样无故缺勤、不服领导、攻击威胁，少数族裔被解雇的比例比白人高得多。

1992年联邦《投票权益法》规定，英语欠佳的少数族裔选民人口达到1万，当地必须为选民提供双语选票。1990年纽约市三个华人最集中地区的160多个选票站，有5万多华裔参加投票。但直到1994年市选举局还拒绝为华裔选民提供双语选票，借口是投票机太旧，五年后用电子投票时才能改用双语选票。这样，英语差的华裔选民无形中被剥夺了选举权。在舆论猛烈攻击下，选举局才被迫使用双语选票。

也有非少数族裔受歧视的诉讼。纽约市一白人被解雇后告到法院，说几个华裔同事歧视他，互相用汉语交流，使他听不懂并影响工作。此案可以使华人自豪一阵子。

体重也能成为歧视的对象。成千上万的女性因体重受人歧视，同时也受自己的歧视。各种减肥药、健身院如雨后春笋。因妻子太胖丈夫就不与之同床甚至离婚的事时有发生。纽约一个州议员曾有一个提案，禁止歧视胖子。特别是模特界，不能总请瘦长的女人。从人人平等的角度看这是对的，可惜提案未能通过。

年龄大也会受歧视。一个脱衣舞女郎四十岁被老板解雇。她告到法院，说老板年龄歧视，结果败诉。女郎不服，告到上诉庭。上诉庭判地方法院判决无效，女郎可以继续跳脱衣舞。

年龄小也会受歧视。一个14岁女中学生宣传安全性交，被校方禁止，说年纪小不宜做这种宣传。市民权益委员会因此状告学校，说年龄小同样有权告诫世人。该委员会胜诉。

在美国,歧视现象虽然五花八门,但大都在得到改进,在不断减少。唯有体重歧视呈扩大趋势。最麻烦的是,随着社会发展,又有各种新的歧视不断"产生",或者说是被发现。

1995 年 6 月

# 人道与兽道

在美国纽约州和新泽西州交界的车行隧道中，有一条州境线，人称生死线。在新泽西预谋杀人，只要跑过这条线，就可躲过死刑，因为新泽西有死刑，纽约没有死刑。有些杀人犯在有死刑的州被捕，就想方设法让律师说服警方和法院，将其移交到没有死刑的州进行审判。有些警察故意把犯人"追"到其他州去"捕"。没死刑的州对接受这些罪犯津津乐道，以显示其"人道、仁慈"。于是这些州（如纽约）就成了杀人犯滋生的温床和庇护所。老百姓就倒霉了，不但要提着脑袋过活，还得向政府交税，以供养这些杀人犯在监牢里过舒服日子。

神经不正常，是杀人犯逃避刑罚最好的借口。1990年代初在纽约42街枪杀中国画家的凶犯，就是借此不受刑罚。1993年在纽约长岛火车上杀死6人、杀伤17人的弗格逊，也因此未被定刑。杀人犯总能找借口逃避刑罚，被杀的只能自认倒霉。这种"人道"前所未有。

美国的兽道主义倒很特别。人们对动物大都比较热爱，程度甚至高于爱人。在大城市，没有人射杀鸽子、松鼠、野鸭，尽管杀人案日日不绝。刚到美国时，看着鸽子大群大群地在你脚边徘徊，看着松鼠一只一只在你身旁跳跃，自然就会生出一种莫名的激动。无家可归的人睡在公园街头的长椅上，向行人讨钱；但他们不但不会伤害那些松鼠鸽子，还会用讨来的食品饲养它们。郊外公路边常见画着鹿的牌子，要司机小心，避免撞着横过马路的野鹿。

兽道往往高于人道。几年前，加州一位妇女在晨跑时被一只大熊咬死，接着熊被当地居民打死。妇女家经济状况不好，尚有两岁的孩子需要照顾，好些人就捐款给孩子设立了基金。同时又发现大熊也留下一只小熊，好些人又捐款给动物保护协会要求抚养小熊。最后，捐给小熊的钱比捐给小孩的钱多得多。

当人和兽发生冲突时，受法律保护的往往是兽而不是人。一位老人在自己院子里修草坪，突然看见一只老鼠冲过来，老人受惊后下意识抬起脚，结果将老鼠踢死了。动物保护协会立即进行调查并起诉。双方都请了律师。最后法官判老人伤害动物罪成立，处以1200美元罚款。老人不服，上告又被驳回。如果鼠疫在美国流行，此类动物保护协会应记"头功"。

"以前人们说，要像爱人类一样爱动物；现在应该反过来说，要像爱动物一样爱人类。"当我提到这个观点时，立刻遭到朋友反驳："人是最残暴、最狡猾、最复杂、最难以预料行为的东西，尤其在美国。动物则'仁慈'、简单得多。爱动物很简单，跟动物相处很容易。人则相反，所以人们宁愿去爱动物。"

想想也有道理。以前形容一个人坏到极点时，总是说"像野兽一样"。现在似乎应该反过来，形容一只动物坏到极点时说"像人一样"。

（原载于《广东法制报》1995 年 6 月 16 日）

## 人种与智商

哈佛大学两位学者写了一本有关智商与人种的书，书名《钟型曲线》（*Bell Curve*）。1994年出版后，在整个美国引起轰动。该书主要论点是：不同的种族智商水平不同；在地球上的几个主要人种中，非洲裔平均智商相对来讲比较低。在对种族歧视非常敏感的美国，这本书的出版自然掀起轩然大波。不少报刊纷纷登载批评文章，但也有不少文章表示赞同。

反对者指出，测定智商的方法本身就是白人设计出来的，根据也是欧洲的社会情况和教育体制，重视书本知识，忽视实践能力和身体活动能力。这样的测试当然对白人有利，这样的调查只会导致种族歧视的后果。赞同者说，智商测试当然着重于脑力；书作者并不是凭空捏造事实，而是经过长期的大面积调查研究，做了细致分析后才得出上述结论。且作者没有鼓吹白人至上，而是根据调查材料实事求是地指出：亚洲黄种人的智商比白人高一些。

但该书确实不是一般学术著作。书的后半部分指出，因不同人种的智商天生不同，对智商低的种族，给多少优惠政策都没用。批评政府的许多政策对非洲裔有倾斜，如成绩相同时，白人学生往往拿不到奖学金，而非洲裔学生却可获得专为少数民族设立的特别奖学金。白人找不到工作，到一定期限就不发失业金；非洲裔则没有那么严格的限制，理由是他们难以跟白人竞争。在住房救济与资助等方面，非洲裔似乎能得到更多好处。

还有一些表面上平等实际上不平等的情况，如给单亲母亲经济补贴很多，而按人口比率算，非洲裔和拉丁裔单亲母亲最多。这种补贴按孩子人头算，孩子越多，补贴越多，这些妇女就不断生孩子，靠孩子过活。补贴却主要出自白人税款。更麻烦的是，好多单亲母亲拿到补贴后并不好好抚养教育孩子，使青少年犯罪率直线上升。

作者说，如果政府继续实施对非洲裔、拉丁裔倾斜的政策，不但不能促进他们勤奋进取，反而会形成养懒奖恶的风气，进而扩大种族冲突，使美国在 21 世纪沦为中等国家。

看了这本书，中国读者可能会有几个疑问：美国是个典型的资本主义社会，为什么社会主义因素比中国还多，平均主义比中国还盛行？非洲裔智商最低，非洲国家不强大似乎是自然的；亚裔智商最高，为什么亚洲国家没有几个世界强国呢？

（原载于《南方都市报》1995 年 10 月 27 日）

## 二、诗

### 沙角炮台抒怀

万里风涛动海关，烽台一上客心悬。
森森故垒烟痕在，瑟瑟秋坟白草翻。[1]
血冻百年碑愈赤，冰消卅载水犹寒。
江山自古多危难，壮士从来为国捐。

(1) 第一次鸦片战争中，四百多名官兵在沙角炮台战死。后人在炮台旁的白草山筑墓立碑，上题：节兵义坟。

1982 年 12 月 18 日

### 四川行（五首）

#### 访杜甫草堂

溪水浣花绕竹青，苍松古柏蔽闲庭。
千秋诗气浩天宇，一顶茅庐落锦城。
磨难四年成老杜，关河万里颂秋风。[1]
安得广厦庇寒士，遥叹今朝愿未成。

(1) 杜甫在草堂居住四年，有多篇名作，如《登楼》《蜀相》《闻官军收河南河北》《登高》等。《茅屋为秋风所破歌》：安得广厦千万间，大庇天下寒士共欢颜。

## 登吟诗楼[1]

凭栏伫望楚天悠，柳外阁边江自流。
古井水枯石清冷，枇杷花落草深幽。
世传才子诗笺迹，谁解校书国事忧。
出塞青丝羞宴曲，登楼雪鬓眺边头。[2]

（1）吟诗楼在成都碧鸡坊，是唐代女诗人薛涛居住的地方。薛涛用井水自制桃红色信笺用于写诗，人称"薛涛笺"。

（2）薛涛年轻时到松州（今四川松潘）边塞，作诗云："闻说边城苦，而今到始知。羞将筵上曲，唱于陇头儿。"晚年尚登成都筹边楼望边塞烽火，作诗云："最高层处见边头。"

## 汶川留宿

千里壮观岷水雪，一时留滞威州桥。
白波挟木从天落，铁索横江共浪摇。
小院花丛熏晚雾，满城苹果缀青梢。
临川借住依山阁，梦里香风枕上涛。

## 夜宿松潘[1]

路近苍天暑气寒，高原夜宿古松潘。
山围四壁雄关踞，石垒三门乱草翻。
城上星群堆雪色，楼前水浪冻凝烟。
开轩为放风云入，鼓角声声叩枕边。

（1）松潘古城位于四川省阿坝藏族羌族自治州，地势险要，自古为兵家必争之地。相传唐太宗将文成公主嫁与松赞干布，就是在此地交接。现在的城墙建于明代，高12.5米，厚12余米，总长6.2公里。

## 草地忆长征

蓝天冰澈白云凝,黄草茫茫乱入云。
水滞当年波欲冻,山开今日雪初融。
风呼万里摇篝火,雨注三军湿笛声。
地陷粮空英烈死,犹将血骨沃花红。

1983 年 7—8 月

## 九寨沟杂咏（二首）

### 芳草湖垂钓

海镜开霜晓,松烟飘古道。
相依九寨云,独钓芳湖草。
渴饮野花浆,暇听空谷鸟。
无心觅返途,愿共青山老。

### 游长海

长海晴波映雪山,霜凝万顷冻冰盘。
云生湖面影先动,水隔沉雷声不传。
放筏划开千里镜,纵身激起九霄澜。[1]
忽闻宝顶惊风吼,百丈狂涛吞远天。

(1) 长海是九寨沟最大的湖泊,海拔 3000 多米,湖水为周围雪山积雪融成,面积 200 万平方米。湖中划竹筏,冰水中游泳,别有一番滋味。

1983 年 8 月

## 始皇陵杂咏（二首）

### 一

秦王自幼好军功，死后犹随兵马坑。
万里长鞭策宇内，一坡黄土卧关中。
天风掠海擂鼙鼓，草木凌霄摇戟旌。
无字青山自泼墨，苍陵共与九州同。

### 二

皑皑白骨筑骊宫，金殿如云接碧空。
大泽烽烟燃七月，咸阳歌舞动三更。
可怜百里成焦土，不幸千年效祖龙。
遥见阿房焚灭处，残灰点点卷秋风。

1983年8月

## 思亲诗二首

1993年底至1994年底，我在美国纽约市立学院访学一年。春天来临倍思亲。

### 念 妻

十年风雨两茫茫，万里家国水一方。
月满江天情入梦，春风渡海送兰芳。

1994年4月28日

## 赠 母

半世操劳鬓已霜,殷殷心血写华章。
虞山枫叶丹如火,塞北江南秋水长。

1994 年 4 月 30 日

## 甲子诗一首

2015 年 6 月,13 位 1955 年出生,来自中国、美国、法国的中国语言界学人在南京大学仙林校区召开"语言学高峰论坛",交流语言研究最新成果。会后要求每人交一篇随笔谈人生和治学感悟。我以此诗作随笔的结尾。

论语仙林听雨声,十三甲子聚江东。
学游万国一杯酒,半世耕耘且做零。

2015 年 8 月<br>《甲子学者治学谈》,北京语言大学出版社 2016 年版

## 桂林行(二首)

2019 年 6 月下旬,我到桂林高校做讲座。期间游会仙湿地,访雁山园,作诗二首。

### 游会仙湿地

舟行草海惊白鹭,雨洒龙山润紫薇。
百里青葱通桂柳[1],千年水木润南陲。

(1)会仙湿地通唐代武则天时期开掘的桂柳运河。宋代整个湿地尚有 65 平方公里。

2019 年 4 月 25 日于桂林

## 雨后游雁山园

明代行宫清代园，森森古木蔽云天[1]。
中山演讲声尤在，寅恪诗文墨尚鲜[2]。
作育人才师范起，滋生良种羽西还[3]。
草深苔湿石蹊断，湖阔楼开见远山。

（1）明代皇帝秘密行宫建于雁山；现雁山园由乡绅唐岳建于1869年，园中有9头1800年的香樟树。

（2）1921年12月3号孙中山于园中做北伐演讲。1942年6月至1943年8月陈寅恪受聘于广西大学，住在园中红豆小馆。

（3）1932年广西省师范专科学校建于此（后并入广西大学）。1940年代末靳羽西出生于园中，后到香港，再赴美留学，主持《看东方》电视节目出名；后创办羽西化妆品公司；2018年回乡访雁山园。

2019年4月28日

## 庚子年诗一首

凉风夜雨叩南窗，叶落康园霞满江。
鸟啭空林人迹灭，小楼石径桂花香。

2020年1月25日

## 三、评论与译文

### 琴音如水　温情似梦
——看奥斯卡获奖影片《钢琴曲》

　　蓝青色的海。水晶般透明的水。一条狭长的小舟从镜头上边的水面划过。几个粗壮的水手托举着纤瘦的苏格兰寡妇爱答和她的女儿，涉水上岸。背后是巨峰般的海浪，铺天盖地，叠涌而来。巨浪衬托下显得渺小的水手们，奋力把小舟拖上岸。几件行李，一架用木条封住的钢琴被扔在空旷的海滩上。由这架钢琴引出的悲欢离合、泪血迷云，就从这片荒寂的海滩上展开。

　　《钢琴曲》(*The Piano*，又译为《钢琴师和她的情人》) 是一部充满女性温性和特质的电影。导演珍妮·肯卞 (Jane Campion) 让她女性特有的温婉浸透在一个个镜头和场景里。它又是一轴大胆写意的长卷，导演把她奇特的想象挥洒自如地抛在一方方画布上。

　　故事发生在 19 世纪末。美丽而聪慧的爱答，因前夫突然死亡而惊吓至哑。钢琴是她表达情感的唯一工具。可是，当她被远嫁到纽西兰时，那吝啬的后夫竟然不理爱答的要求，嫌运费太贵，将钢琴丢弃在荒滩上。站在山坡上，依依不舍的爱答俯瞰着独立于海滩上的钢琴。海浪被夕阳染成血色，犹如爱答孤立无望的大眼睛滴出的血。

　　婚后的爱答得不到温暖和爱。她央求跟土著居住在一起的白人伯因斯带她去遥远的海滩。当他们来到烟雾迷茫的海滩，爱答用纤巧的手和欢快的心奏起美丽动人的乐曲。女儿伴着琴音欢快地起舞。粗壮的伯因斯不停地走动。他尘封多年的心被琴声打动，他的爱与慈悲随着海水般的琴声流泻。几天后，他雇人把沉重的钢琴运回自己的小木屋。当爱答再次走进小木屋时，欣喜若狂。伯因斯要她每天为他弹琴，答应爱答过一段时间就把琴还给她。就在这密林中的小木屋里，伴着流水般的琴音，爱的种子发芽了。

　　电影以女性的细腻和温馨，描写和渲染了男女之间的情感和性爱。那一份如烟似梦的温情，那一种质朴纯真的性爱，美丽动人，让观众得到一种升华。起初的接触，都发生在爱答弹钢琴的时候，发生在那昏暗的小木屋，那梦幻一般的柔光里。第一次,伯因斯从背后吻了爱答那天鹅般的雪颈。爱答像受惊的小鹿般跳起,惊恐的大眼睛让人怜爱。第二次,伯因斯趴在地上注视爱答踩动踏板,最后情不自禁地用手指轻轻按住爱答纤瘦灵巧的脚。琴声戛然而止。寂静中能感到两颗心在跳动。第三次,伯因斯轻轻端抚着爱答细长玉润的手臂。手臂颤抖着,琴声颤抖着,两颗心在颤抖着……

女主角演得很成功。紧抿的嘴和带棱角的腮,透出一种倔强。细长的脖子喜欢弯着,整个造型像一只美丽而孤傲的天鹅。她虽然不能说话,但她那天鹅般的颈项,那柔弱而坚韧的身躯,那双能袒露心灵的大眼睛,那一举手一投足,让你心动,让你颤抖,让你流泪,让你感叹,让你坐立不安,让你柔肠寸断。影片中两个最动人心魄的场景,都由她的面部表情和形体表演构成。

……丈夫知道她仍爱着伯因斯,就将爱答拖出房外,把她纤细的手按在一棵倒卧的大树上。在女儿惊恐的叫声中,他举起雪亮的斧子。……爱答苍白的脸溅满鲜血。她咬紧牙关,眼睛空空地凝视着另一个空间。摇摇晃晃地走了几步,跪倒在泥潭里。宽大的圆桶裙如巨大的叶片鼓在泥水上,上身左右摇动着,像一株风中的睡莲,美丽而凄婉。

任何艺术创作都是作者宣泄情感,表现自我的过程。导演通过《钢琴曲》诠释了她对生与死的哲学观。这集中体现在影片一波三折的高潮上。又是那狭长的小舟。右手缠着纱布的爱答和伯因斯并肩坐在钢琴旁边。剧情突转。爱答要把钢琴抛进大海。她开始摇晃小舟。沉重的钢琴左右滑动,终于坠入大海。小船上,绑着钢琴的绳索抽动着滑入大海。谁能想到,绳索的另一头竟缚着爱答纤细的脚踝。又是那水晶般碧透的海水。爱答随着钢琴迅速下沉。宽大的衣裙和长长的头发向上飘起,有如一朵美丽动人的海花。失去了食指,再不能弹奏心爱的钢琴,爱答觉得生命已经失去了意义。一串珍珠般的气泡从她嘴里吐出。她突然悟到什么,拼命解开绳索,向海面飘去。当伯因斯将她推上小舟时,导演用了慢镜头俯拍,让观众感受到生命战胜死亡的喜悦。

电影弥漫着女性中心的因子。在男人女人的世界里,女人并不只是被动的。她也有情感和性的渴求。当爱答第一次被动地跟伯因斯交合之后,当钢琴已经搬进爱答家里之后,爱答又按耐不住地跑向伯因斯的小木屋。伯因斯感到一丝良心的自责,他要爱答离去。爱答神情凄然地走到门边,突然用瘦小的拳头拼命地捶打伯因斯宽厚的肩膀和胸膛……两个人坠入汹涌的爱河。

爱答的丈夫用木板钉死门窗,把爱答幽闭起来。一个深夜,被性的烈火灼醒的爱答爬到了丈夫床前。……她对他没有情感上的爱。但她是女人,她被爱火烧灼的躯体需要爱的甘霖来湿润。然而,丈夫并没有满足她。这实际上是女导演对男性中心社会的一种挑战。

影片结尾很精彩。闪着金属光泽的人造食指轻轻地、怯怯地敲着琴键。钢琴发出暗哑的、枯涩的声音,让你感到震撼与心酸。可是,当琴音渐渐地由迟疑的雨滴溅地声变成欢快的淙淙流水,你又感到一种欣慰,一种温婉。

电影里的钢琴曲很美。随着故事的发展,时而艾艾幽怨,时而娓娓诉说,时而欢快奔放,时而缠绵悱恻,时而扑簌迷离,时而透明清澈,犹如一曲动人的交响乐。

十几年前,美丽而神秘的《悬崖边的野餐》,把澳大利亚电影推向世界。今天,犹如写意画卷交响组诗的《钢琴曲》,又把世界的目光引向澳大利亚。

(原载于《侨报》1994 年 4 月 24 日)

# 摄影与艺术：艺术媒质的演进过程（节译）

安迪·格兰德伯格（Andy Grandberg）
凯瑟琳·麦卡锡·高斯（Kathleen McCarth Gauss）著

60年代的商业主义到来前，50年代是先锋派艺术盛行的最后10年。无意识和对心灵的关注，为这个时期的绘画奠定理论基础，同时也体现于摄影艺术。对情感和直觉的贴近与揭示，是对战后占统治地位的现实主义的否定。以莱昂斯（Lyons）为代表的摄影家，在作品中摒弃摄影的新闻记录角色，追求自我意识的丰富视觉。

与这些作品无关的超现实主义风格，继续存在于摄影界，例如爱德蒙·特斯克（Edmund Teske）的经验主义摄影。1936年到1937年，他在威斯康星州（Wisconsin）为弗兰克·劳埃德·赖特（Frank Lloyd Wright）工作了一年。1937年到1938年，他在芝加哥教了一年摄影。尽管有过形式主义倾向，但在50年代后期，他的摄影从内容到形式都显露出奔放的抒情风格。他跟特尔伯格（Telberg）一样使用蒙太奇，但在他的作品中，非现实感不仅源于摄影图像，而且源于媒介的性质。使用蒙太奇手段多年后，他对脱离现实主义摄影越来越有兴趣，寻求一种方法以营造超现实的氛围和更抽象的图片结构。1958年，他利用双调过度曝光实现了这一目标。这是一种特殊着色和在印制中部分反转正负片的覆盖手法，他合并标准的黑白色调，产生出所需内涵丰富的铜棕色调。图片部分和整个像场的平展，色调排列的特质，以及闪光的图片表面，使作品达到他所追求的抽象效果。在早期摄制的许多植物花草图片中，他的感觉力表现得非常明显。

70年代，特斯克一些摄影肖像反复展现忧郁，蕴含特殊意义。作为对现实人物和场景的回忆，这种独特的肖像摄影并没有多少扭曲或想象的视觉，对比特尔伯格杂乱片段的不和谐组合，特斯克的蒙太奇组合比较简单，图片直接叙述。他较多通过展示过程来建立视觉形象，较少使用复杂的蒙太奇组接。作品含有稳固的形式因素以调节气氛，图像常围绕一个中心物进行构架。他的心理调测和内省视像就是明证。他的图像跟劳林（Laughlin）的浪漫主义图片，跟有计划的叙述图片，跟比喻象征的图片都不同。特斯克提供给观赏者的只是内涵深刻的个人回忆，而非神秘莫测的幻觉。

跟很多摄影家相似，特斯克对摄影的记录功能不感兴趣，力求对这个传媒工具进行从形式到内容的改革。在洛杉矶他做了大量工作，出售图片，举行影展。特斯克像一座桥梁，连接着过去几十年以洛杉矶摄影为代表的实验主义和三四十年代以 Moholy-Nagy 设计学院为代表的实验派。

60 年代初期，当文件纪实风格占统治地位时，部分受到抽象主义（包括形式主义和隐喻风格）的侵扰。这两种流派倾向于维护纯摄影，坚持设置原始质朴、未经特殊处理的单幅图片。50 年末期，先后跟怀特（White）和亨利·霍姆斯·史密斯（Henry Holmes Smith）学过摄影的杰利·尤斯曼（Jerry Uelsmann），因不满于单幅摄影的限制，开始在一次性组合冲印中使用多个负片，试图打破冲印程序，把摄影变为更加复杂、相互作用的过程，把创作延伸到快门关闭之后。

尤斯曼的图片像许多景象神奇组合的万花筒。图片构成表面无关，但对他来说有密切联系。跟特斯克一样，他基于回忆进行创作，使用微妙的连接法，把图片要素从平常位置移至一个新平面，获得全新的含义和联想（并通过题目强化）。负片图景和层级对立变换了图像形式，富于想象力和神奇性。70 年代开始，他的冲印技术日臻熟练，作品日益复杂。跟其他用蒙太奇的摄影家不同，他从不叠印图像。他的图像连接天衣无缝。

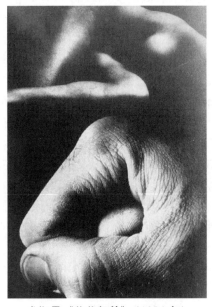

尤斯曼《物物相等》（1964 年）

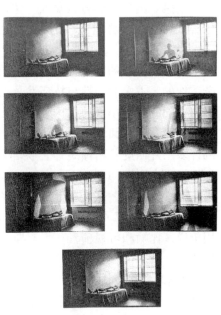

麦克斯《灵魂离开躯体》（1968 年）

所有图片都在叙述，但他把叙述留给观赏者，让他们去释解图片在讲什么。他记录的是个人生活，但看起来并非自传。图片传递神秘性，但它似乎被人们熟悉的东西冲淡。他的作品是对镜头实录的反叛，表明摄影应是智慧和感知的形象。自然的积淀常常是作品内容，神秘和象征更是必不可少的要素。

跟尤斯曼类似的摄影家，在含蓄叙述方面往往从杜安·麦克斯（Duane Michals）的作品中吸取养分。跟尤斯曼不同，麦克斯通常选择日常生活中的平凡片段，不使用奇幻图像。更重要的是，他利用序列图片来建构叙述性。怀特的序列图片通常不具备真实的直线进程，而麦克斯的图片往往用复杂的结构表达事件过程和时间流动。他认为自己是图示小说作者，不同于作为记者的摄影家罗伯特·弗兰克（Robert Frank）和亨利·卡蒂埃-布列松（Henri Cartier-Bresson）。这里的小说角色，自然是对摄影客观性的否定。

麦克斯的序列本质是电影化，阅读起来很像从电影中摘录的不连贯胶片，有开头和结尾，有主要人物性格，有前后相关的动作和完整的故事。但他尽量用最少的图片表达丰富的内容，极简洁地叙述故事。设计序列图片是为了创造自己的世界。在这个世界里，他可以控制姿态和动作，而不仅是旁观者。这些真人扮演的静态场景是基于它设计的蓝图。景象预先构想，再搭制、拍摄。图片中的男人女人，像依据他脚本表演的演员。他60年代前开始尝试。这标志着他观念的根本转变：从观察者、编辑转变成作者。这到70年代更为明显。

起初麦克斯的序列图片比较简单，但随着他的进步，系列图片日渐复杂。他的脚本中戏剧性与技巧性是天然的。他有意识地利用摄影记录的假定真实，同时强化小说的虚构感。跟其他轻视图像真实性的摄影家相似，他的作品浪漫并充满回忆。他承认作品表达情感，而不只拘泥于摄入的主体。他的许多图片回旋着精神旋律，唤起基督徒的想象，讲述基督徒的故事。在《精神离开躯体》（*The Spirit Leaves the Body*）（1968）中，他宣扬精神离开肉体后继续生存。这个主题还出现在他的《死亡在夫人身上降临》（*Death Comes to the Old Lady*）（1969）。在60年代，摄影界没有其他人像他那样使用传说、比喻和可视预言。麦克斯的独特在于，他的比喻性深深扎根于现实生活。

他第一部系列作品是《被门吓坏了的女人》（*The Woman Is Frightened by the Door*）（1966），充分展示无生命物可能产生的邪恶效果。类似冲突几乎显现在他所有的叙述作品中，带有梦幻般的个人特性。熟悉、亲切的感觉通过作品比例的缩小得到强化。麦克斯对私人问题很关注。他希望人们能从私人立场观赏他的图片，使图片能表现观赏者本人，能启发观赏者个人想象。他不仅对真实性叙述感兴趣，而且致力于对非物质化的、不可视精神与梦幻的追求。对他来说，真实只是复杂生活的面具，或如他对自己的观察一样，"我只是在某个映射中拍摄其他映射的一个映射"。

[原载于《现代摄影》1992年6月（总27期）]

# 下编 教育

# 一、论　文

## 大语文的构想和实施
### ——语文教育改革散论

### 一、大学语文教学反映出的问题

近年教过两届外专一年级《大学语文》，发现一些问题：不少学生无法辨别文章优劣，有的能分高下却讲不出根据。最令人担忧的是，一些人不会用自己的话分析文章，落笔就是"揭露了、歌颂了、反映了"；讲艺术特点就套用"情景交融，借景抒情"，如何交融一概不知；"明月松间照，清泉石上流"，竟说是揭露封建社会黑暗。

为考查学生的分析问题能力，我试卷内容50%是讲过的，50%没讲过教材也没有；40%客观题，60%赏析类主观题。一些学生抱怨说难复习难考试。赏析题一些同学答案雷同，照搬中学语文教学中的套话。

上述情况并非大学语文教学造成的，而是中小学语文教育的后果。

### 二、中学语文教育的不足

#### （一）重文轻语

语文教学只有阅读、写作的学习训练，没有聆听、口语表达的学习训练，学生口语表达能力弱，许多人不会完整表达观点，不懂如何讨论、采访、演讲、辩论；聆听能力也不理想，脱离阅读完全用听力获取信息的能力尤其不理想。

#### （二）重输入轻输出

一是输入多，输出少。书面语教学重阅读轻写作，花大量时间讲范文主题、结构、写法，写作训练少，让学生自由表达的机会少。二是输出成为输入的翻版。输入知识要经大脑内化、过滤，与原有知识（上课前获取、语文课外获取）有机融合，构成新认知图式。输出跟即时输入应有区别。但中学语文教育往往要学生死记硬背，遮盖了学生自由思考、批判性思维的天空。

### （三）重知识轻能力

文学、语言、写作知识背了不少，语言技能、欣赏创作能力却少有提高。极少让学生自主分析未读过的作品，学生缺少语言运用、欣赏、创作能力。

### （四）重理论轻实用

教材编写、教师讲授的往往是文学名篇，实用文体少。不少学生能把学过的名篇讲得头头是道，但有的连简单图表都看不懂。现代教育，应为学生走向社会服务。但有人认为这类背出来的"文学修养"最重要的。

## 三、"大语文"的含义和方法、课程的改革

### （一）建立"大语文"概念

重新定义"语文"，至少可从内容、重点、时间三方面入手。

（1）内容包括两对因素：口头语，书面语；输入，输出。中小学语文只一门课，阅读为主、写作为辅，不重听说。"大语文"应将听说读写都包含进去。

人们对"语文"的理解有三种：第一是书面语和口语，书面语为主；第二是语言和文学，或语言第一，或文学第一；第三是语言文字，但认为文字地位高于语言。

现在大学会开设一些口语表达选修课，如口才演讲，教学生如何表达观点，说服他人，如何演讲、辩论。其实这类课应该中小学教，且应作为必修内容。

语言覆盖面比文学宽广，跟社会紧密相关。公文理解和写作是语言基本技能。赏析文学离不开语言。大学语文课上，不少学生对文学作品都能说几句，但大多脱离文学构成要素的具体语言，陈词滥调，赏析变成空壳。

（2）"大语文"应把多种能力培养放在首位，而非把知识记忆放在首位。语文能力构成是多元的，如阅读各类文体（含图表）、速读、鉴赏、遣词造句、制作图文、篇章写作、搜集和组织资料、口头表达，等等。

如赏析作品，教师通常讲名篇的作者身世、时代背景、主题、段意、手法、修辞等。内容多，教师大多照搬参考书。学生只需根据教师所述形成教条式赏析，不能生成赏析能力。遇到新作品就照搬教师话语。程序是：先想出老师的话，再比照作品，看哪几句适用，先贴内容标签，再贴形式标签。生动的文学作品，就剩几条骨头了。

赏析作品，应着眼于能力培养。第一，重点在作品本身，而不是作者及时代介绍。若此类信息必需，可引导学生查找资料并堂上表达以训练相关能力。第二，重在用什么形式表达什么内容，而不是割裂内容、形式，让意义凌驾于形式。第三，从作品的语言、结构出发，而不是从老师话语出发。实施后两点，要启发学生自由表达，老师科学引导。还需通过写作训练，把赏析能力转化为写作能力。

（3）从时间看，"大语文"应从小学延续到大学，整个教育目标和各阶段性任务应该明确。前几年出过一本十几所大学合编的《语法与修辞》供大学外专一年级使用，60%的语法修辞知识在中学学过。学生质疑大学课程为何这么容易。此外，口语表达训练本应在小学、中学进行，现在大学补课，且只是选修课，过了最佳学习期。

## （二）改革教学方法

第一，改变填鸭式教学，进行启发式教学。教师串讲方式应该改革，应引导学生对作品进行积极、能动地感受和理解。文章阅读，不应只由教师讲解，而应发挥学生主观能动性，鼓励他们从文章内部因素、基本元素——语言的运用来感受、理解文章。

第二，启发、引导学生自由表达。作文能力培养，不应只由教师规定题目、内容、写法，应多让学生写自己想写的、社会需要写的。中山大学中文系要求一年级学生写150篇文章，二年级生写20篇书评，内容自选。这大大提高了学生写作能力，毕业时几乎所有人都发表过几十篇文章，就业竞争力强，很受用人单位欢迎。

第三，现代语文教育可适当借鉴古代语文教育方法。如在大量阅读的基础上，自然提高欣赏、写作能力。鼓励学生多读课外读物。可参照一些发达国家的做法，参照大学中文系的做法，定出小学、中学、大学各阶段的课外推荐读物。

## (三) 增设实用性课程

速读课。在一些发达国家教育领域，阅读被公认为是学生获取知识的基本途径。知识爆炸时代，知识更新速度快，阅读速度日益受到重视。提高速度而不降低理解率，成为科研课题；快速阅读课应运而生。发达国家，速读的成功大大刺激了中高等教育的发展。目前中小学语文课多用串讲，养成慢读习惯，跟现代教育背道而驰。

泛读课。内容主要是各类实用性文本，即那些很可能在社会生活中遭遇到的情景。现在的语文课本文本主要是文学作品，学了很多，在实际生活中没有多少用。

中文资讯课，主要是电脑和网络教学。资讯科技日新月异，对语文教育提出新要求。如何利用资讯科技使语文教育更加生动、直观、多面、实用、深入，使语文教育贴近生活，实现"三个面向"，是语文工作的重要任务。

**参考文献**

田小琳.谈不同文化背景下中国语文写作教学的异同［C］//田小琳.香港中文教学和普通话教学论集.北京：人民教育出版社，1997.

杨东平.语文课：我们失去了什么［C］//王丽.中学语文教育忧思录.北京：教育科学出版社，1998.

周小兵.第二语言教学论［M］.石家庄：河北教育出版社，1996.

周小兵.中西文教的桥梁［M］.广州：广东人民出版社，1997.

周清海.二十一世纪大都会里的语文教育［C］//何国祥.语文与评估.香港：香港教育出版社，1999.

庄文中.建构中学语言教学体系［C］//吕必松.语言教育问题研究论文集.北京：华语教学出版社，1999.

（原收入中国对外汉语教学学会秘书处、《语言文字应用》编辑部《语言教育问题研究论文集（2000）》，华语教学出版社2001年版）

# 突出特性，体现共性，强调应用
## ——汉语二语学科人才培养模式的创新

目前汉语国际教育处于跨越式发展期。合格教师不足，学科人才匮乏，成为汉语二语学科建设的瓶颈。

1970年代，联合国教科文组织指出现代教育、传统教育的区别：现代教育满足现实社会需求，社会需要什么专业，就创造条件设立什么专业；传统教育适应旧教育体制和内容，现有哪个专业强（师资、课程、教材、成果等），就继续加强。发达国家以现代教育为主，落后国家以传统教育为主。迅速发展的中国兼有两种教育模式。经本世纪前十年发展，中国现代教育比例应快速增加并超过传统教育。

汉语二语教学是新兴交叉学科，是发展现代教育最佳领域之一。应创新其人才培养模式，满足全球汉语教学需求。本文主要探讨专业人才培养。

## 一、发展简述

改革开放以来，汉语二语学科建设成果很多。1985年设"对外汉语"本科专业，现有300余所院校设此专业。此后一些学校在"现代汉语""课程与教学论""语言学及应用语言学"专业下设培养硕士、博士的"对外汉语教学"方向。1997年学科调整，一级学科"中国语言文学"下新设"语言学及应用语言学"，多数学校在其下设"对外汉语教学"方向培养硕士、博士；有学校将该方向挂在外国语言学及应用语言学、课程与教学论等专业。至今数十所院校有博士点，上百所院校有硕士点。

2007年国务院学位办设"汉语国际教育"硕士专业学位，现已有100多所学校开设。近两年有学校在一级学科下设立"汉语国际教育"（或"国际汉语教育"）博士点。

2011年新学科目录公布，只有一级学科。一些学校在"中国语言文学"等一级学科下自设"对外汉语教学"或"汉语国际教育"专业方向。

## 二、存在问题

作为一门年轻的学科,汉语二语学科在专业建设上还存在许多问题。

### (一)课程设置不科学

不少学校对外汉语教学方向硕士、博士课程设置跟汉语言文字学专业相似,只增加了一两门对外汉语教学类的课程。如以下硕士生培养课程表(语言学及应用语言学专业对外汉语教学方向;外语课、政治课未列出),很难看出其学科特点:

普通语言学、应用语言学、语言研究方法、语法理论、对外汉语教学概论、词汇理论、语义学、语音学与音系学、音韵学、实验语音学、方言调查与研究

### (二)教材建设滞后

对外汉语教学方向所用教材,不少是汉语言文字学专业教材。有些所谓"对外汉语"教材,照搬汉语言文字学教材;有的面向对外汉语的《现代汉语》,语音部分对比普通话和方言,讨论方言区人普通话学习难点,未涉及外国人汉语语音学习难点。

汉语二语教材也有一些,但系统性不够强。有的教材大篇幅介绍外国理论方法,加一点汉语习得、教学实例,缺乏针对性和实用性。教师上课,只能拿几本不太适用的专著,加一些论文作为辅助。

### (三)导师队伍不健全

汉语二语课程,多由不同专业教师承担,以汉语言文字学专业的居多。在具体教学单位,多数导师和任课教师原来研究汉语甚至中国文学,接受过应用语言学或外语教学正规教育和训练的很少;有的研究生导师根本没有教过外国人汉语。

随之而来的是"因人设课":课程设置只考虑教师原有专业,不考虑汉语二语学科需求。不少学校有了一级学科,就可自定二级学科、专业方向和相关导师。不但因人设课、课程无学科特点等问题难以避免,而且增加了管理难度。

### （四）培养方法不适应

不少学校的培养模式缺乏专业技能训练和培养。表现为：①"填鸭式"，只教知识，缺少教学技能和跨文化技能训练；②缺少实际调研能力的训练；③没有面向外国人的汉语教学实习，学生没有教学经历，更无教学经验。

因此，一些毕业生无法胜任毕业后的教学及相关研究，在竞争中处于劣势。

### （五）学位论文不写专业内容

学位论文的写作、指导与答辩是专业建设的关键。现在相当多的硕士、博士学位论文，内容是汉语本体、社会语言学、文化甚至文学研究，跟汉语二语教学没有直接关系。

这是上述四点的必然结果。试想，课程大多跟专业没有直接关系，教材大多属本体研究，导师对本专业没有多少研究，怎么能指导学生写好专业论文呢？

此外，不少学校论文答辩委员会成员，多数做汉语本体研究，很难评估判定汉语二语教学学位论文的水平和质量，甚至还会用汉语本体研究的标准衡量论文。

### （六）专业定位不清楚

学术型学位的对外汉语教学只是方向，归属二级学科语言学及应用语言学，后者归属中国语言文学。在此体制下，不少学校把培养硕士、博士的对外汉语教学方向混同于面向母语者的汉语言文字学甚至中国语言文学。教学大纲、课程、教材、导师和论文指导等，趋同于面向母语者的汉语言文学，跟现代教育体制不接轨。二语教育发达国家，此类学术型学位一般属应用语言学或教育学，不放在母语语言文学。

汉语国际教育硕士专业学位，特点是应用型、国际化。但不少学校把它混同于学术型汉语言文字学：没有二语教学技能、跨文化技能训练和二语教学实习。

### （七）基础理论不明确

对外汉语学科理论包含语言学、心理学、教育学（吕必松，1996；周小兵，2009）。但在学科建设中心理学教育学可有可无，课程设置、师资队伍构成可见一斑。其原因跟学位设置有关，也跟对狭义应用语言学的狭义理解有关。不少专家认为，汉语二语学科属狭义应用语言学。请看以下论述：

> 应用语言学"主要关心的是如何应用语言学理论、方法和成果来阐释其他经验领域遇到的语言问题。应用语言学发展最充分的分支是外语教学，有时这个名称似乎只指这个领域。……"（戴维·克里斯特尔，1978）

克里斯特尔把外语教学归为应用语言学，但未涉及心理学、教育学。这就不难理解，为何在外语教学学科建设中，心理学、教育学不受重视了。

可以说，理论的狭义理解，学位体制不合理，是导致本专业一系列问题的根源。

### （八）小结

上述问题的实质，就是"新瓶装旧酒"：表面看是汉语作为第二语言学科，但不少教师、管理者、政策制定者却在各个层面照搬旧有学科（如汉语言文字学）的内容。

## 三、培养模式的创新以及具体方法

汉语第二语言学科人才培养亟需探索一条新路。创新有四个关键点：

（1）突出特性（第二语言学科特性），跟母语者的汉语言文字学严格区分。

（2）体现共性（第二语言学科共性），跟国际二语学科接轨。接轨有两条路：直接学习国外成果与经验，借鉴中国外语教学学科的成果和经验。后者国际接轨好，学科特点凸显，成果显著，是一条捷径。

（3）真正实现学科交叉，不局限于某一特定学科（如语言学）。

（4）强调实践，注重应用。这是由应用型学科性质决定的。

这四点，应落实在专业定位、课程、教材、导师队伍、培养方法、论文指导等具体点上。

### （一）学科体制与培养体系

所有的外语教学都有其共同性。十年前，我国外语学界提出，将"中国语言文学"下的"语言学及应用语言学"和"外国语言文学"下的"外国语言学及应用语言学"两个二级学科合并,提升为一级学科。语言学及应用语言学无国界之分,就像数理化一样。

汉语二语教学应跟对母语者的汉语文字学严格区分,挂在"语言学及应用语言学"(不分中外)下,以便跟国际二语学科实现有效接轨、良好互动,促进学科的整体发展。

完善的人才培养体系应本硕博兼备,研究型应用型学位兼备。与学术型学位相比,应用型专业学位有自身特点,体现为:①目标是培养行业高层次专业人才(如高级工程师、高级讲师);②方式是重实践、重能力,注重产(教)学研结合,与行业合作培养;③提倡"做中学、做中教、做中研",积累行业经验,掌握行业技术;④评价以实践为导向,学位论文须符合行业需求,解决实际问题,推进行业发展。

国务院学位办于2007年设立"汉语国际教育"硕士专业学位,可部分满足世界对汉语教师的需求:全球汉语二语学习者超过4000万人,相应师资才五六万人。

目前培养体系还有缺环:无专业博士学位。专业博士学位是应用型高级学位,培养具有系统知识和熟练职业技能的复合型应用研究人才,学位论文多与职业经验相关。发达国家的实例,我国公卫管理博士等专业学位的开设,给我们极大启发。设立专业博士学位,能完善学科体系,促进学科建设,满足全球对汉语人才的需求。

## (二)学科基础与课程设置

汉语二语教学是新兴的交叉学科。赵金铭(2001)指出,它包含四个层面:①本体论,从事汉语本体研究,理论基础为语言学,解决教什么的问题;②认识论,从事汉语习得与认知研究,理论基础是心理学,解决如何学的问题;③方法论,从事教学理论与方法研究,理论基础是教育学,解决怎样教的问题;④工具论,从事现代科技手段如何应用于教学与学习的研究,基础为计算语言学和现代教育技术,解决用什么技术手段研究和教学的问题。

学科交叉的特点,应明确反映在课程体系上。学科理论应有语言学、心理学、教育学、跨文化交际学等。课程可包含六个板块:汉语知识,二语习得,二语教学,跨文化交际,教师发展,方法论。各板块比例可以如下:

2.5∶2∶2.5∶1∶1∶1

如学术型硕士培养，可开设以下课程：

*应用语言学概论，汉语作为第二语言导论，基于二语教学的汉语语音学、语义学、语法学，认知心理学，第二语言习得，教育学概论，外语教学法与课堂教学，发展心理学和语言发展，中介语与偏误分析，跨文化交际，教学评估与语言测试，教材评估与设计，第二语言研究方法，语言教师素质与发展，计算语言学，语料库建设*

一些学校的课程体系体现出学科特点。如北京语言大学某专业对外汉语教学方向课程：

*课堂教学理论与实践、认知心理学、语音学专题、现代汉语词汇专题、汉语信息处理概论、实用工具软件、对外汉语课堂教学引论、语言教学研究方法、心理语言学专题、汉语认知研究、篇章分析、第二语言的认知心理、实验设计与心理研究*

因历史原因，一些学校课程偏重语言学。要将它们转为汉语二语教学，可通过以下渠道：

（1）对比。对比国外外语教育、应用语言学（或 ELS、TESL、TESOL）及相关专业和国内外国语言学及应用语言学专业的课程体系。

（2）增删。增加几类课程：二语教学与习得，汉语教学与习得，跨文化交际，二语研究方法论，心理学，教育学。删去跟本学科无直接关系的汉语文学课。

（3）改造。将一些汉语本体课程，改造成汉语二语教学课程。如：语音学→语音与语音教学，汉字学→汉字教学与习得。

## （三）全方位的教材及相关资源建设

教材可通过"引进、借鉴、创新"的原则进行开发。具体有三种途径：

（1）引进国外教材。上海外语教育出版社、外语教学与研究出版社1999年以来出版了一批国外语言学和应用语言学专著，如 Rod Ellis 的 *Understanding Second Language Acquisition*（《第二语言习得概论》），Herbert W. Seliger、Elana Shohamy 的 *Second Language Research Methods*（《第二语言研究方法》）等，可作为课程教材。

（2）借鉴外语学界教材。如外语教学与研究出版社的北京外国语大学语言学研究丛书：刘润清《外语教学中的科研方法》、蒋祖康《第二语言习得研究》等。

（3）在使用、借鉴教材的基础上，总结二语研究成果，编写适用教材。如"商务馆对外汉语专业本科系列教材"含19种。北京语言大学硕士课程教材"对外汉语教学专业教材系列"含13种。中山大学国际汉语学院编写出《对外汉语教学入门》（第二版，周小兵主编，2009）、《外国人学汉语语法偏误研究》（周小兵等，2007）。前者已译成韩国语在韩国出版；后者获2009年教育部人文社会科学研究优秀成果奖，正在翻译成韩国语。

（4）新教材编写，要明确对象是汉语母语者还是非母语者。要便于学习，不空谈理论。最好把知识讲解与二语教学密切结合，语言点教学放在真实或准真实交际情景中，让使用者能够活学、活用、活教目标语。采用多媒体，更容易模仿学习。

使用已有教材，尤其（1）（2）两类，需要添加汉语二语教学习得研究成果，添加辅助教材，参考相关论文，如赵金铭总主编（2006）的"汉语教学专题研究书系"含22本，涵盖汉语二语教学研究的方方面面。

各类教学资源建设很重要。如"中介语语料库""汉语二语教学案例库""跨文化交际案例库""语言点教学素材库""第二语言的汉语教材库"等。目前国内有多所高校建设有中介语语料库，最成熟的是北京语言大学HSK动态语料库。中山大学中介语语料库含280多万字，语法偏误标注80万字，汉字偏误标注200万字。案例库、教材库有多所学校在建，后者最成熟的是国家汉办/中山大学共建的全球汉语教材库。

### （四）多渠道的导师队伍建设

导师队伍建设，是学科提升竞争力的核心资源。可通过多种途径加强：

（1）引进国外教育学、应用语言学等专业的博士。派骨干到国外攻读相关博士学位，或研读相关课程。

（2）吸收引进国内语言学、心理学、教育学、外国语言文学等专业的博士。派骨干攻读相关博士学位或研修相关课程。

（3）举办各类研修班、论坛、讲座，短期培训研究生导师和任课教师。

（4）专业硕士培养实施双导师制。如中山大学，国际汉语学院配一名导师负责学生基本知识技能学习、训练与论文指导；实习基地配备一名资深教师负责实习期间的教学研究指导，参与论文指导。双导师制效果良好，有助于学生撰写出优秀的实习报告。①

（5）邀请国内外专家以讲座形式授课。中山大学从 2011 年起开设"国际汉语系列讲座"49 场，来自 10 多个国家的 30 多位专家学者教师，讲授各国汉语教学情况和研究成果，让学生吸取到丰富、广博的知识，并随着讲座内容走遍全球。

### （五）实训式培养模式

应用性学科要求实训性培养。现以中山大学国际汉语学院为例探讨专业硕士培养。

（1）全程见习实习。系统学习的同时，有步骤地进行见习、实习。第一学期开始见习，内容：培训教学技能，观摩课堂教学，说课→模拟试讲→试讲（半节课→两节课），同时评分。第二学期开始实习，内容包括：在教学基地授课实习，顶岗教学。

（2）培训有多类培训师参与：国内外名师，本院有出国任教经验的老师，国际学校资深教师，赴海外顶岗任教的志愿者。培训形式多样：师徒制，一个导师指导两三个学生；实训小组制，小组内互相交流；课型组制，有经验的老师具体点拨。

（3）培训内容主要是如何教外国人学汉语。培训以国内外课堂教学案例为主，让学生在模拟真实情景下，通过大量案例了解教什么、怎么教等基本内容。

（4）建设"校内、校外、海外"三类实习基地。校内基地包括学院和基地。首先是对学院留学生的教学，几乎所有中国研究生都可参加。其次是在国际汉语教材基地的实习。基地有全球汉语教材库（www.ctmlib.com），含 15500 多册国际汉语教材信息，方便查询。实习内容有教材信息收集、整理、录入，调研报告，论文撰写，教材编写等。已有 8 个国家 25 名博士生、113 名硕士生在基地实习。依托基地资源完成的教材研究硕士学位论文 77 篇，博士学位论文 3 篇。

校外基地有广州美国人国际学校、广州裕达隆国际学校、东莞东方明珠学校、广东省华侨职业技术学校等，对象是中小学国际生。42 人完成实习，

---

① 例如，冯洋《国际学校中文教学模式考察与分析——以广州美国人国际学校中学部为例》，美校指导老师：Erica Liu；陈璇《广州美国人国际学校汉语教材分析》，美校指导老师：Crystal Chu；陈华珍《深圳蛇口国际学校中文教学的调查报告》，美校指导老师：Winnie Wang。

9人实习中。

海外基地包括中山大学在海外的5所孔子学院，和国外其他大中小学、教育机构。已有62人完成实习，30人实习中，分布在14个国家。

### （六）问题导向的论文写作

学位论文应解决行业问题，选题应源于汉语教学实践。答辩委员会构成要保证汉语二语教学的导师数量，适当吸收汉语言、心理学、教育学、外语等领域导师。为了示范，应编写优秀论文选，专业刊物要登优秀论文（节选）并配评论。

中山大学的做法：①选题关注实际问题，如各类实习地汉语教学及管理、教育传播项目问题（参考附录）。力戒仅从理论出发。②论文要收集真实材料，科学研究，解决开题时提出的实际问题。③为示范论文的写作与指导，编选出版《中山大学国际汉语教育30年硕士学位论文选》（周小兵主编，2011）。

## 四、结　语

汉语是全球母语使用人数最多的语言，正在成为二语学习人数仅次于英语的语言。突出学科特点，跟国际二语教学有效接轨，将促进我国二语学科健康发展，推动全球汉语教学。汉语有明显而独特的性质。没有汉语二语教学研究，世界二语研究就不完整。我们不仅要借鉴世界二语研究的成果，也应该向世界二语研究输送成果。

**参考文献**

克里斯特尔．现代语言学词典［M］.4版．沈家煊，译．北京：商务印书馆，1978.
李泉．对外汉语教学理论和实践的若干问题［C］∥赵金铭．对外汉语研究的跨学科探索．北京：北京语言大学出版社，2003.
李晓琪，等．英语日语汉语第二语言教学学科研究［M］.北京：中国大百科全书出版社，2002.
刘珣．关于汉语教师培训的几个问题［J］.世界汉语教学，1996（2）.
吕必松．对外汉语教学概论（讲义）［M］.北京：国家对外汉语教师资格审查委员会办公室，1996.
赵金铭．对外汉语研究的基本框架［J］.世界汉语教学，2001（3）.
赵金铭．国际汉语教育研究的现状与拓展［J］.语言教学与研究，2011（4）.

周小兵. 对外汉语教学入门［M］. 2 版. 广州：中山大学出版社，2009.
周小兵. 中山大学国际汉语教育 30 年硕士学位论文选［M］. 广州：中山大学出版社，2011.
周小兵，朱其智，邓小宁，等. 外国人学汉语语法偏误研究［M］. 北京：北京语言大学出版社，2007.

## 附　录

硕士学位论文如：《日本学生汉语差比句的学习难度》（［日］米原千秋），《汉语"全"类词语与韩语对应词语的对比研究》（［韩］朴善英），《"概数表示法"的教材引导性偏误研究》（姚清垠），《双及物结构的类型考察及其汉语习得》（刘宏帆），《留学生介词"对"习得考察》（源洁渝），《〈实用汉语教程〉与〈泰国人学汉语〉主课文及生词对译比较研究》（［泰］孙珖辉），《日本初级汉语教材分析》（［日］岛美红），《初级对外汉语口语课堂上的互动模式》（陶思佳），《留学生疑问代词任指用法相关句式习得研究》（王皓舒），《对外汉语学习网站评估理论和实践探讨》（禤文辉），《表示处所的韩国语助词"에"与汉语相应形式的对比研究）（［韩］李炅恩），《菲律宾圣心中学华语教学现状考察——兼谈课堂教学模式探讨》（邝永珍），《互动教学在越南高校大班汉语口语课堂上的应用》（［越］阮氏黄燕），《基于过程教学法的对外汉语记叙文写作教学设计及实践》（陆燕冰），《印尼汉语教材〈育苗〉的考察与分析》（［印尼］沈凤云），《面向美国儿童的书法汉字教材设计》（孙莎琪），《韩国留学生学习广州话单字调情况研究》（陈裕年），《两套韩国初级阶段汉语教材的对比考察》（［韩］李美娜），《老舍〈言语声片〉研究》（吴婷婷），《罗曼语族学生汉语描写性状语难度等级与偏误分析》（［罗马尼亚］白德龙），《中文分级读物〈汉语风〉的词汇考察》（孙小敏），《韩国汉语改编教材的本土化研究——以〈易捷汉语——实用会话〉为例》（黄淑婷），《日本汉语手册的情景设计考察——以五部日本汉语旅游手册类教材为例》（王意颖），《日本〈快乐学汉语·说汉语〉系列汉语会话教材的考察》（苏弘），《〈医学汉语——实习篇〉教材练习研究》（陈影），《"琉球官话课本"作为第二语言教材的考察》（邵洁）。

博士学位论文如：《从猜词策略看欧美韩日学生汉语阅读能力发展》（吴门吉），《以英语为背景的汉语情态习得》（赖鹏），《成年韩国学生汉语比较句习得考察》（陈珺），《非汉字背景留学生汉字习得研究》（李蕊），《留学生汉语疑问词系统习得》（丁雪欢），《越南学生汉语"了"习得研究》（［越］何黎金英），《汉英指示词语功能对比分析及汉语二语习得研究》（赵成新），《汉语作为第二语言的"被"字句习得研究》（彭淑莉），《汉语"在"字句的习得研究》（陈凡凡），《中级汉语学习者伴随性词汇学习影响因素考察》（干红梅），《汉语作为二语的"得"字句习得研究》（邓小宁），《汉语作为第二语言的程度副词习得研究》（张舸），《越南学生汉语否定词习得研究》（［越］琴秀才），《外国留学生动宾式离合词语习得研究》（何清强），《印尼汉语学习者普通话平翘舌辅音习得研究》(王功平),《汉语全称限定词的二语习得研究》(张静静),《持续体"V着"的二语习得和教学研究》(刘瑜),《汉语作为第二语言的近义词习得研究》(洪炜),《西班牙学生汉语定语使用情况考察分析》(张念),《"X+N"表人派生词的二语习得研究》(刘娅莉),《美国大学初级综合汉语教材分析与评估》(罗宇),《基于对比的对外儿童汉语教材研究》(张丽)。

[原收入北京语言大学对外汉语研究中心编《汉语应用语言学研究》第2辑,商务印书馆2013年版(合作者:张世涛,邓小宁)]

# 研究设计与论文写作（上）

汉语国际教育是全新的硕士专业学位。因跟汉语国际教育事业密切相关，其培养目标、课程设置、教学方式及海内外实习等，都体现出应用型、复合型、国际化特点。学位论文是学生学习实践、教师培养作育的总结，更能凸显这些特点。教学、实习是否有效，培养目标能否实现，很大部分体现在学位论文能否推动行业发展上。

对很多学生来说，论文写作难度较高。对不少老师来说，论文指导尤其是专业学位论文指导，也有一定难度。难在哪里？据我们了解，主要有：跟学术性（研究性）论文的区别在哪里？怎样找选题？如何设计研究框架？怎样研读、评价前人成果？如何收集、整理有用的材料？怎样使用相关理论方法和手段？怎样进行清楚有序的分析，得出有说服力的结论？怎样才能有创新点？

本文结合论文实例，探讨怎样研究设计和写论文，怎样指导论文。分六节：问题导向与论文选题，研究设计，文献研读与综述，材料收集与整理，理论方法的具体运用，论文写作与修改。

## 一、问题导向与论文选题

### （一）问题导向与行业发展

设置专业学位，是为相关职业、行业培养精英。衡量学位论文是否合格，就是看它能否解决汉语国际教育界实际问题，推动职业、行业发展。定选题时要非常清楚：我发现了什么具体行业问题？我能否通过研究，找到具体可行的解决方案？

一位研究生发现，在华留学生多使用移动终端学习词典，教师多用纸质词典。老师讲解，跟学生从学习词典获取的信息差距大，不利于教学。该生查阅到 2008 年广东外语外贸大学词典学研究中心的调研：暨南大学华文学院留学生的电子词典持有量 64.43%，国内版汉语单语词典持有量 6.8%。他由此提出以下问题：

留学生为什么喜欢移动终端上的学习词典？它们跟教师用的纸质词典有什么不同？教师应该如何应对这种情况以进行有效的教学？

进而拟定论文题目《移动终端汉语学习词典 App 及其使用现状的调查》（黎倩，2015）

从行业发展看，硕士专业学位论文研究的问题，一般要符合三个条件：①实践中的真问题；②有普遍性；③尚无解决方案。

本专业学位论文可分四类：专题研究，调研报告，教学设计，案例分析。以下分类举一些论文题目，可以看出都是源于汉语国际教育的具体难题：

专题研究：由学习者视角出发对两个对外汉语学习网站内容的考察与分析；泰国学生汉语动态助词"着"习得研究［泰］；日本留学生汉语复合趋向补语的习得顺序研究。

调研报告：哥伦比亚安第斯大学孔子学院教学模式研究；越中国际合作项目学生汉语学习需求分析——以河内大学为例［越］。

教学设计：初级汉语口语课中的任务设计；互动教学在越南高校汉语口语课上的应用。

案例分析：韩国小学课堂管理案例分析——以釜山市东弓初等学校为例。

专业学位学生培养，是为了适应相关行业发展需求。汉语国际教育发展快，跟中国发展软实力、文化走出去战略相关，急需解决的行业问题很多。只要找到真实、有普遍性的问题，就可能得出包含解决方案的具体结论，促进行业发展。

### （二）选题与实践

论文选题，来源于作者的学习与实践。如果研究生和指导教师能深入汉语国际教育实践，勤于观察，发现合适选题并不难。

一位志愿者到美国任教，发现当地小学无固定教材，尝试用传统教学方法效果也不好。她由此提出问题：

无规定教材时，用什么教学方式、什么教材资源可以在美国小学有效进行汉语教学？

她探究主题教学法模式、特点，结合语言文化体验教学，设计实施以"时间"为线索的主题教案，效果好。她写成《美国公立小学中文课程主题式教学研究与设计》（林晓群，2015），记录了研究设计与教学实施过程，对美国小学中文教学有启发。

《初级汉语口语课中的任务设计》（徐丹，2015）的作者发现，用传统法教口语，学生积极性不高。作者尝试用任务教学法，热情倍增且效果好。以《汉语会话301句》为例，概括了初级口语课任务类型；根据Nunan的任务展开六步框架，设计完整教学单元，全程实施；考察、分析实施中的问题。该方法具体可行，教学有效，可操作性强。

好选题源于足量的实习。中山大学汉语国际教育实施全程见习实习培养模式。入学后一边研修课程，一边在留学生课堂见习。经实习教师指导，首学期后半段可给留学生上汉语课，组织各类文化活动；第二学期就能到本校、国际学校、海外孔子学院和大中小学任教。国际学生可辅导低年级学生，或到本国教育机构、孔子学院实习。见习实习要求发现亟待解决的难题，形成好论文的选题。如：

面向美国儿童的书法汉字教材设计
越南初中教材《汉语》的课文研究 ［越］
泰国三所小学汉语教学调查研究 ［泰］

好选题可能来自导师课题，如《外向型与内向型汉语词典释义与用例对比研究》（梁莉莉，2015）。导师编写、出版两部外向型词典，有很多需探究的难题，正好成为论文选题。该论文综合对比外向型、内向型词典各两部，考察释义语言难度，释义方法多样性，释义原则与特性，用例多少、类别、实用性与难度等。这些点可凸显内向型和外向型词典的区别，解决了导师的难题，对研发外向型词典有启发。

### （三）选题的原则与误区

论文选题的探寻与确定可遵循三个原则：

（1）实用性。是否行业亟待解决的问题？研究、解决它是否能推进汉语教学？

（2）适配性。选题与研究生（指导老师）的兴趣、能力是否适应？如让国际学生概括汉语规则，难度偏高。但让他们从本国人学汉语常见难点中挑选值得研究、又有能力研究的问题，解释问题原因，提出可行的解决方法，就有适配性了。如《韩国人学习汉语介词"在、从、到"的难度和原因》《越南学生汉语二项定语习得研究》。

（3）可行性。在该研究生所处条件下，在预定时间内，能否完成该研究。有的论文选题范围太大，涉及材料太多（有些难以获取），不具可行性。海外志愿者如能在当地找到好选题、好材料、好老师（联合培养），比回国后匆忙找选题凑材料要好得多。

有两位研究生到美国一个博物馆当志愿者一年。一位到馆后立刻找论文选题和资料，学相关理论方法。论文《对美国印第安那波利斯儿童博物馆"中国文化展"的项目考察》（陈琳，2015）考察该馆"中国展"，用传播学理论，基于访谈问卷和经历，分析该展馆传播模式，回答海外中国文化传播项目如何结合当地特色等问题，有创新性。另一位未好好利用当地资源，回国后匆忙找资料，写论文，没有多少新意。

确定选题，要避免以下问题：①跟汉语国际教育无关。如《中美课堂教学的异同研究》写一般课堂教学。②大而空。如《汉语国际推广策略研究》题目大，无第一手资料，从网上摘一些大家都可看到东西空谈。③没有实际需求，只出自某些理论。有论文讨论输入假设在口语教学的应用，结论无新意：初级口语应扩展词汇，有语义扩展和情景扩展。输入假设在文中只是包装，未融入具体研究。

## 二、研究设计

研究设计，就是对研究框架与步骤进行整体规划和程序设计。设计离不开文献研读、材料收集整理和理论方法应用。但为了讨论方便，这里先单独探讨。

### （一）从具体问题上升为科学问题

实践发现的具体问题，要上升为科学问题。如前文提到学生用移动终端学习词典 App，教师用纸质词典，教与学不对称。此问题具备论文选题的三个条件：①真问题；②普遍问题；③前人没有解决。但它要成为科学问题，须具备第四个条件：

跟相关理论、模式、假说挂上钩，对这些理论模式假说给以支持、补充、丰富；或者通过研究，可能凝练出新的理论、模式、假说。

移动终端学习词典研究，涉及多种理论：Krashen 的输入假说，Swain 的输出理论，功能语言学多模态输入模型，词典学理论。凝练问题，可概括出几点：基于相关理论和实践，学习词典哪些方面优于纸质词典？两类词典如何改善以促进二语学习？

这样的凝练，可把具体问题"提升"为科学问题。论文系统考察两类词典的异同，调研学生、教师对移动终端学习词典的使用和认知，提出改善学习词典的建议，可促进学习词典研发，促进教师对该类词典的运用和对学生的具体指导。

## （二）把选题分化为小问题

一个选题需要分化为若干相互关联的小问题，才能进行逐项、有序研究。《外向型与内向型汉语词典释义与用例对比研究》（梁莉莉，2015），内容分为几点：

释义语言/释义内容/释义方法/释义原则/用例（数量形式、难度、用例原则）

其思路清晰，程序明确；整体考察不遗漏局部，细节分析不忘全局。

如《汉语描写性状语/补语与罗曼语对应成分的对比研究及偏误分析》（白德龙，2015），描写罗曼语母语者使用汉语常见偏误。题目较大，作者提出选题后写道：

通过对中山大学国际汉语学院中介语语料库中含描写性状语的句子进行统计与分析，发现如下几个现象：①充任描写性状语的词语使用不当；②状语误用为补语；③"地""得""的"的混淆；④多项状语中的描写性状语位置不当。

其研究分两大部分：①罗曼语、汉语对比（罗曼语状语的位置、语义及其与汉语的对比，前置词、词性标记与汉语"地"的对比）；②作文偏误分析，包含上述四类偏误的原因探索。这样，研究的组成部分和顺序就相当清楚了。

## （三）对象与聚焦

研究对象。研究设计要明确研究对象。对象可指物，如教材或词典对比研究，可做文本、图示等静态考察；也可指人和相关行为，如研究不同教学法的使用对学习的影响，要考察相似的学习者在使用不同教学方法后的不同表现和成绩；还可包括人和物，如探讨练习对学习的影响，静态考察练习题型，动态考察练习题型对习得效果的影响。

聚焦。在大致定下选题和研究对象后，往往需要缩小研究范围。好的论文大多是"口子小，挖掘深"。面面俱到，很难写深写透，很难概括出创新点。

考察历史教材，资料很多，如何聚焦？《〈官话篇〉与〈官话急就篇〉文化内容比较分析》（王珅，2015）对比同一作者的两部汉语教材。前者出版于1903年；后者出版于1904年，到1945年共再版171次。相关语音、词汇研究已有成果，作者聚焦文化内容对比，使用中山大学国际汉语教材库研发的《国际汉语教材编写指南——分类文化项目表》，对两部教材的文化项目进行细致比对，分析透彻，结论有创新性。

如果不适当聚焦，内容太多，可能导致几种后果：①预定时间内无法完成；②没有时间、精力研究出有价值的结论；③体量大，远超硕士学位论文要求。

有位研究生要统计研究中介语语料库中所有"的"。某语料库才统计四分之一，就收集了6000多例各类"的"，很难研究下去。最后范围缩小到典型定语后边的"的"。

## （四）变量与假说

很多研究需要在定选题后形成假说。此后的研究和论文写作，就是要证实这个假说。如《基于图式理论的对外汉语中级听力教学研究》（柏清，2015），假说为：

听力教学中，用图式理论指导的教学方法，比用传统听力教学法效果好。

论文完成后，此假说得到证明，还得出一些超出假说的新结论［（参见后文五（二）］。

假说和后续研究要涉及一些变量。如上述假说，使用不同教学方法叫"自变量"，也叫刺激变量或者输入变量。教学实施后的测试成绩，叫"因变量"，也叫反应变量或者输出变量。自变量、因变量互相依存，可能有因果或相关关系。上述研究中两个班水平一样，来源无明显差异，最后成绩不同，主要原因就是教学方法的不同。

变量有很多种。自变量、因变量之间不仅是因果关系。有的研究最后可能并没有证明假说，甚至证明该假说不成立。从某种意义上说，证伪也是一个成果。

## 三、文献研读与综述

大致定下选题后，就需要进行相关成果的研读。也就是说，在研究设计过程中，就需要研读前人的部分研究成果。

### （一）收集前人成果

传统方法是多读书，从研读过的论著中查看、寻找参考文献，扩大研读范围。现在可通过网络（如中国知网）查找关键词语（研究关键词、作者名等），查找相关论著。

收集前人研究成果应全面，含以下类别：论著、论文、教材等，国内外研究，用汉语、其他语言撰写的。硕士学位论文需要参考的文献，一般来说，最少30篇，最多上百篇。

研读论文，要多看重要刊物上的。选未发表的硕士学位论文要慎重，应在认真研读后确定值得参考，才列为参考文献。

### （二）对文献进行整理、分类

文献可分为背景、中景和前景三类。背景文献通常给研究项目提供一般的研究框架，或给研究对象提供理论上的界定。中景文献主要概括与本课题密切相关的研究。前景文献则是跟本论文选题直接相关的研究，包含研究细节。前景文献是研究设计的基础。

如《越南学生汉语二项定语习得研究》（黎光创，2011），背景文献包括汉语定语的本体研究、二语习得理论和方法（对比分析、偏误分析）；中景文献包括外国学生对特定汉语语法点的习得研究；前景文献包括汉越定语对比研究，对定语的二语习得研究，含多种母语者（如越南、泰国、西班牙母语者)对汉语定语的习得研究。

又如《二语交际问题及其解决策略的研究——汉语学习者使用汉语交际的个案分析》(王莹,2011),背景文献包括交际策略及分类研究,中景文献包括交际策略解决二语交际问题的实证研究,前景文献包括交际策略解决汉语二语交际问题的实证研究。

### (三) 研读文献与撰写综述

研读文献,是为了做好自己的研究。因此,在研读中要做好摘要、评价、联结。

(1) 摘要,记录该文献相关信息,如:选题缘由,研究假设,如何收集数据、语料,研究对象和测量工具,分析方法与程序,主要发现。

(2) 评价,研读者对该文献的评估:优点,贡献,在以往研究中的地位和作用,遗留问题与不足。评价要具体实在,不能空泛。

(3) 联结,探讨文献跟自己论文的关系:文献的理论、方法、材料、结论等能否促进自己的研究?如何借用其成果?文献有哪些不足?哪些是需要自己研究解决的?一般来说,前人研究的不足,自己研究的目标,是文献研究中最重要的。

综述常见毛病:①理论、本体研究多,二语学习、教学研究少。②只叙不评。每个论著介绍一两句,没有自己的客观评价。③无联结。没有对本人研究的启发,没有指出前人研究不足和相应的本人研究重点。此类综述,难以引出创新点。

### (四) 实例

文献综述应对前人成果明确分类,使人一目了然。《基于语篇的词汇练习题型对词汇习得效果的影响》(桂菊花,2015),在综述前人词汇教学策略研究时写到:

从教学策略上可分为:①"集合式教学派",认为应该按照学生日常生活实际需要,把汉语常用词划分为若干个大集合,如"数字词集合""时间词集合""家居词集合"等进行集中教学(胡鸿、褚佩如,1999);②"分阶段教学派",认为汉语教学应该取消"精读课",像初级阶段语音教学一样实施集中时段的词汇教学(陈贤纯,1999);③"语境教学派",结合国内外语境理论,以课堂教学为例展示了语境下的词汇教学范例(厉力,

2006；王倩，2011）；④"射状教学派"，认为汉语词汇教学可以通过以点带面的形式，由单个词根影射出多个相关词，如同根词、近义词、反义词、类词缀等，实现举一反三式词汇教学（马玉汴，2004；杨希贵，2009）。

有自己对研究流派的理解和分类，为研究设计打下坚实基础。

综述目标，是在把握前人成果、发现前人不足的基础上，提出自己的研究内容与步骤。如《泰国学生汉语动态助词"着"习得研究》（魏白丽，2015），综述后指出：

> 前人……对"着"的习得特点、偏误类型等也作出了一些分析。但是，至今为止还没有专门针对泰国学生学习汉语动态助词"着"的研究。……本文首先对比分析汉语动态助词"着"在泰语中的对应表达形式，并对泰国人的学习难点进行预测。其次通过自然语料和强制性语料分析，考察泰国学生习得动态助词"着"的正确率、偏误以及回避情况，……探讨泰国人习得汉语动态助词"着"的规律和难点。最后根据习得研究的成果，排出大致的教学顺序，对教材编写以及教学提出有针对性的建议。

## 四、材料收集与整理

没有好的理论方法，未必写不出好论文；没有好材料，肯定写不出好论文。

### （一）选材原则

研究的材料应该对解决论文提出的问题有用。有的论文说是写汉语教学、习得，却展示很多本体研究语料、汉语母语者语料，唯独缺少二语学习者的中介语语料。

研究的材料应跟选题、研究密切相关。有一篇论文选题是通过体验方法教外国人写汉字。主要论据是一个录像：乐团演奏交响乐，书法家在屏幕上挥毫疾书。连汉字都写不出几个的学生，怎么能通过看这类视频来体验汉字书写？

材料的来源和质量是论文写作的关键。研究外国人习得汉语语言点，要考虑语料提供者：华裔还是非华裔。前者的语言输出可能会受汉语（普通话和各种方言）影响。

## （二）收集语料

材料收集有多种方法。因篇幅有限，以下只说几点。

从作文、对话中收集语料。这是中介语语料常见收集方法，可收集书面或口语语料。可收集一个班、一个级别的语料，考察水平相似者学习情况；可收集不同级别的语料，考察不同水平者学习情况和学习发展情况。

测试。如《泰国学生汉语动态助词"着"习得研究》（魏白丽，2015），给出4类测试题（翻译、描述图片、排序、单选），考察学生习得动态助词"着"的正确率、偏误及回避情况。测试发现了泰国人的学习难点，方便论文聚焦进行习得和教学研究。

问卷调查。《留学生汉语写作过程中的写作策略研究》（罗宇，2011）用问卷考察：留学生写作时倾向用什么策略？优等、差等写作者在策略选择上是否有差异？写作成绩与哪些策略相关？设计问卷前先抽取12名学生提问（如何写作文？遇到不能表达的意思怎么办？怎么修改？……）；再根据写作策略理论，设计问卷，含四大类共19个微策略（如母语词替代、内容回避、用意思相近的词句、翻译、查字典、查资料等）；接着做预调查，修改问卷；最后发放问卷。

访谈。如《从马来西亚独立前钟灵中学的双语教育看国民型华文中学的开端》（杨钦宪，2015），作者梳理历史文献，访谈该校前任校长、老校友和华文教育专家，内容涉及对马来西亚的华文教育的认识、老校友对中学双语教育的看法、前任校长对治校经验的分享等。访谈材料和历史文献互为补充，相得益彰。

课堂互动语料收集。如《中级汉语口语课堂教学输入与输出的考察》（姜芳，2011），为了考察课堂教师输入和学生输出的特点与关系，对中级一A、B、C三个班各四节口语课进行录音、转写，获语料3万多字，为论文研究写作夯实基础。

## （三）利用语料库

利用语料库收集材料，是目前最常见的方法。汉语二语研究可利用以下几类语料库：

第一，描写汉语事实，概括规则，使用汉语母语者语料库：北京大学CCL现代汉语语料库（http：//ccl.pku.edu.cn：8080/ccl_corpus/index.jsp），北京语言大学BCC汉语语料库（http：//bcc.blcu.edu.cn/），国家语委现代汉语语料库（http：//www.cncorpus.org/），《人民日报》标注语料库（http：//www.icl.pku.edu.cn/icl_res/），北京口语语料查询系统（http：//www.blcu.edu.cn/yys/6_beijing/6_beijing_chaxun.asp）。

第二，汉外对比，可使用汉外平行语料库：北京大学CCL汉英双语语料库（http：//ccl.pku.edu.cn：8080/ccl_corpus/index_bi.jsp），"二语星空"英汉平行语料库（http：//www.luweixmu.com/），Babel汉英平行语料库（http：//icl.pku.edu.cn/icl_groups/parallel/default.htm），21世纪世宗计划韩语语料库（http：//www.sejong.or.kr/），沪江韩语学习网站（http：//kr.hujiang.com/）等。

第三，考察中介语、二语习得，用外国人学汉语中介语语料库：北京语言大学HSK动态作文语料库ver2.0（http：//hsk.blcu.edu.cn/Login），中山大学中介语语料库（http：//cilc.sysu.edu.cn），暨南大学留学生书面语语料库（http：//www.globalhuayu.com/corpus3/Search.aspx），台湾师范大学汉字偏误库（http：//free.7host05.com/bluekid828/）。

（待续）

（原载于《国际汉语教育》2017年第1期）

# 研究设计与论文写作（下）

## 五、理论方法的具体应用

任何理论、模式、假说的引用，任何方法的使用，都要对解决具体问题有真正作用。好论文就是用自己找到的可信论据，通过科学论证，得出有说服力和创新性的论点。

### （一）定性研究与定量研究

定性研究。主要是借用一定理论，对已有材料、案例进行分析总结，归纳出一定的规则。其类型有很多，下举两例：案例分析，学科史研究。

案例分析有多种模式。《韩国小学汉语课堂管理案例分析——以釜山市东弓初等学校为例》（申时会，2015）采用"背景介绍＋情景描述＋分析＋事后反思"模式，分析韩国汉语课堂管理案例。描述了课堂发生的事件（学生捣蛋，志愿者管理无效，韩国班主任怒斥、体罚学生），师生心理冲突；刻画了志愿者教师的心理活动。进而对比韩国"权威式"管理和中国"民主式"管理，提出"权威的民主式管理"是本土化后的治理方式，有利于中国教师在韩国中小学进行课堂管理。

《从马来西亚独立前钟灵中学的双语教育看国民型华文中学的开端》（杨钦宪，2015）通过对史料的梳理，概述了钟灵中学不同时期的发展历程、改革措施、学制和课程设置等，以及政府在不同时期的教育政策。最后指出国民型华文中学和马来西亚华文教育的发展前景和问题。结论对马来西亚的华文教育有清晰的指导作用。

定量研究。重在对数据的分析、统计、描述、比较，从而得出结论。如《中级汉语口语课堂教学输入与输出的考察》（姜芳，2011）对比熟手、新手教师在中级口语课输入时词种密度的区别，和相应班级学生输出时词种密度的区别。

词种密度定义为特定语篇中词种（word type）所占的百分比。即

词汇密度 = 词种数量/词总量 × 100%。

请对比下例:

(1) 早上,我吃了馒头,他也吃了馒头。
(2) 早上,我吃馒头油条鸡蛋,还喝小米粥。
(i) 7/10 × 100% = 70%; (ii) 10/10 × 100% = 100%。

若词汇难度相同,词种密度越高,文本难度越高。看随机抽取 3 页录音转写的材料统计(表1、表2)。

表 1 教师课堂话语词种密度

| 教师 | 页码 | 词种 | 词总量 | 词种密度/% | 平均词种密度/% |
|---|---|---|---|---|---|
| 熟手教师 A 班 | 3 | 106 | 299 | 35.5 | 37.3 |
| | 4 | 129 | 350 | 36.9 | |
| | 6 | 125 | 316 | 39.6 | |
| 新手教师 B 班 | 2 | 105 | 262 | 40.1 | 42.7 |
| | 3 | 132 | 306 | 43.1 | |
| | 5 | 161 | 364 | 44.2 | |

表 2 学生课堂话语词种密度

| 学生 | 页码 | 词种 | 词总量 | 词种密度/% | 平均词种密度/% |
|---|---|---|---|---|---|
| A 班 | 8 | 46 | 126 | 36.5 | 35.3 |
| | 11 | 53 | 132 | 40.2 | |
| | 13 | 66 | 210 | 31.4 | |
| B 班 | 8 | 59 | 193 | 30.6 | 30.2 |
| | 10 | 62 | 221 | 28.1 | |
| | 11 | 55 | 168 | 32.7 | |

教师输入的词种密度:A 班(熟手)低于 B 班(新手);学生输出的词种密度:A 班高于 B 班。即教师输入和学生输出负相关。教师输入越低,学生输出越高。原因:熟手教师输入,稍高于学生水平,容易理解、吸收,容

易转化为学生输出;新手教师输入,高出学生水平太多,不利于理解、吸收、模仿。

混合研究。如《启尔德〈华西初级汉语课程〉研究》(刘羽佳,2015)定量定性结合。研究内容分为交际角色、情景设置、功能项目等。定量研究,统计课文对话交际角色话语数量:"主人"角色占85%,"仆人""教书先生"等角色占15%。句子功能:社交(1%),客观情况(29%),理性态度(3%),主观感情(3%),使令(62%),社交技巧(2%)。定性分析,教材对象为初来成都的传教士,会话体现出"主人"角色的特点。交际活动的功能项目以主人"要求、命令、警告"仆人的句子为主。

## (二)最小差异对

最小差异对指研究对象满足"其他都相同,只有一点不同"的条件。由一个事物(行为)与另一个事物(行为)的最小差异,可凸显事物(行为)的本质属性。

如前一小节所述,考察课堂教学互动,对同一水平、同一课型不同教师(熟手、新手)课堂输入和学生输出的对比,找出词种密度上,教师输入和学生输出的负相关。

词典研究。《外向型汉语语文词典释义词语的考察与研究》(杨静,2011)发现:《商务馆学汉语词典》总词种6863个;甲乙级词2402个,占35%;超纲词2077个,超30%。《商务馆学汉语近义词词典》总词种3745个;甲乙级词1778个,占47.48%;超纲词742个,不到20%。可见后者更适合中级汉语水平的二语者学习。进而提出建立外向型词典释义基元词(2553个)体系的设想。

实证研究。《基于图式理论的对外汉语中级听力教学研究》(柏清,2015)设计研究方案:A班用图式理论教学法,B班用传统教学法。区别体现在三个阶段:①听前准备。A班先激活语言图式扫清语言障碍,再用讨论、头脑风暴、视频、分组展示等激活学生内容/形式图式,指导学生预测听力内容;B班讲解生词、语法,基本被动接受。②听力理解。A班根据接收到的语言,检验、修改、补充相关图式,利用图式跳跃障碍、抓关键信息;B班重复放录音—对答案—讲解题目。③听后巩固。A班复述、表演、讨论;B班选课文部分长对话分组复述。

两个班内部分"善听组""不善听组",都要完成两份水平测试卷和一份调查问卷。实验证明:①图式教学法可改善课堂气氛,提高听力水平。A

班学生后测听力成绩的整体优势明显,技能使用情况略好于 B 班。②实验后,听力成绩和听力技能使用情况,A 班"不善听组"明显好于 B 班"不善听组"。

优点:①图式理论融为可操作的具体方法,两种方法的异同与实施很清晰;②最小差异对进行实证研究,结果凸显。

### (三) 汉外对比分析

汉外语言对比,能凸显两种语言的异同,促进语言规则的概括,帮助我们找到学习难点、偏误原因,从而有效地组织教学。

以《汉越疑问代词对比》([越南]何黎金英,2011)为例,讨论语言对比的程序和运用。

(1) 发现问题。作者发现越南学生学习汉语疑问代词容易出现以下偏误:

\*谁知道答案那个人就回答。　　\*谁对他好他就玩。

(2) 确定目标。偏误原因之一,是汉语、越南语疑问代词有同有异,学生容易受母语影响;由汉越对比可找出母语迁移的证据。

(3) 收集语料。从《四世同堂》《茶馆》《曹禺剧作选》《围城》,邓友梅、王蒙、王朔中短篇小说和越南现当代小说中找寻语料;自己收集越南学生疑问代词使用偏误。

(4) 逐项比对。主要对比了四类疑问代词。如呼应性任指代词的用法:汉语是同型呼应性任指,后边的代词跟前边代词同形,都是疑问代词:

**谁**有事情做他恨**谁**。　　**哪里**没车他放在**哪里**。

越南语可能是异形呼应性任指,即后边用指示代词。如:
　　　　Việc　ai　**người ấy**　làm.
词译:事　谁　人　那　做
句译:**谁**的事情**谁**做。

也可能是零呼应性任指,即后边不用代词。如:

```
        Ai   tốt   với   nó   thì   nó   chơi.
词译：谁   好    跟    他   就    他   玩
句译：**谁**对他好他就跟**谁**来往。
```

（5）多层解释。汉语、越南语疑问代词的分布有同有异，属对比等级 4 级，容易诱发指示代词、疑问代词误代或疑问代词遗漏等偏误。

（6）教学建议。教学中应加强对比，让学生明白异同。配以大量练习，养成语感。

### （四）偏误分析

以《汉语描写性状语/补语与罗曼语对应成分的对比研究及偏误分析》（白德龙，2015）为例，探讨偏误分析法。该文选题缘由参照前文［二（二）］；语料大多来自中山大学中介语语料库，小部分来自作者的汉语学习。第三章先讨论语言负迁移诱发的误加、误代偏误：

A. ＊亚历山大鲁<u>带有</u>平静地说：……（亚历山大鲁平静地说：……）
B. ＊父母睡觉时我<u>暗暗得</u>用手机跟哪个男孩儿聊天。（……偷偷地……）

通过对比，可以看出这两句偏误都是母语负迁移的结果。先看 A 句：

```
A′.      Alexandru   spuse   cu    calm：…
词译：亚历山大鲁    说了    跟/带  平静：……
句译：亚历山大鲁平静地说：……
```

介词 cu 可大致翻译为"带、跟"，calm 是名词。类似表达，罗曼语族都是用"介词＋名词"。学生照搬罗曼语，就会出现 A 句的误加介词的偏误。

B 句偏误是因为西班牙语"secretamente"可对译为汉语"秘密""暗暗""偷偷"等，对比等级 6 级，难度最高，学习者不知道该用汉语哪一个词，出现词语误代。

好的偏误分析，应跟汉外语言对比结合。如该论文的第二章《语法对比》已经有相关汉外语言对比，为第三章的偏误分析打下了坚实的基础。

## 六、论文写作与修改

论文写作，格式规范是关键。包括：文章结构和各层标题，提要与关键词写作，前人成果的展现，引文和参考文献的列举，材料来源的说明，例句图表的展示，创新点的表达，等等。格式是否规范，是检验作者是否受过严格训练的标准之一。

### （一）论文写作

写作内容很多，下边主要聚焦那些容易出问题的部分。

**提要** 是对整个研究的高度概括。应语言简洁，明确展示研究的问题、材料、方法和结论。好的提要，能让读者基本掌握论文内容，判断出是否有研读全文的必要，是否对自己的研究有参考价值。提要应该包含有趣的材料，有趣的观点。请看《中文分级读物〈汉语风〉1 的词汇考察》（孙小敏，2015）的提要：

本文重点考察《汉语风》1 级各册读物的生词以及基础词在数量、难度等级、重现率等方面的特点。通过对教材生词和基础词封闭性的统计、考察发现，《汉语风》1 级的 6 册读物，在词汇数量、难度等级上基本符合分级读物的要求；但是，在重现率方面，尤其是兼类词不同用法、多义词不同义项的重现率方面，还有较大改进空间。最后，从分级读物的形式、题材、等级设计、分级读物词汇重现率的影响因素四个方面，对分级读物的现状和前景提出自己的见解。

三句话简洁清晰地概括出论文最重要的几点：研究内容，研究结论，主要观点。

有些论文提要，只是罗列各章标题和主要内容，没有总结出论文的精华，也可能反映出该论文并没有得出什么新观点。

**结论** 要突出创新性。可以展示创新性的发现，也可以用新材料证明某个已有理论。研究结果的陈述要科学、严谨。研究可能会得到很多结果，必须提炼出最有价值的部分，而不是面面俱到，一一罗列。做出结论时，要注意结论跟引言部分的研究假设呼应，说清楚是否解决了引言提出的研究问题。

《基于语篇的词汇练习题型对词汇习得效果的影响》（桂菊花，2015），引言提出研究目的："检测这种基于语篇的词汇自主学习模式对学习者词汇习得的有效性"。实证研究得出结论："输出类练习确实能够帮助学习者更好地记忆生词"，同时发现：

> 基于语篇的词汇练习模式，一方面完善了课堂词汇教学以老师精讲、学生被动接受的词汇学习形式，另一方面在扩大学习者词汇量的同时，也巩固和提高了学生自主加工语言知识的能力，培养了学生自主学习意识。

这个结论有效回应了引言，说明论文解决了自己提出的问题。

**例句与图表** 例子最好使用与正文不同的字体，以便区分。例子序号要清晰，要有层次性。序号最好以章为单位排列。如果例子序号从文章一开始排到最后，只要出现一处错误，就要全部重来，费时费力，且容易出错。

图式与表格的序号要清晰。一般是表号在表前，图号在图后。具体表号或图号，一般章节号在前，表格在该章所排序号在后，中间用短横线分开，如表2-4。"2"表示第二章，"4"表示第二章第4张表格。序号后面，应该有图片名称或表名。

**引文格式** 以《启尔德〈华西初级汉语课程〉研究》（刘羽佳，2015）绪言引文为例。一类是先呈现引文，后括号内说明引文出处——（作者，年份：页码）。如：

> 西方人早期学习汉语的这一段历史，为我们留下了一笔丰富的学术遗产，不仅对于研究西方汉学史、中国汉语本体、比较文化、比较语言学等具有重要的意义，而且对于我们今天的对外汉语教学研究也具有重要的学术意义。这段历史"为世界汉语教育史的研究提供了大量丰富的文献，为今天对欧美学生的汉语教学提供了极其宝贵的历史经验"（张西平，2008：69）。

另一类是先说明出处——作者（年份：页码），后呈现引文。如：

> 因此，张西平（2008：69）指出，我们需要对这个领域进行深入研究，这"不仅将会为对外汉语教学学科的确立提供一个坚实的历史基础，也将会为我们研究汉语作为第二语言教学提供直接的经验"。

**注释** 一般说来，需要注释的大致有四种情况。

第一，注明所引内容的出处。出处非学术著作，或二次引用（转引自其他文献）时一般要注明。《中韩三套儿童汉语教材练习考察》（崔利颖，2015）提到"目前韩国图书市场出现的各种儿童学习的汉语书籍大概82种"，脚注说明数据来源：具体图书信息参照附录"韩国图书市场儿童汉语教材目录"（1992—2011年统计数据）。

第二，界定概念。《从马来西亚独立前钟灵中学的双语教育看国民型华文中学的开端》（杨钦宪，2015）中提到"董教总"，脚注为"马来西亚华文教育的'董事联合会总会'和'马来西亚华校教师会总会'的合称，是马来西亚华文教育的领导机构"。

第三，修正原文。《官话急就篇》中提到"李大白"，注释修正为"李太白"。

第四，补充信息。《启尔德〈华西初级汉语课程〉研究》（刘羽佳，2015）说"《华西汉语》是20世纪初为数不多的教授西南官话的国际汉语教材之一"，脚注为"当时由传教士编写具有代表性的西南官话教材还有三本，分别是《西蜀方言》《华英联珠分类集成》《华英捷径：初步100步（注音）》。前两本以成都方言为标准，后一本以云南方言为标准"。

**参考文献** 信息要清晰准确，能看出作者是否研读了该研究必需的文献，能引导研读相关文献。刊物文献要注明年份、期数；专著要注明年份、版本、页码；学位论文要注明哪所大学，博士或硕士学位论文。顺序一般先中文，后外文。按作者姓氏音序或文中顺序排列；若姓氏相同，按照名字首字母排序。

有的论文参考文献信息有误，格式不规范。请对比某论文初稿、终稿：

初稿：

[6] 崔亚丽. 泰国学生汉语习得中状语语序偏误研究及其教学策略. 硕士论文. 山东大学，2010

[11] 黄伯荣、廖序东. 现代汉语. 北京：高等教育出版社，1997

[14] 刘松汉. 形容词作状语、补语情况再考察,《南京师范大学学报》. 1990. 第1期

[30] 张国宪. 双价形容词对语义结构的选择. 汉语学习，1995，(4).

终稿：

[6] 崔亚丽．泰国学生汉语习得中状语语序偏误研究及其教学策略[D]．济南：山东大学，2010．

[11] 黄伯荣，廖序东．现代汉语[M]．北京：高等教育出版社，1997．

[14] 刘松汉．形容词作状语、补语情况再考察[J]．南京师范大学学报，1990（1）．

[30] 张国宪．双价形容词对语义结构的选择[J]．汉语学习，1995（4）．

初稿没有标注文献类型，期刊文献格式不统一，标点符号前后不一致。

## （二）论文修改

好论文是改出来的。合格论文起码要改四五遍。初稿写好后应立刻请老师、同学审阅、提意见。修改时应换位思考，站在读者角度批判式审读自己的文章。修改要关注：论文框架与格式，深度与广度，措辞与语篇衔接，等等。

**框架** 框架可从审视标题入手。如某篇论文初稿第三章标题：

第三章　偏误分析
　3.1　语言负迁移
　　3.1.1　词汇误加
　　3.1.2　词汇误代
　3.2　规则泛化
　　3.2.1　区分状语与补语
　　3.2.2　标记"地""的""得"
　　3.2.3　多项状语

仔细分析一级、二级、三级标题，发现三级标题"3.2.1 区分状语与补语""3.2.2 标记'地''的''得'""3.2.3 多项状语"，跟一级标题"第三章 偏误分析"、二级标题"3.2.3 规则泛化"都没有从属关系。文章修改后，标题、框架结构明确了，逻辑关系清楚了：

第三章　偏误分析
　3.1　语言负迁移诱发的偏误（语际偏误）

3.1.1　词汇误加
3.1.2　词汇误代
3.2　目标语规则泛化诱发的偏误（语内偏误）
3.2.1　状语与补语的误代
3.2.2　三个 de 的混用
3.2.3　多项状语的错序

**格式**　如外语汉语对比，就需要有规范的格式。请对比初稿和终稿：
初稿：

Un tel professeur est très bon pour l'étudiant.
（一个这样老师是很好为冠词学生。）

终稿：

　　　　Un　tel　professeur　est　très　bon　pour　l'étudiant.
词译：一个　这样　老师　　是　很　　好　　为（冠词）学生。
句译：这位老师对学生很好。

初稿有词译无句译，且词译没有对齐。这样粗浅对比，不懂学生母语者看不懂，更看不出母语负迁移，对比目标没有达到。终稿的对比有词译（对译）、句译（意译），两种语言具体单位逐项对比并一一对齐；凸显汉外异同，容易概括相关规则。

**措辞**　使用科学术语要准确。如有某篇论文原稿写到：

近义词的辨析，中级水平（2.8649）高出初级水平（2.3611）的值超过 0.5（表中只显示到小数位 2 位数），出现显著性差异。

"显著性差异"是统计学术语，要依据显著性检验方法（如方差分析、$T$ 检验等得出的 $P$ 值）。论文用五度量表调查学习者对词典功能重要性的主观评价；平均评分中级学生（2.8649）比初级学生（2.3611）高 0.5038，只比较两个平均值大小，属描述性统计。"出现显著性差异"说法不科学，修改时删除。

论文措辞要严谨、规范，简洁明了。请对比某篇论文的初稿、终稿：

初稿：

<u>据笔者所知</u>，目前<u>还没有</u>专门针对一个语族的偏误分析方面，尤其是描写性状语习得情况方面的研究。

终稿：

就当前国内外研究的文献而言，专门针对一个语族学习外语的偏误分析研究<u>还不多见</u>，尤其是描写性状语习得情况方面的研究还不够深入。

初稿"据笔者所知"主观性强，非论述语体。研究动态应以查阅文献为准，不应基于个人经验。"还没有……"，表达不严谨。文献查询只是在一定范围内进行，未查到的文献不能说明学界对此无研究，可能说明这类研究不多，或说明作者自己没有找到。

## 结　语

概言之，专业学位论文的写作原则为：**问题导向，创新指导**。具体表现在：①选题，找到汉语国际教育实际存在的具体问题。②材料，围绕实际问题，搜集真实有用的材料。③方法，科学运用理论模式方法手段，有效促进问题的研究和解决。④成果，对第一点提出的"具体问题"，给出解决方案；即使不能全解决，也能部分解决。

在设计、写作中，在发现、分析、解决问题的过程中，始终要明确：你的论文与前人有何不同，创新点在哪里？明确这一点，论文完成才能切实促进行业发展。

培养论文写作能力，要研读更要实践。实践中发现问题，收集材料，用理论方法分析解决问题，完整进行论文写作，才能真正掌握研究和写作方法，获得全面发展。

**参考文献**

白德龙. 汉语描写性状语/补语与罗曼语对应成分的对比研究及偏误分析［C］//周小兵，张世涛，邓小宁. 汉语国际教育硕士论文选. 广州：中山大学出版社，2015.

柏清. 基于图式理论的对外汉语中级听力教学研究［C］//周小兵，张世涛，邓小宁. 汉语国际教育硕士论文选. 广州：中山大学出版社，2015.

陈琳. 对美国印第安那波利斯儿童博物馆"中国文化展"的项目考察［D］. 广州：中山大学，2015.

崔利颖. 中韩三套儿童汉语教材练习考察［C］//周小兵，张世涛，邓小宁. 汉语国际教育硕士论文选. 广州：中山大学出版社，2015.

桂菊花. 基于语篇的词汇练习题型对词汇习得效果的影响［C］//周小兵，张世涛，邓小宁. 汉语国际教育硕士论文选. 广州：中山大学出版社，2015.

何黎金英. 汉越疑问代词对比［C］//周小兵. 中山大学汉语国际教育三十年硕士学位论文选. 广州：中山大学出版社，2011.

姜芳. 中级汉语口语课堂教学输入与输出的考察［C］//周小兵. 中山大学汉语国际教育三十年硕士学位论文选. 广州：中山大学出版社，2011.

黎光创. 越南学生汉语二项定语习得研究［C］//周小兵. 中山大学汉语国际教育三十年硕士学位论文选. 广州：中山大学出版社，2011.

黎倩. 移动终端汉语学习词典App及其使用现状的调查［C］//周小兵，张世涛，邓小宁. 汉语国际教育硕士论文选. 广州：中山大学出版社，2015.

梁莉莉. 外向型与内向型汉语词典释义与用例对比研究［C］//周小兵，张世涛，邓小宁. 汉语国际教育硕士论文选. 广州：中山大学出版社，2015.

林晓群. 美国公立小学中文课程主题式教学研究与设计［C］//周小兵，张世涛，邓小宁. 汉语国际教育硕士论文选. 广州：中山大学出版社，2015.

刘宏帆. 双及物结构的类型考察及其汉语习得［C］//周小兵. 中山大学汉语国际教育三十年硕士学位论文选. 广州：中山大学出版社，2011.

刘润清. 外语教学中的科研方法（修订版）［M］. 北京：外语教学与研究出版社，2015.

刘羽佳. 启尔德《华西初级汉语课程》研究［C］//周小兵，张世涛，邓小宁. 汉语国际教育硕士论文选. 广州：中山大学出版社，2015.

罗宇. 留学生汉语写作过程中的写作策略研究［C］//周小兵. 中山大学汉语国际教育三十年硕士学位论文选. 广州：中山大学出版社，2011.

申时会. 韩国小学汉语课堂管理案例分析：以釜山市东弓初等学校为例［C］//周小兵，张世涛，邓小宁. 汉语国际教育硕士论文选. 广州：中山大学出版社，2015.

孙小敏. 中文分级读物《汉语风》1的词汇考察［C］//周小兵，张世涛，邓小宁. 汉语国际教育硕士论文选. 广州：中山大学出版社，2015.

徐丹. 初级汉语口语课中的任务设计［C］//周小兵，张世涛，邓小宁. 汉语国际教育硕士论文选. 广州：中山大学出版社，2015.

王珅. 《官话篇》与《官话急就篇》文化内容比较分析［C］//周小兵，张世涛，邓小宁. 汉语国际教育硕士论文选. 广州：中山大学出版社，2015.

王莹. 二语交际问题及其解决策略的研究：汉语学习者使用汉语交际的个案分析［C］

//周小兵. 中山大学汉语国际教育三十年硕士学位论文选. 广州：中山大学出版社，2011.

魏白丽. 泰国学生汉语动态助词"着"习得研究［C］//周小兵，张世涛，邓小宁. 汉语国际教育硕士论文选. 广州：中山大学出版社，2015.

文秋芳，俞洪亮，周维杰. 应用语言学研究方法与论文写作（中文版）［M］. 北京：外语教学与研究出版社，2004.

杨静. 外向型汉语语文词典释义词语的考察与研究［C］//周小兵. 中山大学汉语国际教育三十年硕士学位论文选. 广州：中山大学出版社，2011.

杨钦宪. 从马来西亚独立前钟灵中学的双语教育看国民型华文中学的开端［C］//周小兵，张世涛，邓小宁. 广州：中山大学出版社，2015.

赵世开，沈家煊. 汉语"了"字跟英语相应的说法［J］. 语言研究，1984（4）.

周小兵. 对外汉语教学入门［M］. 2版. 广州：中山大学出版社，2009.

周小兵，朱其智，邓小宁. 外国人学汉语语法偏误研究［M］. 北京：北京语言大学出版社，2007.

ELLIS R. The study of second language acquisition［M］. Oxford：Oxford University Press，1994.

（原载于《国际汉语教育》2017年第2期）

## 二、发刊词与序言

### 通天塔和汉语桥
——《汉语回廊》发刊词

摆在我面前的是第一期《汉语回廊》,主要是这个学期作文、书法比赛得奖作品。看到留学生能写出这么好的作文,这么好的书法,我非常高兴。

传说人类原来只说一种语言。他们齐心合力建一座很高的塔,叫"通天塔"("巴别塔"),想登天。这个艰巨的任务快要完成了!上帝觉得人类太厉害,就把他们分成不同的部分,说不同的语言。从此,说不同语言的人就很难交际了。

全世界有多少种语言?根据1970年代的统计,世界上还在使用的语言有三四千种。广泛使用的语言,就是使用人数超过百万的语言,有两百多种。这么多的语言,当然给人类的互相了解带来困难。

最近有一个很好的电影,也叫《通天塔》,讲了几个国家的几个故事。主要意思是,不同国家、民族的人,社会地位不同的人,很难了解对方的想法,常常误解。这个电影告诉我们:人类需要沟通,要了解对方的想法,要互相理解!

说不同语言的人怎样才能互相了解呢?有一个办法,就是在他们中间建设一座桥梁,让他们通过这个桥梁,走到对岸,了解对方说什么,想什么,做什么。

掌握一门或多门外语,是了解其他国家、其他民族最好的办法,是走向世界最好的桥梁。只会一种语言,像生活在一座巨大的建筑物中但只能呆在一个房间里。懂得多种语言,可以看到其他迷人的景象,感受到其他的文化和魅力。

汉语是母语使用者最多的语言,全世界有20%的人在使用。现在中国经济发展很快,国际地位也在加强。到中国投资的国家和地区超过了190个,学汉语的外国人越来越多。现在全世界有100多个国家的2500多所大学有汉语课。英国、泰国、印度尼西亚、韩国等国把汉语放进了本国正规教育体系中。美国2400多所高中要开 AP 中文。拉丁美洲、中东和非洲国家学习汉语的人数也在快速增长。同时，到中国学汉语的留学生人数逐年增加，2006 年超过 14 万人。

这本刊物的作者，就是这 14 万人的优秀代表。他们的作文，他们的书法，写得相当好，相当漂亮。要知道，那些初级班的学生，学习汉语还不到一年。

大家知道，听说读写四种技能中，写作是最难的。我用英语写作，就觉得挺难，尤其是要准确描写人物和事件，要真实表达自己要表达的看法。必须用英语思维，挑选合适的词和句子，还要考虑下一句话怎样接上一句话。

用汉语写作更难。汉语是世界上最古老的语言之一。汉字是世界上唯一保留了象形文字特点的文字，是世界上现在还在使用的历史最长的文字。由于汉字不是直接表示语音，比较难学。会说汉语但不懂汉字的汉族人也有不少。

但这些学汉语时间不长的留学生，居然能用汉字写作，用汉字描写他们看到听到的东西，来表达自己的感觉。从他们还不太熟练的文字中，我们得到许多有趣的信息。

我们看到，留学生学汉语的原因各不相同：周恩来、邓丽君、王菲等伟人和歌星的影响；对中国文化的爱好；跟中国学生一起参加的麻风村志愿者活动；中国羽毛球手夏煊泽的球迷网站；……最令人感动的，是超过 60 岁攻读汉语言本科，作者是在对自己生命力进行一次考验（《迟到了四十年》）。

同样的事情，观察角度不同，写出来的也不同。通过留学生的眼睛，通过他们的汉字，我们看到真实的中国，发展中的广州，可爱的中山大学。通过他们的眼睛和汉字，我们也看到其他国家：韩国的四季和风景，印尼的风俗和文化，日本人的习惯，越南的高山和瀑布，俄罗斯的现实和人情，土库曼斯坦的首都和最大的市场……

不少留学生通过汉语或其他外语结交了不少中国和其他国家的朋友。他们的友谊，有的虽然只是一些小事，描写却非常感人。如中国学生怎样为照顾生病的留学生放弃了考试，如何安慰考试不及格的留学生（《我留学期间最美好的友谊》）。

我特别喜欢描写小事的作文。如《我的第一天汉语课》，中心突出，描写生动、细致，好像让读者回到自己开始学外语的情景。还有，因为语言文化的障碍，学习、使用汉语时常会遇到一些让人尴尬的事，《不好意思？》就叙述得非常真实。

民族之间的桥梁不只汉语，其他外语也是。我们看到，留学生在中大不仅学习汉语，体验中国文化，他们还在类似小联合国的环境里学习其他外语，体验多元文化。

当然，表层语言交流，可能让双方互相了解，但是不一定能够互相理解，更不可能解决所有跨文化的问题。留学生可以用汉语跟中国人交流，但民族、文化隔阂不能一下消失，电影《通天塔》的场景还会在现实中重演（《我又一次失去的爱》）。

最后，祝贺这本刊物的作者，写出这么美好的作文，这么美好的书法。感谢我们的老师，教出这么优秀的学生。希望汉语的桥梁架设得更长、更宽，铺设得更快、更好！

预祝《汉语回廊》越办越好！

（原载于《汉语回廊》第一期，中山大学国际汉语学院 2007 年 6 月 20 日编印）

## 大爱汉语，梦想成真

### ——《大爱汉语》序

"我一直有个梦，梦里有一条用汉语铺成的路，它通向海外；而梦中的我，在这条路上走着，走到哪，路就到哪。"这是我院汉语教师志愿者周双梃的梦想。她的梦实现了吗？

2003年6月6日，16名汉语教师到菲律宾教汉语，开启中国外派汉语教师志愿者的历史。11年来国家汉办派出的教师志愿者5万多人次，遍及106个国家，教授学生上千万人。

2008年至今，中山大学国际汉语学院依托国家汉办项目，派出汉语教师志愿者154人次，奔赴22个国家和地区（爱尔兰、英国、德国、印尼、菲律宾、越南、美国、加拿大、西班牙、澳大利亚、墨西哥、孟加拉、柬埔寨、喀麦隆、哥斯达黎加、哥伦比亚、尼日利亚、南非、缅甸、韩国、波兰和香港），足迹踏遍五大洲，教授学生达18000人。

我手头上的《大爱汉语》，只是志愿者汉语教学大潮中的几朵浪花，却真切映射出6年来我院志愿者在海外汉语教学的付出与奋斗，写出了5万多汉语教师志愿者的梦想。

梦想的实现需要付出。张悦在柬埔寨，"一张床，一张木桌，一盏电灯，就是我的第二个家"。壁虎随处可见，饭里常有蚂蚁。就在没电的教室，一块黑板，几支粉笔，用纸板、废塑料瓶自制的教具，教一群可爱的孩子学汉语。（《让梦飞起》）在疟疾、霍乱、伤寒经常发生的喀麦隆，在"早上能在床上发现一片一片压死的蚊子"的马鲁阿，梁振兴尽心地教学生学汉语，打太极拳，唱中国歌，讲中华文化。"喀麦隆学生经常说的一句话是：我深深爱上了汉语。而我最想说的是：我深深爱上了汉语教学。"（《走进非洲大陆》）

汉语学习者，很大一部分是华裔。他们对祖籍文化和传承语的情感和执着追求，让志愿者们感动。柬埔寨男孩来兴，家里只有一张桌子，常常就着昏暗的灯光趴在地上写作业。志愿者李秀英，身体不适也不忍心放下学生。学生在作文中写道："她才是我们的第二位好妈妈。"第二次当志愿者，面

对美国、法国、菲律宾时，她被东南亚华人的寻根情怀所吸引，毅然选择了后者。(《志愿构筑起的中国梦》)

用爱心教学，是志愿者的信仰。"教师要站在学生的角度来安排讲授内容，设计课堂教学。"李智斌把朱德熙先生这段话当作座右铭，认真学习本土文化，挑选最适合学生学习、学生最需要的素材，精心准备每一个课件，用心设计每一个活动，效果极好。他到过三个国家任教，被赞誉为"优秀教师"。(《用心，是能力的延伸》) 志愿者陈辉在韩国一所中学任教，用心组织中文教学和课外文化活动，备受好评，连学习日语的同学也被深深吸引，要求加入中文社团。(《我们一起看日出日落》)

在海外当汉语教师志愿者，不仅要教汉语、介绍中华文化，还要学习当地的语言与文化，增强文化间的交流与互鉴。在韩国的黄淑婷，受当地文化影响，喜欢上了泡菜。韩国同行和学生纷纷给她送泡菜，塞满了她的冰箱："她们说，要让我在韩国每天都能吃到好吃的泡菜。"(《我的韩式生活》)在韩国的志愿者陈辉"入乡随俗"，认真学习韩国语，坚持用韩国语跟当地同事打招呼。因为这一细节，她在学校受欢迎的程度远远高于美国外教。(《我们一起看日出日落》)

志愿者，都会经历从不习惯到得心应手的阶段，许多人还会遭遇文化休克期。跨文化交际，渗透到志愿者教学、生活的每个角落。《一杯冰牛奶》，谈的是生活琐事，却是每个志愿者可能遇到的挑战。《迎接挑战，收获成长》，讲的是课堂教学，却隐含着教育理念的差异：中国课堂统一标准，美国课堂"因材施教"。这篇文章还引起我的深思："因材施教"原本产生于中国，为什么却在美国中学课堂深深扎根？

海外志愿者经历，使很多人经受了在国内不可能遇到的挑战和历练。志愿者肖丹在韩国第一次体验了"搭档教学"模式。先后两位搭档都是韩国本土汉语教师，她们风格迥异。通过跟她们的合作与交流，肖丹学会了如何与搭档老师默契配合，如何优化课堂教学。(《搭档教学——机遇与挑战并存》) 在他乡工作也时常会遇到"惊险刺激"。在菲律宾工作时，当地华语电视台组织了一场中文歌曲比赛，雷珊担任主持人。第一次面对权威的评委、众多的观众和四面环绕的摄影机，她虽然紧张，但凭借自己扎实的语言功底和随机应变能力，顺利完成了任务。(《菲律宾孔院实习》)

在志愿者周双桢的梦里，有一条用汉语铺成的路……。她两次奔赴海外，到两个国家任教。她用行动实现了自己的梦想，把汉语的路，从中国铺到美国，从学校铺到社区，还铺到了美国最大的儿童博物馆。(《有梦就能前行》)

在汉语教学的世界舞台上，志愿者扮演着极为重要的角色。感谢志愿者！你们默默付出，像蜡烛一样燃烧自己，照亮世界。你们用青春点燃自己的梦想，也催发着中国梦的实现！

2014年11月4日

［原为《大爱汉语》（中山大学国际汉语学院2014年11月编印）一书的序］

# 三、致　辞

## 在中山大学汉语国际教育
## 30年庆典上的致辞

各位领导，各位嘉宾，老师们、同学们：

你们好！

6月的广州枝繁叶茂，生机勃勃。在这美好的时节我们欢聚一堂，庆祝中山大学汉语国际教育步入第30个年头。值此良机，我宣布，2011全球汉语教学研讨会隆重开幕！

首先，我代表中山大学国际汉语学院全体师生，向参加庆典活动和国际研讨会的领导、海内外专家学者、教师员工以及所有校友、同学表示热烈的欢迎！

中山大学的国际汉语教育，历经30年发展，有许多值得回顾和纪念的地方。

改革开放伊始，我校1980年恢复接收留学生——加州大学洛杉矶分校的6位学生。1981年成立"汉语培训中心"，开启成建制的汉语国际教育。1983年开短期班，1984年设粤语班，1987年招对外汉语研究生。

1992年汉语培训中心并入外国语学院，更名为"对外汉语教学中心"。同年设立华南地区第一个汉语水平考点。1997年开设汉语言本科专业。2001年中山大学与中山医科大学合并，建于1989年的汉语教研室并入外国语学院对外汉语教学中心。

跨越式发展始于本世纪。2001年依托中文系招收对外汉语硕士生、博士生。在李延保书记、黄达人校长的支持下，2004年成立国际交流学院，副校长许宁生任院长。此后学院教学科研飞速发展。2007年设汉语国际教育硕士专业学位。2008年学生人数突破1000人。2009年适应学科发展更名为"国际汉语学院"，成为纯粹的教学科研机构。2010年因成绩突出，成为教育部硕士专业学位改革试点。

如今中山大学国际汉语学院已成为中国最好的汉语国际教育机构之一。教学层次涵盖汉语进修、本科、汉语国际教育专业硕士、对外汉语科学学位硕士生和博士生培养，以及海外汉语教师培训。近两年学院每学期留学生近千名，含600多名长期进修生、200多名本科生和近百名硕士生。

30年，历经1980年代的起步期，1990年代的成长期，本世纪前十年的跨越式发展期，已累计培养出来自100多个国家的上万名学生，确实是"桃李满天下"！

师资队伍不断壮大。40名教师，80%有海外教学经验，90%以上有硕士、博士学位。年轻老师不断加入，队伍层次更加合理，学院呈现朝气蓬勃的氛围。

科研成果突出。2004年以来，承担国家项目4个、部省级项目20多个，经费1500多万元；发表论文300多篇，出版专著20多部。《外国人学汉语语法偏误研究》2009年获教育部人文社科高校科研优秀成果奖。《对外汉语教学入门》多次获奖，并被译成韩国语在韩国出版。出版汉语教材26种、53册；有4种被海外购买版权在日本、韩国、越南出版、发行。《汉语阅读教程》（初、中、高）获第五届孔子学院大会优秀国际汉语教材奖。

2009年国家汉办在我校成立国际汉语教材研发与培训基地。两年来，基地收集整理全球汉语教材信息15000余册，建成全球信息最丰富、使用最便捷的汉语教材信息库。今年3月基地揭牌，受到国家汉办领导高度赞扬。

十年来，通过孔子学院建设，我校将汉语教学延展到全球。与我校共建的孔院有五所：菲律宾马尼拉雅典耀大学孔子学院，美国印第安纳波利斯孔子学院，墨西哥尤卡坦孔子学院，法国里昂孔子学院，南非开普敦大学孔子学院。它们为当地提供高质量的汉语教学、教师培训、测试和中国问题咨询等服务，举办多种形式的中国文化活动、学术讲座，影响很大。仅菲律宾马尼拉雅典耀大学孔子学院，短短3年时间就培养了4000多名汉语学习者，效果显著。

在这个转变中，我校已派出20多位教师，赴海外8个国家教汉语，教授学生2000多人；派出20多位教师，赴海外10多个国家，培训汉语教师1000多人；派出58位汉语教师志愿者，赴10个国家教汉语，教授学生16000多名。

中山大学汉语国际教育30年的发展成果突出！这包含了许多领导、教师、同行、朋友的帮助和支持。借庆典的时机，我向你们表示由衷的感谢！

感谢国家汉办大力支持，让我们拥有广阔的平台开展汉语国际教育和研究工作。

感谢学校领导和职能部门的重视、扶持和帮助，让我们获得充足的发展资源，实现了高效、优质的快速成长。

感谢曾经参与汉语国际教育的前辈们！没有你们筚路蓝缕的开创和积累，我们不可能达到今天的高度。

感谢30年来为汉语国际教育付出过的教师和员工们，正是你们日以继夜的辛勤付出，我们才能发展壮大。

最后我要感谢所有曾经以及正在中山大学国际汉语学院学习的校友和学生们，正是你们的选择和信任，你们的优异表现，给了我们更多的信心、动力去拼搏，以为汉语国际教育事业作出更多贡献。

如果说30年前"汉培中心"只是入门者，今天的学院已是汉语国际教育的支柱力量。但对汉语国际教育事业来说，30年只是起步阶段，今后还有太多的事情要去探索，研究，奋斗。我们还要创造出更多的30年。

汉语国际教育事业任重道远！今天，我们在这里体验到领导层的鼓励，各兄弟单位和海内外同行的支持，学院教师员工的抖擞精神，校友和学生们的满腔热情。

我相信，"三十而立"是一个新起点，在发展道路上，我们必定走得更远，做得更好！

谢谢大家！

2011年6月19日于中山大学怀士堂

## 百年协和，根深叶茂

### ——在广州协和（师范）① 百年华诞庆典上的致辞

尊敬的各位领导、各位嘉宾、各位校友：

大家好！

今天，我们在这里隆重聚会，共庆母校百年华诞。这是每一个协和儿女的荣幸！请允许我代表所有校友，对母校百年华诞，表示衷心的祝福！！

一百年的风雨历程，母校以其坚忍不拔的意志、甘为人梯的奉献精神，坚持办学。无论时局如何变幻，无论学校如何变迁，始终高举着"协力同心，和衷共济"的大旗，坚持实践协和的校训："尔识真理，真理释尔"，以民族大义为根，以勤俭办学为本，以博爱育人为先，矢志教育，为国育才。

一个世纪的春华秋实，母校以其博大的胸怀哺育了万千学子。一百年来，从母校走出了4万余名毕业生，遍布海内外，桃李满天下。一大批学子取得骄人的成绩。据初步统计，目前有联络的校友中，有海内外知名人士13人，中国工程院院士2人，荣获国务院颁发的政府特殊津贴者19人，各级政府部门厅局级以上领导干部86人，国家、省级优秀教师8人，广东省特级教师26人，省级以上劳动模范10人，大学教授、研究员35人，社会突出贡献人士20人。更有现任广东地区中小学校长200余人，各政府部门处级干部120余人。他们跟所有的校友一起，让协和的名字熠熠生辉。

百年协和，留给儿女们的不仅仅是回忆，更是感恩。走出协和后，无论我们身在何处，始终以曾经当过"协和人"而骄傲、自豪。母校的博爱，恩师的教诲，同学的情谊，都是我们一生的财富。韶华易逝，但对母校的感恩之情，永世不变！

为表达对母校的祝福，不少异地校友不顾高龄和身体不适，远涉重洋，舟车劳顿，专程回校参加校庆活动，为的，就是表达对母校的一片赤诚之心。

学生，是学校和教学的主体。我们希望，同学们青春阳光，努力学习，

---

① 作者是该校1974届校友，当时校名为"广州市第一师范学校"。

服务社会，全方位地培养整体素质，成为中国、世界发展的栋梁！我们相信，未来的校友，他们的成绩将远远超出我们！

我们不但要为母校而自豪，更要母校为我们而自豪！

让我们共同祝愿母校：协力和衷，再创百年新的辉煌！

谢谢！

2011 年 11 月 13 日

# 校训与人才成长

欢迎你们——"985""211"高校的优秀大学生！看到你们，不禁想起 30 年前我考进中山读硕士的情景。有同学可能会问，在中山学习有什么好？应该怎么学？今天就和大家分享一下我的经验。

当年在中文系读硕 3 年，发表论文 6 篇，1 篇发在语言学顶级刊物上。读硕时写的论文，毕业后又发表 6 篇。硕士阶段的成果，奠定了我学术发展的基础。能取得这些成绩，是因为中山给了我最佳学习环境，校训教会了我研习方法。

"博学，审问，慎思，明辨，笃行"，源自《礼记·中庸》。1924 年创办广东大学时，中山先生手书作为校训。而汉语国际教育硕士的培养模式，跟中山校训的理念很相似。

"博学"关键在"广博"，就是通识教育。汉语国际教育是新兴交叉学科，跟语言学、心理学、教育学、跨文化学等密切相关。我读硕时课程较少，而现在学院课程要丰富得多，有心理学、教育学、跨文化交际、汉外对比、偏误分析、二语习得、教材评估、教学观察与实践等。当时的教材认为，《马氏文通》是第一本汉语语法学著作。现在汉语国际教育史研究发现，在《马氏文通》之前已有十几本由外国学者编写的汉语语法书，教外国人学汉语，有的教白话文语法。

对留学生错句"看见三个同学们"，语法学只讲规则：名词前后不同时出现数量词和"们"。但错误根源是什么，汉语外语有何区别，很少关注。学汉语教育就要知道：这个错误源于母语迁移。跟英语-s 不同，"－们"不是典型的名词复数标志。它有定指功能，跟数量词的不定指功能冲突。

我读硕时自学心理学，到外语系、英培中心听课。1985 年秋由导师傅雨贤牵线到北大进修，听陆俭明教授的现代汉语语法，叶蜚声教授的国外语言学，石安石教授的语义学。《中国语文》《语言研究》《国外语言学》《语言教学与研究》，每期必读。还阅读 Language、Journal of the Chinese Language Teachers Association 等国外刊物，翻译多篇论文，如王士元的《普通话两种体标记》。

"博学"的动力,是童真,是探索未知的渴求。自己的知识像个圆。圆圈小,周长短,接触新知识少,以为懂得挺多。学得多了,圆圈大了,周长长了;接触新知越多,越明白自己懂得少。博学无止境。

"笃行"指把知识、真理不遗余力地用于实践。我理解还有几层意思:①书本知识只有实践过,才能内化为自己的程序性知识;②实践能验证知识的真伪、效用;③动手能力的强弱,是学知识长技能、优化大脑的关键。

我硕士生的实践主要是研究。运用朱德熙先生的变换方法考察"忍不住"句式,得出创新性结论,发在《中山大学学报》上。形式意义结合,最小差异对,这些理念方法在研究中反复实践,形成自觉的思维模式。研究生实习给本科生教"复杂定语",发现以往教材没写清楚,就写了《多项定语与构件定语》,发表在《语文月刊》上。

如今我院汉语国际教育专业,强调在实践中培养汉语教学能力、跨文化能力。学院在海内外有多个实习基地,提供丰富的见习实习机会。研究生至少教 40 节汉语课,毕业时具备基本行业技能。2008 年至今,我院有 157 人次到 22 个国家和地区教汉语,教授学生达 18000 人,比 33 年来中山学汉语的留学生还多。

学院不少成果来自师生实践。"全球汉语教材库"有 15000 多册汉语教材信息,为全球教师提供丰富的教学资源。"中介语语料库"(cilc.sysu.edu.cn)有 300 万字偏误标注语料,使用者几千人。在建"汉语国际教育案例库""全球汉语教材语料库",明年可上线。《商务馆学汉语近义词词典》等词典,获教育部优秀成果奖的《外国人学汉语语法偏误研究》,有许多硕士生参与研究。

这些实践产生很多有价值的选题。你们一位师姐发现,留学生很少用《现代汉语词典》。她研读文献了解到,《现代汉语词典》收字词 6 万条,释义词达 3.6 万个;《朗文当代英语词典》(*Longman Dictionary of Contemporary English*)收词 5.6 万个,释义词仅 2000 多个。她统计、分析两本外向型汉语学习词典所有释义词,提取出 2553 个基元词,供评估、编写词典用。此类研究对语言教学、词典编纂很有价值。学院已将这类优秀论文编成集子出版,现有 40 多所高校在使用。

"审问"指详细地问,问懂为止。我认为,除了"询问",还有"疑问、质问"。怀疑老师说的、书上写的是否正确,这是疑问。找到证据,证明前人某些观点确实有误,这是质问。经过这三个阶段的"问","博学"才能有效。

还要学会把"问"上升为科学问题。有位硕士生教平行班口语课，发现新手教师和熟手教师比，前者讲得多而学生输出不多，后者讲得少而学生输出多。她提出问题：新手、熟手教师的输入有什么不同？教师输入和学生输出关系如何？然后运用克拉申的"i+1"可理解输入理论，Swain 的"i+1"可理解输出理论，从"词汇难度/密度、平均句长"等方面建立关联假设，形成研究范式，论文写得相当好。

"审问"离不开"慎思"。有个脑筋急转弯："小明家离学校很远，每天骑自行车上学。去学校一个小时，回家两个半小时。为什么？""两个半小时"是 2×0.5，不是 2+0.5。外国人初学汉语，有的以为"两个半小时"是 2×0.5；有的常说"两个小时半"。多数语言"半"对应词放在最后。如英语 one month and a half，越南语 mot（一）thang（月）ruoi（半）。为什么汉语"半"有时在中间？这跟汉语音律有关。五音节组合一般是"2/3"（雅典/奥运会）或"3/2"（代表团/成员）。"两个小时/半"是 4/1 组合，不和谐；"两个半/小时"是 3/2 组合，比较和谐。

"明辨"是一种基本技能。"鲸"的偏旁是"鱼"，但鲸是胎生，用肺呼吸，属哺乳动物。一本权威语法书说，"刚"句动词后可用时量词（刚来一会），"刚才"句不行（×他刚才走两天你就回来了）。我用语言事实证明此观点不对，并系统分辨"刚+V+M"（刚离开五分钟）和"刚才+V+M"（刚才离开了五分钟）的区别。论文发在《中国语文》上。有人认为"四个红鱼细瓷茶杯""鲁镇的酒店的格局"都是复杂定语。我研究发现，前者是多项定语，后者是一个构件（定中结构）定语。我体会，凡事都要明辨是非优劣高下，研习才能事半功倍。

"明辨"能促进教学。"赶快、赶忙"有什么区别？可以说"赶快走，不然迟到了"，不能说"赶忙走……"。"赶快"可表未然，用于祈使；"赶忙"不行。这两句话中，其他词都一样。这就叫"最小差异对"，是"明辨"的一种技巧。

有人说，这十个字讲了学习的五个阶段，其实不然。"学行合一"，二者不能分。"慎思"是内在心理活动，不可能游离于学习实践之外。"审问"是学习实践必不可少的外显行为，不可能学完才问。"明辨"则是学习、实践的基本技能。我认为，这十个字是讲人才成长的必备条件，角度层次不同，但不能分开。

2006年访问韩国时，我在成均馆大学旁的明伦堂，看到十来位韩国人在用汉语古音吟诵中国经典。明伦堂旁边有一排小房间，门框上分别写着"修己室""博学室""笃行室"……我顿时明白：儒家修身经典，人类共享！

据2014年国际汉语学院优秀大学生夏令营上的讲话稿整理<br>（原载于《中山大学报》2014年9月17日）

# 四、随　笔

## 美国的孩子

那年在美国过圣诞节，遇到两个美国孩子，印象很深。

头天晚上在一个美国人家里做客，我和几个华人正聊天，进来一个小姑娘，六七岁，站在旁边想说什么，又不好打断我们。一个在美多年的华人站起来自我介绍。小姑娘高兴了，一边自我介绍，一边跟每个人握手："很高兴认识你。"言谈举止很自信。问是不是某某的女儿，不甘心点点头。问为什么不跟着父母？她说，他们是他们，我是我。西方注意大人孩子平起平坐，培养孩子自立精神。明明跟父母一起来做客，却偏要自己去认识陌生人。

第二天早上开车去看风景。新泽西有许多湖，都结着冰，冰上覆盖着一层薄雪。湖边立着一些住宅，不大，每座都挺独特：尖顶的，棱形的；红、黄、蓝、绿，衬在白色冰雪上，像童话世界似的。我在缓行的车中欣赏冬日风景。突然看见冰湖上有一个小孩子！停下车，才看清是个一岁多的孩子，头戴红色小帽，摇啊晃地在冰上走，身后留下两行歪歪扭扭的小脚印。

我喊："这是谁家的孩子？父母怎么不管？掉到冰窟窿里怎么办？"正喊着，孩子摔了一跤，浑身是雪艰难爬起来，没站稳，又摔倒了。我一惊，想上去把孩子抱回来。刚走到冰上，听见有人喊。回头看，是个年轻女性："别大惊小怪的，他会爬起来的。"

交谈起来才知道，她跟丈夫原住纽约市区，生孩子后，专程到这里买房子住，为了让孩子从小以水为邻，跟鱼虾水草等水里各种动物植物相伴相生。夏天游泳，冬日滑冰，在大自然中长见识，养性情。"你瞧，附近这几家跟我一样，都是刚生了孩子不久搬来的。"说话间，孩子已经爬起来，摇啊晃地继续往湖中间走。冰雪上两行小脚印，不断延伸着；那顶红色的小雪帽，越晃越远。

（原载于《南方周末》1997年5月16日）

# 我的外国学生

30年来,在中山大学学汉语的留学生有1万多人。教过多少记不清了,但一些学生的身影却常在眼前浮现。他们不仅是我的学生,还是我朋友、同行、老师。

有个日本女生刚来时很害羞,上课练习说话声音很小。我鼓励她,耐心教导她,使她进步很快。后来她好几次上课前到教室,偷偷帮我擦黑板。记得最后一节课后,她当着我的面,把黑板、讲台擦得干干净净,用一方白手绢,蘸着清水。

学生的难题和提问,是促进老师教学、研究的动力。1995年我上课讲到"两个半小时",波兰学生达瑞克问:"两个半小时"什么意思?我原以为不是问题,看着他困惑的眼神,才知道学生不清楚"两"和"半"是什么关系,就在黑板上写:

两个半小时 = 2 小时 + 0.5 小时 = 2.5 小时
两个半小时 ≠ 2 × 0.5 小时 = 1 小时

接着练"两个半月"等,说明跟"两天/年半"的区别。我正为解决了学生的难题而高兴,达瑞克突然问:"2.5小时,为什么不说'两个小时半'?"我一时答不出,只得说回去研究一下。他这个问题,促使我结合汉外对比和学习研究,对含"半"时段词进行系统研究,写出论文《学习难度的测定与考察》,从对比、习得和音律入手,得出创新性结论,且得到语言事实和二语教学的验证。

栗原千里是日本大东文化大学交换生,中国语专业,1990年来中山大学。他勤奋且善于思考,上"汉语病句分析"课时,竟把所有例句都翻译成日语,逐项对译,详细解释,探寻病句原因。那一叠厚厚的信纸我还珍藏着,封面是他用毛笔书写的。其实,老师的教研成果,离不开栗原千里这样的学生。我和朱其智、邓小宁等2008年出版《外国人学汉语语法偏误研究》，其中一些观点就是受学生的启发。最近从网上看到，他现在日本大学（专名）教汉语，论著不少，是准教授了。

有一位来自美国的进修生，有本科学位，教英语多年，经验丰富。她一边学汉语，一边跟我们讨论如何把英语二语教学法用于汉语教学。学业结束前，她写了一份厚厚的材料：列举我们中心汉语二语教学的不足，提出具体可行的教学建议。对外汉语教学中心主任张维耿教授把它复印给每一位老师，要求大家学习参考。

有个韩国女生，嗓音带磁性。1998年校工会学生会文艺汇演，我当主持人，鼓励她参加。她唱得特别好，引发阵阵掌声，却意外没有得奖。赛后她眼睛有些潮红，我只能安慰她，带一丝歉意。其实好些汉语歌我是在学生影响下学会的，如周华健的《朋友》。

学生的成绩，常常让我感到骄傲！1996年入学的越南学生何黎金英，学习刻苦，汉语好，文笔优美："花开时五瓣儿都向外伸展出来，接住阳光，……轻风一吹花就轻轻地摇动，长长的丝头低下来像一个害羞的姑娘。"这篇《紫荆花》发表在《人民日报（海外版）》，获得1998年全国留学生汉语作文比赛一等奖。

十几年来，留学生作文在报刊上发了4个专版，散见的还有30多篇。意大利的司徒拉里非常精明。他的作文《一次讨价还价的经历》发表在2004年《羊城晚报》上，真实有趣，成为留学生讨价还价的教科书。他本科毕业后在珠江三角洲进口意大利制鞋机器，很辛苦，收入也不错。

我的学生不少成了同行。除日本的栗原千里，还有澳大利亚格里菲大学1989年的交换生、现任西澳大学孔子学院院长的席格伦，1997年入学、现在胡志明市国家大学任教的胡明光，2007年入学读硕士、现在韩国中学任教的李炅恩。我们会交流汉语教学经验，一起研究，一起开国际会议。在河内国家大学下属外国语大学任教的何黎金英，现正跟我合编《越南汉语教学入门》。我们也不止一次在国际会议上见面、交流。

学生们陆陆续续地离开学校，工作在全世界各个角落。我盼望着能在中山大学国际汉语教育30年庆典上看到他们。不管能不能看到，能不能联系上，都希望他们记得母校，希望他们过得好！

1992年在中山大学学习的日本学生河村朋江，后来在日本读了硕士；2003年在山口县办了一个汉语学校，学生从3岁到75岁。她最近来信说：

"我今年 40 岁了。老了……"

是啊，我教汉语都快 30 年了！好多学生的孩子都上学了！好多学生已经开始培养自己的学生了！我突然生出一个愿望：我学生的学生，我学生的孩子还学汉语，还来中大，还当我的学生。

2011 年 6 月 9 日

补记：席格伦、栗原千里已是教授。胡明光现任胡志明市国家大学下属人文大学中文系主任。何黎金英现任河内国家大学下属外国语大学副教授，教务处长；建成越南唯一的越南人学汉语中介语语料库。他们大多参加了 2011 年 6 月 19—21 日中山大学国际汉语教育 30 周年庆典；他们的学生有的来中山大学学汉语，有的还攻读硕士、博士学位。

# 半世耕耘且做零

## ——"2015 年南京大学语言学高峰论坛"随笔

2015 年夏，十几位年至甲子的语言学学人聚首南京，分享研究成果；要求交学术论文时再交一篇谈成长的随笔。由此有了这篇文章。

记得首次发表论文是 32 年前。回想当年如何走上语言研究之路，怎样扩展到应用语言学研究，有很多感慨。

## 一、为何爱上语言学

1971 年盛传恢复高考，不少高中生刻苦学习，包括我。虽希望落空，但因成绩好，1972 年高中毕业分配到广州第一师范学校（以下简称"一师"）学数学。"文革"时大学停办，中小学教师只能靠中专培养。按惯例去一师前要在原中学当辅导员。4 年制中学毕业的我被派到初三级组（1972 年夏初中改为 3 年），因初三缺语文教师，通知我临时教语文。

当时中学语文课本单调，很多反"封资修"的内容。教师只要按《教师用书》备课，讲课文时代背景、主题、结构与段落大意、写作特点即可。课后发现级组办公室有一本《现代汉语》，黄色牛皮纸包着封面，非正式出版物，华中师范学院编写。

我对《现代汉语》爱不释手，尤其痴迷语法：那么多的词，可按构成方式分成若干类，又可以根据功能看出词性。六种成分，组成绝大多数句子；十来种关系，可包含那么多复句。我感觉到语言学的魅力，感觉到分类和规则的魅力！

当时流行"学好数理化，走遍天下都不怕"，多数人不愿学语文、政治。但一师校方认为我已教了半年语文，硬分我到语文班。1 年 3 个月，有语言、文学课，如"现代汉语、写作、马列文论"（大致名称）等。毕业后没去中学，却分到广东省少年犯管教所当干部，给少年劳教人员上一点语文课。

1977 年 10 月突然宣布恢复高考，震动全国。12 月中旬参加了"文革"后首次高考，1978 年初进中山大学。刚入学喜欢文学，参与《红豆》（钟楼文学社社刊）和《这一代》（中国大学生文学刊物）的编辑。

但从二、三年级起认定语言学是科学，值得系统学习；不像文学跟着形势变。文学靠感悟。但大学有些文学教师，背书抄报搬刊物，少有自己的感悟和观点。而那时中文系有高华年、黄家教、李新魁、傅雨贤等语言学教师，把研究成果融入教学，选修课涉及学科前沿。高年级我开始对语言学感兴趣，研读吕叔湘、朱德熙等大家的论著。论文写小句谓语句与主谓宾句的变换，用当时语法界新兴的变换分析法。

毕业前中文系成立汉语培训中心，系里希望我留校教留学生汉语。那时有个美国大学讲师来中山访学，普通话好，熟知中国文学，演相声还获奖。我希望做语言研究，也希望能培养出汉语这么好的外国学生，就欣然答应了。

## 二、怎样学习语法学

教书两年半，考上在职硕士生研习语法学。能学成并有所成就，有几个原因。

### （一）老师的言传身教和鼓励

指导我本科论文的叶国泉老师，是黎锦熙先生的学生。硕导傅雨贤老师，是王力先生的学生。他们把导师的知识、自己的研究成果传授与我。读硕时经导师介绍到北大中文系进修，主要听陆俭明老师的语法学，同时听叶蜚声、石安石老师的国外语言学、语义学；还到北外听朱德熙先生的讲座。那段时间领悟到"京派"研究法：扎实描写语言事实，形式、语义印证，概括、解释语言规则。

刚到北大，朱德熙先生就把新著《语法答问》赠我。后来他受许国璋先生邀请去北外做语法学系列讲座，请我坐他的专车（他时任北大副校长）去北外听。我不但感悟到朱先生语法研究的要义，还感受到语言学前辈之间的朴素友谊。

进修期间几次到陆老师家请教，获益匪浅。1987年我发表在《中国语文》的论文，由陆老师修改并推荐。读硕后请教过邢福义、陈建民、范晓、史有为、刘月华等老师。我研究取得了一点成绩，邢老师、陆老师先后在文章、发言中给予肯定，让我很受鼓舞。

### （二）语法论著研读和研究风气浸染

大学四年级到读硕，喜欢读吕叔湘、朱德熙、陆俭明、邢福义等老师的论著，中年现代汉语语法研究会的论文集。重点看作者如何发现问题，如处理语料，用什么方法分析、论证，通过什么程序得出结论。前人认为"呢"是疑问语气词。陆老师用最小差异对，证明一些句子（你怎么学习呢？）承担疑问功能的是疑问代词而非"呢"。由熟读到熟知，当时可以把中年语法学者刚发表的论文盖住姓名，读了一页就知道作者是谁。

参加中年现代汉语语法研讨会，平等辩论风气等让我终身受益。听那些此前只能读到文章的学者发表见解，参与讨论、质疑、批评、建议，一下拉近了跟他们的距离。

### （三）讨论辩论、互动互助的好处

在北大进修还有两个好处。第一是学生勤于思考，敢于质疑。记得课堂上有位老师讲，英文名词都有单数、复数之分，如 person。硕士生崔希亮问：people 呢？老师只得纠正自己的说法。

第二是氛围好。课后的未名湖畔，宿舍饭堂图书馆，许多学生看书、讨论、争辩。各类讲座、研讨会特多。中文系研究生论坛，主要是硕士生、博士生发言。很多老师常常参加，听后发表见解。有一次讨论语言类型学，在北大访问的桥本万太郎先生参加，在人类起源问题上跟朱德熙先生有过辩论。

本科同学陈平原当时在北大读博，我借住他的学生宿舍。同宿舍的是历史系几位博士生，有历史系的阎步克。课后讨论，谈系统论，谈如何用新方法研究。有时吃着饭谈，讲不清楚就摆上饭碗、勺子，用手指蘸水画各种图表。跟这些历史系的博士参加各类讲座、研讨会、发布会，收获很大。

在中山也常跟老师同学讨论，有点像姜亮夫先生谈清华大学：碰见了都是讲，某个杂志有某篇文章，看过了没有？都看了两个就谈论起来；乙没看过，甲就说这篇的好处，建议对方去看。

### （四）养成边学习边研究的习惯

热衷于在学习教研中发现问题。如一些语法书对复杂定语解释有漏洞，"刚才"句动词后不能带时量宾语的说法不准确；接着研读文献，收集材料，用多种方法分析材料并得出新结论。读研期间撰写的论文，毕业前发表了 6 篇（含两篇译文），毕业后发表了 6 篇。把上课、看书、开会时学到的知识用于研究真实问题并得出结论，才能内化为自己的知识。

### （五）踊跃参加研讨会

1986 年参加华中师范学院的首届青年现代汉语语法讨论会，印象最深。一群志同道合的青年学人，一批有前沿性的新鲜议题，一种"知无不言言无不尽"的自由氛围。邵敬敏、李宇明、张伯江等学人就是那次会议认识的。我的参会论文《"忍住 VP"和相关句式》，从句法、语义、语用层面对肯定否定的不对称、语义羡余现象做了分析；《中国语文》会议报道论及此文，后发在《中山大学学报》上。还有几次会印象深刻，1987 年黑龙江大学的乔姆斯基生成语法会、华南师范大学的中国语言学年会，1988 年北京槐树岭的中年现代汉语语法讨论会，1990 年香山的国际汉语教学研讨会，1992 年南京师范大学的青年现代汉语语法讨论会，认识了很多专家、朋友，学到了很多东西。

## 三、如何做语法研究

### （一）研究选题与目标

1982 年起教外国人汉语，常遭遇病句（＊教室不会抽烟）。研究自然会聚焦于此，辨析易混淆词语（如"自从、从""会、能""刚、刚才""常常、通常"），解释病句原因，概括二语者和教师容易理解的规则，发表多篇相关论文。

有些选题源于研读中外论著的启发。如《频度副词的划类与使用规则》，从《英语语法大全》（伦道夫·夸克等著，1989）中有关英语频度副词论述得到启发；用其方法考察汉语频度副词的语义、句法、篇章、语用等，在分类研究上有创新。

有的选题则是因研读中发现问题而作。如《现代汉语八百词》让我获益匪浅，但辨析"刚、刚才"存在不足。由此写成《"刚 + V + M"和"刚才 + V + M"》；研读 Geoffrey Leech 的《语义学》受到启发，同时发现不足，写出《句义蕴涵与句义等同》。

## （二）研究范围由点到面

在北大进修时，把有关"刚、刚才"的初稿交陆俭明老师审阅。他批改后提出两个方案：a. 改最有新意的部分；b. 全面修改。我选择 a，辨析"刚+V+M"和"刚才+V+M"。之后经陆俭明、陈建民老师先后推荐，在《中国语文》发表。全面描写的 b 方案几年后才实施。a 的优点：①口子小，方便描写事实、概括规则。②"刚、刚才"跟时间、动作有关，时量词 M 正好是考察动作形态的量化指标。对新手而言，有了"点"的研究，才容易扩展到"面"。

我硕士学位论文计划考察口语常用的 12 个助动词。范晓、史有为老师看提纲后不约而同地指出：范围太大，最好先辨析两个，如"会、能"。于是我先完成硕士学位论文《"会"和"能"及其在句中的换用》，几年后完成《口语中常见的助动词》。

## （三）由句法语义扩展到篇章语用

我本硕期间所受训练，主要是考察形式意义关系，概括语法规则。通过研习前辈论著和实际研究训练，大致掌握语义形式相互验证的方法。跟教学接轨的，主要分析留学生病句，概括规则，解释病因。

引入篇章语用，有两个原因。一是研究需要。我研读邓守信、屈承熹、马真等专家的成果，结合实践发现：离开篇章语用，有些现象很难解释；结合篇章语用，问题迎刃而解。如双重否定句，前人认为跟单纯肯定句意思相似。既如此，为何不用肯定句？考察语篇发现，双重否定句多用于否定某种看法：

A. 甲：你不想参加吗？乙：我不是不想参加，是别人不让我参加。
B. 他下了决心，不跟她吵，……祥子真挂了火，他不能还不说出心中的话。

二是外语教学需求。结合篇章语用讲规则，学习者容易学，教师容易教。如"连……也"为什么表示强调，结合语篇很容易讲解：

这个汉字留学生不懂，中国学生不懂，连中国老师也不懂。

相关论文如《汉语"连"字句》《"比"字句否定式的语用分析》《两种双重否定句的语用分析》。1996 年出版《句法·语义·篇章》，是对我 1983—1995 年语法研究的总结。

### （四）为二语者构建教学语法

教留学生汉语最大的苦恼是，学生问语法规则，老师很难解释。记得 1992 年在第三届青年现代汉语语法研讨会（南京师范大学）上，一位年轻的外国汉语教师说：

> 我在中国学汉语感到最困难的是，老师说：不能那样说，应该这样说。学生问为什么。老师说，没有为什么，是约定俗成。同学们觉得，好像汉语没有语法规则。

那时（直到现在）汉语规则总结出不少，但适用于二语教学的不多。有些"规则"，学生不懂，老师也讲不清楚；根据某些规则类推，容易出错。

我开始思考，什么样的语法规则，才能让二语者（和教师）看得明白，用（学/教）得方便。我发现马真老师的研究（1983）很有启发。她认为病句"我去过北京，<u>反而</u>没爬过长城"，原因是词典、教科书解释（"反而"表示转折）不准确。她考察大量语料发现，"反而"常出现于类似复句中：

> 到了九月底，以为会凉快了，结果不但没凉快，反而更热了。

分句义可概括为：A. 某情况发生；B. 按常理这会导致另一情况发生；C. 另一情况没发生；D. 出现跟另一情况相反的情况。"反而"出现在 D，其他三项可能会省略一到两项。这样的规则，明白易懂，教二语者有效。

汉语语法研究常遭人诟病。语文学界有人认为语法自然习得，无需学习；提出"淡化、取消语法"。二语教学界有人认为现有语法研究对二语教和学作用不大。也有人认为，计算机科学和二语教学挽救了语法研究。研制出适用于机器和成人二语学习的语法规则，是我们这一代人的任务。

30 多年教研实践证明：面向二语者的汉语规则必须有效。前提是：对比二语者母语考察汉语；考察其中介语，探索二语语法认知机制；通过实证研究检验效果。

## 四、怎样做应用语言学研究

狭义应用语言学主要指外语教学。汉语二语教学我主要研究三方面。

### （一）二语习得

二语习得研究是连接本体和二语研究的桥梁。要教好语法，先要了解二语者如何学，偏误为何产生。研究语法习得先从语言对比、偏误入手，探讨母语迁移轨迹，目标语规则泛化路径，语法点学习难度、顺序等。如"写了多汉字、多写汉字"跟母语有关：

나는　어제 많은 한자를　썼다.（我昨天写了很多汉字。）
词译：我添意　昨天　多　汉字宾格 写过去时
작년에　　나는　　한자를　많이/자주 썼다.（去年我经常写汉字。）
词译：去年时间　我添意　汉字宾格　多/经常　写过去时

많可修饰名词表数量多，可修饰动词表频率高。"多"修饰名词表数量一般加"很"，不用于陈述句表频率高。많对应"很多、常常"，难度等级高，容易出错。

这个点不少语言（印尼语、泰语）跟韩国语类似。从认知看，频率与数量关系密切。一些语言用相同形式表达；汉语的语言项、位置有明显区别，但祈使句也可用"多"表频率。习得考察可显示学习难点和机制，直接促进教学。

语言对比很重要。读硕时翻译王士元1965年发表在 Language 上的"Two Aspect Marks in Madarine"（普通话两种体标记），其中普通话、粤方言和英语的对比，让我感悟到多语对比的价值与方法。辨析"刚+V+M""刚才+V+M"时发现前者跟英语现在完成时接近，后者跟英语过去时相似。此后养成习惯，研究汉语尽可能汉外对比，发现不少有趣的语言现象，归纳出汉外语言若干规则。

偏误分析，可让研究者明白二语者学习难点，聚焦研究点，知道语法规则应细到什么程度，明白怎样向二语者讲练规则。可以让语言对比有针对性，揭示母语迁移路径，了解第一语言的作用，更有效地概括、揭示汉语规则。

习得研究也是从小到大：个别语法点→特定母语者→宏观（学习难度）。发表了相关论文，如《"着"的习得情况考察》《学习难度的测定与考察》。专著《外国人学汉语语法偏误研究》获教育部优秀研究成果奖，2014年韩国文化出版社出版了韩国语版。

### （二）二语教学

研究选题源于教学需求。为何日本学生口语表达比不上欧美学生？考察发现，阅读输入是口语教学效果差的重要原因。探讨听说之间的机制，验证听力输入在口语教学的效用，写出第一篇教学研究论文《口语教学中的听话训练》；体会到教学研究，应定性、定量、实证研究相结合。

此后发表过汉字、语法、阅读等教学论文，出版《第二语言教学论》《汉语阅读教学理论与方法》《汉语知识与教学技能》等专著。聚焦问题，以足量数据，用多种理论模式考察，得出新结论，既丰富教学理论，又总结出可操作性程序，直接促进教学。

### （三）教材研究

应用研究与开发研究相结合，满足教学实际需求，是我的目标。

前期是编什么研究什么。1990年代末找不到阅读教材，就编写《中级汉语阅读教程》；同时发论文，开专题研讨会，出专著。编二语者学习词典，就研究它与母语词典的差异，发表《对外汉语学习词典的编写》。编精读教材，就用教材编写理论考察教材，发表《中级汉语精读教材的现状和新型教材的编写》。慢慢发展到独立教材研究。发现合适的商务汉语教材少，定量考察20多种教材的词汇，写出《商务汉语教材选词考察与商务词汇大纲编写》。

2009年国家汉办在中山大学建立"国际汉语教材研发与培训基地"。我领导基地一方面收集、整理全球汉语教材，建成"全球汉语教材库"，含52个教学媒介语种的1万册实体教材，1.6万册教材信息；另一方面使用现代技术系统研究教材。发现国内不少教材难度高，无跨文化视角，解释不确，练习实效不够。某些自称海外用教材，很少考虑当地文化、学习特点难点。

相关研究论文在多个核心刊物发表，如《基于中外对比的汉语文化教材系统考察》《初级汉语综合课教材选词考察》《"一版多本"与海外教材的本土化研究》，推动了教材研发。

### （四）如何做应用语言学研究

应用语言学研究难度大，无教师，无课程，主要靠自学、合作、教学相长。

20 年来研读了大量论著。感谢外语教学与研究出版社和上海外语教育出版社编纂出版"当代国外语言学与应用语言学文库"和"外语教学法丛书"，使我学到二语研究系统知识。如 R. Ellis 的 *Understanding Second Language Acquisition*，Carl James 的 *Errors in Language Learning and Use：Exploring Errors Analysis*，使我受益良多。

学好一门课，最佳的方法是教这门课。2001 年开始培养对外汉语、汉语国际教育的硕士生、博士生，开设过"二语习得研究""中介语与偏误分析""第二语言研究方法""教材评估与教材库建设""研究设计与论文写作"等课。边学边教，把学到的知识跟学生讲清楚，让学生理解并掌握，这对我是极大的考验。这需要三个条件：①深刻理解与把握所学知识。②自己先践行一遍。通过实践，把握所学理论模式方法。③跟中外学生、合作教师互动协同。师生共同应用相关理论、模式、方法，研究真问题；经数据资料收集和分析统计，得出新结论。这样，理论方法才能融进自己的知识系统，才能变成自己能灵活应用的东西。

培养学生，其实就是培养老师。十几年来我培养了 41 位博士（外籍 5 人），77 位硕士（外籍 19）；在读博士生 30 人（外籍 15），硕士生 18 人（外籍 5）。跟学生一起考察语言认知机制与规律，概括语言习得过程与特点，发现语言点在多种语言中的异同和规则，揭示多种母语者对汉语的认知机制、习得路径。由此对相关理论模式、汉语特点和习得机制有了更深入的把握。

学生的硕士、博士学位论文，自然是师生合作的成果。发表的论著，不少也是如此。如对疑问句、否定句、"把"字句、被动句、比较句、情态补语句、指代指称词语、"了"、多项定语、汉语小量量范畴词语的跨语言研究和二语习得研究，对大中小学和特定国家、语种教材的考察，等等。

跟英语学界同行合作很重要。二语学习研究，英语做得最好，成果可学习借鉴。研读外语界论著，参加相关研讨会，与外语学界接触与合作，使我进步很快。2012年跟王初明教授合作申请到国家社会科学基金重大项目"汉语作为第二语言的认知机制与高效教学模式研究"，具体项目的实施和完成，推进了二语习得研究。

钱伟长先生提出，要"拆除大学四堵墙"：大学和社会的墙，教学和科研的墙，国内和国外的墙，教师和学生的墙。这种理念，指导着我应用语言学研究的实践。

## 五、如何开发教学资源

开发研究将应用研究成果转化为产品，直接服务于使用者。编写适合学生学、教师教，学了可以用、可以交际的教材，是开发研究的重要任务。

从事教材开发是教学需求。1980年代末开始编写多种缺环性教材，如《留学生病句分析》《幽默故事阅读》《听力训练》等内部教材。1998年起陆续出版《中级汉语阅读教程》《泰国人学汉语》（与泰国教师合编）《初级汉语精读教程》。总编系列教材《阶梯汉语》（7种26册）。其中《阶梯汉语·中级口语》由越南年轻出版社发行越南语版。

此外，主编出版对外汉语本科教材《对外汉语教学导论》，研究生教材《对外汉语教学入门》。后者不止一版，2011年韩国外国语大学出版社出了该书韩国语版。

开发研究学界不太重视，业界却很重视。如何把汉语研究、汉语二语教学习得研究成果引入教材研发，编出外国人爱学、老师爱教的教材，是我努力的一个方向。

## 六、其他的话

我本科、硕士均毕业于中山大学中文系，一直从事汉语二语教学。1997年、2001年先后开始培养硕士生、博士生。语言研习，汉语教学，中外学生培养，三者互动协同，给我32年的研究打下应用语言学的烙印。

1990年我在《语言学通讯》发表《语言学的主体与客体》，论述语言学的三个部分：基础研究，应用研究，开发研究。32年来，我从基础研究发展到应用研究，再扩展到开发研究，逐步把语言学研究引向实践。后一阶段并未放弃前一阶段的研究，越往后层面越丰富。今后计划研究以下内容：①在深化语法习得、本体研究基础上，构建第二语言的汉语教学语法；②构建适用于二语学习与教学的语言对比框架和语言习得研究模型；③学习二语教材研发理论方法，深化二语教材的研究与开发；④系统研究汉语二语教学史、教材史。

以前说《马氏文通》是第一部汉语语法学著作。教材史显示，此前早有十几部有影响的语法教材，多为欧美人编写（有华人参编）。汉语语法研究不应把外国人的研究成果排除在外。语音、词汇及教学法研究，在汉语二语老教材中也很成熟，值得重新审视。其中拼音系统的建立和完善，促进了新中国汉语拼音方案的研制。用拼音文字（含谚文、假名）的教材，记录了当时汉语语音及其变化，对汉语研究也极有价值。

语言研究的路还很长。一个甲子结束，是另一个甲子的开始。

很高兴能到南京大学仙林校区参加论坛，跟朋友们、同行们一道分享语言研究的成果，分享语言探索的乐趣。最后以诗做结：

论语仙林听雨声，十三甲子聚江东。
学游万国一杯酒，半世耕耘且做零。

（原收入冯胜利等主编《甲子学者治学谈》，北京语言大学出版社2017年版）

# 善 待 学 生

## ——怀念吾师傅雨贤先生

2020年2月21日，吾师傅雨贤先生驾鹤西去。悲痛之余，先生的音容笑貌不断闪现；他的精神财富，仍在润染着他的学生。先生1953年考入中山大学语言学系；次年语言学系整体并入北京大学中文系，成为语言学专业；1957年先生毕业后分配回中山大学任教，从事语言研究。

**真实描写语言，探求科学规律，是先生一生的追求**。先生提出"同级/异级转换""单式/多式转换"等模型，丰富句式变换理论和研究手段，深化了多种句式（尤其是歧义句）的研究；主持国家社会科学基金项目"现代汉语介词研究"，提出介词研究系统方法，深入探讨"把"字句等介词句式，切实推进了该领研究；多层面考察语言应用，探索经济大潮下的广东和回归后的香港的语言生活，拓展语言规划与服务研究疆域；考察粤港语言，提出语言教学在地化，推动全球华文研究；参与创办深港语言研究所，20年间参与组织10届双语双方言研讨会，搭建改革开放后全球汉语研究的绝佳平台，汇集海内外精英和研究成果，促进了本体和应用研究；细致描写、研究连平方言，发现很多有价值的语言现象，弥补粤中片客家方言研究的不足，为客家方言内部比较、跨方言比较研究提供宝贵语料，具有重要的文献价值。

**做最好的知识传播者**。先生一直从事现代汉语课程教学，作为主要撰写人合编出版《现代汉语》；担任中文系现代汉语学科负责人，设计实施学科发展规划。为研究生开设现代汉语语法学、语法理论、汉语语法学史、现代汉语词汇学等课程。40多年始终**把学生需求放在首位**，精心上好每一节课，力求科学性、前沿性、实用性和趣味性并重。先生的学生远远超出校园。20世纪80—90年代，先生承担中文刊授的现代汉语、现代汉语语法学课程教学和《刊授指导》编辑，为几十万刊授学员的学习呕心沥血。

先生早年考入中山，是慕王力先生之名，到北大后又聆听了很多著名语言学家的课程。因此，先生希望学生都能聆听大师教诲。办刊授时先生邀请了很多语言学家撰文授课，尤其特邀王力先生在中山纪念堂讲现代汉语语音。那一次课，纪念堂连走廊、乐池都坐满了，草坪上还坐着许多学生听喇叭扩音。

先生鼓励研究生听外语系课程；联系北大教授让研究生去进修，聆听教授、名师的讲座和课程；请校外专家审阅学位论文提纲。先生不但教知识，还带着我们一起做研究；推荐参加各种研讨会，推荐学生论文，为我们介绍语言学前辈同行，使我们在研究中少走弯路。

先生鼓励我们用批判眼光发现问题，用国内外理论方法分析解决问题。实习时我给本科生上现代汉语课，先生说：教材供参考，不要照搬，上课要让学生学到你的东西。我讲复杂定语，研读了几部著作教材和十几篇论文，发现问题并研究出新结论。在先生指导下，我读硕士期间撰写并先后发表十多篇论文。先生的精心培育，奠定了我语言研究的基础。

1980年中山恢复留学生教育，先生负责首届学生的教学管理，组建队伍，定教学计划，找教材教室教学设施，尽心尽力。当时学汉语的留学生仅6人，而2008年已超过1000人。

**善待学生，爱人如己，是先生教书育人的准则**。我毕业后在中山任教，教过100多个国家的几千个学生，到过十多个国家培训几百个汉语教师。先生的教诲我始终记于心，见于行，希望真正成为让学生爱戴的好老师！

2020年2月28日于康乐园

# 我的中学

1968年夏，我从八一中学附小毕业，进入（当时无入学考）广州市东山区培正中学，开始中学四年的学习生活。学校原名"培正中学"，入学时称"广州市人民一中"，很快改为"第五十七中学"，1978年改为"侨光中学"，1984年才恢复原名。

## 一

第一印象，很多老师是海外归侨，带洋味。物理老师陆慕萍挺文雅的，讲课清晰，做事实在。印象最深的，是去从化分校带我们建了一个简易气象站。搬走河滩的鹅卵石，挖坑竖起高高的风向风力标，安装设有温度计、湿度计的双层百叶箱和雨量仪。建好气象站，手上磨了几个水泡。之后开始每天记录气象信息；过段时间分析资料，预测天气。这些对我后来的学习、研究很有帮助。有些变量关系挺有意思，如温差与阴晴：温差超过10度，天气多为晴朗；小于5度，八成阴天或有雨。

教化学的有朱国岳、黄汝照老师，课上常做小实验，如用试纸测液体酸碱性，变蓝的是碱性，变红的是酸性。实践教学让我对化学很感兴趣。

初中语文老师吴树能，头发斑白，同学用广州话称他"吴伯佬"。他上课思维清晰，激情四射。讲毛泽东诗词《念奴娇·昆仑》，他靠在教室窗框上，好像靠着天一样，做抽宝剑状，用力砍几下，声情并茂地朗诵："安得倚天抽宝剑，把汝裁为三截？一截遗欧，一截赠美，一截还东国。太平世界，环球同此凉热。"印象极深。

教数学几何的王明扇老师很特别，上课有实例，容易懂。其名言是"量度无准"：每个人量同一物品，结果不同，因尺子（工具）不同；同一人用同一工具测量同一物品，结果还是不同，因时间不同。像歪理，但很有哲理。这大约是我批判性思维的起源之一。教数学的还有黄国忠、丘慧娟老师。我中学数学好，跟他们的教学相关。

前三年学英语断断续续：刚学一点就去学工学农学军，回来又要重学。1971年"九一三事件"后传闻要恢复高考。班主任屈淑慎见我们太差，又从 26 个字母教起。除了 26 个字母,两个口号记得最清楚:Long live Chairman Mao; Never forget class struggle。

当时强调又红又专,但没有生物、地理、历史、美育课,体育不系统。幸亏当时爱玩,会吹笛子,参加校宣传队,自学了一点美育知识。现在教育开始重视体育,据说毕业、高考要有真实成绩。美育仍重视不够。我带过的研究生大多没上过美术课,个别唱歌走调。据说音乐课只集体唱歌,考试未落实到个人,滥竽充数多。

## 二

四年学习,有近一年学工学农学军建分校。学工在员村的罐头厂。夏天大量菠萝成熟,一部分要制成罐头。先用机器削皮去芯儿。我们戴塑料手套,左手拇指伸到中间空洞里抓紧菠萝,右手用带三角槽的小刀挑去表面一排排小刺儿。这个工作教会我如何应用技巧,耐心做事。最美的是在饭堂能吃到做罐头的梅菜扣肉,还可买几个罐头回家。那时食品少,买猪肉要凭票,一个月一人好像只能买半斤。

学军在惠阳潼湖,很严格。操练时,立正膝盖不直就会被踢。常有紧急集合,有一次在半夜,搞得很狼狈。学射击,体验了平生第一次实弹射击。政治学习是背"老三篇",会点名出列当着大家背诵。后来短期记忆力强,不知是否与此相关。

学农到过好几个地方:广州长湴村和南岗,从化江埔公社锦二大队。记得长湴村有个湖,闷热时常有水蛇从水里探头。几个同学拔池塘边的水草,顶端打个活套套蛇,然后煮蛇汤喝。一个同学不慎被蛇咬了,但知道水蛇无毒,一点也不慌。

在农村学到很多知识技能:割水稻更熟练了,学会有技术含量的插秧。建分校时学如何做泥砖,盖房子。寒冬时从化比广州冷两三度。一早跳到池子里,把泥、黄土、稻草、水混在一起用脚踩,踩几十分钟后,用木模子制砖,晾干就可盖房子。地基用石头砌,高出地面约半米,就开始用泥砖砌墙。为保证墙面垂直,需要用吊线法测量。

劳动强度很大。泥砖一块约 30 斤,挑砖时女生前后各一块,多数男生前一块、后两块。扛谷子有时一包 100 多斤。夏天抢收抢种最累,收割插秧都弯着腰。农民干得又快又好,我们的速度只能到达其一半。

扑山火印象最深。提桶跑上山,水已晃出一半。到火场见农民们站在防火带这边，看着对面的树燃烧。烧剩一点火苗，才拿着树枝上去边拍边拉，踩灭枝叶上的火。灭火靠防火带，冲到火海中等于送死。农民最实在，知道怎样灭火，知道人命最重要。听说有个中学好几个学生因灭山火而丧命。我们只是拍拍火苗，洗脸时发现眉毛已被热浪燎光了。

那时班主任很重要。王明扇老师有农村经历，农活儿都会。一次几个同学在草地上看见几十条蛇。王老师闻讯赶到，脸色大变，连推带骂把我们赶走，说是金环银环蛇，非常毒。在从化一个星期吃不上一次肉。他带我们上山找虫蛹，指哪棵葵树，一砍开肯定有。虫蛹放在锅里炒，又香又有营养，跟现在吃蚕蛹相似。辅导员罗志红老师后来当班主任，只比我们大几岁，从学生视角管理，让我们有自由发展空间。

一年实践，我们学到了不少书本学不到的知识、技能和动手能力；一起劳动生活，合作性强。最近教育部提倡劳动教育，我很赞成。但不能像我们那样，应有科学性、教育性。

## 三

我喜欢出墙报。先定主题和稿件类别、比例；接着约稿、组稿；编稿、改稿，有时要自己写；最后排版，抄稿，贴稿（黑板报只抄，宣传栏先抄再贴）；要注意整体效果、加边框等。从头到尾一条龙，为后来的文字工作奠定了基础。

当时课不多，很多东西靠自学。如结合气象站学气象知识，背诵并检验了很多农谚，如：日晕三更雨，月晕午时风。朝霞不出门，晚霞行千里。十雾九晴。乌头风，白头雨。人黄有病，天黄有雨。它们展示不同事物的关联，蕴含深刻的自然原理。"文革"时中医药盛行，也学了点皮毛，可惜实践少。

上学时爱看课外书。龟岗大马路和庙前直街路口有个书店，常去看书，一看几个小时。"床上八段锦"就是那时学的：腹式呼吸、梳头、鼓天鸣、转眼、扣齿、鼓漱、全身干浴……坚持了几十年。进校门左边是建于1936年的图书馆楼，屋檐上有一排鸱吻和仙人指路造型。当时一楼右侧是图书馆，但从没见过开门，大约"封资修"的书太多。每次从窗外走过，都羡慕地望着里边一排一排的书。看多了，就试图拉开窗户。有一天竟发现一扇窗户玻璃有洞，可伸手进去拨开插销。于是就趁没人注意时爬进去看书。

只挑有意思的书。如介绍苏联的健身淋浴法：冷水、热水间隔淋浴，两分钟换一次,对皮肤、心脏、呼吸系统好。实践效果不错。当时是校队球员,找到一本书,说投篮要迅速而柔和。在实践中体会,就是不犹豫,不着急,让球从指尖摩擦出去。还看过一本英语书,学了几句:disgust,disgusting。上英语课偶尔说一句,把老师惊呆了。

能偷偷看书,还因为参加了校警队,住校。学校没保安,维持秩序靠高中生组成的校警队。晚上几个队员跟着关平老师健身。听说他曾是广州100米短跑冠军,肌肉发达,玩吊环可以让身体呈十字状两三秒钟。8点半开始练单杠、双杠、哑铃。练完有时还会喝点粥,广州话叫"食夜粥",比喻练肌肉(练大肢)。

学军返校留影(1970年)

留校任辅导员(1972年)
(背景为图书馆,左一为作者)

## 四

1972年毕业时我在班里成绩算是佼佼者。学校决定让我留校当辅导员(九个月),然后去广州第一师范学校(一师)学习,之后当中学老师。那时大学停办,中小学老师奇缺,只得挑好的高中毕业生,培养1年多做老师。

毕业当辅导员那年,初中恢复到三年:初二成绩好的上高一,其余上初三。原定到一师学数学,但分到初三级组时,说缺语文老师,让我先暂时教语文。

在老师们指导下教了半年语文。但课本内容单调,阶级斗争味道重,基本照《教师用书》讲,不太感兴趣。偶然在办公室看到华中师范学院编的《现代汉语》,如饥似渴地阅读,开始对语言尤其是语法感兴趣。1974年8月到一师报到,校方说你教了半年语文,就读语文吧!那时大家怕文科。不知为什么，我没坚持一定要读数学。

　　回想中学生活，很感谢我的老师！在"教师是臭老九"的环境下，他们尽心教我们这些受"造反有理"思潮影响的少年，让我们学到虽不系统但生动有用的知识，明白做人的道理。感谢初三级组老师们的指导和呵护，让我走上讲坛，开始教书育人。

　　培正始建于1889年，发展中多蒙基督教友和海外华侨支持。在理事会指导下，陆续在广州西关、香港、澳门、广州花都等地组建多个中小学和商学院。因此我读书时才有那么多归侨教师。校训是"至善至正"。100多年来，培养出遍布全球的无数英才：两院院士及国际院士14位，如崔琦（诺贝尔物理奖获得者）、丘成桐（世界数学最高奖得主）；还有翻译家梁宗岱，著名小提琴家马思聪，前国足教练苏永舜，前国足主力区楚良。政界人士如廖承志（全国人大原副委员长）、邹家华（国务院原副总理）、王颂明（美国内政部原副部长）、吴仙标（美国特拉华州原副州长）、林恩齐（加拿大卑诗省原省督）等。

　　真诚希望母校能培养出更多至善至正的人才！

2020年4月9日

　　附注：本文有关信息承蒙同学刘建平、郭仲安、李玫提供，谨致谢忱！

（原载于《南方日报》2020年8月14日）